河北省社会科学发展研究重大课题
石家庄学院历史学重点学科建设成果

石家庄文化通史

近代 卷

王俊华 贾丽英 / 主编

袁丙澍 王 锋 王 倩 / 著

中国社会科学出版社

图书在版编目（CIP）数据

石家庄文化通史. 近代卷 / 袁丙澍，王锋，王倩著. —北京：
中国社会科学出版社，2020.8
ISBN 978 - 7 - 5203 - 5984 - 9

Ⅰ.①石… Ⅱ.①袁… ②王… ③王… Ⅲ.①文化史
—石家庄—近代 Ⅳ.①K292.21

中国版本图书馆 CIP 数据核字（2020）第 026523 号

出 版 人	赵剑英
责任编辑	安　芳
责任校对	张爱华
责任印制	李寡寡

出　　　版	中国社会科学出版社
社　　　址	北京鼓楼西大街甲158号
邮　　　编	100720
网　　　址	http://www.csspw.cn
发 行 部	010-84083685
门 市 部	010-84029450
经　　　销	新华书店及其他书店

印　　　刷	北京明恒达印务有限公司
装　　　订	廊坊市广阳区广增装订厂
版　　　次	2020 年 8 月第 1 版
印　　　次	2020 年 8 月第 1 次印刷

开　　　本	710×1000　1/16
印　　　张	25.25
字　　　数	418 千字
定　　　价	128.00 元

凡购买中国社会科学出版社图书，如有质量问题请与本社营销中心联系调换
电话：010 - 84083683

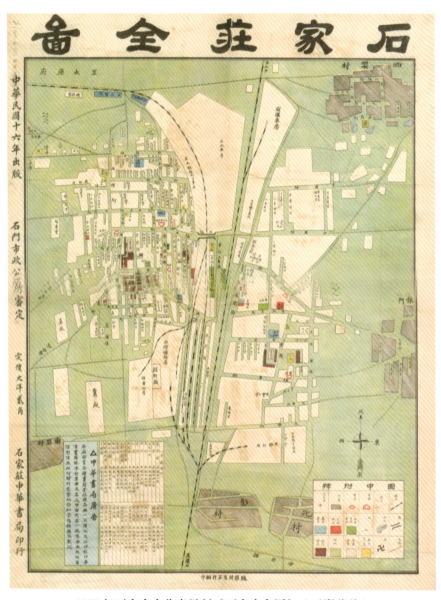

1927年石家庄中华书局版《石家庄全图》（王熙藏品）

石家庄邮局（王熙藏品）

正太铁路石家庄车站及工作人员合影
（王熙藏品）

1925年，迎护西藏九世班禅额尔德
尼·曲吉尼玛抵达石家庄车站前场景
（王熙藏品）

民国时期，正太铁路同人会俱乐部全景 　　民国时期，正太铁路同人会俱乐部
（王熙藏品） 　　　　　　　　（王熙藏品）

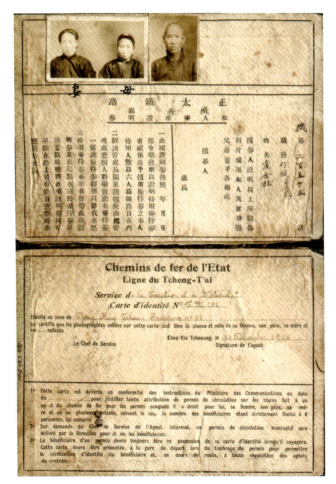

民国时期，正太铁路职工乘车证明券（梁彦忠藏品）

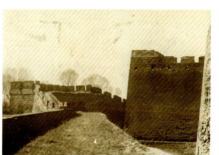

民国时期，正定南城门瓮城
（王熙藏品）

1932 年，正太铁路接收通车纪念章
（王熙藏品）

民国时期，正定古城墙
（王熙藏品）

民国时期，铁道部部立石家庄扶轮第二
小学校徽（王熙藏品）

民国时期正定古城南城门城楼
（王熙藏品）

民国时期，正定隆兴寺大佛全貌
（王熙藏品）

民国时期，正定隆兴寺内配殿墙壁佛
像（已消失）（王熙藏品）

民国时期，正定隆兴寺碑亭
（王熙藏品）

民国时期，正定隆兴寺内配殿佛像（已
消失）（王熙藏品）

民国时期，正定天宁寺凌霄塔全景（王熙藏品）

民国时期，正定天宁寺凌霄塔（王熙藏品）

1900 年，正定临济寺澄灵塔
（王熙藏品）

民国时期，正定开元寺须弥塔
（王熙藏品）

民国时期，正定广惠寺华塔（王熙藏品）

民国初期，赵州桥全景，民国摄影家张溶拍摄（王熙藏品）

民国时期，大兴纺织有限公司广告
（王熙藏品）

民国时期，石家庄民权街泰和裕布庄广告
（王熙藏品）

民国时期，石家庄泰和裕绸缎商店广告
（王熙藏品）

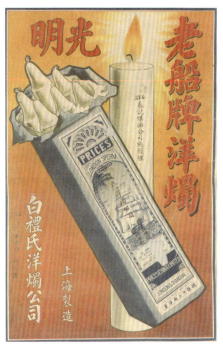

民国时期，石家庄泰记煤油公司海报
（王熙藏品）

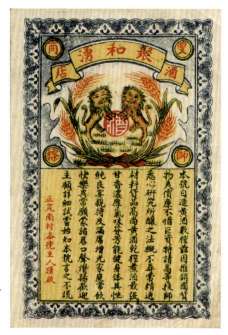

民国时期，正定聚和涌酒厂广告
（王熙藏品）

石家庄毗卢寺毗卢殿（李俊娟摄）

鹿泉西土门古驿道（李俊娟摄）

鹿泉谷家峪村老母阁（李俊娟摄）

井陉南门（李俊娟摄）

序　一

孙继民

　　王俊华、贾丽英女士主编的《石家庄文化通史》即将出版，借此谈两点自己的感受和认识。

　　第一，《石家庄文化通史》的编撰反映了河北省学术界在地方史尤其是城市史研究领域向更高阶段的发展和更深层次的推进。

　　自 20 世纪 70 年代末改革开放以来，我省与全国其他地区一样，地方史研究获得长足进展，河北教育出版社 1988 年出版的《河北古代历史编年》、河北人民出版社 1990 年出版的《河北简史》和《河北近代史要》以及 2000 年出版的十卷本《河北通史》就是其中具有代表性的阶段性成果。而作为地方史研究的一部分或者说与地方史研究并列的城市史研究，我省的发轫相较于全国也不算晚，1990 年由中国城市经济社会出版社出版的《邯郸简史》和 1992 年由测绘出版社的《邯郸近代城市史》，不仅属于河北省最早的城市史著作，即使在全国也堪称开风气之先的成果。

　　石家庄城市史的研究就综合性著作的编撰而言，它在全省既赶不上《邯郸简史》的下手之早，也落在河北人民出版社 2003 年《邢台通史》（上下册）出版之后。但石家庄毕竟是省会所在，拥有近代以来正太铁路与京汉铁路的交汇机缘，即"火车拖来的城市"带来的工业基础和经济实力，聚集有一大批高等院校、科研单位和文化机构林立带来的文化人才，凭借这一全省政治中心、经济中心和文化中心的优势，她在 21 世纪之初 2001 年至 2013 年的很短时间内，就形成了城市史著作出版的井喷式的爆发，连续推出了政协石家庄市委员会编写、中国对外翻译出版公司 2001 年出版的《石家庄城市发展史》，中华书局 2010 年出版的李惠民博士论文《近代石家庄城市化研究》，河北人民出版社 2010 年推出的《石

家庄通史古代卷》（梁勇主编）、2011 年推出的《石家庄通史近代卷》
（石玉新主编）、2013 年推出的《石家庄通史当代卷》（肖力主编）等。
短短几年间，石家庄城市史的编著，无论是研究的广度还是涉及问题的
深度以及篇幅规模，都跃居全省之首，显示了石家庄市作为省会城市在
全省独一无二的文化优势地位。

　　诚然，冻冰三尺，非一日之寒。石家庄通史著作的编撰能够在进入
21 世纪后快速推进后来居上，与石家庄市住民对当地历史文化研究的广
度和长期积累密切相关。在市情资料积累方面，石家庄当地的各类文化
性质的机构从 20 世纪 80 年代起就开始编撰了一系列基础性的资料或专题
性的著作，如石家庄市总工会有《石家庄工人运动史》（工人出版社
1985 年版），石家庄市地名志办公室有《石家庄市地名志》（河北人民出
版社 1986 年版），石家庄市地方志编纂委员会有《石家庄市志》（中国社
会出版社 1988 年版），中共石家庄市委党史研究室有《石家庄市资本主
义工商业的社会主义改造》（花山文艺出版社 1989 年版），石家庄市档案
馆有《石家庄市大事记（1947—1983）》（河北人民出版社 1990 年版），
石家庄市城乡建设局的《石家庄市市政建设史略》（1991 年），石家庄地
区地方志编纂委员会有《石家庄地区志》（文化艺术出版社 1994 年版），
中共石家庄市委党史研究室有《中共石家庄党史人物（第三集）》（新华
出版社 1996 年版），石家庄市民政局有《石家庄市行政区划》（中国社会
出版社 2001 年版），河北省制图院有《石家庄市地图册》（西安地图出版
社 2007 年版），石家庄市档案馆有《石家庄解放》（中国档案出版社
2010 年版）和《石家庄解放档案文献图集》（中国档案出版社 2009 年
版），石家庄市政协组织编纂的《石家庄历史文化丛书》21 世纪也由中
国对外翻译出版公司陆续出版。此外，石家庄市政协系统还编纂有系列
的文史资料书籍，如市政协文史资料研究委员会编辑的《石家庄文史资
料》第 1—17 辑，郊区政协文史资料编辑委员会的《石家庄市郊区文史
资料》第 1—3 辑，桥西区政协文史资料委员会的《石家庄市桥西区文史
资料》第 1—6 辑，新华区政协文史资料委员会的《石家庄市新华区文史
资料》第 1 辑等。还有，与全国性全省性地方志编修同步，石家庄市也
在《石家庄市志》之外推出了一系列诸如《石家庄市纺织工业志
（1921—1990 年）》（河北人民出版社 1994 年版）、《石家庄铁路分局志

（1897—1990）》（中国铁道出版社 1997 年版）、《中国南车集团石家庄车辆厂志（1905—2004）》（2005 年）、《井陉矿务局志》（河北人民出版社1993 年版）、《石家庄市公路交通志》（人民日报出版社 1994 年版）等企业志部门志等。这些由各类文化机构编纂的基础性市情资料历史资料，无疑为石家庄城市史的编撰提供了坚实的资料基础。

在史料挖掘和资料积累方面，石家庄当地人士长期从事历史文化研究工作的热情和取得的丰硕成果更值得称道。自 20 世纪 80 年代以来，石家庄市一直有一批潜心于挖掘当地历史文化资源的人士，如杨俊科、梁勇、张辰来、栗永、段文等就是其中佼佼者。他们在挖掘、研究、宣传石家庄历史文化方面，或潜心钻研，或摇旗呐喊，不遗余力，甘之如饴，推出了一批紧扣石家庄历史文化主题的研究论著和宣传成果，如杨俊科的《石家庄近代史编年》（方志出版社 2004 年版），梁勇、杨俊科的《石家庄史志论稿》（河北教育出版社 1988 年版），石家庄地区公路运输史编纂委员会《石家庄地区公路运输史》（人民交通出版社 1993 年版），李耀峰的《石家庄市非物质文化遗产图典（第 1 辑）》（河北人民出版社 2009年版），栗永的《留住城市的根》（河北人民出版社 2008 年版）和《石家庄历史文化百题》（中国文史出版社 2009 年版），赵明信的《历史上的石家庄》（方志出版社 2004 年版），王智的《石话实说：石家庄的 100 个故事》（河北教育出版社 2011 年版）等书。这些论著由于发表或出版时间较早，也由于部分作者的单位性质或专业性质所限，其中有的学术规范未必严格，有的学术水平未必整齐，但都收入了不少他们平时留意的资料、探讨的疑难、研究的心得、解决的问题，也都为后来的石家庄城市史的编撰积累了大量的资料和基础性的研究，形成了一批具体问题研究的论文和其他文章，提供了必不可少的经验以至引为鉴戒的教训，汇合成了构筑石家庄城市史巨著的奠基原石。

以上对以往石家庄城市历史文化研究发展过程的勾勒，固然是着眼于城市史系列著作形成渊源即"来龙"的追溯，但我们更需要在综合性城市史著作撰成之后对石家庄城市史研究今后发展趋势即"去脉"做进一步的展望。笔者认为，《石家庄文化通史》的出版可以说在一定程度上有助于揭示这一趋势的大致方向。《石家庄文化通史》与《石家庄通史》的最大区别在于前者是专门性通史，后者是综合性通史。综史的优势是领域宽广、包罗万象、内容丰富，专史的优势是领域专狭、问题集中、内容深入。专史与综史在初级阶段的逻辑关系，一般来说专史是构成综史的基础，综史是融汇专史的集成，所以就时间顺序而言，应是先有专史后有综史。但是就综史与专史在高级阶段的逻辑关系而言，综史又是专史进一步深入的整体关照，专史则又是综史整体框架内专门问题的进一步深化，所以在高级阶段的时间顺序应是综史在先专史在后。如果说20世纪80年代以来驻石家庄市各机构各人士对本市历史文化进行研究形成的各种资料各种论著，可以视为构成石家庄城市综合性通史著作的前身和专史的话，那么我们现在看到的《石家庄文化通史》则应视为石家庄城市专门性通史在更高阶段对综合性通史《石家庄通史》在文化领域研究的进一步深化。我们正是从这个意义上说，《石家庄文化通史》的编撰反映了河北省学术界在地方史尤其是城市史研究领域向更高阶段的发展和更深层次的推进，也预示了石家庄新一轮城市史其他专门领域迈向更高级阶段的新方向。

第二，《石家庄文化通史》的出版一定程度上还具有市属高校使命回归的学术意义和研究选题更接地气的实践意义。

《石家庄文化通史》的撰写人是以石家庄学院的一批教师为主体，这无论对石家庄市还是对石家庄学院来说都是一个可喜的文化现象。与地方志编纂的空间限定"书不越境"不同，学术研究对象的划分原本并无强制性的空间限定，即所谓"研究无禁区"。不过，这并不妨碍各层级各系统的科研单位实际上还是有一个大致的领域划分，所谓"领域有分工"。作为省会城市，石家庄驻有不少高校和科研单位，但这些高校和科研单位却由于层级和隶属关系的不同，在参与地方历史文化研究方面却有着不同的面向和重点。省社科院和省级文化单位以及河北师范大学等省属重点高校，面向的重点是省级层面的课题和问题，市社科院以及市级文化单位面向的重点是市级层面的课题和问题。这也是河北省历史类的论著多由省社科院承担，燕赵文化类论著多由河北师范大学等省属高校承担，石家庄市历史类论著多由市级单位或人士承担的缘故。按照一般理解，市属高校的石家庄学院，面向的重点应该包括当地的历史文化的研究，但实际情况却不然。我们从以上简述中可以发现，在既有的石家庄市历史文化研究的成果中很难见到石家庄学院作者的身影。一个本应重点面向本地的高校却在本地历史文化研究中长期缺位，这固然有很多原因，但绝非上策。"往者不可谏，来者犹可追。"石家庄学院老师这次主动承担起《石家庄文化通史》的主撰任务，一方面体现了他们对地方历史文化研究从游离其外到参与其中的转变，另一方面也反映了作为石家庄住民和市属高校肩负文化使命的主体自觉，这尤其值得肯定与赞赏。

2018 年 7 月

序　二

杨振红

　　人类进步的动力，很大程度上源于人类对世界的好奇。好奇的目光投诸三个方向：过去、现在和未来。这三个方向，一定意义上可以概括所有学科的构成。"过去"形成了"现在"和"未来"的基因，决定了今天的面貌，并在相当程度上规定和影响着未来的模样。这一点，无论是自然科学还是人文社会科学概莫能外。我们这些从事历史研究的工作者常常会被人追问你们研究历史有什么用。对于仅仅关心有形的物质和目下功名的人，历史学好像确实没什么实际用处。然而，作为有思想、有情感的万物之灵，怎么可以对自己的过去蒙昧无知、漠不关心？又怎么可能在不了解自己过去的情况下，过好当下，并有一个令人无限期待的未来？

　　地区史或区域史是历史学的重要分支学科，是我们了解过去不可或缺的视角，尤其对于我们这样一个幅员辽阔的国家来说。上古时代，文明之花灿若满天星斗，开遍中华大地。公元前 221 年，秦始皇统一中国，此后，中国便长期以一个统一共同体的姿态屹立于世界之林。统治者虽然一贯强调"六合同风，九州共贯"，主张整齐风俗，但不同的自然环境和发展历程，仍造就、形成各地不同的民俗文化、风土人情，所谓"百里不同风，千里不同俗"。因此，要整体地深入地把握中华民族发展的历史，必须建立在充分的地区史和区域史研究基础之上。

　　石家庄市在中国省会城市中是一个特殊的存在。20 世纪初叶，它还是获鹿县（今石家庄市鹿泉区）下一个普普通通的不起眼的村庄，但随着正太铁路的兴建，其四通八达的交通要衢地位才使其价值陡然提升，从而迅速取代县城地位，成为华北地区最重要的交通枢纽和经济中心之一，并在 1968 年正式成为河北省省会。虽然石家庄的城市历史只有百余年，作为省会城市也只有五十年的时间，但其所辖之地却是中华文明起源和发展的核心区域。现在的石家庄市横跨太行山脉和滹沱河冲击平原两大区域，兼有《禹贡》并、冀两州之地，传说帝尧曾以此为都，战国时为赵、中山之地。自古以来以民风彪悍、"好气任侠""悲歌忼慨"闻名，风俗独特，对中华民族文化和精神的养成产生了重要影响。

2014 年，石家庄学院本着服务地方、服务社会的情怀和宗旨，确定了编纂五卷本《石家庄文化通史》作为石家庄学院历史学重点学科建设项目，并通过河北省社会科学发展研究重大课题立项。学院组织了以王俊华、贾丽英教授为代表的学术团队，肩负起这一光荣而艰巨的使命。此套通史以思想、精神风尚、民俗、文学艺术等串线，对今石家庄市区域内的历史进行了系统梳理。由于石家庄市是中国近代化进程中发展起来的一座新兴城市，因此，客观上造成以石家庄为对象的区域通史研究，相较那些历史名城，在历史区域范畴的确定、材料的使用等方面存在更多的困难。但团队不负众望，经过数年努力，各卷陆续完成，即将付梓。虽然由于时间等原因，目前呈现的成果难免存在一些疏漏和缺憾，但作为第一部石家庄文化通史，它显然具有里程碑意义。

我与石家庄结缘，缘于贾丽英教授。贾丽英教授曾在我过去任职的中国社会科学院历史研究所博士后科研工作站工作过两年，其间结下了深厚情谊。此次受贾教授之托，为这样一部具有历史意义的《石家庄文化通史》撰写序言，惶恐之余，也倍感荣幸。在此谨对此套通史的出版表示衷心祝贺。

2018 年 6 月

前　　言

　　《石家庄文化通史》按时代分作《先秦秦汉卷》《魏晋北朝隋唐五代卷》《宋金元卷》《明清卷》《近代卷》共五卷本，约二百万字。研究对象分期上自远古，下迄石家庄解放（1947 年 11 月），是一个大型的学术工程。这部通史是石家庄学院历史学重点建设学科的标志性成果，凝结了我校及历史文化学院学术同仁的心血，饱含着我们服务地方服务社会的学术热情。与其说通史的写作，完成了一项学术任务，不如说通史的完成，圆了我校史学同仁为石家庄区域文化贡献微薄之力的一个梦想。

　　"文化"这个词，最早见于西汉。刘向《说苑》："圣人之治天下也，先文德而后武力。凡武之兴，为不服也，文化不改，然后加诛。"① 后来晋代束晳《补亡诗·由仪》："文化内辑，武功外悠。"② 都是将"文化"与没有教化的"质朴""野蛮"相对应，其本义与《周易》中提到的"观乎人文，以化成天下"③ 意义一致。

　　如今，与文化领域中的许多概念一样，"文化"一词本身的含义就充满歧义。梁启超在《什么是文化》中称"文化者，人类心能所开释出来之有价值之共业也"④。而凡是有助于"正德、利用、厚生"思想的、认识的、艺术的、社会的、器用的等众多领域的物质和精神的业绩，在这个概念中都可以叫作文化。上海书店根据商务印书馆 1937 年版复印的，由郑振铎、郭箴一、白寿彝等编著的《中国文化史丛书》，就包括了中国

----

　　① （汉）刘向撰，向宗鲁校证：《说苑校证》卷十五《指武》，中华书局 1987 年版，第 380 页。

　　② （清）沈德潜选：《古诗源》，中华书局 1963 年版，第 155 页。

　　③ （宋）朱熹撰：《周易本义》，中华书局 2009 年版，第 104 页。

　　④ 梁启超：《什么是文化》，《学灯》1922 年 12 月 9 日。

政治思想史、中国伦理学史、中国文字学史、中国小说史、中国散文史、中国建筑史、中国陶瓷史、中国渔业史、中国水利史、中国医学史、中国算学史、中国妇女生活史、中国救荒史等几十个领域的学术研究成果，全套50种。这种认知应是我们所说的"大文化"。

"小文化"则是专注于精神创造活动及其结果。1871年，英国文化学家泰勒在《原始文化》中提出，文化是一个复杂的整体，"包括知识、信仰、艺术、道德、法律、习俗和任何作为社会成员的人所具有的其它一切能力和习惯"①。事实上，泰勒的文化概念与中国传统语言系统中的"以文教化"的意义是相似的，都属于"小文化"的范畴。

我们写作伊始，也就文化史的定义展开充分的讨论，最终确定以"小文化"为研究对象。各分卷需在内容上都涵盖"小文化"中的主流思潮与信仰、文学与艺术、社会习俗与风尚。但是《石家庄文化通史》研究对象从远古，至王国、帝国时期，再至近代社会，历史亘古绵长。每一个时段，尤其是长时段，都有自己的文化特色和风貌。因此我们又强调共性中的个性存在，即"求大同，存小异"。比如说因南水北调工程主要集中在元氏故城，数百座汉墓被集中挖掘，我们在第一卷专门设置"汉墓考古文化"一章。再比如说赵郡李氏，世家家世维系纵贯魏晋北朝一直到隋唐时期，对中古社会影响巨大。因此我们在第二卷中设置"中古时期的世族与世族文化"来探讨赵郡李氏、无极甄氏与土门崔氏等主要世族的兴起与发展脉络、家学渊源等。总之，通史强调文化中的共性，凸显个性，通过对不同的文化现象的分析，总结文化发展的规律，探求石家庄历史文化的精神。

自20世纪80年代以来，区域史和区域文化的研究成为国内史学界关注的重点。这不仅是史学研究自身发展的必然趋势，也是史学服务于地方社会、地方文化的客观需求。《石家庄文化通史》也是在这样一个大背景下构思、规划并完成的。

但是，区域史和区域文化并不完全等同于地方史和地方文化，更不等同于地方志。地方志一般强调的"越境不书"，对于现行行政区划外的事物不会涉及。地方史则多以现行行政区划来划分。而区域史学所强调

---

① ［英］泰勒：《原始文化》，蔡江浓编译，浙江人民出版社1988年版，第1页。

的是立足于文化、民族、语言、地理、气候、资源等结构性要素，以整体或单一要素，如政治、经济、文化等为标准来探讨一个特定空间的历史进程或历史发展共性特征。① 法国年鉴学派代表人物费弗尔、布罗代尔、埃马纽埃尔等都是区域史学研究的早期代表。布罗代尔区域史经典之作《地中海与腓力二世时期的地中海世界》，将时间和空间统一起来，历史在这里就成为特定时空点上的一个坐标。埃马纽埃尔《蒙塔尤》则是把时空锁定在1294—1324年奥克西坦尼一个山村，再现了六百年前蒙塔尤的自然生态、宗教信仰、社会民俗等历史面貌。② 这都是"整体"区域史的代表之作。

区域文化史，是以单一要素为标准的。它不同于区域整体史，也不同于区域经济史或区域社会史。它所侧重的应该是"宗教、习俗、语言等文化表象的同一性"③。

本套书是以现行行政区划为标准来划分的，在严格的意义上来说不能称作区域史学，只能叫作区域性史学。但是，《石家庄文化通史》全书共分五卷，分不同的时段来讨论问题。比如先秦的中山国文化，汉代的常山文化，唐代的恒州文化、赵州文化，明清的真定府文化等本身都是对一个特定时段、特定空间文化现象的探讨，其文化现象之间具有明显的同质性和系统性，都属于较为典型的区域史学。而我们在研究过程中，也注意运用了区域史学的视角和研究方法。比如先秦时期依托中山国遗址、中山王墓等考古资料重点探讨了中山国文化现象和文化风貌；汉代的常山国、常山郡，则依托南水北调考古工程的丰硕成果，对两汉常山一带的信仰、习俗、生活等做了较为系统的研究；宋金时期真定府，依

① 王先明：《"区域化"取向与近代史研究》，《学术月刊》2006年第3期，认为区域史是"立足于文化、民族、语言、地理、气候、资源等结构性要素，从整体上探讨影响一定区域内的历史进程的力量及其原因或区域历史发展共性特征的一种视野或方法"。徐国利：《关于区域史研究中的理论问题——区域史的定义及其区域的界定和选择》，《学术月刊》2007年第3期，认为"区域史（学）就是研究社会历史发展中由具有均质（同质）性社会诸要素或单要素有机构成的、具有自身社会历史特征和系统性的区域历史，进而揭示区域历史发展系统性、独特性的史学分支学科"。笔者倾向于徐国利先生说。

② ［法］埃马纽埃尔·勒华拉杜里：《蒙塔尤》，许明龙、马胜利译，商务印书馆1997年版。

③ 张利民：《区域史研究中的空间范围界定》，《学术月刊》2006年第3期。

托现存正定隆兴寺、佛教石窟摩崖造像和碑刻，对宋金时期宗教和民间信仰进行着重探讨。

现石家庄辖区，区域范围小，史料收集相对困难。越是时代久远，史料不足的问题越严重。因此在研究中，我们一方面充分利用文献材料，将各代地方志、正史、类书、政书、地理书、字书，甚至笔记小说、诗文等都纳入研究视野；另一方面，高度重视考古学资料。碑刻、简牍，以及考古发掘资料，都是各分卷写作中高度关注的。我们不敢说穷尽了所有的考古材料，但主要的碑刻、墓志、壁画、墓葬等内容，都网罗其中。

作为一个区域性文化史，必然涉及生活在这一空间中的人。而生活在这一区域，并对这一区域的社会生活文化产生重要影响的有两类人，一个是原住民，一个是外籍人。因此对于重要人物的文化活动，我们采用的原则：一是"以地系人"。是指那些籍贯在本地的杰出人士，即使后来由于各种原因离开本地，也纳入研究范围。如宋代真定灵寿人韩亿家族，自韩亿开始以科举起家，其子韩缜、韩绛和韩维，都曾经做过宰执。在学术上，韩维和韩绛两兄弟直接受教于程颐、程颢。因此韩亿家族是我们重点关注的对象。二是"以事系人"。是指那些在本地为官、传道、游历的重要人物。比如汉代常山太傅韩婴，本为燕地人。但在任常山太傅时期对于常山经学、易学、韩诗的传播都起到了积极的推动作用。因此在探究两汉时期的主流思想、文学成就时，对韩婴的突出贡献多有叙及。

区域文化的研究，除了关注同一区域文化的同质性、系统性之外，还需要关注超越区域的问题，尤其是当研究的范围相对较小之时。在《石家庄文化通史》的写作中，我们特别注意两种关系。其一，研究本区域与邻近地区的同质关系。比如汉代距今时代久远，资料稀少。但邻近的河北保定满城，中山国刘胜及夫人墓材料丰富，而事实上在两汉时期中山国也曾辖新市（治所正定新城铺）、毋极（治所无极西南新城村）、深泽（治所深泽县城）三县，所以在研究中我们就采用了汉时中山国相当数量的资料；再比如中古博陵崔氏的材料很丰富，而由其分化出来的土门崔氏和平山崔氏的相关材料并不是特别丰富，那么我们较多地运用了博陵崔氏相关材料来探究土门崔氏和

平山崔氏的大致风貌。其二，区域文化与主流文化的统一关系。区域
文化的独特性是我们关注的重点，但因材料的稀疏以及时代的特点，
我们也采用从主流文化视角来阐释石家庄地域文化的研究方法。比如
西汉中期以后，大一统主流汉文化对原该地赵文化的冲击和同化严
重，因此研究常山一带服饰饮食、墓葬风俗，就适当采用关中地区的
材料加以补充说明。两宋时期虽没有达到地域上的统一，然而宋统治
地区仍是文化中心，辽金少数民族仰慕中原文化，真定府也是中原文
化北渐的通道，因此研究该地的生产习俗、生活习俗和岁时节日习俗
也适当采用当时京畿周围材料加以说明。

　　作为一个大型的学术工程，如同其他多卷本著述一样，我们从写
作伊始至今，多次召开调度会，分别就选题的确定、大纲的构思、写
作的规范、实地考察的地点、人员的调整、写作的进程等进行讨论、
协调。虽然课题组的老师们各尽其力，但毕竟作者较多，编写的时间
又很仓促，故不仅在具体问题上，恐在整体结构上也有不尽人意的
地方。

　　《石家庄文化通史》是在石家庄市委宣传部、石家庄学院各级领导的
大力支持下完成的。在此谨表谢忱！感谢河北省社科联、河北省历史学
会给予的大力支持！

　　石家庄学院教学任务较重，《石家庄文化通史》课题组的部分老师还
承担着国家社科规划项目、教育部人文社科项目、河北省社科规划项目
等研究任务，为了完成这部集体著作，各位作者牺牲个人的休息时间，
全力以赴，才使这个大型学术工程得以如期完成，感谢大家！

　　河北省文物局韩立森副局长、河北省文物研究所张春长主任、河北
省博物院张慧研究员为丛书提供了封面照片，感谢他们的热情帮助！

　　中国社会科学出版社郭沂纹副总编、责任编辑安芳老师为本书的顺
利出版做了很多工作，真诚地感谢她们！

王俊华　贾丽英

2017 年 12 月

目　　录

导　言[*]

　　历史研究的复杂之处，不单在于解释、重建、还原历史场景材料的难得与缺失，还在于参与历史的主体——人，本身的复杂性。人类个体已经如此复杂多变，更遑论集合成群体后的思想与行为。因此，历史学研究突破单一学科的界限，实现跨学科的联合，已然成为现代史学研究的趋势。研究者们也为此构建、创设了各种各样的理论和解释体系，或成一家之言，或引领一时的潮流。对文化史研究而言，尼古拉·丹尼列夫斯基（Nikolai Danievsky）对于文明类型划分，提出的"文化·历史类型"论；奥斯瓦尔德·斯宾格勒（Oswald Spengler）提出的"文化的起源、生长、衰老与死亡"论；阿尔弗雷德·克虏伯的"文化式样"论；菲利普·巴格比，在厘清"文明""文化"概念的基础上，提出"周边文明"论；进而，阿诺德·汤因比（Arnold Toynbee）在其皇皇巨著《历史研究》中所呈现了为后来者熟知的"文明形态学"（或"文化形态学"）^①。理所当然地，关于"文明（文化）"的研究也引起了其他领域研究者的关注，尤其是美国当代政治学家塞缪尔·亨廷顿（Samuel Huntington）《文明的冲突与世界秩序的重建》一书的出版，使"文明冲突"与现实社会之间的对照引人注目，在一定程度上也激发了国内学界对"文化史"研究的兴趣，拉近了读者与"文化史"研究著作之间的距离，当然，也对今后的"文化史"研究提出了更高的要求。

　　"文明冲突"理论，或"文化冲突"理论也不是解决相关历史研究难

　　＊　本章作者系石家庄学院历史文化学院袁丙澍博士。

　　①　关于"文明生态史"相关理论的发展脉络，参见复旦大学历史系冯玮教授的《"文明形态史"研究补遗——影响斯宾格勒与汤因比的三位学者及其理论》，《史学理论研究》2009年第3期。

题的"灵丹妙药",从巴格比对汤因比——或他人对巴格比的批判中都可见一斑。[①]"文明形态学"是对"人类历史发展终极原因"的再次思考,是在西方思辨的历史哲学回归思潮下应运而生的产物。这种回归并不是简单的"复古",而是对西方历史哲学研究转向的深化,可以视作对20世纪30年代以来——"西方历史哲学的研究领域开始……从如何认识历史转向如何研究历史","由过去注重本体论的探讨转变成注重认识论和方法论的研究"——的阶段性的总结和成果,而汤因比是其中的集大成者。他认为"人是历史发展的动力",强调人的主观能动性,这对避免"宿命论"无疑具有重要的作用。应该看到,"文明形态学"依然没能摆脱"西方思辨的历史哲学"的窠臼,对于历史发展的原动力的解释还远远没有达到马克思主义唯物史观的程度。[②]同时,"文明生态学"依旧是"西方中心论"的体系延伸,其视角存在强烈的文化优越感和排他的倾向,这无疑会加剧不同种文化的"冲突"。考察中国传统文化的意义也正在于发扬其优秀之处,更加深刻地体会其中的中国智慧。

但是,不管我们对"文明形态学"分类方法、普适性,甚至方法论提出如何的质疑,仍旧不能掩盖该学说带给我们的触动、思考的价值。第一,以文化为视角进行历史研究,可以容纳更为广泛的领域。在"文化"的统领之下,跨越国家、民族的界限,建立更高层次的历史观。第二,"文明生态史"学,关于文化"起源、生长、衰老、死亡"的历史进程,不但警醒研究者其"盛极必衰"的历史发展规律,而且也要求研究者探讨如何保持"文化"长盛不衰的机制和方法。其现实意义不言而喻。第三,"文明史观"虽然"高大上",但其研究内容的很大部分却具体而细微,换言之,与现实人们的生活息息相关,研究对象俯拾皆是,这也有助于历史学科更加深入人们的日常生活,展现其学科的活力,增强民族认同和文化自信,为社会的繁荣发展提供助力。

文化史研究内容包罗万象,很多侧面都可能会穷尽研究者一生而看不到终点,更遑论有无数的侧面、视角等待人们去做更加深入的研究。即使是

---

① 详见冯玮《"文明形态史"研究补遗——影响斯宾格勒与汤因比的三位学者及其理论》,《史学理论研究》2009年第3期。

② 参见徐浩、侯建新《当代西方史学流派》,中国人民大学出版社1996年版。

"文明生态学"研究之集大成者汤因比，也没有对其著作中所列举的每一个文明都进行深入的研究和了解。由此可见，文化史研究的难度所在。因此，文化史研究需要多学科的每一位研究者的添砖加瓦，最终才有可能汇聚成一个丰富多彩的整体。而本书无疑是整体研究中的一小片绿叶而已，囿于作者能力所限，衷心期待学界方家的指正。

　　中华文明在"文明生态史"学研究中的重要性不言而喻，无论是在巴格比的"大文明—周边文明"体系中，还是在汤因比的"独立文明—卫星文明"体系中，皆是如此。尤其是中国近代以来的历史进程，汤因比以文化为中心的"挑战—应战"模式与费正清以西方价值观为中心的"冲击—反应"模式相比，前者显然较之后者具有更广泛的适用性。自鸦片战争以降，中国的历史发展呈现两个突出的特征：变和新。首先，"变"。固然面临"数千年未有之变局"，局势、社会性质、民族存亡处于危机之中。随之继起的洋务运动、维新变法似乎远远没有起到"扶大厦于将倾"的效果，清王朝依旧走向了末路。但是，支撑国家、民族、社会的核心——文化的因应，却远非政治、经济、军事、外交等层面那样不堪一击。文化层面的"应战"为中国带来了新文化运动、五四运动、辛亥革命、马克思主义。从变法，到改良，再到革命，过程虽然艰辛，充满了流血与牺牲，但时至今日中华民族依旧屹立于世界民族之林。从鸦片战争，到改革开放，中国一直处于变局之中，前期是迫于外力，后来是自我更新。这一变化过程，恰恰证明了华夏文明（中国文化）保持繁荣的能力和强大的生命力。这也是当今中国坚持"文化自信"的重要原因。其次，"新"。在民族危亡、文化消失的重压下，从开始的新鲜、新奇，到新技术、新思想、新观念、新教育充斥社会，中国人完全处于一种全新的生活之中。新的生活方式，也就意味着新的文化。这就是中国对外来文化作出的回应。回顾中国近代史，先辈们已经用行动昭示后人如何应对挑战。石家庄作为伴随中国近代化历程而成长的城市，其区域文化的变迁，是中国文化发展历史中不可或缺的链条，自然也能够起到"以小见大"的历史研究的作用。

一　中西文化碰撞的背景

　　近代中国再次面对来势汹汹的异族的挑战，时人以为矛盾主要集中在两个方面：贸易与传教。相较于通过军事手段打开罪恶的鸦片贸易之门对中国的巨大伤害，基督教文化对中国文化的冲击却更为持久。

文化史学者一般都把自 16 世纪末的耶稣会士来华，视作继佛教输入中国后的又一次中外文化的大交汇。客观来说，基督教文化给中国带来的影响，远远超越了宗教本身，中国近代化进程的方方面面都能看到它的影子。也正因如此，这次交汇带给双方的不仅是进步，还有伤害，作为弱势一方的中国，感受会更加明显。

中国人习惯将明朝万历年间传入的基督教称为"天主教"，而将新教称为基督教。学界公认的传入中国的时间是唐代初期，时称景教。①至武宗灭佛，因而有"会昌法难"，景教也受到牵连，自中原消失，流播于西北各游牧部落之间。伴随着蒙古人崛起与征服的步伐，基督教活跃于元朝的统治区域。伴随着元朝的风雨飘摇，基督教再次于中原绝迹。150 余年后，随着葡萄牙人探索世界的脚步，基督教耶稣会从澳门再次登陆中国。由于明代的海禁政策，基督教传教士们试图进入中国内地传教的尝试并不顺利，在 15 世纪末至 16 世纪初，取得短暂的发展。明万历年间，意大利传教士利玛窦采取"适应政策"和"上层路线"，在士大夫阶层中发展了不少的信徒，其中包括徐光启、李之藻、杨廷筠等人。利玛窦去世后，由于其继任者传教策略的改变，导致基督教在中国的发展受阻，继而引发中国历史上第一次重大教案——南京教案，使利玛窦等人的努力付之东流，中国内地的基督教传教士再次被驱逐。清朝建立后，德国传教士汤若望效法利玛窦取得了统治阶层的信任与重用，重新开辟了天主教在中国传教的新局面。尤其是康熙帝亲政后的一系列平反措施，使基督教的传教事业迎来了快速发展期。康熙帝还正式发布了允许天主教在中国传播的谕旨。在一片大好的局面下，天主教内部却发生了"礼仪之争"，即对利玛窦"适应政策"的质疑，进而发展为罗马教廷与清朝的争端。两种异种文化的首次碰撞，以天主教的失败而告终。几经"禁教与容教"的反复，康熙帝晚年颁布了禁教的谕旨。雍正、乾隆二帝继续了康熙帝的禁教政策，天主教的传教活动转入地下发展阶段。在清王朝的高压政策下，外

---

① 关于基督教入华史，参见周一良《中外文化交流史》，河南人民出版社 1987 年版；张力、刘鉴唐：《中国教案史》，四川省社会科学院出版社 1987 年版；徐宗泽：《中国天主教传教史略》，上海书店 1990 年版；周燮番：《中国的基督教》，商务印书馆 1997 年版；郭卫东：《中土基督》，云南人民出版社 2001 年版；连东、张喜爱：《基督教的传承与变异》，社会科学文献出版社 2012 年版；等等。

籍传教士的活动受到制约，至鸦片战争前夕，中国天主教主要依靠中国籍传教士的努力而得以保存下来。18 世纪末，基督新教各派脱颖而出，掀起了"新教宣教运动"。前赴后继的新教传教士们，实践了"文字传教""医务传教""教育传教""慈善传教"等灵活多样的方式，以抵消中国民众，尤其是士人阶层对基督教的厌恶与排斥。为西方鸦片商人打开中国之门的鸦片战争，同时也使基督教传教士看到了希望。甚至，少数传教士不惜参与走私鸦片，怂恿、鼓动对华战争。当单纯的文化对垒，掺杂进政治、经济、军事的因素，再加上贪婪的欲望、道德的沦丧，一切都变得不再单纯。挟军事之力，英国强迫清王朝签订了《南京条约》。与英国人关注市场、贸易、赔款的着眼点不同的是，其后的中美《望厦条约》、中法《黄埔条约》均提到了"建立教堂"等事项，从而开启了基督教入华的大门。

　　有学者把近代基督教在华传播史分为三个阶段：1807—1844 年，为开创时期；1844—1907 年，为广传时期。此一时期又分为两段，1844—1860 年为局部合法时期。1860—1907 年为完全合法时期；1907—1949 年，为中国教会时期。[1] 对于相伴而来的鸦片和传教，究竟谁是谁的副产品，恐怕当事各方有着截然不同的感受。但不论是鸦片贸易带来了文化传播，抑或是文化传播带来了鸦片贸易，对中外第二次文化交汇而言，都是一缕遮不住的阴霾。毫无疑问的是"教会在西方强权下的介入过程伴随着西方侵华背景下中国民族主义日益崛起的过程"[2]，换言之，中国文化对西方文化挑战的应对就是"民族主义的崛起"，且以并不温和，甚至相当激烈的方式呈现出来。

（一）外国传教士在石家庄地区的活动

　　从上述基督教入华的历史进程来看，不难发现，对于选择"上层路线"作为传教策略的基督教传教士们来说，直隶—畿辅之区—天子脚下，绝不仅仅是作为文化核心的象征意义。自明代利玛窦留居北京期间在直隶安肃县（今徐水县）肇始，在该地区广泛的传播基督教义就成为很多来华传教士的选择，其中南部地区重镇——正定府也自然进入了他们的视野。1844 年

---

[1]　连东、张喜爱：《基督教的传承与变异》，社会科学文献出版社 2012 年版，第 247 页。
[2]　连东、张喜爱：《基督教的传承与变异》，第 247 页。

以前，包括所谓基督教在华传播的"开创时期"，天主教传教士在石家庄地区的活动情况大致如下。

目前，关于石家庄地区最早的基督教传播的文献记载出自元代，陈垣先生曾谈到搜集到的关于元代也里可温教的碑谱："所发现之圣旨碑中，最早者，太宗五年（1234），在赵州之柏林禅寺。内中有，凡是也里可温与道教……一律不得骚扰等语。"[①] 也里可温，即元代文献中对基督教及其教徒的称谓。此一时期，"燕京既下，北兵长驱直进，蒙古、色目，随便住居（详廿二史劄记），于是塞外之基督教徒及传教士，遂随军旗弥漫内地"[②]。除此以外，另有刻于延祐元年（1314）的元氏县开化寺之圣碑，也是此类官方出示保护的性质，其中也提到了"也里可温"[③]。这两个元代碑刻文献是基督教在石家庄地区传播的确凿证据。

清初，基督教在华的传播尚算顺利。顺治年间，耶稣会传教士安文思（P. Gabriel de Magalhaens），"在正定府发展了堂口7所"[④]。汪儒望（P. Jean Valat），"满清入主中国后，汪儒望神父是北直隶各城镇乡村继续传教的第一人。……汪神父去正定寻访教务时，给763名望教者付了圣洗。6年之后，他再去寻访时……他使教友人数又增加了490名，过一年又增加了700名"[⑤]。由此可见，此时石家庄地区的基督教传播发展势头良好。

康熙初，虽然基督教为辅政大臣所禁，但皇帝亲政后予以恢复，该地区基督教传教士的活动更为频繁。康熙三年（1664），正定府有教堂7座。[⑥] 其后，耶稣会传教士何大经（P. Francois Pinto），"在正定府治理教务，在1696—1697年间，曾付洗1500多人"。同会传教士郭天爵（P. Francois Simois），"在正定城内热诚传教有2年"[⑦]。同会传教士法安多（P.

---

① 陈垣：《基督教入华史》，《陈垣学术论文集》（第1集），中华书局1980年版，第101页。关于也里可温教，请参见该书《元也里可温考》。

② 陈垣：《元也里可温考》，《陈垣学术论文集》（第1集），第54页。

③ 蔡美彪：《元氏开化寺碑译释》，《考古》1998年第9期。

④ 解成编著：《基督教在华传播系年》（河北卷），天津古籍出版社2008年版，第22页。

⑤ 解成编著：《基督教在华传播系年》（河北卷），第23页。

⑥ 解成编著：《基督教在华传播系年》（河北卷），第24页。

⑦ 解成编著：《基督教在华传播系年》（河北卷），第28页。

Antoine Faglia），"1698 年在正定府"①。康熙年间，在石家庄地区活动的传教士多隶属于耶稣会。

康熙末，虽然因"礼仪之争"，皇帝发布了禁教的谕旨，但对于"为国有益"的传教士予以"准许留京"的优待。其后雍正帝也继续这一禁教政策。但官方的优待被传教士利用，全面禁教的命令似乎在直隶地区并未得到坚决的执行，传教士们暗中的活动依旧频繁。雍正年间，遣使会传教士高嘉乐（P. Charles de Rezende），"在教区内生活达 50 年：在正定 28 年，在北京 22 年。……他在正定府时，救灵工作成绩斐然（1725）"②。华裔耶稣会传教士樊守义，"1743 年，樊神父在正定，后又在威县。在正定府时，有一位双目几乎完全失明的老学究，在他刚领圣洗之后，双目竟突然完全复明。这个奇迹般的事迹，引起了 100 多人归依信奉圣教"③。

至乾隆时期，禁教的形势才愈加严峻，但西方传教士的非法传教活动也屡见不鲜。以直隶为例，乾隆八年（1743），"河间、献县共有分布在两个县和 42 个村庄（分属 15 个堂口）的教徒 3000 余名。威县一代则有教徒 2000 名左右，由中国神甫范类思管理"④。北京的情况亦如此，乾隆十年（1745），"外省方杀戮教士，拆毁教堂，逼令教民背教，而北京神甫乃能晏然传教，与从前康熙时无甚大异……自乾隆十年以后，西洋神甫亦能照常传教，北京三堂瞻礼日鸣钟集众，教友济济登堂，神甫宣讲圣道，一如平日"⑤。1746 年 9 月 7 日，直隶总督那苏图上奏汇报本省查禁基督教的情况："河间、天津、古北口及近京州邑颇有传习天主教之事。"还提到了在清苑、河间查拿教民的情况，表示了对传教者"按律递解"，而对于信教民众则"酌情立予责惩，将经像销毁，勒令改悔"。乾隆帝批示"止可如此办理，不必过严已滋扰"⑥。

从全国其他地区来看，禁教的手段要严厉得多。"1747 年 5 月，福建主教伯多禄等人被枭首，并因此而波及其余各省。……其中山西、陕西两

---

① 解成编著：《基督教在华传播系年》（河北卷），第 29 页。
② 解成编著：《基督教在华传播系年》（河北卷），第 36 页。
③ 解成编著：《基督教在华传播系年》（河北卷），第 38 页。
④ 解成编著：《基督教在华传播系年》（河北卷），第 38 页。
⑤ 解成编著：《基督教在华传播系年》（河北卷），第 39 页。
⑥ 解成编著：《基督教在华传播系年》（河北卷），第 39 页

省教会遭受的打击最为严重。"①与此相反的是，在直隶，耶稣会传教士傅作霖竟将直隶总督的夫人发展为教徒，"从此，这个堂口在总督夫人的关怀下，成为直隶省教友最多、最热心的堂口"②。由此可见，清康、雍、乾时期的禁教以驱逐西洋传教士为主，各地方对禁教执行的宽严程度也有所不同。进入乾隆后期，直隶地区禁教的力度也在加强，缉拿传教士、教徒的案件也多了起来。乾隆五十年（1785），石家庄地区也有查拿教徒的记录，直隶总督刘峩的奏折称："乾隆五十年二月十六日奉上谕（略）。臣当即专差标弁星赴藁城县……将郝保禄即郝济美拿获。……又查拿何禄……一面严饬藁城县多差干役分头勒限严拿伙同窝留梅神甫之何禄到案。"③1784—1785年间的这次行动，是震动全国的大教案，起因于在华基督教会的内部争执，导致罗马教廷解散了耶稣会。打击行动的直接目的是抓捕非法传教的涿州的传教士汉色勒木、阿头大多、刘必约，顺天府的刘多默，藁城县的梅神甫等人，最终波及了直隶多地。④至此，中国的天主教的传教活动"依靠中国籍传教士自传自养，依靠家庭的力量代代传承"⑤。石家庄地区也是如此，很难再公开见到西方传教士的身影。

直到第一次鸦片战争之后，基督教在华传播出现了转机。1844年7月签订的中美《五口贸易章程：海关税则》，即中美《望厦条约》；同年10月的中法《五口贸易章程：海关税则》，即中法《黄埔条约》，都有允许美、法在五口内租房、租地、建礼拜堂的条款。⑥由此，基督教在华传播进入"五口内传播"时期，即局部合法时期。虽然说是"局部合法"，但西方传教士在强大武力的支撑下，进入内地传教之心亦蠢蠢欲动。至1860年第二次鸦片战争，清朝完全开放内地传教之前，西方传教士屡屡挑战条约限制，不断向中国内地渗透，构成了这一时期中西文化冲突的主要原因。

---

① 连东、张喜爱：《基督教的传承与变异》，第 227 页。
② 解成编著：《基督教在华传播系年》（河北卷），第 40 页。
③ 解成编著：《基督教在华传播系年》（河北卷），第 49—50 页。
④ 河北省地方志编纂委员会：《河北省志》第 68 卷《宗教志》，中国书籍出版社 1995 年版，第 204 页。
⑤ 连东、张喜爱：《基督教的传承与变异》，第 232 页。
⑥ 王铁崖：《中外旧约章汇编》（第一册），生活·读书·新知三联书店 1957 年版，第 54、62 页。

　　（二）石家庄地区的民教冲突

　　民教冲突，是指有宗教信仰的教徒与非宗教信徒之间因文化差异而引发的冲突，还包括将人身、经济利益、日常生活纠纷等一般意义上的民间纠纷上升到对方宗教信仰的原因，或以宗教社团的力量压制对方而获利，而引发的纠纷。它有广义和狭义两个范畴。广义的民教冲突，范围涵盖一切宗教信仰的教徒与非教徒之间的矛盾而引发的冲突。而狭义的民教冲突，特指基督教入华后，基督教徒与非基督教徒之间的矛盾而引发的冲突。在中国近代史研究中，"民教冲突"专指狭义的范畴，并成为一个专业研究的领域"教案"①。这里还需要强调的是，这些冲突有的规模、影响、激烈程度较大，最终经过官府的介入和裁定。有的则没有经官，而由地方势力出面协调。②前者由于资料较为充分，且影响面较大，是教案研究的主要方向。

　　天主教入华后，自唐代至鸦片战争爆发前，伴随着"禁教—容教"政策，西方传教士的身影间或地游荡于中国版图之内。据学者的研究，有明一代，驱逐在华传教士的事件有 54 起，且发起者都为士子和官吏阶层③，其中文化冲突的原因是非常明显的。清代自康熙朝后期开始，传教士的传教活动一直处于禁绝的状态，虽然传教士们仍坚持活动，但毕竟受到了相当大的抑制和打压，这也使他们的传教策略、处事方式、心态等都处于相当克制的状态。因此，1844 年之前的教案主要是由官方发起的，旨在维护禁令的强制行动。此一时期的教案，相较 1844 年以后的情况而言，数量较少且性质单纯。

　　1717 年 5 月间（康熙五十六年四月），广东碣石镇总兵陈昂上疏请求

---

　　①　其中代表性的专著有张力、刘鉴唐《中国教案史》，四川省社会科学院出版社 1987 年版。

　　②　关于"教案"概念的厘定，请参见董丛林教授的《"教案"概念的近代渊源与今用问题》，《史学月刊》2012 年第 8 期。笔者赞同董丛林教授的基本观点："第一，当事人须一方是外国教会势力，一方是中国人员；第二，其间的冲突、纠纷，须是通过官方运用行政、司法和外交手段处理而形成案件者。"若以文化视角观之，笔者认为事实上的范围还可以适当扩大，例如，当时一个案件的形成多有其他诱发因素、积蓄不满的过程，而在此过程中，不一定所有的事件都经官形成"案件"，多种地方势力的介入，一方面压制不满和矛盾；另一方面也可能将小的矛盾生发成大的冲突。从文化史的角度看来，这个过程更具研究的价值和意义，而非仅指官方立案的部分。当然，官方介入的案件从资料的角度来说必然更集中和可靠。

　　③　张力、刘鉴唐：《中国教案史》，四川省社会科学院出版社 1987 年版，第 37 页。

强化之前的禁教政策，"天主一教，设自西洋。今各省设堂，招集匪类，此辈居心叵测。目下广州城，设立教堂，内外布满。加以同类洋船丛集，安知不交通生事？乞敕早为禁绝，毋使滋蔓"。兵部议复："康熙八年，会议天主教一事，奉旨：天主教除南怀仁等照常自行外，其直隶各省立堂入教，著严行晓谕禁止。但年久法驰，应会八旗、直隶各省，并奉天等处再严行禁止。"康熙帝朱批："从之。"①这是有清一代全面禁教政策的开始，一切都源于在华耶稣会内部对"利玛窦规矩"的质疑，史称"礼仪之争"。部分后来者认为这种"适应政策"是对基督教教义的背离必须加以纠正，这种看法也得到了罗马教廷的支持。这种情况使康熙帝对天主教传教士由"宽容"变得"严厉"起来。而其后的雍正、乾隆更是坚定不移地执行禁教政策，双方的矛盾变得日益尖锐。至嘉庆朝，依然大体沿用之前各朝的做法，除在京效力的西方传教士外，严厉缉拿私入内地、非法传教的教会人员。

1844 年，中美《望厦条约》、中法《黄埔条约》的签订，使传教在五口之内"局部合法"，这一"胜利"激起了西方传教士突破条约桎梏的野心，频繁深入内地，制造了多起全国范围内的搜捕、驱逐非法传教的教案。这是"局部合法"时期全国性教案的明显特征。此一时期，直隶地方官员对于如何处理教案也有分歧。例如前后两任直隶总督讷尔经额、桂良的做法就稍有不同。讷尔经额认为："当此贼氛未靖之时，攘外先宜安内，惟有暂示羁縻，俟南省逆焰消灭，民情安定，然后再行徐图设法办理。"②而桂良则认为：教民已经有聚众、担伤官兵的事件，当是"养痈贻患"，应该区别对待"将习教而不滋事者毋庸查拿，其滋事各犯遴委明干员弁访闻踪迹，密速缉捕。一面督饬地方文武……不滋事之习教民人，仍随时严密稽察，妥为弹压"③。很显然，这时直隶地方的教会势力已经引起了地方官员的严重关注。关于 1840 年以后石家庄地区教案的情况，在后续章节中有进一步的介绍，这里不再一一赘述。

1860 年，中英、中法签订《北京条约》，承认 1858 年的中英、中法《天

---

① 《圣祖实录》（三），《清实录》第六册，中华书局 1985 年版，第 669 页。

② 朱金甫主编：《清末教案》（第一册），《中国近代史资料丛刊续编》，第 150 页。

③ 朱金甫主编：《清末教案》（第一册），《中国近代史资料丛刊续编》，第 155—156 页。

津条约》有效。1860—1907 年，天主教在华传教进入"完全合法"阶段，这一阶段"民教冲突"的内容包罗万象，涉及人身、利益、习俗等各个方面。客观来看，基督教全面合法以后，民教双方都有敏感、冲动的情绪，因此都热衷于制造"热冲突"，试图将对方置之死地而后快。在如此简单粗暴的思想情绪之下，基督教在华传播遭遇重重阻力，被人厌弃尚不自知；而排教的民众则陷入流言、谩骂的旋涡，直至以暴力的姿态扫除一切。

中国近代以来，文化史研究者除了关注华夏文化自身的创建、发展以外，都会不约而同地关注外来文化与中国本土文化的相互影响，所以，印度佛教、近代西学与中华文化的交汇成为不可回避的重要研究课题。上述基督教教士在石家庄地区的活动，及民教冲突的情况，当然也就构成了石家庄文化史近代嬗变的重要因素和背景。

二　社会动荡的现实

西方殖民主义的浪潮挟工业革命之威席卷了全世界，似乎无往而不胜，但他们引以为傲的基督教文明和工业制成品却在与古老的中国最初的交锋中败下阵来，最终不得不依靠非法的鸦片贸易，并不惜以武力使这种罪恶的贸易合法化。这场让西方列强打开中国大门的战争，其结果似乎也并未如发动者所期待的那样，一方面，层出不穷的教案宣泄着中华文化的抵抗；另一方面，即使是英国人最看重的广阔市场也并不如他们所愿的那样唾手可得。1901 年，英国人赫德回顾这段历史曾说，"条约第一次规定中外交往时所表达的那种乐观自信的期望，60 年之后回首来看，发现从来没有实现过。当然，贸易确实有增长，从贸易征收的税收也已翻了几倍，但是，远远没有达到我们的前辈所期望的。其中的原因并非中国政府竭力反对对外贸易，而是中国人民不需要它"[①]。而当时，赫德文中所说的"前辈"们却沉迷于武力，积极地鼓动对华战争。1839 年，林则徐虎门销烟，英军一路北上直逼北京，清廷也开始布防海口，紧急备战。石家庄地区虽未经历战事，但正定镇标兵多次调防天津，战争氛围日益浓厚。1840 年 8 月 6

---

① ［英］赫德：《这些从秦国来——中国问题论集》，叶凤美译，天津古籍出版社 2005 年版，第 39—40 页。

日（道光二十年七月初九日），直隶总督琦善上奏"预调正定镇标兵八百名"，协防天津。[①]9月10日，奏"复添正定镇（标兵）三百名"[②]，驻守宁河县北塘海口。英军舰船南返后，直隶总督琦善将所调"正定镇（标兵）五百名"，撤回归伍，另尚留有"正定镇（标兵）三百名"，待确定"夷船南下后，并即一并撤退"。[③]12月30日，鉴于英军增兵广东，道光帝谕令沿海各督抚"严密布置，加意操练"[④]。于是，时任署理直隶总督的讷尔经额上奏，再次抽调"正定镇（标兵）三百名"[⑤]。而道光帝谕令，"照所拟兵数，先调一半……其余一半，著各该处预为筹备"[⑥]。由上所述，从军队调动的情况，可见当时直隶形势的紧张。

晚清时期，清王朝面临的社会问题绝不仅仅是伴随着西方坚船利炮而来的外来文明的冲击，其自身落后陈腐，百弊丛生，阶级矛盾激化，各地民间反抗此起彼伏，构成了中国文化近代发展的又一个重要背景，石家庄地区也不例外。

（一）太平军北伐

中英《南京条约》签订十余年后，太平军北伐的兵锋直指京城，引起华北局势的极大震动。1853年5月13日，北伐军自南京开拔，渡江从浦口登岸，掠过滁州，驻临淮关，过凤阳，转向西北。一路经过蒙城、亳州，转向北，寻求渡黄河北伐。取归德，沿黄河向西南寻渡。经过宁陵、睢州、杞县、陈留，6月18日前锋抵开封。避开封向西，经中牟、郑州、荥阳、汜水，至巩县寻的煤船，主力从洛河口渡河。战怀庆，克垣曲，突入山西，下平阳，取洪洞，由曲亭镇向东，经岳阳、屯留，连克潞城、黎城，经东阳关过太行山，进入河南涉县、武安，继败清军于临洺关以西，突入直隶。北伐军用了大约四个半月，行踪飘忽，攻守自如，自南京直抵畿辅，震动

---

① 中国第一历史档案馆编：《鸦片战争档案史料》（Ⅱ），天津古籍出版社1992年版，第237页。

② 中国第一历史档案馆编：《鸦片战争档案史料》（Ⅱ），第337页。

③ 中国第一历史档案馆编：《鸦片战争档案史料》（Ⅱ），第391页。

④ 中国第一历史档案馆编：《鸦片战争档案史料》（Ⅱ），第665页。

⑤ 中国第一历史档案馆编：《鸦片战争档案史料》（Ⅱ），第733页。

⑥ 中国第一历史档案馆编：《鸦片战争档案史料》（Ⅱ），第735页。

京师。① 连克沙河、任县、隆平、柏乡。北伐军跨越太行进入直隶境内，咸丰帝将作战不力的直隶总督讷尔经额革职留任，并拔去花翎，"叠次谕令讷尔经额严防直隶各要隘，据奏早经布置，何以先期绝无侦探准备，以致贼匪窜入直境？该督调度乖方，实难辞咎"②。同时，将恩华革职留任，胜保降二级留任，即便是受伤的托明阿也受到降五级留任的惩戒。他一面谕令尚在山西的胜保迅速由井陉一路进入直隶阻截③；一面调集驻扎南苑的察哈尔兵，及盛京等各路官兵驰援正定④。

1853 年 10 月 4 日（咸丰三年九月初二日），北伐军克赵州。赵州县城"系年久土城，修工未竣"，知州胡允植带领 300 余兵勇负责防御，企图利用离城 15 余公里的河道阻击太平军。上午 10 点钟左右，北伐军以一支人马捆扎木筏强渡，清军击其中流，"枪弩兼施"，但依旧不敌。而另一支太平军由上游偷渡，攻破赵州东门。⑤《光绪直隶赵州志》载："粤逆李开芳、吉文元等北犯，自隆平、柏乡扰及赵州，州署悉被焚毁。"⑥北伐军行动迅速，将清军堵截各部甩在山西。其进入直隶后，清廷的军事情报严重滞后。赵州被攻克之时，兵部尚书桂良奏报："近省各州县尚无紧急禀报。"因此，进行的均是"所有兵练，业俱派定分段防守""大小炮位于城上安置妥协""预备土袋""四门稽查""夜间逡巡"等一般性的防御措施，对敌踪在何处并不确知。而身处九重的咸丰帝也很不安，"无紧急禀报，朕更心焦"⑦。直到两天以后（九月初四日），才由定州知州禀报：贼匪已至赵州⑧。北伐军攻克赵州，烧毁了"州署并关帝庙、城隍庙"，之后主动放弃县城。

---

① 北伐军转战经过，详见张守常、朱哲芳《太平天国北伐西征史》，广西人民出版社 1997 年版。

② 中国第一历史档案馆编：《清政府镇压太平天国档案史料》（第九册），社会科学文献出版社 1992 年版，第 508 页。

③ 中国第一历史档案馆编：《清政府镇压太平天国档案史料》（第九册），第 509 页。

④ 中国第一历史档案馆编：《清政府镇压太平天国档案史料》（第九册），第 509、525 页。

⑤ 中国第一历史档案馆编：《清政府镇压太平天国档案史料》（第十册），第 24 页。

⑥ （清）孙传栻修，（清）王景美等纂：《光绪直隶赵州志》，《中国地方志集成·河北府县志辑》（第六册），上海书店出版社 2006 年版，第 348 页。

⑦ 中国第一历史档案馆编：《清政府镇压太平天国档案史料》（第九册），第 538 页。

⑧ 中国第一历史档案馆编：《清政府镇压太平天国档案史料》（第九册），第 561 页。

10月5日，克栾城。时任栾城知县唐盛，招募乡勇以抵御北伐军，也无济于事。北伐军突入栾城南门，抓获知县唐盛，劝他投降。唐盛假意应承：若放城内的百姓离开，则投降。当百姓离开后，骂敌殉职。唐盛身中十四箭，首级被悬挂在县衙仪门。典史陈虎臣防守北门，被长矛刺死。抵抗的乡勇被驱赶到极果寺，被集体烧死。①北伐军直指有"北方三雄镇"之称的正定府，清廷深知，"正定为省城门户，不可稍有悚虞"，于是命令直隶提督宝恒、正定镇总兵、正定知府"实力防守"，并急调胜保、恩华等各路兵马支援。②正定的局势也十分紧张，"郡城（正定）戒严，周灏（知县）激励人心，明定章程，总局之外东西南北四门分设四局，严密防守"③。同日，据《民国重修无极县志》载："林凤翔、李开芳肆掠县西南境郝庄等村，游骑至城外，乡民逃避。"④而北伐军不与纠缠，转向东北，渡过滹沱河，直取藁城。

10月6日，克藁城。围追堵截的清军终于在直隶境内第一次与北伐军接仗，据《光绪藁城县志续补》载："（咸丰三年）秋九月，粤贼林凤翔由栾城寇藁城，初四日城陷。察哈尔都统西凌阿击之，获胜。"⑤《同治栾城县志》载："（咸丰三年）初四日，察哈尔都统西（名凌阿）追粤逆于藁城，大败之，退防栾城。都统带兵追贼于藁城西南徐村，大获胜仗。是日退守栾城，驻扎台头寺西四乡。拿获余匪数百，送大营，悉斩之。"⑥两条县志史料都显示出北伐军与清军发生战斗。西凌阿汇报了战斗过程，"初四日卯刻，前敌行至栾城，尚有贼匪数十名，即行斩杀。并探问知贼已绕向东北藁城县而去，随追至距城二十里之泥扬镇，追及贼之后股，官

---

① （清）陈詠修：《同治栾城县志》，《中国地方志集成·河北府县志辑》（第九册），上海书店出版社2006年版，第563、606—607页。

② 中国第一历史档案馆编：《清政府镇压太平天国档案史料》（第九册），第578页。

③ （清）庆之金、贾孝彰修，（清）赵文濂纂：《光绪正定县志》，《中国地方志集成·河北府县志辑》（第三册），第144页。

④ 耿之光、王桂照修，王重民等纂：《民国重修无极县志》，《中国地方志集成·河北府县志辑》（第八册），第531页。

⑤ （清）朱绍谷修：《光绪藁城县志续补》，《中国地方志集成·河北府县志辑》（第六册），第177页。

⑥ （清）陈詠修：《同治栾城县志》，《中国地方志集成·河北府县志辑》（第九册），第563页。

兵奋勇冲杀，贼匪败走。官兵且追且杀三十余里，该逆沿途掷弃枪炮、刀矛、骡马、衣物，冲衢塞路，计杀长发贼一千余名，半长发贼五百余名，生擒二百余名，就地正法，解散裹挟百姓二千余名。有坐轿贼目一名，经委营总佐领格绷额首先斩杀。又有坐红轿陆姓贼目一名，经蓝翎侍卫索布多尔札布首先拿获。夺获抬枪、鸟枪、刀矛、大小旗帜、火药、铅丸、硝磺、骡马，不计其数，并获二百斤、五百斤重者大炮二十一尊。直追至藁城县城下，城已失守。贼之前股出城迎扑，我军奋勇攻击，杀退数十次，歼毙多名，贼始奔入城中不出。官兵撤队扎营"①。暂且不论西凌阿的战果是否真实，清军尾随而至，及正定府城强化的防务都使北伐军需要仔细研判后续进军的方向。正定方向，知县周灏"设虚伏于滹沱河岸，乡兵连村结聚万余人，早河南岸旗鼓摇喊"②，制造声势。北伐军千里奔袭，胜在机动性。此时深入畿辅，面对清军的围追堵截，且该区域地处平原，唯有河流可作为战略屏障，否则一旦被围困，陷入固守，缺乏补充的北伐军必遭重大损失。基于这一思想，北伐军克藁城后，第二天夜间即组织抢渡滹沱河。这一次北伐军采用搭建浮桥渡河，部队渡河中，"桥忽中断，取门、窗、桌、凳等连夜修桥"③，这样有惊无险，北伐军又一次安然脱身。

10月8日，克晋州。《民国晋县志》载："林凤翔等从西南来……从城（藁城）北渡滹沱河，诡以大旗竖无权道。我州觇贼者谓：吾晋当免。方以无事报官，而贼骑已纷纷至，从西门驰赴东门，俄而满街满巷皆贼马。"④一方面，北伐军故布疑阵，使晋县方面放松了防御；另一方面，晋县知州杨云鳌刚刚上任仅十余日，手中无练勇可资防御。北伐军一举攻克晋县，稍作整顿、休息，出城继续向东进发。北伐军攻克晋州，周边州县惶惶不可终日，《咸丰深泽县志》载："是时土匪四起，民心惶惶。深泽戒备愈严，

---

① 中国第一历史档案馆编：《清政府镇压太平天国档案史料》（第十册），第 24 页。
② 佚名：《畿辅平贼纪略》，《近代史资料文库》（第五册），上海书店出版社 2009 年版，第 528 页。
③ 佚名：《畿辅平贼纪略》，《近代史资料文库》（第五册），上海书店出版社 2009 年版，第 528 页。
④ 孟昭章修，李翰如纂：《民国晋县志》，《中国地方志集成·河北府县志辑》（第五册），第 523 页。

拿获长发贼二名，就地正法。居民赖以安堵"①；《光绪重修赞皇县志》载：
"民人惊惶，大半逃散，越数日始归"②；《民国元氏县志》载："元氏与赵、
栾接壤，民心摇动，逃散者十室九空"③。

至此，北伐军10月3日克柏乡，进入赵州地界，以迅雷不及掩耳之势，
六天克五城，其间进军方向由北转东，甩开了清军的追兵，避开清军防御
的重点，转战深州，利用清军首尾不能相顾之势，获得充分的休整。进而
一鼓作气，直插天津。这一时期，是太平军北伐进展最顺利的时期，取得
了辉煌的战果。同时，对于该地区、直隶省，乃至中国北方局势的震动是
巨大的。

（二）西捻军

太平军北伐的纵横驰骋，直接推动了长江以北广大地区反抗清王朝封
建统治的农民运动的兴起，尤以捻军起义最为突出。两支起义军相互呼应，
共同战斗。其间，太平天国运动虽然以失败而告终，但捻军的抗争仍在继
续。1866年10月，张宗禹自河南挥师向西，史称西捻军。西捻军在陕西
与清军周旋了一年多的时间。1867年12月，自壶口借河面结冰之机，越
过黄河天险，突破山西按察使陈湜的防线，克吉州、乡宁，经曲沃、绛县，
克垣曲，进入河南北部。经济源、怀庆、清化，转而北上。1968年1月27日，
西捻军越过漳河④，进入直隶。前有太平军北伐的先例，因此西捻军入直，
给清廷带来极大的震动。军机大臣传上谕督饬负责围剿的官员，"各路统
兵大臣，并各该省督抚膜视玩延，并不实力催提，星野前进，以致处处落
后。任令贼……直向北驱。李鸿章等各拥重兵，坐视观望，毫无急难之意，
是诚何心？捻股裹挟日众，畿辅东北一路兵力未厚。设因客兵未齐，蔓延

---

① （清）王肇晋纂：《咸丰深泽县志》，《中国地方志集成·河北府县志辑》（第七册），
第369页。

② （清）周晋堃等修，赵万泰等纂：《光绪续修赞皇县志》，《中国地方志集成·河北
府县志辑》（第九册），第272页。

③ 王自尊修，李林奎等纂：《民国元氏县志》，《中国地方志集成·河北府县志辑》（第
九册），第492页。

④ （清）奕䜣等撰：《钦定剿平捻匪方略》（卷295），《清代方略全书》第168册，
北京图书馆出版社2006年版，第498页。

益甚，震及近畿一带，尚复成何事体"①，辞句之严厉，其心态也可见一斑。1月31日，西捻军在晋县、束鹿两县交界地带寻求渡滹沱河北上，"正月初七日，入邑（束鹿县）之西南境，攻破木邱寨，迳驱西北，欲渡滹沱北窜"②。在清廷一筹莫展之际，西捻军早经磁州、邯郸、广平府，于2月1日渡过滹沱河，进入了正定府。③负责正面拦截的署理直隶总督官文哀叹，"直省练军未精，练勇无多，地广兵单，而所调各军又不及迎头痛剿。各处客兵虽经频檄飞催，迄无一起来直，以致贼势燎原。……非但不能遏其狂窜，且省城更觉空虚，转恐难以回顾"。在官文无以为继之时，西捻军掠过正定，兵锋直指省城。而临近的赵州不知捻军的进军方向，局势也很紧张，"捻匪张总愚（张宗禹），号称数万，由宁晋四芝兰北窜，势极凶悍，知州刘锡穀举行团练，提督郭宝昌、刘松山等辎重驻大石桥及城西苏村，郡城戒严"④。

1868年2月1日，据《民国晋县志》载，"（同治七年）正月初八日，捻匪张总愚（张宗禹）从南来，踏冰渡滹沱河。是夜（2月1日凌晨），宿焉于一带，数十村火光烛天。次日（2月1日白天），从小樵镇东驰而北，自辰至未始毕。是时，贼氛方锐，如入无人之境"⑤。关于西捻军"踏冰夜渡滹沱河"的情形，《同治续修束鹿县志》也有记载，"是夜（1月31日夜），贼由滹沱上游踏冰迳渡，人马陷泥淖中，溺死无算，蹂尸垫马，过者亦多"⑥。由此可见，与前文所述太平天国北伐军相比，西捻军的渡河战斗更为仓促，损失也相对大一些。

2月2日，西捻军向北至无极县境，"正月初九日，捻匪张总愚（张宗禹）

① （清）奕䜣等撰：《钦定剿平捻匪方略》（卷295），《清代方略全书》第168册，第509—510页。
② （清）宋陈寿纂修：《同治续修束鹿县志》，《中国地方志集成·河北府县志辑》（第五册），第332页。
③ （清）奕䜣等撰：《钦定剿平捻匪方略》（卷295），《清代方略全书》第168册，第518页。
④ （清）孙传栻修，（清）王景美等纂：《光绪直隶赵州志》，《中国地方志集成·河北府县志辑》（第六册），第348页。
⑤ 孟昭章修，李翰如纂：《民国晋县志》，《中国地方志集成·河北府县志辑》（第五册），第524页。
⑥ （清）宋陈寿纂修：《同治续修束鹿县志》，《中国地方志集成·河北府县志辑》（第五册），第332页。

由县境西宋村北窜，旋回县东合流等村，再窜入晋州境"①。

2月3日夜间，西捻军由定州直扑清苑，省府保定戒严。②"接着进至满城、安肃、易州，一路势如破竹，锐不可当，前锋深入房山，直达宛平县西卢沟桥"③。而此时，清军各路围剿的人马纷纷到达直隶，西捻军的战略空间进一步被压缩，如不能速战速决，势必会陷入清军的重重包围之中。于是，他们一路向南作战，游走于河间、保定、正定三府，及冀、赵、深等各州。

2月29日至3月4日，西捻军在束鹿县境与当地团勇发生多次战斗，"二月初六日，贼大股自深州渐入邑（束鹿县）境，东路团勇意图截杀。初七日，云集响应，聚一万余人，与贼合战。折贼前锋，斩首数级。而逆匪过多，四面围攻，无险可守，屡被马队冲驰。……众皆溃散。初八日，李全有率精勇数千与贼战于城北之路过村……贼往西窜。日暮收队，驻于城下。……翌日（初九日），群逆蜂拥围胡合营、辛集镇、南小陈、田家庄、良马数堡，迭击不退，相持两昼夜。十一日，统领陈国瑞率官军大进，贼遂解围宵遁"④。西捻军在与团勇相持之际，追击的清军亦已赶到，于是主动连夜转移。

3月7、8日，西捻军回师晋县，"见大兵云集，乃自知无能为，折而南，陷祁州。二月十四、五日抵晋境东南，攻南白滩寨，受创去。欲渡河，聚木为桥，水辄冲坏。未及大兵至，转而北，未数日又转而南"⑤。西捻军自卢沟桥折返向南，试图在晋县渡滹沱河未果，不得以继续与清军缠斗。

3月13日，西捻军在藁城境内，"侦知……欲扑县境，城中官绅、练勇彻夜巡防。二月二十日，贼至南朋、张村、东里村、西里村，攻两河堡不克。

<hr>

① 耿之光等修，王重民等纂：《民国重修无极县志》，《中国地方志集成·河北府县志辑》（第八册），第531页。

② （清）奕䜣等撰：《钦定剿平捻匪方略》（卷296），《清代方略全书》第168册，第553页。

③ 详见郭豫明《捻军史》，上海人民出版社2001年版，第467页。

④ （清）宋陈寿纂修：《同治续修束鹿县志》，《中国地方志集成·河北府县志辑》（第五册），第332页。

⑤ 孟昭章修，李翰如纂：《民国晋县志》，《中国地方志集成·河北府县志辑》（第五册），第525页。

二十五日，大股至南朋、里庄、辛庄、角中、周卦等村，游骑至毛庄窥城"①。

3月14、15日，在晋县、无极境内，"破楼底、于家庄两寨。又北至无极两河村，遇大兵。又转而东南直逼州城，大兵随至，贼尽向东南奔。贼北兵亦北，南兵亦南，旋转六、七日。……至二十五日，贼苦饥，乃决意南返"。

3月19日，西捻军转至栾城境寻求渡过滹沱河，"二月二十六日，捻匪张总愚（张宗禹）由藁城县南趋栾城，滹水陡涨，十数里不得渡"②，渡河再次未果，大军转向东南，再次返回晋县，最终第三次强渡滹沱河得以成功，"至滹沱河，取所掠衣被，厚铺泥面，践踏而过，陷死数百骑，余尽踏马背而去"③。至此，在由卢沟桥折返至正定府境内，前后20天左右的时间中，经过多次尝试，西捻军终于摆脱了滹沱河以北的狭窄战略空间④，打破了清军的围剿计划，避免了被清军围歼的困局，转而一路向南，转战于豫北及山东西北部。

西捻军在直隶的转战，比之太平军北伐，靠近京师更近，对清廷更具冲击力。同时，对畿辅之地的直隶而言，本就是朝廷的心腹要害，容不得半点疏忽，却在短短15年的时间里，连续遭受两次来自内部的重创。如果再加上第二次鸦片战争期间，英法联军攻克北京。前后三次的动荡，对于晚清社会的动摇是不言而喻的。

（三）义和团运动

中日甲午战争中中国战败，西方列强掀起了又一轮瓜分中国的狂潮，

---

① （清）朱绍谷修：《光绪藁城县志续补》，《中国地方志集成·河北府县志辑》（第六册），第178页。

② （清）陈詠修：《同治栾城县志》，《中国地方志集成·河北府县志辑》（第九册），第564页。

③ 孟昭章修，李翰如纂：《民国晋县志》，《中国地方志集成·河北府县志辑》（第五册），第525页。

④ 关于西捻军渡过滹沱河的情况，郭著《捻军史》有相关的叙述，其采信的是《捻军史料丛刊》中的《朱学勤致曾国藩》书信史料，"偷搭浮桥，自未至丑，从容毕渡"。特别需要注意的是，朱氏信中提到"滹沱甚涨"。同时，《同治栾城县志》中也提到"滹水陡涨"。在北方冬天发水是比较少见的事情，可见，对于这一特殊事件，朱氏及县志所载非虚，那么，《民国晋县志》中所载的"聚木为桥，水辄冲坏"的渡河场景就有很高的可信度了。西捻军十余日间，在晋县、藁城、栾城境内寻机渡河而遭遇大水，数次渡河未果，且最终以惨烈的方式南返，比之朱氏所言"偷搭浮桥，自未至丑，从容毕渡"，更加可信。所以本书采用县志的记载。

民族矛盾进一步凸显，中国面临着"亡国"的危机。重压之下，义和团运动是中国民族主义觉醒的一次爆发。从文化的角度观察，一般看来，义和团运动有相当浓厚的"诡异""蛊惑""不可理喻"的色彩，大量丰富的既有研究的解释也很精准且生动。例如，美国文化学家拉尔夫·林顿"社会力量不对等下，文化接触的反应类型"的代表性研究①等。压抑在所谓"盲目排外"外表下的民族情绪的酝酿是义和团运动最伟大的历史意义，对于民族主义的滋生具有不可估量的作用，只不过落后、保守的农耕文明还没有找到应对工业文明的正确的指导思想和途径。

义和团运动起于山东、直隶，初期在两省并行发展②，至朱红灯起义后的发展却大相径庭，山东一度沉寂，而直隶却如火如荼。究其原因，源自于直东两省长官手段不同，一个"手段单一"，一个"多措并举"。直隶总督裕禄"专剿"，"哪里发现有义和团活动，就往哪里派兵镇压、抓捕。结果是，兵越派越多，直至无兵可派，而义和团活动的区域和规模却越来越大"。而山东巡抚袁世凯，"通过多种手段并用，把官、兵、勇、役、士绅、乡团等力量都动员起来了，从多方面形成对义和团的遏制、经过两个月左右，山东义和团的活动渐趋沉寂"③。裕禄的"专剿"政策并未收到良好震慑的效果，反而进一步激起了民众的反抗。

1898 年（光绪二十四年），赵三多在山东冠县蒋家庄发动起义，率众攻打黑刘村天主教堂、红桃园天主教堂等地。裕禄电令大名镇负责弹压，起义军在攻打威县堤三口村天主教堂后，于西留善固村解散。"赵三多带领一批徒弟北上，先后在枣强、武邑、晋州、正定等地立坛开场，收徒教拳"④。

---

① 拉尔夫·林顿认为，在两个社会力量不对等的状况下，文化接触会伴随着四种类型：力量优势，文化有优越感；力量优势，但文化有自卑感；力量弱势，但文化有优越感；力量弱势，文化有自卑感。并用以解释义和团运动中带有巫术、迷信色彩的活动。参见 Ralph Linton, "Nativistvc Movement", Reader in Comparative Religion, 1943. 转引自陈银莲《清季民教冲突的量化分析（1860—1899）》，台北：商务印书馆 1991 年版，第 208 页。

② 关于义和团运动的起源，学界多有著述，成果丰厚。林华国教授认为"起于山东，延及直隶"的说法值得商榷，笔者从其说。参见林著《历史的真相——义和团运动的史实及其再认识》，天津古籍出版社 2002 年版。

③ 林华国：《历史的真相——义和团运动的史实及其再认识》，天津古籍出版社 2002 年版，第 83、85 页。

④ 方尔庄：《河北通史》（清朝下卷），河北人民出版社 2000 年版，第 161 页。

1899 年 11 月（光绪二十五年十月），"有饶阳县尹姓拳匪到晋州之棚头村设坛授徒，中立村石吕魁为大师兄，石双亭、石小盘、刘复生为二、三师兄。初惟二十四人学习拳术，旋即分立拳场于吕家庄、彭家庄、卓宿等处。远及于府西获鹿之石家庄，与府东深泽之小镇、×河等处"①。《民国晋县志》亦载，"光绪二十五年，义和团从山东起。次年（1900 年），延蔓至晋州境"②。

1899 年 12 月（光绪二十五年十一月）间，裕禄奏报，"有大刀会及义和拳匪徒与教民滋事之案，渐及于直隶河间、深、冀等处"③。

1900 年 4 月底左右，则"义和团大刀会等月前已至涿州、易州等处，近日又至卢沟桥一带"④。

1900 年 5 月间，"四月初，拳焰又起。晋州、定州、新乐、宁晋、广宗、获鹿等处，拳场林立，指不胜曲。……四月底……匪渡滹沱河而北，将深泽之梨元石桥头、赵八庄、秀武，与无极之庄里、大陈河流矜村等教堂，或拆或焚，均成平地"⑤。

在无极县，"（光绪）二十六年，义和团事起山东，卢某派徒来县设坛，煽惑朱家庄张大环者成立拳场，为拳民头目，愁（仇）视教民。六月间，拳率众赴庄里村焚烧教堂，杀死教友二人。又至黄台村将教堂焚毁"⑥。而李林的《拳祸记》也记载了这一事件，"（六月）初十日，无极拳匪围攻黄台村教堂，被躲村教友击死五人，拳场亦即捣毁……（拳首）退入县城另立新场"⑦。

在新乐县，"（光绪二十六年六月）初五日，新乐拳匪被闵镇村教友还击，死者十三人。……七月初六日，北拳党七百余人，烧新乐闵镇村教堂。……

①　王美秀主编：《东传福音》（第 6 册），《中国宗教历史文献集成》，黄山书社 2005 年版，第 185 页。

②　孟昭章修，李翰如纂：《民国晋县志》，《中国地方志集成·河北府县志辑》（第五册），第 525 页。

③　国家档案局明清档案馆编：《义和团档案史料》（上册），中华书局 1959 年版，第 40 页。

④　国家档案局明清档案馆编：《义和团档案史料》（上册），第 75 页。

⑤　王美秀主编：《东传福音》（第 6 册），《中国宗教历史文献集成》，第 185 页。

⑥　耿之光等修，王重民等纂：《民国重修无极县志》，《中国地方志集成·河北府县志辑》（第八册），第 531 页。

⑦　王美秀主编：《东传福音》（第 6 册），《中国宗教历史文献集成》，第 185 页。

次日，匪烧王村教友房屋"①。

在正定县，"（光绪二十六年六月）十七日，正定迤南教堂全行焚抢"②。

在行唐县，"（光绪二十六年七月初七日），烧安香村教友房屋"③。

在高邑县，"光绪二十六年九月间，拳众齐集，与天主教为难，官绅相与排解。拳众乃乘夜入城，侵犯县署。时，县内驻有官兵，闻变驰救。本地团勇亦出面弹压，并击毙拳众数人，余始逃散"④。

在元氏县，"（光绪）二十六年，拳匪作乱于京师。元氏亦有设坛习拳术者，然为数甚少"⑤。

在平山县，"（光绪）二十六年，义和团自获鹿来，设坛于城内东大寺，幸赖在城绅董禀请县知事即日驱逐出境"⑥。

在束鹿县，"光绪二十六年，拳匪乱起……当是时也，县北村镇有外来匪煽惑乡民，群焉附和，有识者力劝使散"⑦。

由上述资料可见，在义和团运动爆发初期，在几乎全部石家庄地区的范围都活跃着拳民的身影，与教民时有战斗，互有伤亡。最终义和团运动的风起云涌，引起了西方列强的恐慌，意图增兵镇压。同时，也促使清廷改变了政策，不得不下令"事机紧迫，兵衅已开，该督抚须急招义勇，团结民心，帮助官兵节节防护抵御，万不可瞻顾，任令外兵直入"⑧。由此，义和团运动进入了抗击列强的新阶段。义和团与清兵配合，在廊坊、天津英勇奋战，取得了鼓舞人心的战果。面对八国联军的反弹，清廷张皇失措，转而出卖义和团，向列强求和。八国联军趁机将侵略的范围扩大至直隶范围，借镇压义和团之机肆意报复，正定府范围也遭铁蹄践踏，"良民多遭

---

① 王美秀主编：《东传福音》（第6册），《中国宗教历史文献集成》，第185—186页。

② 王美秀主编：《东传福音》（第6册），《中国宗教历史文献集成》，第186页。

③ 王美秀主编：《东传福音》（第6册），《中国宗教历史文献集成》，第186页。

④ 张权本修，李涌泉纂：《民国高邑县志》，《中国地方志集成·河北府县志辑》（第七册），第108页。

⑤ 王自尊修，李林奎等纂：《民国元氏县志》，《中国地方志集成·河北府县志辑》（第九册），第492页。

⑥ 金润璧修，张林等编辑：《河北省平山县志料集》，《中国方志丛书》，台北：成文出版有限公司1976年版，第171页。

⑦ （清）李中桂等纂修：《光绪束鹿乡土志》，《束鹿县志（五志合刊）》，《中国方志丛书》，台北：成文出版有限公司1968年版，第1283页。

⑧ 国家档案局明清档案馆编：《义和团档案史料》（上册），第153页。

连累"，时人以为"外侮"。

义和团运动的爆发，固然有政治、经济、自然灾害等多重原因，但选择以"灭洋"为突破口，却也显示出深刻的历史文化特征。

三　由乡村向城市迈进的步伐

在经历半个多世纪的动荡之后，石家庄偶然间迎来了其跳跃式发展的历史机遇。石家庄城市发展之路有着鲜明的特点，即短时间内完成了由乡村向城市的过渡，这一点在晚清中国近代化的过程中并不多见。再加上其所处的地理位置——内陆腹地，政治、军事、经济地位——几乎无从谈起，而发展成为华北，乃至整个中国北方的重镇之一，不能不说是很珍贵的研究案例。因此，对石家庄城市史研究做出开创性工作的李惠民教授就指出：第一，石家庄是中国近代城市化第三种发展道路的典型范例，属于一个农业文明向近代城市文明过渡的典型变迁个案，是整个中国近代农村城市化的一个缩影。第二，目前我国学术界对近代城市史研究的规律性认识之一，是近代中国大城市和开埠通商优先发展。20世纪初，石家庄仅是不足百户的小村庄，既非大城市又非开埠通商口岸，石家庄用几十年的时间，就实现了从小村庄到大都市的巨变，在20世纪中国是个奇迹。[①] 由此可见，石家庄城市发展的重大意义。

（一）巨变前的小村庄

石家庄，进入20世纪之前是籍籍无名的小村庄，至今都无法考证其名称的由来，只能借悠悠之口留下"石家"和"十家"的传说。目前发现最早的石刻史料来自毗卢寺明嘉靖十四年（1535）的重修碑记中。[②] 在方志史料方面，现存最早的明嘉靖三十五年（1556）的《获鹿县志》中，记录有72个乡[③]，其中并无"石家庄村"。而乾隆元年（1736）的《获鹿县志》中，则乡增加到181个，其中石家庄在列。这是目前看到的最早的文字资料。其后乾隆四十六年（1781）的《获鹿县志》，目录中虽有"乡社"条目，

① 参见李惠民《近代石家庄城市史研究述评》，《石家庄经济学院学报》2006年第3期。

② 近年有报道说，有历史爱好者在鹿泉龙泉寺发现元大德四年石碑，碑文中有"石家×"字样，推断有可能是最早的关于"石家庄"的史料记载。暂且存疑。

③ 《明嘉靖获鹿县志》中，所谓的"七十二乡"，对照实际名称，实际记有80个乡的名称，去除疑似重复的许营乡、杨家庄，共记载了78个乡。

但内容已散佚。

关于石家庄村村落形态的最早的记录来自《光绪获鹿县志》，"石家庄，县东三十五里。街道六，庙宇六，井泉四"。资料虽然简单，至少让我们对石家庄最初的村落状态有了初步的认识。人口规模及执业的记录则来自档案资料，据河北省档案馆藏《清代获鹿档案》载：1863年（同治二年），石家庄村共计94户人家，308口。其中，一口之家共有4户；两口之家共有21户；三口之家共有29户；四口之家共有33户；五口之家共有5户；七口之家共有1户；十一口之家共有1户。户均3.28人。全村共有241亩地，其中79户拥有耕地。全村共有房屋315间，其中86户有住房。在从业登记等内容来看，89户为农业，占全村的95%。至1898年（光绪二十四年），石家庄村共计96户人家，532口，户均5.72人。而全县（除在城及四关外）的198个村的平均户数为127.86户，平均人口为670.17人。由此可见，石家庄村的户数、人口数在获鹿县范围内属于中下规模的小村。①全村以农业耕种为主。

（二）"从天而降"的"黄金十字交叉"

史学界比较一致的肯定修建铁路之于石家庄兴起的重要作用，因此，见诸书籍报端也常称"石家庄是火车拉来的城市"。殊不知，石家庄成为卢汉、正太两条铁路的交会点，充满了艰辛，而且具有相当大的偶然性，称为"从天而降的黄金十字交叉"也不为过。

洋务运动初期，"师夷长技以制夷"的变法理念已经在官僚体系内部形成了比较一致的认识，所冲突的地方在于学习的具体内容和方法。为了改变顽固派掣肘的局面，洋务运动的倡导者恭亲王奕䜣曾发起过一场包括主要沿海、沿江省份的地方督抚和南、北洋大臣的公开讨论。事情的起因源于两位在华英国人对总理衙门的建议。1865年11月6日，海关总税务司赫德向总理衙门递交了一份建议性文字，叫作《局外旁观论》。②1866年3月5日，英国公使阿礼国通过外交照会，向总理衙门递交了英国使馆参赞

---

① 详见李惠民教授的专著《近代石家庄城市化研究》，及《清末石家庄兴修铁路前后的变化》《近代石家庄城市化起点的人口规模研究》等论文。以及江太新、任吉东等人对《清代获鹿档案》的开发与利用的多篇论文。

② 中华书局编辑部, 李书源整理:《筹办夷务始末（同治朝）》（四），中华书局2008年版，第1666—1673页。

威妥玛的《新议略论》。[①] 两篇长文都指出清廷面临的困难，也都提出了各自的解决之道。其中在向西方学习的具体内容上包括了开办铁路、电报、采矿等实务。4 月 1 日，奕䜣奏呈，赫德和威妥玛的两件议论文字。"请旨饬下江西、湖广、江苏、闽、粤各督抚，及南北（洋）通商大臣，悉心妥议，各抒己见，专折密陈。"后陆续收到刘坤一等七位督抚的奏折，从回复中可以看到对于造枪、造炮造船、和平相处的外交政策、内政治理存在弊端等方面，诸位督抚的认识较客观，态度均较积极。而在遣使、修铁路、电线、开矿等方面，诸位督抚的认识差距较大，态度均较消极。结果是专心与军事领域，而将铁路等洋务实业置之不理。其后中国与西方列强围绕路权展开了长期的抗争。

1874 年（同治十三年），发生日本侵台事件，在筹议海防的讨论声中"修建铁路"的议题被重新提出来。李鸿章、丁日昌、郭嵩焘等人力主修建铁路，但其出发的着眼点也仅仅在于加强海防，并未认识到铁路对经济贸易、社会生活的推动作用。此后，一批具有进步思想的人士，如薛福成、王韬、马建忠、郑观应等，也积极地鼓吹自建铁路以达到自强的目的。这一次，筑路的主张取得了一定的成果，台湾的铁路修建计划因此浮出水面，但随着丁日昌因病而免福建巡抚，该计划也不了了之。

1880 年年底，刘铭传奉诏入京，奏请筹建铁路，此举再次引起朝堂的震动。洋务派与顽固派发生了大规模的争论，其激烈程度直追洋务运动初期的"同文馆之争"，而持续的时间则远超"同文馆之争"，达七八年之久。在这场争论的过程中，中国的筑路事业也艰难起步。1881 年 6 月，唐胥铁路动工，11 月通车，曾创下"马拉火车"的千古奇观，是在重重阻力之下的开创之举。其后，津沽铁路、台湾铁路相继兴建。

1. 卢汉铁路的计划与修建。1889 年 5 月 5 日（光绪十五年四月初六），清廷发布上谕，"前因筹议铁路事宜，谕令沿江沿海将军督抚各抒己见，以备采择。……此事为自强要策，必应通筹天下全局。……定一至当不易之策，即可毅然兴办，毋庸筑室道谋"[②]。这是官方宣布要制定"至当不易"的政策，并鼓励全国修建铁路的肇始。在这份上谕中提到了张之

---

① 中华书局编辑部，李书源整理：《筹办夷务始末（同治朝）》（四），第 1674—1683 页。

② 宓汝成编：《中国近代铁路史资料》（第一册），中华书局 1963 年版，第 170—171 页。

洞的铁路修建意见，具体内容就是修建"腹省干路"，也就是提出了在中国腹地修建的建议，"宜自京城外之卢沟桥起，行经河南，达于湖北之汉口镇"。张之洞评价说"此则铁路之枢纽，干路之始基"①。张氏所计划的这条南北贯穿铁路，即卢汉铁路，被称为中国交通运输的"大动脉"也丝毫不为过。8 月 27 日（八月初二），发布上谕试办卢汉铁路，"先从两头试办，南由汉口至信阳州，北由卢沟之正定府"，同时将"力陈不可"的湖广总督裕禄转任盛京将军②，决心不可谓不大。张之洞对于卢汉铁路最初的设想，是"铁路取道，宜自保定、正定、磁州、历彰、卫、怀等府，北岸在清化镇以南一带，北岸在荥泽口以上……作桥以渡河"③。海军衙门认为，"计程三千余里，计费三千余万，需款需铁均属极巨。若取资洋债、洋铁，则外耗太多"④，顾虑"未开利源，而先漏巨款"。为此，张之洞向海署建议，"前六七年积款积铁，后三四年兴工修造，两端并举，一气作成，合计仍是十年。……筹款如能至三百万，即期以十年，如款少即十二三年，如再少即十五六年至二十年，断无不敷矣。愚公移山，有志竟成"⑤。事实上，张之洞决心虽大，但是独以中国之力完成这样一个巨大的工程，确实难以为继。且不说款项，单以所需的开采、冶炼、筑路技术而言，当时的中国均没有相应的能力，张氏二十年的建造周期也不乐观。海军衙门综合李鸿章、张之洞等人的意见，提议"筹款之法，当以商股、官帑、洋债三者并行，始克集事。……总以洋债一事，本利消耗大不合算……洋款之举，亟当决意不作是想。……第海防捐已成弩末，华股茫无的据……应请伤下户部，每年筹拨有著款项二百万，另为存储……专供铁路之用"⑥。随即，因与关东铁路的修造相冲突而陷于停顿。

甲午战争失利，严重地刺激了中国官民，卢汉铁路的修筑计划旧事重

---

① 宓汝成编：《中国近代铁路史资料》（第一册），第 169 页。

② 宓汝成编：《中国近代铁路史资料》（第一册），第 182—183 页。

③ 赵德馨主编：《张之洞全集》（二），国家清史编纂委员会：《文献丛刊》，武汉出版社 2008 年版，第 185 页。

④ 赵德馨主编：《张之洞全集》（二），国家清史编纂委员会：《文献丛刊》，第 267 页。

⑤ 赵德馨主编：《张之洞全集》（八），国家清史编纂委员会：《文献丛刊》，第 27 页。

⑥ 宓汝成编：《中国近代铁路史资料》（第一册），第 187 页。

提。张之洞上《吁请修备储才折》，"久闻倭人扬言，此次和约，意在使中国五十年内不能自振，断不能再图报复。……谨陈条九事：……一曰宜亟造铁路也。……臣原议由汉口至卢沟桥，先成干路分达各省。……锐意建造。此事需款虽巨，可使洋商垫款包办卢汉一路，限以三年必成，成后准其分利几成，年限满后，悉归中国"①。1895年12月6日，清廷谕令，"铁路为通商惠工要务，朝廷定议，必欲举行"，批准筹建"津卢铁路"，即天津至卢沟桥的铁路，"计二百一十六里，估需工料银二百四十余万两……所需经费，著户部及北洋大臣合力筹拨"。同时，"卢沟南至汉口干路一条，道里较长，经费亦巨，各省富商如有能集股至千万两以上者，著准其设立公司，实力兴建。事归商办，一切赢绌，官不与闻。如成效可观，必当加以奖励"②，这也就定下了卢汉铁路"官督商办"的调子。上谕已经颁布，即有广东在籍道员许应锵、广东商人方培垚、候补知府刘鹗、监生吕庆麟等"均称集有股分千万，先后具呈，各愿承办"③。1896年4月24日，朝廷再降谕旨，"卢汉铁路，关系重要。提款官办，万不能行，惟有商人承办，官为督率，以冀速成。……并著该督等，详加体察，不得有洋人入股为要"④，清廷此时尚寄希望于依赖民间资本，而杜绝洋人入股。可是王文韶、张之洞均认为响应承办之人，"资本既不能靠实，洋股尤不易杜绝"⑤，细细查访之下多为"虚诞"。总理衙门经过调查，也认为"前此具呈集股之人，均不可靠。直、鄂会商，必另有办法"⑥。张之洞、王文韶就此提出，"暂借洋债造路，陆续招股分还洋债……商借不如官借之直捷。……专设大员，官督商办，并准公司一面招股，一面借款。……请特旨准设卢汉铁路招商公司，先派盛宣怀为总理"。张、王二人设想，借洋债与招洋股之间的关键差别在于路权，借债修路可避免洋股对于卢汉铁路的控制。同年10月20日，清廷批准该计划，并责成盛宣怀成立卢汉铁

---

① 宓汝成编：《中国近代铁路史资料》（第一册），第200—201页。
② 宓汝成编：《中国近代铁路史资料》（第一册），第205页。
③ 宓汝成编：《中国近代铁路史资料》（第一册），第225页。
④ 宓汝成编：《中国近代铁路史资料》（第一册），第225页。
⑤ 宓汝成编：《中国近代铁路史资料》（第一册），第225页。
⑥ 宓汝成编：《中国近代铁路史资料》（第一册），第253页。

路招商公司。① 在借款的过程中，比利时、法国、俄国、英国、美国等均觊觎卢汉铁路的路权，提出种种的刁难与要挟，其中的曲折已有多部专著，本书不再赘述。最终比、法、俄得利最多。不过，卢汉铁路的修建终于走上正轨。

　　1897年6月30日（光绪二十三年六月初一日），卢汉铁路北段，自起点卢沟桥开始施工。② 1898年11月，比利时公司开始实地勘测保定至正定段。③ 1899年1月19日，卢保段通车。④ 10月，保定至定县段开工。⑤ 至年底，土方工程进行到保定于家庄、方顺桥一带，轨道铺设至接近于家庄。保正段，总长约117公里，原计划四个月完工。由于义和团运动爆发，不但保正段工期延宕，而且已建成的卢保段也遭到重大损失，"卢保铁路首当其祸。自高碑店北至卢沟桥百数十里间轨道、车站、机器、车辆，以及一切分储转运之料物银钱，焚抢拆毁，荡焉无遗。自高碑店南至保定以迄正定三百余里已成及将完之工程，亦被逐节焚毁拆损，存储料物，抢失尤巨"⑥。1900年年底，保正段铺设至清风店、定县之间。⑦ 1901年年初，法国公司将铁路北端起点由卢沟桥延展至前门，由此卢汉铁路改称京汉铁路。1901年7月，保定至定县通车。⑧ 同年12月，定县至正定府通车。⑨ 至此，京汉铁路已经到达正定、石家庄。1905年11月12日（光绪三十一年十月十六日），京汉铁路全线告竣，在黄河桥边举行告成典礼。⑩ 1906

---

　　① 宓汝成编：《中国近代铁路史资料》（第一册），第261页。

　　② "中央研究院"近代史研究所编：《海防档·丁电线》（五），台北："中央研究院"近代史研究所，1957年，第1796页。

　　③ 交通部交通史编纂委员会、铁道部交通史编纂委员会：《近代交通史全编》（第26册），国家图书馆出版社2009年版，第109页。

　　④ 夏东元：《盛宣怀年谱长编》（下），上海交通大学出版社2004年版，第632页。

　　⑤ 交通部交通史编纂委员会、铁道部交通史编纂委员会：《近代交通史全编》（第26册），第109页。

　　⑥ 宓汝成编：《中国近代铁路史资料》（第一册），第321页。

　　⑦ 交通部交通史编纂委员会、铁道部交通史编纂委员会：《近代交通史全编》（第26册），第106页。

　　⑧ 马里千：《中国铁路建筑编年简史（1881—1981）》，中国铁道出版社1983版，第10页。

　　⑨ 交通部交通史编纂委员会、铁道部交通史编纂委员会：《近代交通史全编》（第26册），第109页。

　　⑩ 夏东元：《盛宣怀年谱长编》（下），第837页。

年4月1日，举行全线通车典礼①，并以此为纪念日。

京汉铁路从石家庄村经过建三等小站。由于石家庄村太小，于是站名借用了邻近的镇头村（今振头）的名称。据《光绪获鹿县志》载，镇头村为获鹿县所属18个社之一镇头社的治所，下辖24个村，石家庄则是留营社所辖20个村之一，两者相差很大，因此借用名称也就不足为奇了。后来，以讹传讹,镇头被叫成了枕头，于是京汉铁路石家庄站最早的正式名称是"枕头站"。

图1　京汉铁路全图

（图片来源：王熙藏品　旧地图）

---

① 交通部交通史编纂委员会、铁道部交通史编纂委员会：《近代交通史全编》（第26册），第107页。

2.正太铁路的计划与修建。1896 年 6 月（光绪二十二年五月）间，山西巡抚胡聘之疏请开办卢汉铁路枝路，自太原至正定，次年获得照准。这是修筑正太铁路的肇始。此议一出，引起震动，尤其是在京的山西籍官员上奏驳斥，请饬停办。[①] 清廷发布上谕，要求胡聘之再行斟酌妥议。1898 年 3 月 18 日，胡聘之再次奏请开办正太铁路，提出"铁路为自强之本，必须枝干相连，方能合成西北大势，又不仅为晋省矿务计也。惟所需经费过巨……惟有由外省殷商包办，可期迅速。……所贷之款，概归商借商还，无庸国家作保"[②]，这就明确了正太铁路统归商办的思路，并向总理衙门呈送了《柳太铁路借款合同》。总理衙门经过研究提出了对合同条款的修改意见。事实上，山西本地的一些主要官员对于修筑铁路也多持反对态度。1901 年 7 月，总理衙门改为外务部，总理大臣庆亲王奕劻再次提出筹办柳太铁路。时任山西巡抚的岑春煊提议，柳太铁路由"商办而改为官督商办"，并由"外务部、矿路大臣盛宣怀……商明璞科第另订合同"[③]。1902 年 10 月 15 日，盛宣怀依照外务部指示与华俄道胜银行签订《正太铁路借款合同》和《正太铁路行车合同》。[④] 合同订立后，中外又围绕铁路轨距问题争执达一年之久，最终正太铁路建设仍采用了窄轨设计。"窄轨之议定，埃士巴尼乃赴路测勘，以枕头为首站，与原定之柳林堡异，其后又易枕头之站名为石家庄，而名称仍袭合同之旧，不之改。"[⑤] 正太铁路开工，也引起了新闻界的关注，1903 年 12 月 31 日的《申报》就报道了"正太路工"的消息。[⑥]

---

① 宓汝成编：《中国近代铁路史资料》（第二册），第 406—408 页。

② 宓汝成编：《中国近代铁路史资料》（第二册），第 411—412 页。

③ 宓汝成编：《中国近代铁路史资料》（第二册），第 732 页。

④ 王铁崖编：《中外旧约章汇编》（第二册），生活·读书·新知三联书店 1959 年版，第 118、127 页。

⑤ 交通部交通史编纂委员会、铁道部交通史编纂委员会：《近代交通史全编》（第 32 册），第 50 页。

⑥ 《申报》（影印本）第 75 册，"正太路工"，1903 年 12 月 31 日第 2 版，上海书店 1983—1985 年版，第 831 页。

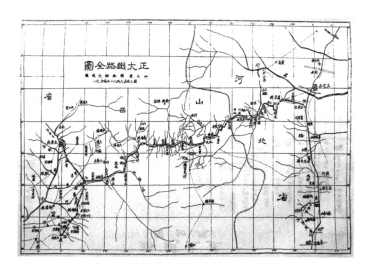

图 2　正太铁路全图

（图片来源：《中国近代铁路史资料选辑》第 67 册，第 255 页）

1903 年秋，开始工程勘测。总共三班分段进行，至 1905 年年底，全线勘测工作完成。具体施工分成六段进行，每一段内无论桥工、土方均同时入手，以期速成。第一段石家庄至井陉乏驴岭，1904 年 5 月开工，1905 年 8 月竣工，10 月即告通车。全线于 1907 年 11 月竣工，其后即一面通车一面进行附属工程施工，直至 1910 年才全部告竣。

3.“从天而降”的“黄金十字交叉”。京汉铁路与正太铁路的修建，固然是中国自强运动的重要成果，虽然颇费周折，但最终实现了“枝干相连”“南北与东西贯通”的目的。需要特别注意的是，两线交会点选择在石家庄，却具有一定的偶然性，因此可以称为“从天而降”。

大约可以从两件事情中看到：

所谓“偶然性”，其一，山西通直隶的铁路当时提出两种选择。晋抚胡聘之曾提到，“晋省煤铁之利，甲于天下。潞、泽、平、盂等处，所产最旺，而质亦佳，诚宜及时开采，以兴矿务，而佐国用。……现幸卢汉铁路不日动工，晋省只需赶筑枝路，或由潞安至邯郸，或有平定至正定，与之相接，即可畅行无阻”[①]。两个选择都具有可行性，且路程相近，目的相同，因此，

---

① 宓汝成编：《中国近代铁路史资料》（第二册），第 411 页。

选任何一个方案都具有可靠的理由。1949 年后，国家修建了邯长线作为晋煤外运的通道，也证明了"潞安至邯郸"方案的可行性与必要性，同时也说明当时选择修建正太铁路的偶然性。

其二，正太铁路的东起始点的选择。晋直两省的铁路最终选择了正太线，但该线的东起点究竟归于何处，却非出自官员、商人的选择。或许官方的档案、合同代表了最初的设想和诉求，无论最初胡聘之提到的柳林铺，还是盛宣怀与华俄道胜银行签订的最终正式合同的正定，都没有成为最终的现实。而是由法国总工程师埃士巴尼给出了最直接、有力的答案，石家庄。正定落选的原因比较直接，修建滹沱河大桥，无疑会增加工程的难度和造价。而柳林铺的落选，则稍显复杂，原因有二：第一，柳林铺村北的滹沱河季节性枯水，两条铁路在此交会不能达到"陆运与水运"的交汇，施工所需物料由水路运输的可能性不存在。第二，既然借用水利的初衷失败，那么两条铁路最简单、最直接的垂直交会就成为埃士巴尼的选择[①]，那就是石家庄。

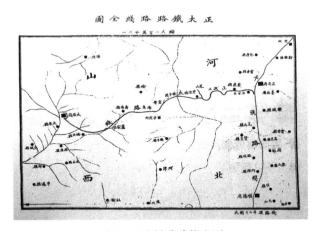

图3 正太铁路路线全图

（图片来源：《中国近代铁路史资料选辑》第 69 册，第 295 页）

综合上述原因，首先，石家庄幸运地成为两条铁路的交会点，也给石家庄带来了第一次腾飞的历史机遇，使石家庄从一个蕞尔小村变为了城镇，

————————

① 详见李惠民《论近代石家庄铁路枢纽的形成》，《石家庄职业技术学院学报》2007 年第 1 期。

继而变为城市,可谓发生了天翻地覆的变化,这种变化不但体现在城市规模、经济发展等方面,区域文化层面的巨变尤需值得关注。

　　石家庄被称为"火车拉来的城市",两条铁路的交会带来的变化首先体现在人口规模的扩大。石家庄村人口规模确切的记录始于1898年(光绪二十四年),为93户,共532人[①]。1901年年底,京汉铁路定县至正定段通车,随即开始正定至窦妪段的施工。各种督办、购地、会计、电报通信、医务、治安等人员均进驻施工现场。京汉铁路的勘测、土方、铺轨、工程监理等工作几乎同时进行,此时,石家庄村聚集了大量的工程施工人员。随后,设立枕头站,铁路产业工人的数量逐年增加,不久即超过了石家庄村的原有人口。1903年,正太铁路开始施工时,情况也是如此。例如,正太铁路开办之初,在石家庄设诊所两处,"有西医一人,看护一人"为工程施工人员服务。随着工程的延伸,又设置"行动诊疗所一处,有西医一人"[②],全线竣工后,即改为正太铁路医院。再如,作为正太铁路东起点,承担很重的全线管理、机车维护、维修任务,于是通车之时便设立了"管理局,而机车房、转车盘,即在局址之东"[③]。京汉、正太分别建有独立的石家庄车站。这些都是石家庄人口增加的重要原因。殊为遗憾的是,此时的石家庄依旧很小,尚没有提升至城镇级行政建置,具体的人口数量也没有确切的记录,但人口规模的急剧扩大是客观存在的。[④]

　　其次,流动人口规模也急剧增加。石家庄固然只是京汉铁路上的一个小站,却依仗正太铁路的东起点,而成为入晋的门户,"(京汉铁路)设站于斯,一般之商贩旅客等,抵此地后,即改乘车轿西行,俟光绪三十三年正太铁路开通后,而石门市志市况,益形繁华"[⑤]。从以下历年运送旅客的数量可以看得很清楚。

[①]　《正定府转催光绪二十三年分民数、谷物册卷》,河北省档案馆藏,档案号:655-3-1689。

[②]　交通部交通史编纂委员会、铁道部交通史编纂委员会:《近代交通史全编》(第32册),第63页。

[③]　张鹤魂编:《石门新指南》,出版地不详,《石门新报社》,1942年,第328页。

[④]　参见李惠民《近代石家庄城市人口的跳跃性增长》,《石家庄经济学院学报》2008年第1期。

[⑤]　陈佩编:《石门市事情》,《河北省获鹿县及石门市事情》,新民会中央总会,1940年,第1页。

表 1　1908—1913 年京汉铁路北京及直隶主要车站运送客货情况一览表（单位：人、吨）

时间	类别 站别	北京前门	高碑店	保定府	正定府	石家庄	顺德府
1908 年	载客数量	254333	31103	160195	26847	70937	22444
	运货吨数	5001	3720	13890	3156	102730	4998
1909 年	载客数量	275972	46792	165129	22475	69077	22509
	运货吨数	14365	2540	13118	4877	152231	8360
1910 年	载客数量	320859	57003	186449	25730	79953	26767
	运货吨数	15240	3396	16988	4769	226878	7269
1911 年	载客数量	313342	59144	183352	26972	86013	29754
	运货吨数	11679	3297	29995	6268	199378	7751
1912 年	载客数量	263301	42313	18183[①]	35697	109101	35537
	运货吨数	15779	2167	24758	4471	253642	8146
1913 年（上半年）	载客数量	135637	24339	95568	22549	52846	24517
	运货吨数	8320	1854	16116	2427	162292	3404

数据来源：《论说及报告：京汉铁路营业一览（附表）》，《铁路协会会报》，1915 年第 37 卷。

由表 1 可见，京汉铁路石家庄站运送客货数量呈稳定上升的趋势，日均旅客流量为 200—300 人，从全线来看也仅次于北京、省府保定及汉口，与丰台、长辛店、彰德府、郑州相仿佛；日均货物吞吐量为 280—700 吨，全线首屈一指，作为北方货物集散地的作用凸显。

最后，迅速地改变了石家庄的人口结构和构成。石家庄在铁路交会之前，"仅为获鹿县属之一农村……（村民）概营农业……其时石家庄并无商民之足迹。迨光绪二十九年，京汉铁路通车，始渐有商民来往。迨光绪三十三年秋间，正太铁路通车，而石家庄之地位益星重要。自此以后，商贾云集，行栈林立，筑建繁兴"[②]。石家庄的崛起，对周边的地区冲击很大。例如时人记载，"正定……但在正太路通轨之后，豫晋孔道，已移至石家

———————————

① 原文如此，该年数据明显异常，疑似丢漏数字。

② 佚名：《石家庄之经济状况》，《中外经济周刊》1926 年第 181 期，第 19 页。

庄，致本县地方，日益衰落，工商业均无存在，比之一般县份，尤见荒凉，县城之内多变为农田，与乡村无甚差异"①。府治所在地尚且如此，县治亦如是。据档案记载，"前日均在获城，自正太路交通以后，皆聚集于石家庄"②。又有新闻报道，"石家庄居平汉正太之间，因车轨宽狭之不同，须由该地转运，因之商业较为发达。……然获鹿城内，前数十年，本为繁盛之区，近则一落千丈。鄙人在城内查案，暂寓一杂货店内，一日之间，竟无一问津者，即此可以见其萧条"③。同时，石家庄村的居民也受到了修建铁路带来的冲击，由于兴建铁路及其附属设施，石家庄村原本就不多的土地被大量收购，据当时的村民称"缘伊村自正太京汉两条铁路修占民地三分之二"④。可以说，他们被强行与土地剥离开来，被迫开始改变生存的方式。由于前文提到的宽窄轨距不能互通的问题，反而给这些村民带来了生计，邮传部专门制定章程，规定"开各站脚大均归土人承办，其承办之大头及所雇大役须土著民人充当，不得越境滥雇"，但即便如此，失地村民依然受到商人的盘剥，生活异常艰难。同时，由于流动人口的激增，服务业也开始兴旺起来，例如，旅馆业、行栈业、饮食也、百货业如雨后春笋般出现，以后有专章这里不再赘述。新业态的出现，在很大程度上改变了石家庄原有的人口结构和构成，这种改变就意味着生活方式的改变，生活方式的改变又意味着区域文化的内涵也发生了改变。

石家庄区域文化的内涵。两条铁路的交会，带给石家庄的不仅是"从乡村变为了城市"，更重要的是文化的碰撞。这种碰撞，既有中外的也有南北、东西的；既有农耕与商业的，也有传统与现代的，总之，彼此相互激荡，融合成了具有鲜明特征的石家庄区域文化的内涵。第一，继承了燕赵文化的"慷慨悲歌"和"急公好义"的传统。第二，熟悉或不熟悉石家庄的人，都会觉得"石家庄"这个名字"土"，更有甚者觉得有碍于成为国际化的大都市。殊不知，这正是石家庄最鲜明的文化特征。在很短的时间里，从农村蜕变为城市，使石家庄最大限度地保留了"敢于担当，吃苦耐劳"的传统农耕文化特征，并传承下来，这本身就是值得骄傲和自豪的。第三，

---

① 蒋锡曾：《河北省"县缺等次"之商榷》，《河北月刊》1936年第4期，第3页。

② 河北省档案馆藏，档案号：656-2-283。

③ 张志徵：《获鹿行记略》，《河北月刊》1933年第1期，第19页。

④ 河北省档案馆藏，档案号：655-1-1289。

石家庄人以最快的速度适应了崛起，融合出了"敦厚包容，热情直爽"的新的文化特征。开埠以来，石家庄地处内陆，虽无江河之利，但居通衢之地，自然也不负"近代旱码头"的美誉。虽经历了来自"五湖四海"的码头文化的熏染，却又少了几分"江湖气"，多了几分挥之不去的朴实。虽然身居"万商云集"的商业宝地，见多识广，却又少了几分市侩和盛气凌人。"敦厚包容，热情直爽"是时代赋予石家庄的新的文化基因。

四　学术史回顾

区域文化史研究的初衷，绝不是以地理的区域将研究对象与周边隔绝开来，因为仅仅依靠常识，我们就会知道联系是绝对的，是割裂不了的。这种联系，既包含了纵向的时间上的，也包含了横向的空间上的，这就是所谓的历史的观点看待问题。地理上的划分是为了找出研究对象的独有的文化特色，但这种划分有时也会给研究带来相当大的困难。就像本书一样，即使以现代石家庄的行政区划来努力扩大研究的范围，但是依旧避免不了在方家的眼中，本书有些"先天不足"，主要体现在：研究对象历史不久远，资料不充分。好在有前辈学者的相关研究成果予以支撑，才能使本研究得以继续下去。

目前尚无以"石家庄文化史"为主题的通史研究专著。研究成果最丰富的莫过于"燕赵文化"的研究成果。包括刘洪升著《燕赵文化史稿》（近代卷二），全书分上、中、下三编，主要介绍了近代河北的新闻出版业的发展、地方志的编纂；民俗、民间信仰、宗族的演变及观念；戏曲、民间曲艺及艺术。[①]可惜《燕赵文化史稿》（近代卷一）至今未见出版，相关内容应该包含近代河北地区的思想、学术、宗教等诸多重要内容。《燕赵文化史稿》也是迄今为止唯一一部研究河北的通史著作。其他成果则多有专章介绍，如张京华的《燕赵文化》是最早的相关研究的专著，梳理了燕赵文化的发展脉络，概括各时期的特征，更接近传统史学研究的方法。[②]杜荣泉的《燕赵文化志》，是《中华文化通志》中的一部，该通志是近年

---

① 刘洪升：《燕赵文化史稿》（近代卷二），河北教育出版社 2013 年版。

② 张京华：《燕赵文化》，辽宁教育出版社 1995 年版。

来文化史研究的重大工程，从史料性来看，是比较可靠的工具书。①王长华主编的《燕赵文化研究系列丛书》，是河北师范大学历史文化学院"燕赵文化研究中心"的成果，该系列将河北优秀的文化事项均纳入研究的视野，广博专精兼备，是不可多得的优秀成果。②其他著有专章的研究成果还有不少，多是着眼于分析燕赵文化的历史源流，落脚于对当今的启示和意义，不再一一赘述。另外，严兰绅主编的《河北通史》，是近年出版最重要的通史性地方史著作。其中方尔庄的《河北通史》（清朝下卷）对本研究有着重要的指导作用。③

　　具体到对石家庄的研究，石玉新的《石家庄通史》（近现代卷），是该地方史研究最为重要的成果。④石家庄市政协编的《石家庄文史资料》，共17辑，是不可多得的地方史料文献。杨俊科编的《石家庄近代史编年》，为地方史研究者提供了清晰的时间轴。⑤戴建兵的《传统府县社会经济环境史料（1912—1949）——以石家庄为中心》，为研究提供了坚实的史料支撑。⑥郑凤杰主编的《石家庄民俗文化》，内容翔实丰富，足资用作研究地方文化的参考。⑦另外，李惠民的《近代石家庄城市化研究（1901—1949）》，也为研究提供了重要的参考。城市史研究和文化史研究都试图把眼光更多地关注于普通百姓的生活，这是两个领域的研究所应当持有的共同的研究价值取向。⑧论文方面，本书在论述相关内容时会提及，恕不再一一列举。

　　需要特别指出的是，在近代地方史研究中实物史料的重要性非常突出，无论是旧照片、印刷品，还是证章、文书和广告，都极具研究价值，足可弥补文字史料之不足。但对身处高校的研究者而言，对此类史料都有可望而不可即的感觉。因为，地方性的博物馆、档案馆中此类藏品不多，多散之民间。藏品既分散，而收藏信息非圈中人又不易获得，所以地方

---

① 杜荣泉：《燕赵文化志》，上海人民出版社1998年版。

② 王长华主编：《燕赵文化研究系列丛书》，科学出版社2009年版。

③ 方尔庄：《河北通史》（清朝下卷），河北人民出版社2000年版。

④ 石玉新：《石家庄通史》（近现代卷），河北人民出版社2011年版。

⑤ 杨俊科：《石家庄近代史编年》，方志出版社2004年版。

⑥ 戴建兵：《传统府县社会经济环境史料（1912—1949）——以石家庄为中心》，天津古籍出版社2011年版。

⑦ 郑凤杰主编：《石家庄民俗文化》，中国对外翻译出版公司2000年版。

⑧ 李惠民：《近代石家庄城市化研究（1901—1949）》，中华书局2010年版。

史研究对实物史料的使用并不多，对于实物史料的解读更是少见。本书因机缘巧合在实物史料的使用上有所突破，皆得益于青年收藏家王熙[①]的无私奉献。正是一则关于"石家庄的百年记忆"老影像文献展的新闻报道，引起了笔者对其藏品的关注。在新闻界朋友的帮助下，笔者联系到王熙，初次见面即冒昧地提出将其藏品收于本书之中，以便能使更多关心石家庄历史的人获得直观的感受。王熙不以为忤，反而仔细询问了笔者关于本书写作的初衷及思路。之后不几日，便邀请笔者面谈，最终慷慨地"提供满足本书写作所需的一切藏品"。当然，由于本书时间断限、内容所限，收录的各类实物史料不及他藏品的百分之三、四，希望能起到"窥斑见豹"的作用。

本书收录的特别珍贵的文献有：

1. 1927 年，石门市政公所审定，石家庄中华书局印行，套色石印版的《石家庄全图》。就笔者所见的石家庄地方资料而言，此图为初次见到。其价值在于：印刷质量好，信息极为详尽。"图中标注了官厅、局所、税局、商会、医院、学校、邮政、电报、电灯、车站、桥梁、街道、商铺、字号、戏园、澡堂、庙宇、公所、妓院、水坑、坟地、市场等信息，十分详尽，是石门市自治时期的缩影，见证了石家庄城市历史的开端，弥足珍贵。"可与《京汉铁路旅行指南正编》所载之《1923 年石家庄全图》、中国国家图书馆藏《1934 年石家庄街市图》及《石门新指南》所载《1942 年石门市图》相对照、印证，足以纠正其他地图之讹误，也足以展示早期石家庄城市化发展的历程。图见本书彩页。

2. 1927 年，石家庄邮局的照片。石家庄的邮政业务是伴随着石家庄的城市发展而起步的。1902 年，京汉铁路修至石家庄。为了方便参与施工的外国人及当地绅商的需要，1903 年初，在东连湾（今新华东路以北）设立了邮政代办铺商，同年 11 月，设立枕头邮政分局，隶属北京邮政总局管辖。至 1910 年，枕头邮局设有于底镇、振头镇、休门镇、梅花镇、寺家庄、丽阳、贾市庄、岗上等代办所。1914 年 3 月，枕头邮政局被核定为二等邮局，隶属直隶邮区管辖。1918 年年初，枕头邮局改名为石家庄邮局，随着业务

---

① 王熙，河北省石家庄市鹿泉区铜冶人，生于 1985 年的他，虽然年纪方三十出头，却被石家庄乃至河北的收藏界视为藏界"老人"，这一点，在阅历决定眼力的收藏圈，可谓凤毛麟角。

的扩大,石家庄邮局搬迁至大桥街。关于石家庄邮局的发展记述是清晰的,但终究没有照片来的有冲击力。在这张题名为"中华拾陆年玖月廿壹日石家庄邮局办理北上邮装纪念"中,读者可以一窥石家庄邮局的"庐山真面目"。图见本书彩页。

3. 正太铁路石家庄车站的旧照片。一为"正太铁路石家庄车站及工作人员合影"。图中清晰可见9名身着铁路制服的车站工作人员年轻的面庞;正太铁路石家庄站窄小、逼仄的候车室、进出站口;一旁矗立的告示牌上"稳妥第一,免去危险""火车行动时,切勿上下"的警示语,顿时将人们带到了那个蓬勃发展的年代。二为"1925年,迎护西藏九世班禅额尔德尼·曲吉尼玛自山西抵石家庄车站赴京的场景",与前一张略显冷清的场景相比,特意搭建的装饰,使得迎接仪式热闹而隆重。图见本书彩页。

4. 正定隆兴寺大殿东壁"普贤菩萨眷属塑像"的旧照片。本件藏品与日本学者常盘大定、关野贞的拍摄位置几乎一样,但照片中的塑像已有残缺,时间可以确定比日本人晚。不禁让人感慨,这位不知名的拍摄者为后人定格的岁月的痕迹。

其他如民国时期的:正定四塔;正定阳和楼;正定古城墙、南城门、南城门瓮城;石家庄街道街景、集市;各类广告、海报、明信片等,近三千件,琳琅满目,精品之多让人叹为观止。由于篇幅所限,不及一一备述。此类实物史料,收藏界称为"杂项",既有品类繁多之叹,亦有上不得台面之嫌,其研究价值实大于赢利价值。因此,此类藏家必有"留住历史,留住记忆;展诸公众,教化后人"的胸怀。借本书出版的机会,再次向青年收藏家王熙的无私支持表示感谢,也对他投身于地方实物史料的收藏研究和拯救式搜集,表达由衷的敬佩。

第 一 章

近代石家庄概况 *

鉴于石家庄为新兴城市，其严格意义上的城市化的历史开始于清末铁路的修建。由于本丛书定位于区域史，而并非城市史，就对研究工作提供了更多的方便。且该地域自晚清以来行政区划的变化不大，为了行文方便会以石家庄地区代指如今石家庄市行政区划的范围。

本书时间断限大概以 1840 年鸦片战争开始为起点，至 1919 年"五四运动"止，个别章节、资料也会向后延伸至抗日战争时期。地域范围为现今石家庄市行政区划的范围，即 2014 年《国务院关于同意河北省调整石家庄市部分行政区划的批复》[①]中的区划范围，包括 8 区 14 县市（11 个县 3 个县级市）。8 个市辖区分别为：新华区、桥西区、长安区、裕华区、矿区、藁城区、鹿泉区、栾城区；11 个县分别为：正定县、井陉县、行唐县、灵寿县、平山县、元氏县、赞皇县、无极县、赵县、高邑县、深泽县；3 个县级市分别为：新乐市、晋州市、辛集市。

第一节　建置沿革

晚清时期。石家庄地区设有 17 个县（散州），分布在直隶西南部，分别归属保定、正定二府，及赵州、定州二直隶州管辖。其中，属正定府的有正定县、获鹿县（今鹿泉区）、井陉县、栾城县（今栾城区）、行唐县、

---

* 本章作者系石家庄学院历史文化学院袁丙澍博士。

① 见石家庄市人民政府网站，http://www.sjz.gov.cn/col/1502348297948/2014/09/24/150235502 5238.html。

灵寿县、平山县、元氏县、赞皇县、晋州（今晋州市）、无极县、藁城县（今藁城区）、新乐县（今新乐市）；属于保定府的有束鹿县（今辛集市）；属于赵州的有：赵县、高邑县；属于定州的有深泽县。

如今石家庄市的肇始——石家庄村，归属于直隶正定府获鹿县留营社，处于获鹿县的东部，接近正定、获鹿两县的交界处。

民国北洋政府时期。初期沿用清代建制。1913 年 2 月，"废府存县"，裁撤府、州，统一称县，各县直辖于省。同时，在省、县之间设立观察使，俗称道。石家庄地区各县分属范阳道和冀南道。属于范阳道的有：正定县、无极县、晋县、藁城县、栾城县、元氏县、赞皇县、井陉县、平山县、获鹿县、灵寿县、行唐县、新乐县、深泽县、束鹿县；属于冀南道的有：赵县、高邑县。1914 年 6 月，改置津海、保定、大名、口北 4 道。石家庄地区各县分属保定道和大名道，原属范阳道各县改属保定道，原属冀南道各县改属大名道。石家庄村仍隶属于正定府获鹿县留营社。

自晚清修建铁路，至民国北洋政府时期的绝大部分时间里，石家庄虽因京汉、正太两条铁路的交会而日渐繁华，但其行政地位没有丝毫的变化，依旧是隶属于获鹿县的村。1925 年，直隶各县纷纷谋求立市自治。石家庄依靠其 20 余年的飞速发展，终于创造了"麻雀变凤凰"的城市发展奇迹，于 1925 年 6 月 25 日被批准设立"石家市"[①]，自 7 月 1 日起施行。但是，由于石家庄村原有的起点太低，虽然其街区及建筑实际已覆盖周边的休门村、东北栗村、西北栗村，但在扩张的过程中没有得到这些周边邻村的认可，在其城市化进程中遭到抵制。经过协商，新城市的名称，从石家庄村和休门村各取一字，定为"石门市"[②]。可惜好景不长，正当石门市全力发展之时，1928 年南京政府通令全国取消所有市政公所，废除了北洋时期的"市自治制"。石家庄又变得"有名无分"[③]，自此对石家庄的称呼进入了一个含糊、混乱，但又约定俗成的阶段，石门、石庄和石家庄共存并用。但是，必须

---

①　《直隶省属各地施行市自治制日期及区域令》，中国第二历史档案馆编：《政府公报》（影印本）（第 220 册），上海书店 1988 年版，第 385—386 页。

②　《临时执政指令第一千二百七十三号令》，中国第二历史档案馆编：《政府公报》（影印本）（第 222 册），第 530 页。

③　石家庄市名称变更的情况，详见李惠民《近代石家庄城市名称六次变更始末》，《燕山大学学报》（哲学社会科学版）2007 年第 4 期。

看到的是此时的石家庄与当年的小村庄自然不可同日而语。

第二节　自然地理条件及气候

石家庄地区地处太行山东麓，位于太行山脉与华北平原接合部，横跨山地、平原两种地貌，因此，区域内各县也大致从西向东呈现山地、丘陵、平原的地貌特征。西部的平山、井陉、赞皇、元氏、获鹿、灵寿、行唐均多有山地、丘陵；中东部各县则为平原。该地区为直晋两省交界之处，沿山势自然分界，太行逶迤，自成天险，多雄关峻岭，扼两省交通咽喉，自古为兵家所必争。区域内河流包括滹沱河、磁河、大沙河、洨河、槐河、沛河、冶河七条河流。域内自然资源丰富，矿产资源有煤、金、铁、石灰岩、花岗岩等；生物资源包括223种动物，2500多种植物，其中药用植物230余种。

石家庄地区属暖温带大陆性季风气候。四季分明，冬夏长，春秋短。降雨集中于夏季，且山区多雨，平原少雨。因靠近太行山，在热焚风效应下，夏季多高温，暑濡难耐，冬季寒冷干燥。

第三节　社会经济发展

自鸦片战争起，在经历半个多世纪的动荡之后，石家庄地区偶然间迎来了其跳跃式发展的历史机遇，社会经济发展迎来新的可能。

直隶为"畿辅之地""首善之区"，石家庄地区从其政治、军事地位都非常的重要，作为京城南部门户的作用十分明显。在近代无论是在太平军北伐，抑或是西捻军直逼北京，石家庄地区为清军提供了战略纵深，从这个角度看，其完成了拱卫、屏障的功能。但其社会经济的发展并无特别值得称道的地方，晚清洋务运动似乎在这里看不到很大的影响，大约与其地处内陆，又无特别的物产有关。基本延续着中国传统农业社会的发展节奏，唯交通便利之地，商贸稍显活跃；土地肥沃之区，物产有所盈余，也未超出自给自足的自然经济的一般程度。

一　兴修铁路之前，石家庄地区的基本社会经济状况

农业生产方面。主要的粮食品种有谷子、小麦、玉米、高粱及豆类等

杂粮。蔬菜主要有白菜、萝卜、菠菜、芹菜、韭菜等品种。经济作物主要有棉花、芝麻、花生、麻等。生产工具主要有锹、锄、镰、犁、铧、耙、耧等。畜力主要依靠牛、骡、驴等。西部山区各县所产的粮食自给略显不足，平原地区的各县则相对好一些，这与耕地面积、灌溉条件有着直接的关系，也与该地区大面积的种植棉花有很大的关系。即所谓，"土无奇货"①，"所产之物大率与临邑同"②。根据区位条件，近代石家庄地区各县的社会经济情况大致可以分为四类。

第一，地处平原，土地、水利资源条件好，经济相对发达地区。大致包括正定、藁城、栾城、赵县、高邑、无极、晋县、束鹿等县。这些县经济状况相对较好的原因有以下几点。

首先，土地肥沃，水利资源丰富。例如，藁城，"土特宜于稻粱黍稷"，且有滹沱河灌溉之利。③这样，其所产出的粮食较多，民生相对有保障。"土田肥美，人民殷实，故农产品甚丰。滹沱之南，多植棉花；滹沱之北，多艺五谷。而甘薯、花生亦为出产之大宗"④，在农业为主的社会中，这种得天独厚的自然条件，当然是地区经济发展的重要保证。大面积种植棉花，"吾邑棉花到处产之，而河南尤盛。近年棉价高昂，种植者益多，统计棉田，约占土地之半，可谓盛矣"⑤。藁城的"（甘薯）其质甘美，可代糇粮。吾邑盛产之，而以河北为最著。河北各村家家种之，人人食之。一人冬期，则为食物之要品。有余则售之于市，又为入款之大宗。昔河南各处栽培尚少，近年渐渐亦多"⑥。粮食不但充足，而且还有余粮用于销售，生活条件可见一斑。所以时人有如下感慨，"肥哉吾邑志土壤，庶哉吾邑之人民，

---

① （清）庆之金等修，（清）赵文濂等纂：《光绪正定县志》，《中国地方志集成·河北府县志辑》（第三册），上海书店出版社 2006 年版，第 278 页。

② （清）俞锡纲修，（清）曹铼纂：《光绪获鹿县志》，《中国地方志集成·河北府县志辑》（第四册），第 87 页。

③ （清）赖于宣修：《康熙藁城县志》，《中国地方志集成·河北府县志辑》（第六册），第 5 页。

④ 林翰儒纂：《河北省藁城县乡土地理》，《中国方志丛书·华北地方》，台北：成文出版社 1968 年版，第 23 页。

⑤ 林翰儒纂：《河北省藁城县乡土地理》，《中国方志丛书·华北地方》，第 100 页。

⑥ 林翰儒纂：《河北省藁城县乡土地理》，《中国方志丛书·华北地方》，第 102 页。

富哉吾邑之天产。诚燕赵天府之区域也"[①]。

高邑县，"本邑地多平原，适于农业……农民多赖井水灌田，以救旱灾"[②]。主要的粮食作物谷、黍、高粱，以及豆类杂粮，均自给有余，且运销赵县、柏乡、元氏等临县。油菜籽榨油后销往元氏、赞皇。小麦甚至可供北京、天津、保定、石家庄、邯郸等处。[③]

正定县，虽然有记载说"土瘠人众……丈夫力佃作，女子工针绣，仅取户口而止，即奇羡之家无千金之藏"[④]，但这个描述更多是为了说明正定人的性格"仗义任侠"而已。其经济生活状况更真实的情况是，"男务耕耘，凿井以水车灌田，故其收常倍。女勤纺织，木棉花布之利，不减蚕桑"[⑤]。有灌溉条件，并种植棉花，继而织布获利的地区，其经济发展不会差于单靠粮食生产的地区。

无极县，"西南多沃壤，民稍裕，故凿井浇地多能为之。东北多沙确，力费而获薄，盖藏沙地种树颇收其利"[⑥]。

栾城县，"世谓栾邑田少人多，民贫商富，故称素封者，不过中人之产"[⑦]。该县的"中人之产"不算富商大贾，但究竟是衣食无忧，在本地区内经济状况也不算差。"最著者曰棉花。栾地四千余顷，稼十之四，所收不足给本邑一岁食，贩卖于外地以济之。棉十之六，晋豫商贾云集，民竭终岁之勤劳，售其佳者以易粟，自衣其余"[⑧]，且"棉花交易，乡民以

---

① 林翰儒纂：《河北省藁城县乡土地理》，《中国方志丛书·华北地方》，第 13 页。

② 张权本修，李涌泉纂：《民国高邑县志》，《中国地方志集成·河北府县志辑》（第七册），第 24 页。

③ 张权本修，李涌泉纂：《民国高邑县志》，《中国地方志集成·河北府县志辑》（第七册），第 29 页。

④ （清）庆之金等修，（清）赵文濂等纂：《光绪正定县志》，《中国地方志集成·河北府县志辑》（第三册），第 277 页。

⑤ （清）庆之金等修，（清）赵文濂等纂：《光绪正定县志》，《中国地方志集成·河北府县志辑》（第三册），第 278 页。

⑥ 耿之光等修，王重民等纂：《民国重修无极县志》，《中国地方志集成·河北府县志辑》（第八册），第 380 页。

⑦ （清）陈詠修：《同治栾城县志》，《中国地方志集成·河北府县志辑》（第九册），第 553 页。

⑧ （清）陈詠修：《同治栾城县志》，《中国地方志集成·河北府县志辑》（第九册），第 554 页。

谋朝夕"①，对所产棉花交易的控制，就足以使其经济发展有所保证。

赵州，"土田腴瘠参半，不宜植稻。五谷而外杂莳、吉贝，近用水车灌田法，岁收较厚，然劳费颇甚，所入之余利，适足相偿耳"②。虽然，其县志也记载有，"一遇歉岁，虽在富室，亦少奇羡，他可知矣"③，但毕竟是指特殊情况而言，一般的年景还是有所保障的。"赵州所产之物，棉花为最，毛长而煖，色白而洁。本境行销之数不过十之二三，运出他境者十之七八，运出山西者较多。"④

晋县，"县境地瘠民贫，专以务农为业。其为商者，不过于临近集镇开设铺户，又有赴庙会、游村落售卖一切什物，而为商达远方者，盖寥寥也"⑤。同样，"农产物专重棉花，五谷食品多仰给于山西、辽宁……每年输入约不下十余万石"⑥，虽然晋县粮食尚不能自给自足，但从其地方手工业、商贸活动等方面依旧可以看出，其经济社会发展还不错。

束鹿县，虽然宣称自己"土之所产，无瑰奇之珍，嘉谷果蔬适于日用而已"⑦，"天然物产皆他郡所同，无特产，常产除植物外亦无大宗"⑧等，但是，束鹿县处于通衢之地，贸易比较发达，"经商也，或贸易于本土，或营运于远方，何地无之？而束邑为最。县城西北辛集镇为天下商贾云集之地"⑨。

其次，手工业相对发达。石家庄区域最普遍的就是织布业，经济发展水平较好的县，多以此为支撑。

---

① （清）陈詠修：《同治栾城县志》，《中国地方志集成·河北府县志辑》（第九册），第 553 页。

② （清）孙传栻修，（清）王景美等纂：《光绪直隶赵州志》，《中国地方志集成·河北府县志辑》（第六册），第 341 页。

③ （清）孙传栻修，（清）王景美等纂：《光绪直隶赵州志》，《中国地方志集成·河北府县志辑》（第六册），第 339—340 页。

④ （清）佚名纂修：《赵州乡土志》，《乡土志抄稿本选编》（三），线装书局 2002 年版，第 113 页。

⑤ 李翰如纂修：《晋县乡土志》，"商之旧业"，1915 年，中国国家图书馆藏，数字方志。

⑥ 傅国贤纂修：《晋县志料》，"风土志·民生·总括或特殊状况"，1935 年，中国国家图书馆藏，数字方志。

⑦ 谢道安修：《束鹿县志（五志合刊）》，《中国方志丛书·华北地方》，第 943 页。

⑧ 谢道安修：《束鹿县志（五志合刊）》，《中国方志丛书·华北地方》，第 1385 页。

⑨ 谢道安修：《束鹿县志（五志合刊）》，《中国方志丛书·华北地方》，第 948 页。

藁城县，织布业非常的发达，"吾邑妇女多以纺织为业，而其所织之布曰土布，亦曰粗布。……河北各村当隆冬无事，虽男子亦往往织布为业"①。另外，藁城的挂面制造也相当有名气，"食品中之挂面，味极适口。土人所织之粗布，坚而耐久，皆名产也"②。时至今日，藁城的"宫面"系列依旧是地方名产。

栾城县，"地平土沃，介于往来之通。……农力稼穑，有余羡即凿井、制水车，以资灌溉。男女勤纺纴，共操作"③，可以看到，这种男女共同参与的生产，在一定程度上已经突破了中国传统社会"男耕女织"的家庭生产模式，开始追求劳动生产利益的最大化。

无极县，也有不少能工巧匠，例如，打井，"惟凿井以铁锥探之，其不能及泉而为弃井者，则舍之。而他，平地砌砖完好，乃缒入井内，其工甚妙"④。再如，酿酒，"无极于汉属中山国，至今乡俗家家酿酒，色清味重，多上品"⑤。同时也有很多不发达的领域，例如，"极民朴拙，不能雕巧。如制门，则留中隙，窃匪一拨即开。纺车，则用木杵笨而不灵"⑥。

赵州，农民一般都是"勤劳稼穑，开辟田畴，绩纺为业"⑦。为了扩大棉花种植，增加产量，与之配套的相关农业机具制造也有所发展，赵州种棉者，多用槐木做水车，结实耐用。⑧还有以皮革制水胶者，一年销售也达数千斤。⑨

晋县，手工业，城南河头村安澜镇有烧制琉璃盆的窑口，每年销售至

①　林翰儒纂：《河北省藁城县乡土地理》，《中国方志丛书·华北地方》，第105页。

②　林翰儒纂：《河北省藁城县乡土地理》，《中国方志丛书·华北地方》，第23页。

③　（清）陈詠修：《同治栾城县志》，《中国地方志集成·河北府县志辑》（第9册），第553页。

④　耿之光等修，王重民等纂：《民国重修无极县志》，《中国地方志集成·河北府县志辑》（第八册），第380页。

⑤　（清）曹凤来纂修：《光绪无极县续志》，物产志，1893年，中国国家图书馆藏，数字方志。

⑥　耿之光等修，王重民等纂：《民国重修无极县志》，《中国地方志集成·河北府县志辑》（第八册），第380页。

⑦　（清）佚名纂修：《赵州乡土志》，《乡土志抄稿本选编》（三），第76页。

⑧　（清）佚名纂修：《赵州乡土志》，《乡土志抄稿本选编》（三），第112页。

⑨　（清）佚名纂修：《赵州乡土志》，《乡土志抄稿本选编》（三），第112页。

临近各县的数量达100万件左右。[①]纺织用具,龙化村专门生产织布机梭子,每年销售各县的数量有数百万之多。[②]其他如四常村生产枣木、杜梨木的木梳;涕泗沟村所产的剃刀被称为"沟刀";田村、光灿两村产的麻绳;管洽村产的柳罐;南彭家庄产的翎扇;屯尚村产的秤毫等都是物美价廉的佳品[③]。

束鹿县,早在嘉庆年间,其纺织业就很发达,"辛集一带,如织绒、厩绒等物皆能仿其所产之地为之"[④]。皮革业也是该地区手工业的重要内容,"制造,向惟天秤为独擅。绒毯亦佳。水胶、白皮、斜皮,人利用之"[⑤],还有更为详细的记载,"辛集一区,工厂如林。皮毛各行,每厂不下数十人,远近诸村多以此为生。北数疃以花生榨油……南数疃向鲜制造,西南一隅尤甚,故其村亦较贫。东南,惟王口一村擅爆竹之利。曹、杨二庄独多制香业,虽微然颇行远"[⑥]。可以看到,手工业发达的地区,会带动贸易的活跃,其民众的生活水平也会相应地提升。

最后,商业贸易活动频繁。

藁城县,"藁邑地势平坦,无山泽矿产之利,农产以棉花、粟、麦、高粱、大豆为大宗……甘薯、落花生亦为本县主要农产。……棉花运销天津,或制成土布行销山西、绥远等处,五谷及甘薯除供给民食外,随时随地销售"[⑦]。

赵州所用的煤多自获鹿运来,炭多自临城运来,药材来自祁州。[⑧]鸦片以洋烟为多,土烟则属来自临境的隆平和藁城的质量上乘。白酒以元氏县宋曹村所产为上乘。[⑨]区域间的互通有无和商贸频繁的状况由此可见

---

① 傅国贤纂修:《晋县志料》,"实业志·工业·制造用品",1935年,中国国家图书馆藏,数字方志。

② 傅国贤纂修:《晋县志料》,"实业志·工业·制造用品",1935年,中国国家图书馆藏,数字方志。

③ 傅国贤纂修:《晋县志料》,"实业志·工业·制造用品",1935年,中国国家图书馆藏,数字方志。

④ 谢道安修:《束鹿县志(五志合刊)》,《中国方志丛书·华北地方》,第948页。

⑤ 谢道安修:《束鹿县志(五志合刊)》,《中国方志丛书·华北地方》,第1320页。

⑥ 谢道安修:《束鹿县志(五志合刊)》,《中国方志丛书·华北地方》,第1397页。

⑦ 王炳熙,任传藻修:《民国续修藁城县志》,《中国地方志集成·河北府县志辑》(第6册),第215页。

⑧ (清)佚名纂修:《赵州乡土志》,《乡土志抄稿本选编》(三),第113页。

⑨ (清)佚名纂修:《赵州乡土志》,《乡土志抄稿本选编》(三),第114页。

一斑。

束鹿县，贸易，"辛集一区，素号商埠，毛皮二行，南北互易，远至数千里"①。其贸易的区域范围很广，"多贸易京津间，张家口、归化城、盛京、汉口亦甚伙。然无挟巨资获厚利远涉重洋，如闽粤之富商大贾者"②。其域内辛集镇的皮革产业，"束邑境内，动物利盖无，而制造诸品惟动物尚属大宗，以能行销境外也。羊毛贩自易、徕及塞外，制造毡毯、织绒、帽头可运售广东、上海、香港等处。羊皮买由塞外及畿辅诸郡，裁剪袄褥……此他境天然，在本境制造，差可获利者"③。

第二，地处平原，土地、水利条件一般，经济水平中等的地区。如新乐、深泽等县。

新乐县，"地处冲要，土瘠民贫。邑多枣，丰歉并关岁事。近颇种棉，熟时妇人、孺子盈撷盈筐，计斤受雇，直不为无裨生计。然其地多沙，风多则压损，久旱又耐烈日，必择土脉好而凿耕者植之，不能多也"④。新乐的交通便利，却苦于土地条件，适合种植棉花的区域不多，自然也就不能享受种棉、纺织之利。

深泽县，"四通八达，邑小民贫"⑤，"地窄而瘠，又迩沙、滨、滹沱三河。每际淹涝，民贫或以生盗"⑥。深泽与新乐的情况类似。此二县虽然与周边的临邑相比社会经济水平颇有不如，但毕竟地处平原地区，水利尚属有利，情况要好于山区各县。

第三，域内有山区，土地、水利条件不足，经济水平中等偏下的地区。如获鹿、元氏、行唐、赞皇、平山、灵寿等县。

获鹿县在山区各县中经济发展水平应该是名列前茅的，其最大的优势是出于直晋两省的交通要道，是两省往来的门户。其棉花种植与织布业

---

① 谢道安修：《束鹿县志（五志合刊）》，《中国方志丛书·华北地方》，第 1403 页。
② 谢道安修：《束鹿县志（五志合刊）》，《中国方志丛书·华北地方》，第 1321 页。
③ 谢道安修：《束鹿县志（五志合刊）》，《中国方志丛书·华北地方》，第 1397 页。
④ （清）雷鹤鸣修，（清）赵文濂纂：《光绪重修新乐县志》，《中国地方志集成·河北府县志辑》（第八册），第 256 页。
⑤ （清）张衍寿修，（清）王肇晋纂：《咸丰深泽县志》，《中国地方志集成·河北府县志辑》（第七册），第 349 页。
⑥ （清）张衍寿修，（清）王肇晋纂：《咸丰深泽县志》，《中国地方志集成·河北府县志辑》（第七册），第 423 页。

发展得相当可观，"棉花产于于底、休门、塔谈村等区数十村庄。……纺线织布则全区均有制造之户，所造之货名曰土布，以供常人衣服之用，并销售山西等处"①。"土布在本境每岁销售十二万匹，运入山西者加四倍。"②"制造线毯、线绦等件，已在东关专设工艺局，延聘艺师，召集徒众，物品平价销售。自开局至今，颇著成效。"③"线绦每岁销售千余斤，线毯每岁销售千余件。"④桑蚕养殖，"树桑饲蚕，惟有铜冶一区为盛。该区民于蚕桑一项食利有年，每界五月，收茧后缲丝销售"⑤。"蚕丝每岁销售千余斤，均系山东、河南客人来本境采买。"⑥获鹿县商品集散地的作用，"自他境由陆路运入本境货物，惟铁器、煤炭为大宗。铁器自山西潞安府、平定州等处，每年运入本境一千八百余万斤，分销东路各处。煤炭自山西平定州境内，每年运入本境一万余斤。烟炭自直隶井陉县境内，每年运入本境二万余斤。以上两项煤炭，分销东路各处"⑦。很显然，获鹿县的经济发展依赖于直晋两省的货物流通，直接的效果体现在县城的发展程度较高，有"日进斗金的旱码头"之称，但因其主要财源也并未全部由本地人控制，再综合全县的状况，获鹿县的社会经济发展水平也不可估量的过高，但作为山区县中的佼佼者确定无疑。

元氏县，自然条件一般，"地高燥，水利不兴，农产亦薄。东北与赵接壤产棉之地，十不过二三。……行销多在天津，次则山西榆次、太谷、辽州及河南彰德等处"，"境内无矿产，只封龙山产碾磨，为农家必须之品，销于南宫、冀县、无极、藁城、安平、饶阳等处"⑧。虽然也种植棉花，但种植棉花的地域不多，只是"密迩栾、赵，故男女多以纺织为业"⑨。织布业的盈利能力也一般，"虽土布行销于晋省，然皆农民日积月累，蝇

① （清）严书勋纂修：《获鹿县乡土志》，《乡土志抄稿本选编》（一），第755页。

② （清）严书勋纂修：《获鹿县乡土志》，《乡土志抄稿本选编》（一），第757页。

③ （清）严书勋纂修：《获鹿县乡土志》，《乡土志抄稿本选编》（一），第756页。

④ （清）严书勋纂修：《获鹿县乡土志》，《乡土志抄稿本选编》（一），第757页。

⑤ （清）严书勋纂修：《获鹿县乡土志》，《乡土志抄稿本选编》（一），第756页。

⑥ （清）严书勋纂修：《获鹿县乡土志》，《乡土志抄稿本选编》（一），第757页。

⑦ （清）严书勋纂修：《获鹿县乡土志》，《乡土志抄稿本选编》（一），第758页。

⑧ 王自尊修，李林奎等纂：《民国元氏县志》，《中国地方志集成·河北府县志辑》（第九册），第315页。

⑨ （清）胡岳纂修：《光绪元氏县志》，物产，1875年，中国国家图书馆藏，数字方志。

头微利，尚不足赡养身家"①。其有特色的地方有，"惟近年来蜂业发达，在河北省首屈一指"②。

赞皇县，其自然条件与相邻的元氏县类似，"地多沙石，风气高燥，井少不足以救之也"③，"侧介山陬，土隘民贫，男力耕樵，女勤纺织。……短衣粝食，夙夜勤动。遇丰年亦如度欠岁"。④粮食产量不能做到自给自足，每年贩入山西谷米。⑤"植物制造，产布为大宗。"⑥但是，赞皇不产棉，所以"妇女尚勤织纺，然线从外买，白布亦获利无多"⑦。线、棉由元氏、高邑贩入。⑧虽然棉花种植、织布业的发展遇到了瓶颈，但是赞皇也努力的广开财源，例如，种植业，"果品类……最多者为红枣"⑨。靠山吃山的制造业，"木料、木炭"⑩。最终，所产的白布销往山西乐平；木料销往元氏、柏乡；木炭销往宁晋、冀州；红枣销往山西寿阳；药材销往祁州（今安国）。⑪

平山县，自然地理条件，"介山水之间，庚泥骈石，土宜不一"，"地势多山，且种棉者多，故杂粮相差尚少，惟谷米一项为本县民众家常食品，缺乏最多，全仗由山西贩运接济"⑫。农业生产状况，"五谷、百果、蔬菜无一不备。农产，五谷之外以棉花为大宗，近年产量除本地纺织所用以外，其他售至石庄、天津者为最多，次则山西……花价约在数十万元"⑬；

---

① 王自尊修，李林奎等纂：《民国元氏县志》，《中国地方志集成·河北府县志辑》（第九册），第317页。

② 王自尊修，李林奎等纂：《民国元氏县志》，《中国地方志集成　河北府县志辑》（第九册），第317页。

③ （清）秦兆阶纂修：《赞皇县乡土志》，《乡土志抄稿本选编》（二），第467页。

④ （清）周晋堃等修：《光绪续修赞皇县志》，《中国地方志集成·河北府县志辑》（第九册），第180页。

⑤ （清）秦兆阶纂修：《赞皇县乡土志》，《乡土志抄稿本选编》（二），第475页。

⑥ （清）秦兆阶纂修：《赞皇县乡土志》，《乡土志抄稿本选编》（二），第472页。

⑦ （清）秦兆阶纂修：《赞皇县乡土志》，《乡土志抄稿本选编》（二），第467页。

⑧ （清）秦兆阶纂修：《赞皇县乡土志》，《乡土志抄稿本选编》（二），第475页。

⑨ （清）秦兆阶纂修：《赞皇县乡土志》，《乡土志抄稿本选编》（二），第471页。

⑩ （清）秦兆阶纂修：《赞皇县乡土志》，《乡土志抄稿本选编》（二），第472页。

⑪ （清）秦兆阶纂修：《赞皇县乡土志》，《乡土志抄稿本选编》（二），第474页。

⑫ 金润璧修，张林等编辑：《河北省平山县志料集》，《中国方志丛书·华北地方》，台北：成文出版有限公司1976年版，第48页。

⑬ 金润璧修，张林等编辑：《河北省平山县志料集》，《中国方志丛书·华北地方》，第48页。

"山上所产之物，以胡桃、花椒、柿子、黑枣为大宗，柿子、黑枣销路不远，惟胡桃、花椒每年销至天津者约价值7、8万元"①；"水泽所产之芦草，足供本县编席之用"②；渔业、畜牧业状况，平山县，"本县虽有滹、冶二河，以水流甚急，产鱼无多，且无此项专业。畜牧，则西北近山一带多有养猪、羊、牛者，然皆散处农家并无专业。距城较近村庄以纺棉织布者为多，前数年，售至山西一带者每年不下百万匹，近年骤减"③。手工业的状况，"地处乡僻，工商各业尚不发达，所有工人多半来自外县……其余如画工、糊裱工、编席工皆来自本县人"④；"矿产，在咸同间有解玉砂销至关东、北平各地，至光绪末年停止"⑤。百姓的日常生活状况，"普通所食以五谷为主，而农家常食为谷米、玉茭等，遇有宾客、婚丧以稻米、麦粉为上品，佐以豆粉、豆腐、时菜，间有用肉者"⑥。至少从饮食方面来看，平山的经济发展水平达到本地区的中等水平。

灵寿县，"专务力田，供赋养家……土地硗确，力费而获薄"⑦。

第四，域内主要是山区，土地、水利条件严重匮乏，交通封闭，经济发展相对落后的地区。如井陉县。

井陉县，自然地理条件，"面积虽大，山居什九，地瘠民贫"⑧。也有"七山一田"之说。⑨农业生产状况，"井陉全境皆山，产物有限……可以一言以蔽之曰：简陋而已"⑩；"山田薄壤，人口众，物产稀，生计艰窘"，当地流行"添丁不如减口"的俗谚⑪。手工业的发展状况，有不少的农闲时开展的副业，如水磨房、石灰窑、织草席、编荆器、畜牧、赶牲口等，

① 金润璧修，张林等编辑：《河北省平山县志料集》，《中国方志丛书·华北地方》，第48页。
② 金润璧修，张林等编辑：《河北省平山县志料集》，《中国方志丛书·华北地方》，第48页。
③ 金润璧修，张林等编辑：《河北省平山县志料集》，《中国方志丛书·华北地方》，第50页。
④ 金润璧修，张林等编辑：《河北省平山县志料集》，《中国方志丛书·华北地方》，第50页。
⑤ 金润璧修，张林等编辑：《河北省平山县志料集》，《中国方志丛书·华北地方》，第48页。
⑥ 金润璧修，张林等编辑：《河北省平山县志料集》，《中国方志丛书·华北地方》，第50页。
⑦ （清）陆陇其原本，（清）刘赓年续纂修：《同治灵寿县志》，《中国地方志集成·河北府县志辑》（第五册），第15页。
⑧ 王用舟纂修：《井陉县志料》第十编，风土，1934年，中国国家图书馆藏，数字方志。
⑨ 王用舟纂修：《井陉县志料》，序，1934年，中国国家图书馆藏，数字方志。
⑩ 王用舟纂修：《井陉县志料》第十编，风土·民生，1934年，中国国家图书馆藏，数字方志。
⑪ 王用舟纂修：《井陉县志料》第十编，风土·民生，1934年，中国国家图书馆藏，数字方志。

但都规模不大。[①] 百姓的日常生活状况，衣着方面，井陉不产棉，因此没有纺织的传统。"每年秋末冬初，售故衣败絮者盈于市，此类衣絮俱邑东赵县、栾城、藁城、宁晋、正定诸邑所废弃者……一部售诸吾陉，平民购之，裁补御寒。……衣料以平山、获鹿两县之土布为主。"[②] 正太铁路通车以后，情况才有所改变，"邑中舶货充斥，少年喜新美，购洋布者渐众"。饮食方面，"陉民日常所食，藜藿居多"，有所谓的"糠菜半年粮"之说。"男子在农忙时，尚得粒食，妇女则终年莫变"。菜分两类：一是野菜，各种山野间的树叶之类；二是田菜，如北瓜、萝卜、蔓菁、豆叶、瓜尖之类。做主食的原料被称作"水磨面"，即以糠混合谷子磨成面粉，男子多食干粮，女子则多食菜羹、菜饼。稍富之家，早晚餐主食以小米为主，杂面菜汤为副；午餐以小米面、玉米面、黍米面等蒸做干粮，佐以野菜。全县数百乡，只有沿绵河两岸的几个种植水稻的村，或者县域东北部种植棉花的村，还有就是厂矿附近的村情况稍好以外，多为"半糠半菜"的情况。[③]

二　至20世纪20年代，铁路给石家庄地区带来的变化

修建铁路，除了给石家庄地区的传统手工业带来发展机遇外，一些新兴的近代工业开始出现，同时，银行、邮电、转运业、服务业等的兴起也在很大程度上改变了该地区人民的生活方式。

（一）近代工业的兴起

1. 煤矿。正太铁路的修建，本身就是为了解决晋煤外运的问题，它的通车也在很大程度上刺激了沿线煤矿业的发展。石家庄地区的煤矿主要在井陉县，共五处：位于岗头的井陉矿、位于凤山的正丰矿、位于小寨的和记矿、位于赵庄岭的裕兴矿、位于白土坡的民兴矿。前两个矿发展得不错，后三个矿都遇到了一定的经营困难。[④] 依附煤矿而生的，还有天护村的"炮

① 王用舟纂修：《井陉县志料》第十编，实业·农家副业，1934年，中国国家图书馆藏，数字方志。

② 王用舟纂修：《井陉县志料》第十编，风土·民生·衣，1934年，中国国家图书馆藏，数字方志。

③ 王用舟纂修：《井陉县志料》第十编，风土·民生·衣，1934年，中国国家图书馆藏，数字方志。

④ 王用舟纂修：《井陉县志料》第六编，实业·工商合业，1934年，中国国家图书馆藏，数字方志。

捻房"，专门加工导火索，销售于各个煤矿。^①

井陉煤矿是其中酝酿和开办最早的一个。1898 年 3 月间，井陉文生张凤起禀请租用横西村 18 亩土地，拟开办煤矿。由井陉县转呈直隶总督王文韶，获得批准。6 月间，张凤起开工。后因资本不足，拟与德国人汉纳根合股经营，采用机器开采。^②1900 年 1 月，张、汉二人将所订立的合同呈送督办直隶矿务张翼，请求批准，正赶上义和团运动爆发，此事便延宕下来。1902 年 1 月 20 日，德国公使照会外务部重提张、汉合股开矿一事。以升任督办直隶、热河矿务的张翼批示：以十个月为期限，要求张、汉二人探明矿藏情况上报，再酌情是否批准开办。^③1903 年 7 月，张翼批准开办井陉煤矿，并报请北洋大臣袁世凯批准^④，袁世凯拒绝了这个请求。他认为，双方所订立的合同不够严谨，漏洞太多。于是发回，要求重新审订合同。张、汉二人重新拟定合同后再次上报，袁再次拒绝，前后如是达五次，主要问题是袁对合同中没有明确表示对华洋股份比例的不满。开平煤矿作为前车之鉴已经为后来开办矿务的矿权问题敲响了警钟。此后，袁世凯取消了张凤起的采矿权，转而委托津海关道梁敦彦等代表官方与汉纳根重新谈判，自 1905 年开始至 1908 年 4 月 14 日，双方正式签订《井陉煤矿合同》^⑤，又谈判了三年之久。1908 年 6 月 3 日，才正式获得采矿许可，由农工商部授予开矿执照。^⑥

2. 纺织工业。在铁路开通以后，内地广阔的市场很快就遭遇到西方工业制成品的冲击，石家庄地区曾经非常繁盛的纺织业首当其冲，传统的男耕女织式的自然经济开始解体，那种近乎家庭副业的手工作坊式的生产方

---

① 王用舟纂修：《井陉县志料》第六编，实业·工商合业，1934 年，中国国家图书馆藏，数字方志。

② "中央研究院"近代史研究所编：《矿务档》，"直隶矿务"，《中国近代史资料汇编》，"中央研究院"近代史研究所，1960 年，第 568 页。

③ "中央研究院"近代史研究所编：《矿务档》，"直隶矿务"，《中国近代史资料汇编》，第 568—571 页。

④ "中央研究院"近代史研究所编：《矿务档》，"直隶矿务"，《中国近代史资料汇编》，第 586—591 页。

⑤ 王铁崖：《中外旧约章汇编》（第二册），第 490 页。

⑥ "中央研究院"近代史研究所编：《矿务档》，"直隶矿务"，《中国近代史资料汇编》，第 634 页。

式远远解决不了质量和效率的难题。1898 年有这样的新闻报道，"日本棉纱自 1895 年始有百余担到汉口，一年之后多至二千余担，以后逐年增多"①。京汉铁路开通后，其对北方落后的纺织业的冲击何等巨大？ 1900 年，吴汝纶记载，"近来外国布来，尽夺吾国布利，间有织者，其纱仍购之国外，故利入甚微"②。1908 年 3 月 15 日，伊犁将军上奏，"访问直隶河间、顺德、正定、保定各属……近年民间织布，其线大都买自东洋"③。在市场的压力之下，中国传统的纺织业迅速作出了回应，以落后的纺织设备配之以洋纱，艰难地维持着生计。这显然也不是长久之计。于是，纺织业也开始加入机械化生产的行列中。例如，1912 年，获鹿县成立官办振艺工厂，厂址在县城的东门外。这是一个小型的官办织布厂，官府拨款 1600 元。设备有：木机 12 台，轮机 2 台，提花机 2 台。40 名工人，分为提花科、手织科、染料科。④这是获鹿最早的县办工厂。

（二）近代服务业的产生

1. 邮电通信业。石家庄最早的现代邮电通信业也是伴随着铁路的兴建而诞生的。⑤1876 年 6 月间，总理衙门商议在通商口岸及就近地方设立送信官局并委托总税务司管理，是中国近代邮政之创始。1892 年冬，总税务司赫德向总理衙门呈递邮政章程，提请正式试办官邮政局，总理衙门与赫德经过反复磋商，1896 年 4 月 4 日，总理衙门将所议定的章程上奏并得到批准，开始兴办邮政局。1898 年 9 月 12 日，清廷发布上谕，要求总理衙门、兵部就"广设邮政局，裁撤驿站"商议具体的推广办法。由此看来，石家庄邮电通信业的建立，正处于清代该项业务的推广时期。

第一，邮政。1901 年 8 月，正定开办函件邮递业务，这是石家庄地区

---

① 李文治编：《中国近代农业史资料（第一辑）（1840—1911）》，生活·读书·新知三联书店 1957 年版，第 486 页。

② 李文治编：《中国近代农业史资料（第一辑）（1840—1911）》，生活·读书·新知三联书店 1957 年版，第 508 页。

③ 李文治编：《中国近代农业史资料（第一辑）（1840—1911）》，生活·读书·新知三联书店 1957 年版，第 515 页。

④ 石家庄市纺织工业志编纂委员会编：《石家庄市纺织工业志（1912—1990）》，河北人民出版社 1994 年版，第 45—46 页。

⑤ 详见石家庄地方志编纂委员会编《石家庄市志》（第 1 卷），中国社会出版社 1995 年版，第 429 页。

近代邮政的开端。1902年年初，京汉铁路修至石家庄。为了满足参与施工的外国人及当地绅商的需要，1903年年初在东连湾（今新华东路以北）设立了邮政代办铺商，同年11月，设立枕头邮政分局，隶属北京邮政总局管辖。除柜台外，在邮局门前及火车站内设有邮筒，便于收寄信件。另外，在栾城、藁城等县城的繁华地段设有代办处。至1910年，枕头邮局设有于底镇、振头镇、休门镇、梅花镇、寺家庄、丽阳、贾市庄、岗上等代办所。1914年3月，枕头邮政局被核定为二等邮局，隶属直隶邮区管辖。1918年年初，枕头邮局改名为石家庄邮局，随着业务的扩大，石家庄邮局搬迁至大桥街。同时，石家庄邮局开辟出的邮路也逐渐增多，覆盖范围日广。至1920年，市区内配置投递员4名，每日投递3次。

图1-1　石家庄邮局

（图片来源：王熙藏品 旧照片）

表1-1　　　　　　　　1903—1918年石家庄邮局开设邮路情况一览表

年份	增开邮路
1903	枕头—北京的铁道邮路；枕头—获鹿步班邮路
1904	正定—南宫—冀州的步班邮路
1906	改正定—冀州邮路为枕头—冀州邮路；增开正定—辛集、正定—深泽、获鹿—灵寿—行唐—新乐3条步班邮路

续表

年份	增开邮路
1907	枕头—太原铁道邮路；获鹿—于底—铜冶、获鹿—平山、获鹿—横口—横涧 3 条步班邮路
1913	枕头—辛集、枕头—元氏、枕头—栾城、获鹿—平山、井陉—平山、栾城—元氏、栾城—赵州等 7 条步班邮路
1916	枕头—辛集马车重件邮路
1918	石家庄—休门—岗上—藁城—兴安村—晋州—辛集；石家庄—南郄马—丽阳；石家庄—方村—冶河—栾城；石家庄—振头—铜冶—寺家庄—振头；正定—灵寿；正定—伏城驿—灵寿；正定—深泽；正定—南村—十里堡—正定；获鹿—于底—李村—灵寿—平山—获鹿；井陉—横涧；井陉—黄家沟；井陉—横口—微水—吴家窑—王庄—南障城—核桃园—井陉；栾城—苏家庄等

资料来源：《石家庄市志》（第 1 卷），第 439—440 页。

业务内容也逐步拓展。

表 1-2　　　　　　　1902—1920 年石家庄邮局承办业务一览表

年份	承办业务
1902	普通及挂号信函、明信片、印刷品；普通包裹；汇兑业务
1905	开办新闻纸挂号及立券业务
1908	开办国内保险（后改称保价）信函业务
1909	开办国内快递邮件业务
1910	开办国内保险包裹、国外报价包裹业务
1913	开办代售印花税票业务
1919	开办邮政储金业务，主要办理活期存款
1920	开办国际保险信函业务；国际快递业务

资料来源：《石家庄市志》（第 1 卷），第 448—456 页。

第二，电信。1904 年，开设石家庄报房，附属于正定支店管辖。"每月发报约 40 次，700 余字，收入 90 余元。"[1] 后随业务量及营业收入的增加，

---

[1] 陈铁安：《解放前石家庄的电信通讯》，《石家庄文史资料》（第十一辑），中国人民政治协商会议河北省石家庄委员会文史资料研究委员会，1985 年，第 195 页。

1909 年，升级为电报支店，隶属上海电政局管辖。1913 年，核定为二等电报局。1919 年，开办至保定长途电话业务，配有磁石座机 1 台。1923 年，升级为石家庄电报局。

公众电报电路的扩展。1904 年，开通至保定有线电报电路 1 条，经办明码电报和洋文电报业务。1909 年，增设至郑州、太原有限电路 2 条，业务种类调整为官、商、新闻及寻常 4 种。自 1915 年后的 8 年间，增设电报线路 6 条，全长 2300 公里，形成北至北京，南至郑州，东至沧州，西至太原的基础电报网络。

表 1-3　　清末及民国时期石家庄地区各县邮政及电信开办情况一览表

地域名称	邮政及电信开办情况
正定县	1904 年以前开设正定支店；1913 年核定为三等乙级电报局；1916 年核定为三等电报局
获鹿县	1912 年成立邮政局；1924 年本县已有使用电话的记录；1931 年前所有本县电报均由石家庄拍发，本县业务承揽情况不详
井陉县	1902 年县城设邮政代办所；1903 年开设电报局，开办于县城东关；1913 年核定为三等邮局、三等乙级电报局；1916 年核定为三等电报局；1918 年升二等邮局，核桃园、横涧、贾庄、西焦、横口、微水、岩峰、威州、南障城、良都、王庄等设有邮政代办所。沿正太铁路各站与井陉、正丰两矿均设有电话
行唐县	1905 年行唐邮政局成立；1915 年为三等邮局；1919 年升为二等邮局
藁城县	二等邮局，初在县城内七铺街，后迁至西南门内路西；城外黄庄、南董、南孟、赵庄、兴安、梅花、邓阳、岗上、表灵、故献、北席、贾庄、陈家庄等都设有邮政代办所；1931 年，设立长途电话所，设在关帝庙内；境内无电报局；1932 年，设县用电话局，通城乡各区镇
晋县	1913 年，县城设邮政局，小樵设代办所；每天赴藁城、束鹿各一次；县内设 3 条邮路，均 5 日一次；1930 年，为二等邮局。1939 年，始办理平信、挂号信函、邮递小包、汇兑、印刷品等业务。1930 年，设长途电话所；1931 年，县城内设电话管理所
灵寿县	1932 年设灵寿县中华邮政局，此前只有几个邮政代办点，局址在大东关；邮路为正定—灵寿；1937 年前电报业务需至正定发送
栾城县	1902 年设邮政代办所；1913 年核定为三等邮局；1914 年升为二等邮局；1929 年架设通石门的长途电话

续表

地域名称	邮政及电信开办情况
平山县	1902年设邮政代办所7个，分别为洪子店、北冶、蛟潭庄、孟家庄、回舍、南甸、郭苏；1913年核定为三等邮局；1918年升为二等邮局；1931年始置电话
深泽县	民国时邮路5条，深泽—安平、深泽—无极、深泽—束鹿、深泽—晋县、深泽—安国；民国初，核定为三等邮局；1918年升为二等邮局，下设4个代办点固罗、高庙、铁杆和耿庄；1932年设立电话局
无极县	1920年设二等邮局，先后设立郭庄、北苏、南侯坊3个代办所；1930年始办电报业务，由邮局代为收递拍发；1931年设长途电话管理所
元氏县	1931年前后，长途电话外通邻近各县；乡村邮政由邮局派邮差一人，乘自行车，四日一周附各村收揽及投递
高邑县	1901年设邮局，位于县治西火车站，为二等甲级；1920年5月设电报局，位于火车站中街；1929年设长途电话分局，位于县治前西偏

资料来源：各类县志、乡土地理、志料集等。

可以看到，通铁路并设站的各县，邮局、电话、电报等现代通信业也都发展得较早，而其余各县则多至20世纪30年代才开通电报、电话。

2. 货栈业。民国时期的新闻报道、见闻、旅行指南等，在提到石家庄时多感慨其崛起之迅速、市场之繁华。例如，日本东亚同文会曾这样介绍石家庄，"随着京汉线的开通以及正太铁路的完成，这里成为连接着两条铁路的主要地点。之后随着商业的迅速发展，街市也逐渐扩张……为山西南半部以及附近地区货物集散地，因此批发业者很多，其大部分兼营运输业，以公盛栈、大成栈、益盛通、聚成玉、万义泰等为首，实际数量有三十多家"[①]。再如，"石埠又名枕头……为京汉铁路中之大站。又正太铁路即发端于此，设有宿站井、铁路制造厂、华洋商号一百余家，市面逐步繁荣，是以中外多知其名，所有本埠出产及由此转运之货，以生铁、棉花、煤块为大宗"[②]等。正是因为京汉、正太两条铁路以货运为主，且轨距不同，所以势必会增加装卸车的环节，且作为商品集散地辐射周边的作用，再加

---

① 戴建兵：《传统府县社会经济环境史料（1912—1949）——以石家庄为中心》，天津古籍出版社2011年版，第3页。

② 戴建兵：《传统府县社会经济环境史料（1912—1949）——以石家庄为中心》，第12页。

上前文所述石家庄村的失地农民参与转运业受到一定的保护等原因，都使石家庄的货栈业迅速发展起来。

　　石家庄货栈业的发展与当时铁路的运营模式有很大的关系。中国铁路自创办之日起就面临着两大难题：技术与资金均依赖外国人，路权多操于他人之手，且又肩负"商战""争利"等民族自强之使命，所以在各路运营的早期均以生存为第一目标，至于服务质量则很难在各路运营者的考虑之内，也因此产生了一些"霸王条款"，尤其以铁路货运的问题最为突出。

图 1-2　石家庄同芳照相馆摄正太铁路沿线货栈 1

（图片来源：王熙藏品　旧照片）

图 1-3　石家庄同芳照相馆摄正太铁路沿线货栈 2

（图片来源：王熙藏品　旧照片）

　　中国早期的铁路货运实行货主（运送承办人）自行经营的办法，简言之，各路局只负责提供车辆、收取运费，而货物在运送过程中是由货主负责看管、押运，甚至负责装卸，而此过程中发生的一切损失，铁路概不负责。① 自1906年11月间②，邮传部尚书张百熙提出"运费划一"的问题，至1920年交通部"训令各铁路局所迅速筹拟货运负责办法"③，前后历经14年，经过数十次的磋商，才最终达成了与国际惯例一致的"货物运输铁路负责制"。该训令指出，"我国货运因场栈未备、车辆缺乏、员役不齐，未敢受运货负责之重任，凭货主自行处理。无论大宗、零件只收运费，不负损失赔偿之责，以致货弃于地，商贾裹足"，很显然，此等情况已经成为铁路运输发展的严重阻碍。但是，石家庄的货栈业却恰恰是依靠了这种不合理的因素而发展为其城市化早期的重要产业。需求推动市场，于是"石家庄转运业应运而生，不仅大量的矿产开采商纷纷驻扎石家庄，设立自己的转运公司，投资修建自己的铁路道岔，而且大量承揽托运、中转、保管、暂存货物的转运公司和货栈业如雨后春笋般地涌现出来"④。时人的记载也说明了这种情况，"此地（石家庄）商业以货栈为第一，货栈之性质，并不仅代客转运，大多系自买自卖，由天津及直隶各地贩运各种杂货，转往山西销售。……以上货栈中，以煤炭粮栈为最多……其次为棉花公司……再次为煤店、粮店"⑤，石家庄的货栈不但数量多，而且经过几年的发展，其服务内容、质量也都有让人耳目一新的感觉。例如，经营内容多兼营，煤炭粮栈兼营布匹；服务措施到位，棉花公司多代客收花，还有为客人把棉花打包的专用工厂等。从各个货栈经营的内容来看，"输出的有煤、粮

---

　　① 详见《宣统二年运输规则草案》第六条、第十二条的规定，交通部交通史编纂委员会、铁道部交通史编纂委员会编：《近代交通史全编·路政编》（第18册），国家图书馆出版社2009年版，第404页。

　　② 交通部交通史编纂委员会、铁道部交通史编纂委员会编：《近代交通史全编·路政编》（第18册），"运输·法规·运输总则"条载："清光绪三十二年闰十月，邮传部初成立"，事实上光绪三十二年（1906）并无闰十月，疑似此处有笔误，笔者特请读者注意。

　　③ 交通部交通史编纂委员会、铁道部交通史编纂委员会编：《近代交通史全编·路政编》（第19册），第550页。

　　④ 李惠民：《近代石家庄城市化研究（1901—1949）》，中华书局2010年版，第66页。

　　⑤ 戴建兵：《传统府县社会经济环境史料（1912—1949）——以石家庄为中心》，第17—18页。

食、棉花、铁锅、皮毛、核桃仁等；输入的以布匹绸缎、洋广杂货为大宗，其次为煤油、纸烟、茶叶、面粉等"[①]。货栈业多需要占用大量的场地，因此它的兴起也直接带动了石家庄地价、土地租金的大涨，"1916 年以前佃一岔道不过二三千元，到 1921 年即涨到了二三万元。1916 年租地一亩年租金不过十余元，每亩地价不过一百元。到 1923 年，租地一亩的年租金即涨到了一百数十元"。即便地价如此大涨，诸多的商家还是"日孜孜以求另辟新地"。

3. 食宿等服务业。京汉、正太铁路的通车给石家庄带来了大量的常住、流动人口。俗话说，民以食为天。人流的涌入也催生了旅馆、饮食等服务的快速成长。

旅馆业。石家庄最早的旅馆出现在 1903 年，也就是京汉铁路在石家庄开始修建的时期，在石家庄的村东和村南就陆续有旅馆开业。留有记载的有：1904 年春元旅馆开业，地址位于大桥街。1905 年，大兴栈开业。1906 年，晋义栈、广利栈开业。1909 年，晋阳栈、裕隆栈开业。1911 年，晋通栈开业。其他还有十余家旅馆。

图 1-4　石家庄正太大饭店

（图片来源：梁彦忠藏品　旧广告）

---

① 杨俊科：《石家庄早期的转运业》，《石家庄文史资料》（第五辑），中国人民政治协商会议河北省石家庄委员会文史资料研究委员会，1985 年，第 92—93 页。

饮食业。京汉铁路开始在石家庄修建，就有各种小食摊为中外铁路修建者提供饮食服务。1907年，正太铁路通车，在石家庄、太原各修建了一座正太饭店以示纪念，这是石家庄最早的豪华饭店，历经风雨，见证过吴禄贞、张学良、黄兴、孙中山等多位历史名人。它是将石家庄饮食业发展同铁路联系起来的历史证据。其他比较早期的有明盛园、永信义、中和轩等，此后，石家庄的饮食业日渐繁盛。既有能办出豪华酒席的高档餐厅，也有供应一般市民的街边小吃，林林总总，风味各异，在石家庄这个以移民为主的城市，南来北往的人们总能找到适合自己的口味。

综上所述，基本可以勾画出石家庄地区由晚清至民国时期的基本的社会经济状况，应该看到，在19世纪末本地区的支柱型产业——棉花种植业和纺织业——已经具有了一定的规模。兴建铁路带来的变化主要是强化了该地区与外部的联系，扩大了经济规模；强化了石家庄对周边各县的辐射和带动功能。毫不夸张地说，石家庄的崛起完全改变了华北地区的整体市场结构。[①]当然，外国列强也随之掀起了进一步瓜分中国的狂潮，正如有些专家学者指出的那样，"19世纪末，华北地区的铁路运输发展较快，外国进口商品的幅度逐渐超过了南方，如光绪二十年，华北地区的进口货值仅占全国进口总值的3%；光绪二十五年，进口货值已接近全国进口总值的9%。外国商品在华北地区（主要为直隶）日渐控制市场，进一步破坏了华北农村的自然经济，加速了城乡手工业者的破产"[②]。石家庄也从一个封闭的内陆小村庄，被推到了时代发展的前沿，开始了艰难的近代化过程。无论如何，石家庄迎来并完成了其发展历史中的第一次飞跃。

---

① 苑书义、任恒俊、董丛林：《艰难的转轨历程——近代华北经济与社会发展研究》一书中，将直隶划分成6个经济区域：以保定为中心的冀中经济区；以大名为中心的冀南经济区；以宣化为中心的冀西北经济区；以承德为中心的冀东北经济区；以天津为中心的冀东南经济区；以卢龙为中心的冀东经济区。石家庄所依托的铁路枢纽地位，其辐射和带动能力不仅将河北地区既有的经济结构打破，也必然打破华北地区传统的经济区域的界限。

② 方尔庄：《河北通史（清朝）》（下卷），河北人民出版社2000年版，第190页。

第 二 章

多元激荡的社会思潮 *

　　以文化的角度来看，近代中国的"大变局"不仅仅是西方列强的武力扩张，更重要的是中国人对不同种文明的认可与接受，这一过程伴随着自明代以降的中西方接触的始终。概括来说，中国近代思想领域的变化集中在"由天下到万国"观念的转变之中。这一过程充满了抗拒与误解，也饱含着自矜与无奈，成为中国从传统到现代的主线。无论从何种视角观察，都离不开对思想者的分析与解读，也正因如此，依据思想、文化承载者的主体——具体的人——所处的阶层、社会地位、历史作用进行划分，通常对应为雅与俗、官方与民间、精英与大众、先进与保守等。

　　晚清以来的社会变局，反映在思想、文化领域中汇聚成一个迫切需要解决的问题：如何应对外来文化的挑战？解决这一难题，要基于以下的社会现实。第一，晚清社会的经济基础逐步遭到瓦解。这种瓦解有一个由沿海到内地、由城市到农村的过程，前文提到的石家庄地区的传统纺织业受到的冲击，就是自然经济解体的现象之一。经济基础瓦解在国家层面上集中体现为国力下降，再加上赔款、军费，甚至兴办实业等大项开支，国库空虚，反馈到社会生活的层面又表现为人民负担日益沉重，传统的自然经济已经不堪重负。第二，思想层面的混乱，集中体现在专制主义制度的政治基础在动摇。虽然有大量研究成果表明，在明朝后期开始的中西近代接触的过程中，中国社会精英的思想也开始"转向"①，并且一直在调整对外部世界

　　* 本章作者系石家庄学院历史文化学院袁丙澍博士。
　　① 详见余英时《士与中国文化》，第十篇"士商互动与儒学转向"，上海人民出版社2003年版。

的认识——开始出现"开眼看世界"的先进知识分子，但整个晚清至民国初期都伴随着各种思想的激烈交锋。还应看到，"中国人百年以来在思想、政治、经济各方面的努力都是以'雪耻图强'作为意识背景的（这是很自然的）……无论出之于仇外或媚外，都是一种情绪反应。无论是'中体西用'，还是'全盘西化'都不是理智的选择"①。以积极的方面来看，从"在几千年的历史中，从无人怀疑过君主政治之外尚有其他更好的政体"②，到追求维新、共和。这一切都表明明清之际，被视作最完善的专制主义制度的政治基础在动摇。第三，社会精英基层自身受到最大的冲击，阶层间割裂、脱离的更加明显，思想、文化领域的运动转向社会启蒙。余英时先生刻画了明清时期中国知识分子在转型过程中被边缘化的现象。③而杨国强先生则深入分析了在晚清中国社会的近代变迁过程中，士人阶层为了应对来自西方的挑战产生了"理与势的脱节，义理与事功的脱节，民生与富强的脱节，以及士人社会与下层社会的脱节"，造成这种脱节的重要原因之一是文化变迁的滞后性，像中国这种有着长久历史、深厚积淀的古老文明尤其如此。

"于是思想、学理、意见、愿望都能借助文字而化作横议"④，需要特别注意的是，即便是当时的"潮头人物"，其持论多有鼓噪之嫌，思想既多、又浅且驳杂的"思想者"也并非少数，"是以与鼓荡相伴随的，常常是浮嚣"⑤。但这也恰恰是该时期思想、文化领域的历史特征。换言之，此一历史特征也是中外文化冲突与武力强权、民族斗争纠缠的必然结果。

为了更清晰地观察晚清思想、文化领域的变化，前辈学者作出了诸多有益的尝试，相关成果颇丰。笔者囿于学识所限难以望前辈学者之项背，且过于宏观的视角对于本书这样一本"小地方"的区域文化史研究也是不合时宜的。作出如此的判断，是基于以下的理由：石家庄的城市发展历史至今不过百余年，其所属的正定府的地位也多体现在军事防御功能上。自

---

① 金耀基：《从传统到现代》，中国人民大学出版社 1999 年版，第 62 页。

② 马克锋：《文化思潮与近代中国》，光明日报出版社 2004 年版，第 22 页。

③ 余英时：《中国知识分子的边缘化》，《二十一世纪》1991 年 8 月总第 6 期。

④ 章清：《清季民国时期的"思想界"——新型传播媒介的浮现与读书人新的生活形态》（上册），社会科学文献出版社 2014 年版，第 37 页。

⑤ 杨国强：《晚清的清流与名士》，《晚清的士人与世相》，生活·读书·新知三联书店 2008 年版，第 209 页。

其开埠至"五四"时期，石家庄城市发展虽称得上迅速，但与区域性的政治、经济、文化中心的程度还是相去甚远。也就是说，此一时期石家庄处于由农村向城镇的转变过程中，并没有蜕去"农村性"特征，这与处于晚清"巨变"中的绝大多数地区是一致的，或许对西方文化的接触有早有晚，接受或抗拒的程度有大有小，但都没有脱离传统农业社会的基本事实。那么，基于文化研究的视角，美国人类学家罗伯特·芮德菲尔德指出："农民的文化为了让它自己能延续存在下去就必须不断地把它从外界舶来的思想传输给它所覆盖的那个社区"①，这给我们观察石家庄区域提供了两个视角：与外部思想文化中心的联系；主流思潮对该地的影响。因此，至少有两点是笔者愿意并努力作出尝试的：第一，提升对"一般知识、思想与信仰的世界"②的重视程度。重点观察该阶层的承上启下作用，即对主流思想的接纳、传递、示范作用。第二，新型传播媒体对主流思想的宣传，即向下的扩散与传播，及所营造的"公共舆论空间"。通过这两个视角，品味石家庄这样一个"零基础"的村庄，在其现代化的过程中，虽然历史潮流不可阻挡，但一般民众内心也进行着艰难的抉择和抵抗。

应当看到，中国传统文化中富有自身革新的基因，自明以降"内在的渐变"不可谓不显著。③但当19世纪"西方文化入侵所激起的剧变"来临之时，"渐变"不足以立竿见影，因此被淹没在历史的洪流之中，但终究在"西化"的潮流中刻画了中国传统文化的烙印，形成了多元激荡的社会思潮。

第一节 从"中体西用"到变法维新

中外交流的历史是漫长的，在绝大部分时间里，华夏文化处于优势的状态，因此，外来文化对其冲击并不严重。按照一般文化史研究的划分，最典型的莫过于印度文化的输入，但也通过融合、改造完成了本土化。近

---

① ［美］芮德菲尔德：《农民社会与文化：人类学对文明的一种诠释》，王莹译，中国社会科学出版社2013年版，第93页。

② 章清：《清季民国时期的"思想界"——新型传播媒介的浮现与读书人新的生活形态》（上册），第38页。

③ 详见余英时《士与中国文化》，第十篇"士商互动与儒学转向"，上海人民出版社2003年版。

代以来的西学输入却大有不同，工业革命以后，西方资本主义的发展方兴未艾，其强大的经济基础对落后的农业社会来说无疑是致命的，再加上早期资本主义发展的残酷性和掠夺性，以及基督教文化的排他性，对于与其处于同一时代的其他文化——尤其是历史悠久的文化都具有摧毁性的打击，因此，鸦片战争后，中国精英知识分子所忧虑的"亡国亡种"的威胁并不是受迫害的虚妄。于是，先行者们开始寻求"应对外来文化挑战"的办法，这些解决之道也一定是符合当时的社会历史条件和对外部世界的认知的。

19世纪中叶开始的中西文化冲突有一个加剧的过程，至中华人民共和国成立宣布废除一切不平等条约及在华特权而达到了顶峰。由改良而革命的选择，也有其认知上的渐进过程。面对坚船利炮，中国人对西方的认知是相当有限的。例如，早期开眼看世界的代表人物之一的徐继畬，在其《瀛寰志略》中介绍了大量的自然地理知识，却用中国传统的"五行""八卦"学说予以解读；再如，主导销烟并抗英的林则徐也宣称"一至岸上，该夷无他技能，且其浑身裹缠，腰腿僵直，一仆不能复起。不独一兵可以手刃数夷，即乡井平民，亦足以制其死命"；又如，在中外贸易中占大宗的茶叶和大黄，一直被误认为是外人日常生活所必需，"数月不食，有瞽目塞肠之患，甚至不能聊生"，也因此屡屡在中外交涉中用以"制夷"[①]。这一切看起来匪夷所思的状况，却恰恰是当时的社会现实，精英尚且如此，更何况一般民众？马克锋指出："中国士大夫的主流选择是：以传统的儒家文化的固有观念和价值尺度为标准，来顽强的排斥西学的传入，并以此作为摆脱民族危机的基本方针"[②]，这是一种本能的反应，却建立在诸多误解与无知的基础之上。这种误解固然源于"守其所已知，拒其所未闻"的故步自封的保守心态，但华夏文化的优势心理，西方文化的强势扩张，对一般民众的直接冲击，使冲突、对抗在所难免。

自然地理位置的"中"很容易被打破，但文化心态上的"中"依然保有。自然地，由"西学中源"，进而"中西相合"，再进一步的"中体西用"，莫不是知识精英试图将西学纳入中学的挣扎，一方面，他们努力保有曾经的文化优越感；另一方面随着对西学认识的加深，"体用""本末""道器"

---

① 详见马克锋《文化思潮与近代中国》，光明日报出版社2004年版，第39—44页。
② 马克锋：《文化思潮与近代中国》，第39页。

等比较形式，已经逐渐成为中西调和的手段。[①] 正如有研究者指出的："当日的攘夷虽是 19 世纪的中国人对于外来逼迫的直接回应，而其旨意和理由则是历史里的中国人所旧有和固有的。"[②] 同时，"以想当然而言之凿凿，正是义理化作成见，而后用历史经验中的东西去比附历史经验之外的东西，其不合尺寸是理所当然的"[③]。正是基于认识的深化，中国人对国家发展道路的探索也由器物转向了制度的层面，"中国制度上的现代化到了康、梁的维新运动才算开始，而真正大规模的改革则等到孙中山先生领导的国民革命才得以展开"[④]。无论是洋务运动，还是戊戌变法，大体都可以看成是"自上而下"的改革。但顶层设计的核心是学习"技术"，还是学习"制度"，结果却大相径庭。

一　西学在经济生活领域的广泛传播

石家庄地区，除铁路以外，对西方技术引入最成功的例子即煤矿的开采。清末民初的石家庄地区，比较成功的煤矿包括中比合办的临城煤矿、中德合办的井陉煤矿和华商开办的正丰煤矿，其中都活跃着本地绅商的影子。在煤矿发展的过程中，推广西式采煤法成了企业生存的关键，是企业生产规模扩大、安全生产的基本保障。同时，在与外商争夺主权、保护矿权的斗争中，本地官商的进步和成熟均有充分体现，也展示了"于华民生计，中国主权，地方治理三者均无侵损，与新章亦不相背"[⑤] 的中外合办企业的原则。

另外，石家庄地区的传统农业也在该时期得到了迅速的发展，究其原因，比较直接的影响大体有以下几个方面。

第一，市场的扩大。市场当然是最直接的影响因素。第二次鸦片战争之后，天津开埠，西方列强所瞄准的正是华北地区的广阔市场。"开埠之初，洋行主要从事上海、天津间的转口贸易。"[⑥] 天津港所出口者，也以

---

① 详见马克锋《文化思潮与近代中国》，第三章、第四章。
② 杨国强：《晚清的清流与名士》，《晚清的士人与世相》，生活·读书·新知三联书店 2008 年版，第 171 页。
③ 杨国强：《晚清的清流与名士》，《晚清的士人与世相》，第 172 页。
④ 金耀基：《从传统到现代》，第 133 页。
⑤ "中央研究院"近代史研究所编：《一般矿政·直隶矿务》，《中国近代史资料汇编·矿务档》，第 627 页上。
⑥ 董丛林：《河北经济史》（第三卷），人民出版社 2003 年版，第 174 页。

内地土货为主。19 世纪 60 年代初，受美国南北战争的影响，国际市场棉花价格飞涨，"1863 年（同治二年）……是年南北花旗开仗，种花固属不多，又值歉收，以致印英两国无处购棉接济机厂，乃至中华贩运，初时上海市价花衣每担银九两八钱，一两天后涨至十二三两……前后不过半月之久，原包净货竟涨至二十五六两"①。受此影响，"促使直隶等地的棉花出口量大增"②。80 年代中叶以后，日本的纺织生产飞速发展，转向中国寻求原料，也导致天津港出口日本的棉花持续增加，相应带动华北地区棉花种植的规模和产量不断增加。1910 年（宣统二年），美国棉花歉收，再次带动棉花出口价格的猛涨，"往岁每百斤不过公砝平十五六两，自宣统元年以来，世界棉花之腾贵。客岁（1910 年）二月间涨至二十五六两"③。天津港当年出口棉花价值超过 284 万海关两。④

棉花种植一直是直隶中南部地区的传统，受到世界市场的影响，该地区棉花的种植规模、产量持续提升。晚清石家庄地区产棉的县计有：赵州、柏乡、宁晋、正定、赞皇、获鹿、栾城、行唐、藁城、晋州、无极、束鹿等，几乎全地区都推行棉花种植。清末，"直省产棉区域，以栾城、藁城为最，丰年可收三千余万斤，歉年可收一千六七百万斤左右。赵州、成安、束鹿次之……正定、赞皇、无极又次之"⑤。"束鹿县每年约有 300 万斤棉花行销外地。……栾城县岁销约五六十万斤，藁城岁销三十余万斤。"⑥ 由此，晚清石家庄地区棉花种植业在良好的国内、国际市场氛围下得到了快速的发展。

第二，新技术的推广。"师夷长技以制夷"是洋务运动的基本思路，洋务派最初着力于"造船造炮"以抗击西方的军事侵略，后期转向民生，即所谓的"自强—求富"，这标志着洋务运动进一步深化。对于向西方学习，维新派显然比洋务派走得更远，除极力鼓吹在政治制度上改革外，在学习

———————————

① 李文治编：《中国近代农业史资料·第一辑（1840—1911）》，科学出版社 1957 年版，第 396 页。

② 董丛林：《河北经济史》（第三卷），第 189 页。

③ 叶春墀：《北省棉花之调查》，《大公报》（天津），1911 年 10 月 8 日，第 3 张第 2 页。

④ 董丛林：《河北经济史》（第三卷），第 190 页。

⑤ 董丛林：《河北经济史》（第三卷），第 86 页。

⑥ 方尔庄：《河北通史·清朝下卷》，河北人民出版社 2000 年版，第 98—99 页。

西方技术上也是不遗余力，如利用报刊、学会大力倡议"新法兴农"，为促进学习西方营造了良好的舆论氛围。至清末新政时期，不乏关于"农学新法"的内容。戊戌变法的筹议中也有不少相关的制度设计。以直隶为例，在袁世凯任总督后，建立农务局，主管全省的农政事务。继而，创设直隶农务学堂（后改称直隶高等农业学堂），设农业、桑蚕两科，聘请日本教员，采用日本教材、教法，前后培养了 500 余名学生。设立直隶农事试验场，划拨、租赁土地共计 300 余亩，作为新技术的实验基地。以上省级农业机构的设立，推动了直隶府、县各级相关机构的建立。石家庄地区的藁城县设立了农务分会，订立章程，以期对当地的农业生产提供帮助；正定县则创立林业分会。①这样就形成了一整套的农业管理、教育、试验、推广的机构，为直隶农业进步奠定了基础。

第三，新品种的采用和推广。在农工商部的主导下，直隶农事试验场自 1906 年（光绪三十二年）开始试种美国棉花。至 1909 年（宣统元年）在全省推广，成效显著，引起全国瞩目，"东省西北，直隶南端各府县，地土于种植棉花尤相宜，从前所种土产，现已尽改种美种，收成有十倍之望，去年（宣统元年）棉花出市，既悉被购尽"②。直隶农务总局也据此上报农工商部，请求用美棉替代被禁种的罂粟，以增加农民的收入，"农务总会拟将旧种罂粟之地，悉令改种美棉蓝靛，直隶已经著有成效"③。据报道，1910 年的石家庄地区产棉量，无极县三百万斤，藁城县四百万斤，赵州五百万斤，栾城三百万斤，获鹿县百万斤，束鹿县二百万斤。④不仅如此，该时期其他经济作物的种植也有不少受到西方农业技术的积极影响，不再一一列举。

用新技术的引进来讨论文化问题，一方面，契合了中国近代以来"器物—制度—思想"的递进的历史进程。另一方面，在文化史的研究者看来，在异种文化的对抗中，技术是遭受抵抗最小的，也是最容易被接受的层面，"因为它并不侵害到中国人生活方式的内部价值，从而所受的阻力最小，

---

① 详见董丛林《河北经济史》（第三卷），第 107—113 页。

② 《山东种植美国棉花之成效》，《大公报》，1910 年 7 月 7 日。

③ 李文治编：《中国近代农业史资料·第一辑（1840—1911）》，第 891 页。

④ 叶春墀：《北省棉花之调查（续）》，《大公报》（天津），1911 年 10 月 9 日，第 3 张第 2 页。

所以它对中国文化社会的'穿透力'远较西方的宗教、民主为大,是以,它是突破中国文化价值防线为西方文化开路的先锋", "在某个意义上,经济发展代表的是器物技术的转变"。① 换言之,当中国人接受了西方技术带来的成果时,已经自觉或不自觉地在一定程度上开始接受西方文化。另外,将"文化"定义为生活方式,从概念的角度也许不够严谨,但对一般民众而言以足够了。技术,尤其是革命性的技术带来的人们生活方式的改变,近代以来的人们都能感同身受。同时,技术的进步也不仅局限在衣、食、住、行等生活方式改变等表层,它对生产方式改变的影响更加深刻。市场、技术带来的不仅仅是生产规模的扩大,更重要的影响是生产关系的改变,从这个层面看来,从最初"师夷长技以制夷"的改革思路开始,中国传统文化已经露出了破绽。从制度、精神层面来看,自上而下地传递呈现递减的效果,"不知有汉,无论魏晋"甚至是一般民众理想的生活模式;而物质层面的传递则有效得多,下层更能确切地感受新技术、新工具带来的实惠,因此也更有追求的主动性。

二　西学在文化思想领域的渗透

西学在文化思想领域的渗透,除了农民,还体现在一般知识分子对西方文化的接受程度在加深。例如贺葆真。贺葆真(约 1875—?),字性存,直隶武强人,存世有《收愚斋日记》,记述了他从 17 岁至 54 岁,近 40 年的活动情况。其父贺涛(1849—1912),字松坡,师从桐城派吴汝纶,光绪十五年(1889)进士,主讲冀州信都书院、保定莲池书院及保定文学馆,被誉为"汝纶门下最著者",是晚清桐城派的代表人物之一。后患眼疾去官,贺葆真常年即服侍左右。贺葆真自幼身体羸弱,科场的经历也一直不顺。日记的主要内容有读书、科举、出行和居家琐事等,以及追随其父与当时众多的政坛、文化名流交往的事情,记述详细。贺葆真一生的主要活动区域在直隶中南部冀州一带,其次是正定府的个别州县,间或赴京津走访亲友,或者赴各地参加科举考试。应该能代表清末民初石家庄地区部分士绅的生活状态。

贺葆真从 17 岁开始,不间断地记录其读书学习生活。前期所读内容

---

① 金耀基:《从传统到现代》,第 132 页。

基本是传统教育的"经史子集"的内容，每日不辍，间或练习"制艺"以备考。19 岁娶饶阳常熙敬长女为妻。

1894 年，贺葆真 21 岁，日记中第一次出现了与西方有关的记述。"余始服牛肉精，西人所制补品药也。购自天津，每瓶重量不过两余，而价则须银亦两余也。"[①] 看似不起眼的牛肉精，却是大有来头。[②] 晚清诸多政治巨头均服食此补品，吴汝纶颇为殷切地向友人推荐此物，"西人养老扶衰之品，以牛肉精为最。……近时贵人，如李傅相、恭、醇二邸，皆以此物为至宝。穷而在下，与某游者……无不遵服此药，以其真有奇效也。尊公若肯附纳鄙言，遣人赴天津，向洋行大字号购此物，不过二十余金，足以去疾复常"[③]。与吴汝纶关系密切的贺涛父子，受到吴的影响想必也在情理之中。李鸿章本人也多次以"牛肉精"赠送同僚。这种晚清时期在勋贵、士人圈里颇为流行的补品，就是英国的保卫尔牌（Bovril）牛肉汁，该品牌至今仍在销售。无论广告宣传是否夸大了"牛肉精"的养生保健作用，也不管它是否真实有效，就像姜鸣先生所说的有一批"西式补品的拥趸"的中国人的存在确实是不争的事实。这直接反映出时人对西方的接受程度。"器物"果然是突破中国文化价值防线为西方文化开路的先锋。

同年十一月的日记，第一次出现了关于时政的记述，"倭人以据朝鲜。又夺我凤凰城。近日金州亦失守，旅顺被围甚急。现在各省兵皆到直隶，山海关之兵已不少"[④]。

1896 年，日记中开始出现了有关阅读报纸的记述，"检《京报》中所载平朝阳之役者"[⑤]。又有，"阅《时务报》。《时务报》出自上海，十日一册，以七月一日始。吴先生自保定代书院定购一份，先寄来三册。时《中外纪闻》《万国公报》皆已停版，此报款式既精，载记尤善似超过前

---

① 贺葆真：《贺葆真日记》，李德龙、俞冰主编：《历代日记丛钞》第 131 册，学苑出版社 2006 年版，第 50 页。

② 历史学者姜鸣先生特别做出考证，详见《李鸿章晚年养老扶衰补品考证》，http://dajia.qq.com/original/category/dajia181.html。笔者初见此条内容，并未引起特别的注意，特别在此感谢姜先生的考证，提供了极其丰富的内容。

③ 吴汝纶：《与王西渠》，施培毅、徐寿凯校点：《吴汝纶全集》第三册，黄山书社 2002 年版，第 70 页。

④ 贺葆真：《贺葆真日记》，李德龙、俞冰主编：《历代日记丛钞》第 131 册，第 51 页。

⑤ 贺葆真：《贺葆真日记》，李德龙、俞冰主编：《历代日记丛钞》第 131 册，第 15 页。

时二报。……华人自为之报，尚有《官书局汇报》，亦已由保定代订。乃自强学会封禁后，官自为之者，多所忌讳，不及《中外纪闻》远矣。时吾夫嘱湘帆诸君购时务书于都市，鞠如寔代列目，然吾父每谓：阅书不及阅报章，以事愈新愈切要也"①。贺氏父子关心西学、时政并非像日记中记载的那样晚、那样少。贺涛的门人赵衡，从学二十余年，他说："三十年前，先生即尝举新学以诏学子矣。又爱西儒学说说理宏深，病吾译者窒于辞不能达，其谊思整齐要删成一家之言。"②赵衡的记述并非单纯的溢美之词，日记中也有反映贺氏父子态度的记述，例如对一些知识分子的批评，"吾父批陈蓉龛《论泰西学校》文，曰：论外国，必引我先王为中国壮门面，仍不免书生之习气。西学与教，盖两事，论学不必言教。泰西与中国自古不通，中国之说何得传于彼？宋芸子《采风记》谓耶稣本于墨子，亦强为中国作门面，奈何本此以立论邪？又曰：耶教之精微，恐中国谭者不能尽得，盖传其粗浅者耳。亦如今之教士所讪笑中国者，亦皆世俗之事，而我学之精微彼亦未尝喻也"③。由此可见，贺涛对于所谓的"西学中源"说持批评的态度。

日记中所记载的阅读与西方相关的报刊著作，计有：

《京报》《上海时报》《时务报》《中外纪闻》《万国公报》《官书局汇报》《国闻报》《申报》《中西教会报》《格致益闻报》《日日新闻报》《格致汇报》《经济丛编》《外交报》《汇报》《时事采新》《汇选》《顺天时报》《新民丛报》《北洋官报》《北京日报》《中华报》《国风报》《民意报》；《西史通释》《社会通诠》《世界地理学》《法律学教科书》《通史》《公法总论》《中外交涉类核表》《陆地战例新选》《万国公法》《泰西新史概览》《地理全志》《中东战纪》《交涉公法论》《欧洲百年以来大事记》《生利分利之别》《英政概》《法政概》《英藩政概》《使西纪程》《群学肄言》《东瀛战士策》《十一国游记》《英国史》《法意》《宪法大意》《天演论》《新大陆游记》《政治讲议》《日本政党史》《九国日记》《物质救国论》《国会制度私议》《茶花女遗事》《黑奴吁天录》《马丁休脱侦探案》《战

① 贺葆真：《贺葆真日记》，李德龙、俞冰主编：《历代日记丛钞》第131册，第82页。
② 赵衡：《贺先生行状》，《清碑传合集》第四册，上海书店1988年版，第3765页下。
③ 贺葆真：《贺葆真日记》，李德龙、俞冰主编：《历代日记丛钞》第131册，第87页。

血余腥记》《福尔摩斯》等。

由此可见，贺氏父子对西学的用力程度颇深。另外，需要强调的是，贺涛对"西学中源"说的批评，也并非出于"全盘西化"的态度。从日记中所记录的他为弟子每日所讲授的内容来看，秉承了吴汝纶"中学为主，中西汇通"的治学、教育理念。这种思想的产生，固然与"经世"思想的兴起有关，更大程度上还体现了桐城学派作为晚清"执牛耳"者学术、思想的自信。

作为清末桐城派的衣钵传人，贺涛执掌信都书院、莲池书院、保定文学馆多年，培养了大量的弟子门生，其影响力不可小觑。贺葆真记述其父的教育方法和理念，"吾父示诸生曰：为学当以史部各类为主，古今中外一切掌故，及近时各报，皆史类也。外国各书，朝廷已命人选译，久之当有明文。今当以看报为主，已译各种亦须随意披阅"①。再如，"自吾父都讲信都，以古文义法授学者，而必传之以世务，使稍通中外之故，湘帆以吾父所以为教者，施诸深州，州人士之知新学者，湘帆启之也"②。由贺涛至赵衡都讲求身体力行，钻研、普及"新学"之用力可见一斑。由此，有研究者指出"贺涛及赵衡等已经在书院讲学中，将新学融入书院生徒的日常习读内容之中，与传统的古文经典在同一系列之中。课程内容的接纳与变化，也为北方桐城派的发展及在民国初年的转型，作了积极的铺垫"③。

"这批书院弟子，在民国初年较为活跃，他们徘徊在新旧文化之间，知名度与影响力又处于一个精英文人群体与下层文人群体之间"④，他们符合笔者所关注的"一般知识、思想与信仰的世界"。他们除了在书院中孜孜探求、教书育人之外，科举制废除后，还投身于更广阔的实业领域期待有所作为。例如：有办报以宣传新思想的。其中赵衡兄弟就颇为用心，"子翔为儒真求入《北京时报》社办事，廉惠卿许之，又招子翔与饶阳常济生为中文主笔。子翔以湘帆自代"⑤，"余往华北书局。今已易名为北新书

---

① 贺葆真：《贺葆真日记》，李德龙、俞冰主编：《历代日记丛钞》第131册，第115页。
② 贺葆真：《贺葆真日记》，李德龙、俞冰主编：《历代日记丛钞》第131册，第236页。
③ 徐雁平：《前言》，《贺葆真日记》，《中国近现代稀见史料丛刊》第一辑，凤凰出版社2014年版，第21页。
④ 徐雁平：《前言》，《贺葆真日记》，《中国近现代稀见史料丛刊》第一辑，第6页。
⑤ 贺葆真：《贺葆真日记》，李德龙、俞冰主编：《历代日记丛钞》第131册，第173页。

局矣。赵湘帆兄弟与常郭二君瓜分华北而赵氏得其根据地，占优势焉""赵湘帆兄弟接办北新书局"①。即使在保定文学馆就读，也没有放弃办报事业，"赵湘帆来，吾父使人招之也，使肄业于文学馆，湘帆请兼办都中报馆事，许之"②。还有孙镜臣、李艺圃创设《保定日报》③。也有投身工艺的，"李曦和，饶阳人，余与相识于深州书院，湘帆弟子也。现在其乡办新机织布，极发达，为余详述其办法，真可行也"④，而且办得还很有成效，"倡办此才二年，而饶阳境内木机已达二千余件，出布日可二千匹，工资日需二千余缗"⑤。也有参与移风易俗的社会改造活动，贺葆真本人就参加了戒缠足会，并捐资数千。⑥

对石家庄发展至关重要的铁路，在修建之初遭遇了抵抗。"初京汉路站将勘于获邑。邑令谢鉴礼识时务者，谓绅士葛朝纲、王字润曰：车站为交通之枢，商贾集焉。工商为繁盛之媒，富庶基焉。如县商能出万金者，贿工师，站可勘于斯。朝纲等惑于风鉴，恐破地运。止之曰：挥之尤恐不去，何贿之来耶？谢叹曰：惑于迷信，败厥功。获邑萧条乎不出十年矣。"⑦以破坏风水、震动陵寝为理由阻挠修建铁路，在晚清并非孤例，同是在直隶，也有唐胥铁路"马拉火车"的前车之鉴。结果也不幸被谢鉴礼言中，获鹿迅速丧失了日进斗金的"旱码头"地位，让位于石家庄。其实，京汉铁路建成后，围绕它的"危害"的传言也不绝于缕。1903 年（光绪二十九年），京师地区降雨稀少，发生干旱，在求雨无效的情况下，光绪帝谕内阁：派陈璧，剋日赴邯郸县龙神庙，迎请祈雨铁牌。⑧邯郸龙神庙的铁牌据说灵验无比，这次也不是第一次迎请，本来是一件"利国利民"的好事，却引起了许多"有心人"的非议，原因在于陈璧迎请铁牌的方式是——乘火车。人们"水火不容，乘火车会触犯龙王的清规，将导致他拒不降雨"。

---

① 贺葆真：《贺葆真日记》，李德龙、俞冰主编：《历代日记丛钞》第 131 册，第 125、318 页。

② 贺葆真：《贺葆真日记》，李德龙、俞冰主编：《历代日记丛钞》第 131 册，第 350 页。

③ 贺葆真：《贺葆真日记》，李德龙、俞冰主编：《历代日记丛钞》第 131 册，第 452 页。

④ 贺葆真：《贺葆真日记》，李德龙、俞冰主编：《历代日记丛钞》第 131 册，第 396 页。

⑤ 贺葆真：《贺葆真日记》，李德龙、俞冰主编：《历代日记丛钞》第 131 册，第 437 页。

⑥ 贺葆真：《贺葆真日记》，李德龙、俞冰主编：《历代日记丛钞》第 131 册，第 257 页。

⑦ 佚名：《鹿泉文献》，大事记，石家庄市图书馆馆藏，民国铅印本，371—21（77），第 7 页。

⑧ 《德宗景皇帝实录》卷 515，《清实录》第 58 册，中华书局 1987 年版，第 802 页上。

陈璧给出的乘车理由是：水火不容是存在的，这样龙王爷就不会把雨降到沿途经过的地区，到京城后经过仪式，龙王会把雨下在急需的京城。中国人发生的这场莫名其妙的争论，被一位在华的外国人记录下来讲给《泰晤士报》驻北京的记者听。①其实，并非一般民众会如此的荒唐，知识分子群体中厌恶西学的也是大有人在。贺葆真也在日记中提道：德州知州——吴汝纶的堂兄——吴燊甫，"言风俗之薄恶，辄叹息不已，尤恶泰西新法"②。即使如贺葆真者，虽对本土文化怀有极度的自信而探求、宣传西学，但其所求者也不过是"中西相合"而已，并未超越"中体西用"的程度。这也是鸦片战争后，至维新运动前，"一般知识、思想与信仰界"思想状态的基本状况。他们虽然对"新学"孜孜以求，甚至有所鼓吹，也对戒鸦片、戒缠足、推行新式教育、创办报纸等移风易俗的新生活积极倡议并努力推动，但并未上升到改变国家制度的层面，似乎已满足于"器物"的进步程度，对寻求"制度"的改变既没有热情也没有幻想，这一点从贺葆真在其日记中对"维新运动""戊戌变法"只字未提可以得到证明。对西方的科学技术，贺葆真无疑是诚服的，一次他在天津目睹了一场火灾，在赞赏消防队迅速灭火的同时，感慨道"消防队实赖自来水，故文明事业皆互相资藉以成功。今既大举兴办新创事业，人亦敢从事矣"③。同时，他也能认识到西方列强对中国掠夺的危害，民族自强的重要性，"洋货输入日多，虽有利用之品，而华美悦目供服饰者为多，即消费品也。不谋振兴工艺以取富实，而争耗财相夸示民，安得不困？民困而国自蹶矣"④。他也看到了天津自开埠以来的社会经济的发展，以及伴随而来的一些不良现象的滋生，并感叹"因冶游闲接之消耗，又不知凡几，曲之不已，不惟风化败坏不可收拾，而生计日蹙，呜呼！维新之初，思竟富强于世界者，所宜有之现象哉？……此人世间第一恶俗，而谈时务者独忽之，何也？"⑤贺葆真将不良现象的滋生归咎于推动维新变法者已属不可理喻，且他虽发出诘问，

① ［澳］骆惠敏编：《清末民初政情内幕》（上册），陈霞飞译，知识出版社 1986 年版，第 259—260 页。
② 贺葆真：《贺葆真日记》，李德龙、俞冰主编：《历代日记丛钞》第 131 册，第 257 页。
③ 贺葆真：《贺葆真日记》，李德龙、俞冰主编：《历代日记丛钞》第 131 册，第 155 页。
④ 贺葆真：《贺葆真日记》，李德龙、俞冰主编：《历代日记丛钞》第 131 册，第 290 页。
⑤ 贺葆真：《贺葆真日记》，李德龙、俞冰主编：《历代日记丛钞》第 131 册，第 354 页。

但并未给出改变这个百病丛生的社会的方法。相反，他明确反对宣传革命思想，"李采岩来，将组织报馆于天津……我问其宗旨，则提倡革命说，以促国治变改。余大不谓然，阻之不能得"①，显示出他虽接受、鼓吹新学，但又并不赞同以革命的方式改变国家制度一面。由此可见，晚清"一般知识、思想与信仰界"的分化，说明了其复杂性，也证明了从"器物"到"制度"的触及社会生活更深层次的改革，必然遭遇更加顽强的抵抗，因此，"戊戌变法"终以悲剧收场是必然的结果。

总之，至清末民初，西学在石家庄地区工业、农业等生产领域均初见成效。新的劳动工具、技术的采用和新品种的推广，对于生产效率提高、生产规模扩大、生产收益增长的作用是不言而喻的。在经济领域，中国被卷入世界市场，参与程度逐渐加深，尽管依旧未能摆脱成为列强原料来源和产品倾销地的历史命运，原有的"自给自足的自然经济"被瓦解，但"西学新法"在客观上也为该地区的经济发展提供了有力的支撑，使社会经济得以发展。在思想文化领域，新思想得以传播开来，社会生活得到了发展，传统的生活方式受到冲击，保守势力依然强大。维新运动虽以失败而告终，但终究是开启了中国近代制度改革之滥觞。具体到石家庄地区，在晚清至民国时期，还不是文化、经济的中心。笔者据清人刘声木的《桐城文学渊源考》《桐城文学撰述考》进行的统计，师事及私淑张裕钊、吴汝纶的103位直隶籍的北方桐城派文人中，只有尚秉和（行唐）、崔栋（无极）、赵宗忭（深泽）3人的籍贯是石家庄地区，刘氏的罗列虽不完全，但可以反映出该地区在晚清直隶思想文化界的基本状况，即该地区在铁路修建之前，在晚清变革的浪潮中并无雄厚的人才基础，而是受到京、津、保等核心区域的辐射作用的影响。时人王树枏也描述了这样的情形，"风俗之变大抵始于都会，而乡里之间谨守古制"②，占据上述直隶桐城派文人近四成③的衡水地区尚且如此，石家庄地区的情况又可见一斑了。但无论如何，生产方式的改变已经孕育了思想启蒙的种子。

---

① 贺葆真：《贺葆真日记》，李德龙、俞冰主编：《历代日记丛钞》第131册，第481页。

② （清）王树枏纂：（民国）冀县志，《中国地方志集成·河北府县志辑》第五十三册，上海书店出版社2006年版，第224页上。

③ 杨佑茂：《晚期桐城古文派中的衡水人》，《衡水学院学报》2006年第2期，第25页。

第二节　走向世界寻求变革之路

新技术和管理制度的引进，在很大程度上改变了人们的生活，也进一步改变了人们的思想。前文提到的贺葆真即是一例，秉承家学自然是父祖的期待，虽科场蹉跎但依旧用功不已。科举废除后，他转向实业，积极参与地方社会活动，既投资股票（滦州煤矿公司、北京电灯公司、启新洋灰公司等），还投资煤店、织袜厂等。民国时期，他又组建地方商会、投身民主党并组建地方分部，同时又成立孔教会。以上种种，基本没有脱出中国传统士绅的价值判断和行为方式。需要特别注意的是，贺葆真依旧看重与直隶桐城派文化圈的交往，例如，他参与了徐世昌文集的编纂工作，虽然有回报徐氏资助其父文集出版的感恩，也不排除他试图维持其父去世后在直隶文化圈的影响的努力。另外，他恳求徐世昌为其谋求在国史馆工作也是出于同样的目的。由此可见，传统的"轻商"心理的顽固，造成了贺葆真在清末民初之际纠结的心态，在"投身实业""救国"等口号之下亦不能掩盖其对商人身份的轻视。虽然不能说贺葆真能代表该时期"一般知识、思想与信仰的世界"，但与其同样纠结的士绅当不在少数。他们对"制度"层面的改革热情远远低于"器物"层面进步的欢迎。应该看到，虽然晚清"国内社会舆论的力量开始显现，对政治情势发展有重要影响"[①]，正是由于新闻出版事业的发展增强了社会舆论的作用，而国内绝大多数的一般知识分子阶层则通过这一主要渠道来了解西方，但囿于没有切身的感受，这种了解也就有一个逐渐深化的过程。陈旭麓先生指出："'五四'以前的几十年中，对中国思想界影响最大的有两论。一是进化论，一是民约论。……两论的传播，在观念形态上是区分先前与近代中国人的重要标志。"[②]正如陈旭麓先生所言，进化论为晚清社会变革提供了依据，民约论为晚清变革指出了方向，两论

---

① 冯筱才：《在商言商：政治变局中的江浙商人》，上海社会科学院出版社2004年版，第24页。

② 陈旭麓：《民主思想的长卷》，《陈旭麓文集》（第四卷），华东师范大学出版社1997年版，第206页。

的传播共同构成中国近代思想启蒙运动的先导。而真正掀开这一序幕的，正是走出国门"开眼看世界"的驻外使节和留学生群体。中国近代走出国门的留学生身份复杂，形式多样（官费、自费、教会资助等），囿于材料所限，在人数统计上很难获得准确的数字。①据此，笔者所统计的直隶留学生名单缺失尚多，统计数据亦不包含北京城内的留学生，但仍希望可起到"窥一斑而见全豹"的基本作用。直隶省的总体情况是，全国相对排名比较靠前，但与沿海地区相比绝对人数相差较多。

一　清末民初直隶籍的留学生

近代中国有史可考的出国留学活动开始于1846年年底，容闳、黄宽、黄胜3人留学美国。而直隶留学教育则始于1876年，直隶总督选派淮军花翎游击卞长胜等7人，赴德国"武学院讲习水陆军械技艺"②，但7名留德学生均非直隶籍。1886年，福州船政学堂第三批赴英留学生中，包括10名北洋水师学堂学生③，其中郑汝成（天津府静海）、陈杜衡（天津府青县）、王学廉（后改名绍廉，天津府天津县）为直隶籍，此3人可视为直隶籍学生留学的肇始。

（一）清末民初直隶赴欧留学生

清末民初，直隶留欧学生以英、德、法为主要目标国，学习的内容从最初的军事，迅速转向以理工科为主，获得博、硕士学位者也不乏其人，

---

① 详见李喜所《近代留学生与中外文化》，《前言》，天津人民出版社1992年版，第1页，"近代出国的留学生大约有4万多人"。尚小明：《留日学生与清末新政》，《绪论》，江西教育出版社2003年版，第2页，"在大约十年的时间内，至少有五万中国人在日本接受了各种程度、各种类别的教育"。［日］实藤惠秀：《中国人留学日本史》，谭汝谦等译，附表，第451页，1896—1919年间合计为52227人，其中1900年、1910年、1911年、1915年、1917年按0人计。［日］阿部洋：《向日本借鉴：中国最早的近代化教育体制》计1906—1919年有53807人。江沛：《留日学生、东游官绅与直隶省的近代化进程（1900—1928）》给出的统计数据1901—1919年就有64947人。

② 李鸿章：《卞长胜等赴德国学习片》，顾廷龙、戴逸主编：《李鸿章全集》（第7册），安徽教育出版社2008年版，第53—54页。

③ 李鸿章：《选派第三次出洋学生核估用款折》，顾廷龙、戴逸主编：《李鸿章全集》（第11册），第392页。

据笔者统计如下[①]：

表 2-1　　　　　　　　1919 年以前直隶籍留欧学生一览表

序号	姓名	籍贯（府县）	留学国家	学习科目及学位
1	郑汝成	天津府静海县	英	军事学（驾驶），不详
2	陈杜衡	天津府青县	英	军事学（驾驶），不详
3	王学廉（绍廉）	天津府天津县	英	军事学（驾驶），不详
4	商德全	天津府天津县	英	军事学（炮科），不详
5	张英华	冀州衡水县	英	政治学、经济学，不详
6	冯家遇	河间府河间县	德	化学冶金，不详
7	张谨	保定府清苑县	德	法律，不详
8	齐宗颐	保定府高阳县	德	法律，不详
9	李顺义	顺天府大兴县	英	矿科（冶金），不详
10	沈瓒	天津府静海县	英	工程，不详
11	王开治	天津府静海县	英	工科舟机，不详
12	徐世襄	天津府天津县	英	法律，不详
13	李煜瀛（石曾）	保定府高阳县	法	理学院，不详
14	魏树荣	永平府昌黎县	法	制革，不详
15	韩述祖	顺天府宛平县	英	哲学，不详
16	杨荫庆	顺天府武清县	英	教育学，硕士
17	李垣	顺天府大兴县	俄	不详，不详

---

① 本章有关直隶留欧、留美、留日各统计表的资料来源是：各县地方志、教育志；刘真主编：《留学教育：中国留学教育史料》（第一、二册）；陈学恂、田正平编：《中国近代教育史资料汇编·留学教育》；《政府公报》；《教育杂志（天津）》；《东方杂志》；刘晓琴：《中国近代留英教育史》；房兆楹辑：《清末民初洋学学生题名录初辑》；［日］实藤惠秀：《中国人留学日本史》；周棉：《中国留学生大辞典》；郭荣生补校：《日本陆军士官学校中华民国留学生簿》；佚名编：《清末各省官自费留日学生姓名表》；佚名编：《清末民初留日陆军士官学校人名簿》；黄福庆：《清末留日学生》；王伟：《中国近代留美法学博士考（1905—1950）》；日本法政大学大学史资料委员会编，裴敬伟译：《清国留学生法政速成科纪事》；［日］田原天南编：《清末民初中国官绅人民录》；林子勋：《中国留学教育史（1847—1975）》；《清华大学史料选编 第 1 卷 清华学校时期（1911—1928）》；《北洋大学—天津大学校史（第一卷）（1895—1949）》等。以下不再作特别说明。

续表

序号	姓名	籍贯（府县）	留学国家	学习科目及学位
18	王助	冀州南宫县	英	航空工程，硕士
19	陶履恭	天津府天津县	英	政治经济学，博士
20	徐廷瑚	保定府蠡县	法	工业化学、生物化学，硕士
21	王念祖	顺天府宛平县	英	铁路工程，不详
22	齐熨	保定府高阳县	德	化学，博士
23	李书华	永平府昌黎县	法	物理学，博士
24	周典	顺天府大兴县	英	商科，硕士
25	严智崇	天津府天津县	英	政治经济，不详
26	李宗桐	保定府高阳县	法	不详，不详
27	薛锡成	顺天府良乡县	德	法学，博士
28	吴毓麟	天津府沧州	英	军事学，不详
29	徐世章	天津府天津县	比	商科，学士
30	裕容龄	天津府天津县	法	音乐、舞蹈
31	王国磐	天津府	德	警政，不详
32	阎瑞存	直隶	德	铁路，不详
33	史久庆	直隶	德	工科，不详
34	刘符诚	天津府天津县	法	不详，不详
35	魏树勋	永平府昌黎县	法	电科，博士
36	徐陆	天津府	英	不详，不详
37	陈恩厚	顺天府宛平县	英	不详，不详
38	陈道源	天津府	英	机械工学（造船），不详
39	毕桂芳	顺天府大兴县	俄	师范，不详
40	刘恩源	河间府河间县	德	不详，不详

　　1919 年以前直隶籍留欧学生总共 40 人。其中，留学英国者 20 人，德国 9 人，法国 8 人，俄国 2 人，比利时 1 人。从学习内容上来看，学习理工科者 15 人，法政（包括政治经济学）7 人，军事学 5 人，商科 2 人，师范 2 人，哲学 1 人，音乐 1 人，警政 1 人，不详者 6 人。从留学生的籍贯来看，天津府 16 人，顺天 9 人，保定府 6 人，永平府 3 人，河间府 2 人，

冀州2人，不详者2人。根据统计所得的结果，石家庄地区并无士子留学欧洲。

（二）清末民初直隶赴美留学生

直隶士子赴美留学要晚于留欧、留日，其中庚款留学，始于1909年，但直隶籍士人数量不多。其他官费及自费者为数不少，也有先期赴日，转而赴美的留学生。统计名单开列如下：

表2-2　　　　　　　　1919年以前直隶籍留美学生一览表

序号	姓名	籍贯（府县）	学习科目及学位
1	梅贻琦	天津府天津县	机械工程，硕士
2	魏文彬	顺天府密云县	经济及国际法，博士
3	王健	顺天府大兴县	化学，硕士
4	王鸿卓	天津府	物理、电机，硕士
5	张彭春	天津府	哲学及教育，硕士
6	马名海（仙峤）	大名府开州	数学教育，硕士
7	杨光弼	直隶	化学，硕士
8	王助	冀州南宫县	航空工程，硕士
9	王宣	顺天府蓟州	政治学，不详
10	王景春	永平府滦州	土木工程，博士
11	王麟阁	顺天府大兴县	不详，硕士
12	冯文潜	顺天府涿州	哲学，硕士
13	刘瑞恒	冀州南宫县	医学，博士
14	杨荫庆	顺天府武清县	教育学，硕士
15	李景汉	顺天府通州	社会学，硕士
16	钟世铭	天津府天津县	法学，博士
17	袁复礼	保定府安肃县	地质学，硕士
18	谭锡畴	河间府吴桥县	地理学，硕士
19	田书年	顺天府东安县	法政，不详
20	李家桐	天津府天津县	教育学，不详
21	赵天麟	天津府天津县	文学，学士；法学，学士

续表

序号	姓名	籍贯（府县）	学习科目及学位
22	刘景山	天津府天津县	商科，硕士
23	冯熙运	天津府天津县	法学，博士
24	姚钟琳	天津府天津县	商科，博士
25	王恩泽	天津府天津县	法学，博士
26	燕树棠	定州	法学，博士
27	全绍清	顺天府宛平县	医学，不详
28	吴祖耀	天津府天津县	化学，硕士
29	李瑞霖	遵化州	文科，学士
30	周典	顺天府大兴县	商科，硕士
31	林鉴诚	天津府	土木工程，工程师
32	金泰	天津府	政治经济学，学士
33	马泰钧	天津府天津县	文科，硕士
34	郝伯阳	天津府	体育，学士
35	陈道源	天津府	机械工学（造船），不详
36	郭登翰	天津府	商科，不详
37	陈维城	顺天府大兴县	哲学，博士
38	娄裕焘	天津府	法学，学士
39	费起鹤	顺天府通州	教育学，硕士
40	费兴仁	顺天府通州	政治学，硕士
41	钟振东	天津府	医学（牙科），不详
42	钟桂丹	天津府	工科（电气），不详
43	顾延同	天津府	工科（机械），不详
44	周学章（焕文）	天津府	教育学，博士

　　总共44人。从学习内容上来看，学习理工科者15人，法政11人，教育学6人，文科及哲学、地理学5人，商科4人，社会学1人，体育1人，不详者1人。从留学生的籍贯来看，天津府22人，顺天府13人，保定府1人，河间府1人，大名府1人，永平府1人，冀州2人，定州1人，遵化州1人，不详者1人。根据统计所得的结果，石家庄地区并无

士子留学美国。

（三）清末民初直隶赴日留学生

中国正式向日本派遣留学生始于1896年，招募得13人，由中国驻日使馆官员吕贤笙带往日本。最初是准备在驻日公使馆学习日语，后被送入日本学校学习。[①]直隶正式派遣留日学生的动议则始于1898年的变法新政，光绪帝颁布上谕，"现在讲求新学，风气大开。惟百闻不如一见，自以派人出洋游学为要。至游学之国，西洋不如东洋，诚以路近费省，文字相近，易于通晓。……前经总理衙门奏称，拟妥定章程。……并咨南北洋、两广、两湖、闽浙各督抚，就现设学堂，遴选学生，咨报总理衙门，陆续派往"[②]。于是，北洋大臣向日本派出了武备生。直隶留日武备生，按军种分为陆军和海军两部分，其中海军武备生的留学之路颇为坎坷。1898年，北洋大臣派遣"安庆澜、蔡成煜、高淑琦、郑葆丞、张镇绪、沈琨六人赴日，他们预定进入海军学校学习海军，而日本海军则以该校奉有敕令，系专为培养日本海军将才而设，拒收这批学生"[③]。后经湖广总督张之洞通过外交管道协调，日方同意今后中国志愿学习海军的留学生需先经地方商船学校学习，然后再进入海军军校接受专业教育。而第一批的六个人，后来也都各自选择了不同的学校继续留学。其中，安庆澜、张镇绪、沈琨、蔡成煜均为直隶人。自1906年开始，清廷共选送四批，合计100余人，记录在案的只有齐熙同1人为直隶籍[④]，另有直隶人王统，具体籍贯不详，肄业于军舰将校科。相较而言，陆军武备生留学日本则要顺利得多，且批次多规模大。1898年，北洋派遣20名武备生留学日本。[⑤]1902年，北洋大臣袁世凯自武卫右军学堂选派55人赴日本学习军事。[⑥]此后，直隶官、自费留学日本

① ［日］实藤惠秀：《中国人留学日本史》，谭汝谦、林启彦译，生活·读书·新知三联书店1983年版，第1页。

② 《德宗实录》（六），《清实录》（第五十七册），中华书局1987年版，第525下—526页。

③ 黄福庆：《清末留日学生》，《中央研究院近代史研究所专刊》（34），"中央研究院"近代史研究所，1975年，第43—44页。

④ 黄福庆：《清末留日学生》，《中央研究院近代史研究所专刊》（34），第48页。

⑤ 张之洞：《致福州许制台》，赵德馨编：《张之洞全集》（十），武汉出版社2008年版，第14页。

⑥ 黄福庆：《清末留日学生》，《中央研究院近代史研究所专刊》（34），第34页。

已蔚然成风①，笔者统计得 644 人，详见附录。石家庄籍留日学生名单开列如下：

表 2-3　　　　　　　1919 年以前石家庄地区留日学生一览表

序号	姓名	籍贯（府县）	学习科目
1	李镜湖（问渠）	保定府束鹿县	法政
2	李榘	保定府束鹿县	法政
3	张俊英	保定府束鹿县	法政
4	张照坤（旭斋）	保定府束鹿县	法政（自治班）
5	焦增铭	保定府束鹿县	工科
6	焦增旗（锡祉）	保定府束鹿县	军事学
7	焦增钰	保定府束鹿县	商科
8	李炘纶	保定府束鹿县	商科
9	刘鉴塘	保定府束鹿县	商科
10	孙少堂	保定府束鹿县	商科
11	曹善同	定州深泽县	法政
12	黎炳文（雅亭）	定州深泽县	法政
13	刘彦卿	定州深泽县	法政
14	王葆真（卓山）	定州深泽县	法政
15	张恩绶（泽余）	定州深泽县	法政
16	张雪峰	赵州高邑县	警务

---

① 关于直隶省清末留日学生数，李喜所教授有所考订。详见氏著《清末留日学生人数小考》，1900 年以前留日中国学生共有 161 人；1901 年总数为 274 人，其中直隶 16 人，占 5.84%；1902 年总数为 570 多人，其中直隶 25 人，占 4.39%；1903 年总数为 1300 人左右；1904 年总数为 2406 人，其中直隶 172 人，占 7.15%；1905 年总数有 8000 多人；1906 年总数达 12301 人，其中直隶 454 人，占 3.69%；1907 年总数约 10000 人；1909 年总数约 3000 人；1912 年总数约 1400 人。其中缺少 1908 年、1910 年、1911 年的数字。据此，1896—1912 年间，留日中国学生总数至少在 39412 人以上。而实藤惠秀等日本学者统计的 1896—1919 年间留日中国学生总数均在 50000 人以上，江沛教授的统计则在 65000 人左右，据此估计直隶籍的留日学生为 1800—2000 人，而归国后在北京及直隶省服务的留日学生的数量则远超此数。而笔者一共搜集到了直隶籍留日学生 644 人，乐观估计也就是近三分之一。因此，对于直隶省留日学生群体的研究目前只是刚刚起步而已，尚有待基础资料的整合、发现。

续表

序号	姓名	籍贯（府县）	学习科目
17	秦玉崑	赵州高邑县	师范
18	宋文华（炳蔚）	赵州高邑县	师范
19	耿杰临	正定府藁城县	不详
20	范桂鄂	正定府藁城县	法政
21	何基鸿（海秋）	正定府藁城县	法政
22	李栋	正定府藁城县	法政
23	范光瑞	正定府藁城县	警务
24	张荫隆	正定府藁城县	警务
25	陈信	正定府藁城县	理科
26	何逢春	正定府藁城县	理科
27	刘其修	正定府藁城县	理科（化学）
28	范延荣	正定府藁城县	师范
29	刘文彩	正定府藁城县	体育
30	王大鹤	正定府行唐县	不详
31	王明臬	正定府行唐县	不详
32	尚毅（子远）	正定府行唐县	商科
33	张式渠	正定府获鹿县	理工（纺织、染色）
34	韩秉瑞	正定府获鹿县	商科
35	张良弼（佑卿）	正定府获鹿县	师范
36	王桂庵	正定府晋州	不详
37	吕邦宪（斌甫）	正定府晋州	法政
38	张荩臣	正定府晋州	法政
39	曹云锦	正定府晋州	理科
40	刘惠林	正定府晋州	理科
41	张冠卿	正定府晋州	理科
42	吕邦洞	正定府晋州	师范
43	王文明	正定府晋州	师范
44	张文林	正定府新乐县	军事学（骑兵）
45	李维辅	正定府元氏县	法政（自治班）

序号	姓名	籍贯（府县）	学习科目
46	安士良	正定府赞皇县	工科（机械）
47	郭文藻（凤五）	正定府赞皇县	师范
48	吴观乐（赞周）	正定府正定县	军事学（步兵）
49	燕书春（麟阁）	正定府正定县	军事学（骑兵）
50	王海铸（冶山）	正定府正定县	不详
51	王魁元	正定府正定县	不详
52	张策平（舜臣）	正定府正定县	警务
53	魏宗翰	正定府正定县	军事学
54	王鉴珍	正定府正定县	军事学（步兵）

初步统计得直隶留日学生 640 人[①]，其中天津府 126 人，顺天府 76 人，冀州 52 人，保定府 50 人，正定府 36 人，河间府 32 人，遵化州 33 人，广平府 31 人，定州 24 人，宣化府 24 人，永平府 18 人，深州 16 人，赵州 12 人，大名府 7 人，顺德府 5 人，易州 1 人，多伦厅 1 人，不详者 95 人。从学习科目来看，法政 201 人，占 31.41%；军事学 109 人，占 17.03%；师范 92 人，占 14.38%；理工科 56 人，占 8.75%；商科 43 人，占 6.72%；警务 20 人，占 3.13%；预科 17 人，占 2.66%；医学 12 人，占 1.88%；音乐 5 人，占 0.78%；文科 4 人，占 0.625%；美术 3 人，占 0.47%；体育 3 人，占 0.47%；不详者 75 人，占 11.72%。

综合上述统计结果，直隶留日学生主要集中于法政、军事、师范、理工和商科，选择此五项者占到统计总数的 78.29%，这说明直隶留学生出国深造的目标是非常明确的，法政——出于由器物转向制度的需要；军事：抵御外侮、救亡图存的需要；教育——开启民智、民族进步的需要；理工和商科——出于实业救国的需要，这也反映出戊戌变法失败后，先进知识

---

① 剔除了确知的非直隶籍留日学生，包括王焕文，实际是江西人。吴在章，是江苏人。张景炜，江西人。陈培锟，福建人。唐在章，上海人。任文毅，虽记载为顺天府大兴县人，其实是汉军京旗，其幼年即随义父离京，辗转而至台湾。割台后，无力内渡，而成日本籍，算不得直隶留学生。祝毓英，虽注明天津府，实原籍为河南省固始县，在北洋大学读书而已。另外该统计也不包括北京城区域的留学生。

分子群体对国家发展道路探索的社会现实。从地域因素来看，直隶留日学生主要出自京、津、保等地区，冀州、定州、遵化州、深州、赵州等直隶州亦蔚为可观，表现不俗，而正定府、广平府、河间府、宣化府、永平府则差强人意，至于大名府、顺德府则有名无实而已。从区域范围来看，直隶留学生主要集中于三个主要区域：北部的京津地区，有202人，占31.56%；中部的保定地区，包括保定府和定州，有74人，占11.56%；南部的正定地区，包括正定府、冀州、深州、赵州，有117人，占18.28%，这三个区域留日学生的数量占到总数的六成以上，若扣除籍贯不详者，比例则接近七成，尤其集中于京津地区。

石家庄籍留日学生包括正定府36人，赵州高邑县3人，束鹿县10人，深泽县5人，共54人，占统计所得直隶留日学生数的8.59%。石家庄籍留日学生分县统计如下：

表 2-4　　　　　　1919 年前石家庄地区留日学生分州县统计

序号	县名	人数（人）	比例（%）
1	藁城县	11	20.37
2	束鹿县	10	18.52
3	晋州	8	14.81
4	正定县	7	12.96
5	深泽县	5	9.26
6	行唐县	3	5.56
7	高邑县	3	5.56
8	获鹿县	3	5.56
9	赞皇县	2	3.70
10	新乐县	1	1.85
11	元氏县	1	1.85
合计		54	100

由表2—4可知，清末民初石家庄地区留日学生主要来源于藁城、束鹿（今辛集市）、晋州三州县，合计29人，占53.70%。府治所在的正定县留日学生数量不仅低于藁城、晋州、束鹿（归属保定府，受省城影响较大），

更是远少于毗邻的冀州、深州和赵州，从一定程度上反映出正定府所属各县思想开放程度的差异，同时显示出该府与毗邻各直隶州间的巨大差距。

表2-5　　　　　1919年前石家庄留日学生所习主要科目比对表

	项目	法政	军事	师范	理工	商科	警务	医学
直隶	人数（人）	201	109	92	56	43	20	12
	比例（%）	31.41	17.03	14.38	8.75	6.72	3.13	1.88
石家庄地区	人数（人）	15	6	7	10	6	4	1
	占地区比例（%）	27.78	11.11	12.96	18.52	11.11	7.41	1.85
	占全省比例（%）	7.46	5.50	7.61	17.86	13.95	20.00	8.33

由表2-5统计可以看到在晚清留学日本的热潮中石家庄地区的一些独特现象。与全省一致性的方面，均以法政为第一选择；修习师范的留学生亦占较高的比例，这两种选择的倾向性前文已有所分析，这里不再赘述。独特性的方面，虽然研习法政的学生人数占最高比例，其实低于全省的平均比例，说明了该地区政治思想上的保守性；选择学习军事的人数更低于全省的平均水平，这与自古以来燕赵地区"尚武"的传统有着相当大的反差，或者说该地区对于出国学习军事不感兴趣；与全省情况有较大差别还体现在该地区选择理工、商科的学生比例远高于全省的平均水平，这与石家庄崛起受到交通商贸活动影响较大的实际情况相符。综上所述，石家庄地区留日学生的选择反映出，相较于政治改革他们更倾向于通过教育、实业等增强国力的方式来解决外来危机。若考虑到自戊戌变法之后，中国的近代化进程已经进入制度变革这一历史背景，则该种选择体现出本地区在思想层面的滞后性，说明了文化在由中心区域向外扩散中的时效性，换言之，石家庄地区在中国的近代化过程中处于受中心地区（京津地区）影响而传播新思想的地位。

二　石家庄籍留日学生的作为

留学生，尤其是留日学生在中国近代化过程中的重要贡献覆盖面极广，几乎无所不包。具体到石家庄地区在"思想启蒙"和"文化传播"上则突出地体现在以下几个方面。

（一）近代教育体系的建立

直隶近代教育体系的建立，始于"洋务运动"而蓬勃于"清末新政"，其中固然有思想认识上进步的因素，但也离不开师范教育人才的培养与储备。对于"停科举"之后的新式教育而言，留日学生无疑是最重要的推动力量。

创建新型的教育管理体制。中国近代教育体制的变革具有标志性意义的事件莫过于新学制的建立与学部的成立，前者是新式教育得以实现的顶层制度设计，而后者则是实施日常管理的行政机构。新学制的颁布要早于教育行政机构的改革。在废除科举之前，清廷分别在1902年颁布了《钦定学堂章程》（壬寅学制），1904年颁布了《奏定学堂章程》（癸卯学制）。直至1905年学部成立，教育领域行政改革的步伐才跟上了学制变革的节奏。而中央与地方教育行政机构的权责划分至1906年的《学部奏陈各省学务官制》才逐渐明晰起来。教育机构改革的核心在于，对于地方教育行政机构及官员的考核采用了"二元结构"，即在日常行政管理上各省学务官归属于地方督抚，在官员任用及业务上各省学务官归属于学部，这就改变了传统上各省学务官只对中央负责的"一元结构"，便于责权的认定、监督与配置，有利于行政效率的提高。[①] 为此，特地提出了"中央—省—县"三级视学制度。事实上，在《奏定学堂章程》颁布之前，直隶省的教育改革早已开始实施，在袁世凯的主导下，直隶省于1902年创建了全国第一个省级的教育行政机关"学校司"，最早由山东按察使胡景桂督办，1904年由天津人翰林院编修严修接办。严氏就任后的重大举措就是设立"查学"制度，其中直隶留日学生在创建新式教育管理体制过程中发挥了重要的作用。

1904年直隶省学校司派遣的12名查学人员中，有留日背景的有9人。

表2-6　　　　　　　1904年直隶省学校司派遣的查学人员一览表

姓名	籍贯	资历	所查府州
赵炳麟	不详	不详	保定府、易州
陈恩荣	天津府天津县	日本留学	顺天府东北路
吴鼎昌（蔼辰）	保定府清苑县	日本留学	顺天府西南路

---

① 详见关晓红《晚清学部研究》，广东教育出版社2000年版，第254—260页。

续表

姓名	籍贯	资历	所查府州
马鉴滢	定州	日本留学	天津府、河间府
周焕文	顺天府宁河县	日本留学	永平府、遵化州
刘登瀛（际唐）	冀州南宫县	日本游历	广平府
张良弼（佑卿）	正定府获鹿县	日本留学	顺德府
王璟	定州	日本留学	正定府
李金藻	天津府天津县	日本留学	深州、冀州
崔瑾（子余）	保定府祁州	日本留学	赵州、定州
贺培桐	冀州枣强县	日本留学	宣化府
齐福丕	冀州南宫县	日本游历	大名府

资料来源：汪婉：《晚清地方视学制度建立的尝试——以直隶为例》，王建朗、栾景河主编：《近代中国：政治与外交》（上），社会科学文献出版社2010年版，第410页。

1904年《奏定学堂章程》颁布后，直隶省按照要求将"学校司"改为"学务处"，依旧保持了本省的查学制度。

表2-7　　　　　　　　　1905年直隶省查学人员一览表

姓名	籍贯	资历	所查府州
高步瀛	顺天府霸州	日本留学	顺天府
刘桂芬	顺天府文安县	日本留学	顺天府
王振垚	定州	日本留学	保定府、易州
吴鼎昌	保定府清苑县	日本留学	保定府、易州
冯蕴章	河间府	日本留学	保定府、易州
陈恩荣	天津府	日本留学	正定府
周焕文	顺天府宁河县	日本留学	永平府、遵化州
刘培极	河间府任丘县	日本留学	河间府
齐福丕	冀州南宫县	日本游历	大名府
王璟	定州	日本留学	顺德府
刘登瀛	冀州南宫县	日本游历	广平府

续表

姓名	籍贯	资历	所查府州
贺培桐	冀州枣强县	日本留学	宣化府
李金藻	天津府天津县	日本留学	冀州
张良弼	正定府获鹿县	日本留学	赵州
王倬	保定府高阳县	日本留学	定州、深州
马鉴滢	定州	日本留学	天津府

资料来源：汪婉：《晚清地方视学制度建立的尝试——以直隶为例》，第413页。

在所派定的16名查学人员中，有留学游历日本经历的有14人，留日人员的比例进一步上升。此后，直隶省一直保持学务官员中留日学生的较高比例，清末直隶学务公所的27名议事员中，留日学生占15名。[1] 查学人员的工作情况可以查阅《教育杂志（天津）》及《直隶教育官报》常年刊载的查学报告。在省级学务官群体中，石家庄地区的留日学生亦有所贡献，1907年获鹿人张良弼出任省视学，1911年藁城县人范延荣出任省视学。

张良弼，字佑卿，正定府获鹿县人。[2] 1902年赴日本留学，习师范。回国后，适逢严修主持直隶学务，设学校司，即出任查学，后出任省视学。张氏办教育犹重实业教育，尝与同僚高步瀛批评中国人"学而优则仕"的传统曰："欲救此弊，其惟提倡实业乎？吾历交彼国工商家，而叩其法理，辑其规程。其轻而易举者，愿先施之家，而邻而国，以次推及。吾多子，将学吾家安世之所为，使各有手技而不萦心于仕禄也。"张良弼一方面开展平民职业教育，先在保定开办补习学校，专门教育年长失学者。进入民国后，将学校改为直隶省立甲种工业学校，并出任校长；另一方面命子张式渠、张式瀛赴日本学习染色与织造。待式渠学成归国后，在高阳开办实行机器化生产的整染厂，也带动了北方民族工业繁兴的风潮。其兴学之功，被广泛认可，当选国会为众议员，并获得连任。张良弼有7子2女，其教育理念在子女身上也得到充分体现，五子张式溥毕业于北平大学医学院，

---

① 刘志强、张利民主编：《天津史研究论文选辑》（下编），天津古籍出版社2016年版，第1307页。

② 《张良弼传略》，周邦道：《近代教育先进传略》，台北：中国文化大学出版部1981年版，第263—264页。

入北京协和医院，是我国著名的眼科专家。长女张式沅（即安娥）更是非常有名，她是《卖报歌》《渔光曲》的词作者，近代著名的作家、诗人、翻译家、记者，田汉的夫人。

另外，清末教育改革的另一项重要内容——"劝学所"制度，也发轫于直隶，由留日学生陈宝泉创设，并经学部推广至全国。他回忆这个创举时写道，"劝学所章程始创于直隶学务处，其时严范孙任阻遏物处督办，提倡新教育不遗余力。宝泉时任普通科科员，思教育行政宜有统一的组织，既有学务处为省行政机关，拟请更设劝学所为厅州县行政机关，并仿警察分区办法便于推广教育。……直隶行之，颇有成效。待严先生升任学部侍郎，遂取直隶之现行劝学所章程，通行全国"①。至1909年，"全国各厅州县劝学所总数已达1588所"②。综上所述，直隶留日学生在本省近代教育改革过程中开创性工作取得的成绩有目共睹。

（二）投身教育，教书育人

清末教育近代化进程之初，新的学制虽然颁布，但是由于新型师资力量的缺乏，使得教育改革变得有名无实，张之洞在筹议改革时提到了教育，曾感慨："学堂固宜速设矣，然而非多设不足以济用。欲多设，则有二难。经费巨，一也；教习少，二也。求师之难，尤甚于筹费。"③他给出的解决中国师资力量匮乏的办法就是"奖励游学"，具体而言就是优先鼓励学生赴日留学，借用日本庞大、成熟的专门学校、师范院校为中国培养教育人才。由此而发轫的中国近代留日风潮，确实为中国提供了继续教育改革的动力和可能。随后的几年中，清廷又出台了一系列的留学生管理办法，例如：归国后经过考试，按成绩奖给进士、举人出身；限制官费师范生学成归国后，必须在专门学校任教5年；限制速成科，奖励完全科；禁止留学生求学期间与外国人结婚等④，其目的也无非是鼓励留学生回国效力。事实上，有了充裕的师资人才，中国各类高等院校才得以迅速发展起来，

---

① 陈宝泉：《中国近代学制变迁史》，北平文化学社1928年版，第72—73页。转引自尚小明《留日学生与晚清新政》，第56页。

② 樊国福：《留日学生与直隶省教育近代化》，博士学位论文，河北大学，2012年，第154页。

③ 张之洞：《变通政治人才为先遵旨筹议折》，赵德馨编：《张之洞全集》（四），第13页。

④ 详见陈学恂、田正平编《中国近代教育史料汇编·留学教育》，上海教育出版社1911年版，第58—74页。

以直隶省为例，据资料显示：

表 2-8 1907—1909 年直隶省各类实业学堂、学生统计表 [①]

项目			1907 年	1908 年	1909 年
农业学堂	高等	学堂（个）	1	1	1
		学生（人）	135	142	149
	中等	学堂（个）	1	2	4
		学生（人）	30	76	176
	初等	学堂（个）	4	2	2
		学生（人）	70	56	47
工业学堂	高等	学堂（个）	1	1	1
		学生（人）	154	97	94
	初等	学堂（个）	11	11	8
		学生（人）	321	356	258
商业学堂	中等	学堂（个）	2	2	3
		学生（人）	100	127	130
	初等	学堂（个）		4	4
		学生（人）		225	169
合计		学堂（个）	20	23	23
		学生（人）	810	1079	1023

相较而言，直隶省从实业学堂的数量和招生规模来看都是名列前茅的。在师范学堂方面，直隶省的学堂数量、招生规模亦排在前列，据资料显示：

---

① 璩鑫圭等编：《中国近代教育史资料汇编·实业教育 师范教育》，上海人民出版社1994 年版，第 51、56、61 页。

表 2-9   1907 年直隶省师范学堂、学生统计表 [①]

项目			1907 年	1908 年	1909 年
优级师范	完全科	学堂（个）			2
		学生（人）	177	65	189
	选科	学堂（个）			
		学生（人）		29	
	专修科	学堂（个）			
		学生（人）	304	395	
初级师范	完全科	学堂（个）			9
		学生（人）	722	913	931
	简易科	学堂（个）			11
		学生（人）	3885	1899	521
传习所 讲习科		学堂（个）			6
		学生（人）	243	40	399
合计		学堂（个）		54	28
		学生（人）	5331	3341	2040

毋庸置疑的是，直隶省在专门教育、实业教育、师范教育上的突出表现依赖于师资力量的充足，统计结果显示：

表 2-10   1907—1909 年直隶省专门、实业、师范学堂、传习所讲习科教员情况
         一览表 [②]   单位：人

项目		1907 年	1908 年	1909 年
专门学堂	本国毕业	26	43	37
	在外留学	29	13	32
	未毕业、未入学堂者	22	31	19
	外国人	28	35	32

① 璩鑫圭等编：《中国近代教育史资料汇编·实业教育 师范教育》，第 615、620、624 页。
② 璩鑫圭等编：《中国近代教育史资料汇编·实业教育 师范教育》，第 54、59、64、617、622、626 页。

项目		1907 年	1908 年	1909 年
实业学堂	本国毕业	22	35	47
	外国留学	2	3	9
	未毕业、未入学堂者	4	38	32
	外国人	9	11	6
优级师范	本国毕业	20	22	26
	外国留学毕业	8	7	7
	未毕业、未入学堂者	14	15	12
	外国人	16	16	16
初级师范	师范毕业者	77	73	40
	他科毕业者	2	1	7
	未毕业、未入学堂者	3	1	11
	外国人	1		2
传习所讲习科	师范毕业者	10	4	9
	外国留学毕业	1		3
	未毕业、未入学堂者			2
	外国人			
合计		294	348	349

根据统计结果，直隶省教师数量居全国的中上等水平。教师结构发生的变化可以通过一组情况对比清晰地显示出来。

表 2-11　　　　直隶师范学堂、北洋师范学堂教师构成情况表

	直隶师范学堂（保定）	北洋师范学堂（天津）
成立时间（年）	1902	1906
统计时间（年）	1905	1909
日籍教员人数（人）	9	8

续表

	直隶师范学堂（保定）	北洋师范学堂（天津）
留日直隶籍教员背景及职责	谷钟秀，定州，正教员，科目不详	李士伟，永年，监督，法政
	刘宝慈，天津，正教员，师范	梁志宸，丰润，教务长，法政
	张锁绪，静海，正教员及斋务长，工科	周焕文，宁河，学务官，师范
	王喆，丰润，副教员，师范（史地）	马鉴沅，定州，监学，师范
	杨庆鋆，枣强，斋务长，警务	武鸿勋，广宗，教员，体育
		邓汝坼，大城，教员，音乐
		郝廉增，三河，助教，法政预科
留日直隶籍教员背景及职责		焦莹 [1]，怀安，助教，师范
		刘作新，丰润，助教，师范

资料来源：根据璩鑫圭等编《中国近代教育史资料汇编·实业教育 师范教育》，第 642—643、673—674 页内容整理，并添加了部分内容。

对比两校教职员情况，通过仔细分析可以清楚地看到在清末新政期间，直隶教育改革的成果，不但留日学生任教的数量在增加，而且担任的职责也越来越重要，对日籍教员的依赖程度在降低。保定直隶师范学堂的 9 名日籍教员中，包括教务长、顾问官渡边龙圣及 7 名正教员，1 名东文专修科教员；华籍正教员有 11 人，有留学背景的只有 4 人。在全体教职员中，

---

① 关于焦莹的情况需要做一点说明。焦莹，直隶宣化府怀安县人，留日期间加入同盟会。民国成立后历任北京国立师范大学校长、京兆学务局长，执教于北京高等师范、燕京大学、中法大学等校，是中国近代教育界之名流。天津北洋师范学堂对焦莹的记录可以补充其早期经历。笔者所看到的有关焦莹的记录，包括顾明远编：《中国教育大系·历代教育名人志》；周邦道：《近代教育先进传略初集》；张宪文等主编：《中华民国史大辞典》；刘国铭主编：《中国国民党百年人物全书》；万仁元等主编：《中国抗日战争大辞典》；抑或其家乡的《怀安县文史资料（第 8 辑）·怀安人物志》中，对焦莹的记述都没有这段经历。这份资料中所记，焦莹毕业于储才所，应为直隶学务处所办之"东文翻译储才所"。1905 年 3 月，直隶学务处移驻天津。1906 年 5 月，开办东文翻译储才所。详见朱幼璎等编《中国近代教育史资料汇编·教育行政及教育团体》，第 31 页。周道邦的《焦莹传略》写得最为细致，谓"光绪三十二年，在保定高等农业学堂毕业。赴扶桑入东京高等师范学校，嗣境帝国大学入同盟会。民国二年归国"。北洋师范学堂的资料调查于 1909 年，两相差异之处，留记于此，以补上述诸正传。

日籍教员占到 18%，有留学背景的华籍教员占到 10%。天津北洋师范学堂的 8 名日籍教员，则主要承担图画、教育学、地理历史、博物、东文伦理、农学、手工图画、理化等主干课程的教学，占全体教职员 19.05%。华籍留学人员承担体操、音乐两门课程，其他 4 名为学校的管理者及 3 名助教，有留学背景的华籍教职员占到 21.43%。由上可知，在建立近代教育体系的过程中，中国还处于学习者的角色，随着归国留日学生的加入情况有所改善，但基本还处于辅助性的岗位。换言之，在直隶教育近代化的初期，对日籍教员的依赖程度相当高。在实业、专门学校师资力量的匮乏更严重一些。这种现象本身也无可厚非，毕竟整个教育近代化才刚刚起步而已。当然也再次印证了张之洞"求师之难，尤甚于筹费"的感慨。从另一个角度看，聘请外国人执教，既节省了留学的费用，也使国内的教育水平得以迅速提高，在整体教育水平低下、师资短缺的晚清不失为一种"良方"。除上述几位直隶籍留日学生外，其他人也多有建树，例如：1904 年，日本弘文书院师范科毕业生胡家祺任天津官立中学堂监督。[①]1904 年，速成师范毕业生臧守义就任天津慈惠寺小学的首任校长[②]，1906 年又在北京创办西城私立第一、第二小学堂[③]，还担任北京贫儿院总理[④]，可见臧氏投入教育、慈善活动之用心。直隶丰润县人李秋野，留日归国后，先后担任县立高级小学校长、新开办的丰润中学校长[⑤]、迁安师范校长[⑥]。当然，在这些投身教育、辛苦办学的身影中也不会缺少石家庄籍留日学生的身影，赞皇人安士良继获鹿人张良弼后代理直隶甲种工业学校校长。[⑦]

---

① 刘家燮、汪桂年：《忆天津官立中学》，《中华文史资料库》（第 17 卷），中华文史出版社 1995 年版，第 176 页。

② 张绍祖编：《近代天津教育图志》，天津古籍出版社 2013 年版，第 332 页。

③ 《西城区普通教育志》编纂委员会编：《西城区普通教育志》，北京出版社 1998 年版，第 370、445 页。

④ 张允侯：《留法勤工俭学运动》（一），上海人民出版社 1980 年版，第 29 页。

⑤ 张铁铮、李权兴编：《唐山文化的历史脉络》，《唐山文史资料》（第 24 辑），河北省唐山市政协文史资料委员会，2007 年，第 448 页。

⑥ 李宝德、白凤山主编：《古今迁安》，国际文化出版公司 2001 年版，第 121 页。

⑦ 郭真：《忆保定高级工业职业学校》，《中华文史资料库》（第 17 卷），第 727 页。

　　高邑县人宋文华①就是一位学成归来服务乡里的留日学生典型。宋文华，字炳蔚，正定府高邑县人。宋自幼聪明伶俐，勤奋好学，颇受私塾先生的赞赏。少年时代常以邑中先贤——明万历年间政治家、礼部尚书赵南星自励。19岁应童子试，一举夺得魁首。进学后，愈发刻苦，摒除一切学外之趣，专心攻读，立志成才。天亮即起，夜暮秉烛，寒暑易节，不辍诵读，以至乡人以为其有过目不忘之能，殊不知源自其刻苦磨砺，持之以恒。宋文华尝以"苟有恒，何须头悬梁锥刺股；最无益，莫过三日曝五日寒"为座右铭，书写张于卧室。20岁，即以汴梁乡试副榜中式举人，震动乡里。1905年，科举制被朝廷废除，宋文华被乡人寄予厚望而被推举为县小学学董。上任后，大力推行新式教育，创新教学方法，改革教学内容，兴利除弊，学校的面貌得以迅速地改观。直隶兴学，开办劝学所，宋以令誉被任命为县劝学所总董。为了办好全县的教育，他呕心沥血，夜以继日地工作。经过两三年的努力，高邑县先后开办了师范讲习所、女子小学和60多所乡村小学。这样的工作成绩再次为他赢得了声誉。进入民国后，他被推举为省议员，并连续两届连任。成年后，他不但继续以赵南星"为官清正、不徇私情、不畏权贵、刚正不阿""改革弊政、澄郡弊端"的思想要求自己，而且整理、刊印了赵的全部著作，使其流芳百世，警戒后人。并且奔走于保定、元氏、赞皇、赵州、柏乡等地，募集资金，建造了赵南星祠堂，树立一方之正气。②为表彰宋文华对家乡的贡献，邑人特为其树碑以示纪念，碑文如下③：

宋炳蔚先生纪念碑

　　宋先生炳蔚既殁后之一年，邑绅周集成、陈翼南等，以其功在一邑而没世不忘也，勒诸贞珉，以垂不朽，因属为之文。按：先生姓宋

---

　　① 宋文华留日记录不见于高邑县当地文史资料记载，详见刘建军《你所不识的民国面相——直隶地方议会政治（1912—1928）》，广西师范大学出版社2009年版，第259页。载："1902年副榜，日本教育选科毕业。"

　　② 详见刘宗甫《宋文华轶事》，《高邑文史资料》（第1辑），中国人民政治协商会议高邑县委员会，1988年，第39—41页。

　　③ 北京图书馆编：《地方志人物传记资料丛刊·华北卷》（第12册），北京图书馆出版社2002年版，第332—333页。

氏，讳文华，字炳蔚。世籍邑之西马闲村。清光绪庚子辛丑并科副贡生。学识超迈，以维新负时望。性和易，与人无忤。邑人信仰深，凡先生所言论无不翕然服者。清季变法"兴学校"，愚民多守旧，上宪虽严令促立学，然民风既锢塞，办学者又多敷衍、颟顸，而僻邑尤其。鄗本弹丸邑耳，地方五十里，村镇九十余。迨学制既颁，授先生董劝，不一年，创办师范讲习所一、女小学一、初小学校八十有四，几于无村无学，且每校生数最少亦不下三十人，而成绩斐然为附近各邑冠者，盖皆先生倡导之力也。先生初董本邑高等小学校事，旋总董劝学事宜，邑中各新政县尹皆倚先生以办治。嗣被选为省议会议员，议事多持大体。至关邑中兴革诸大端建议尤多，而一经先生倡导率推行无阻，以故每届改选省议员无不以先生当选。民国十六年冬，奉晋启争。晋既败，邑令挈印逃。兵匪峰聚云屯，肆骚扰群情惶骇甚，乃组织临时自治委员会，公推先生为委员长。先生率诸绅筹防守，仳骱不惊，闾阎安义。议者金谓：微先生出，则四境必糜烂不堪言状矣。民国二十年，省令各县修方志，先生为修志局局长兼文献委员会会长，不数月县志成。乡贤赵忠毅公南星，明季儒林之巨擘也，后嗣式微，先生为之募款建祠宇，并梓其遗书，其维护文献之功又如此。总计先生劻勷县政前后二十余年，绩效著于时，群情翕服。乃以微行，为劫狙击死，闻者无不哀之。持择先生兴学、自治、维护文献之大者泐于石，以志不忘，并讯诸永永无极之世，至其详载于先生志传中不赘述。

元氏县：李林奎撰文

邑人：程宗颢书丹

中华民国二十三年三月谷旦高邑县全体官绅商民尺等敬立

依靠多方的努力，直隶近代教育的局面已蔚为大观。1906年6月，直隶新政的实力推行者总督袁世凯曾作过一个阶段性的总结，"通计现有学堂数目：计北洋大学堂一所，高等学堂一所，北洋医学堂一所，高等工业学堂一所，高等农业学堂一所，初等农工业学堂暨工艺局附设艺徒学堂二十一所，优级师范学堂一所，初级师范学堂及传习所八十九所，中学堂二十七所，高等小学堂一百八十二所，初等小学堂四千一百六十二所，女师范学堂一所，女学堂四十所，吏胥学堂十八所。此外尚有客籍学堂、图算学堂、电报学堂各一所。凡已见册报者，入学人数共八万六千六百五十二人，而半日半夜等学堂不计焉。合诸武备、巡警等学堂，以及册报未齐者，总数不下十万人"[①]，这一成绩在全国名列前茅。

（三）探索政治制度的变革

戊戌变法虽然以失败而告终，但此起彼伏的变革呼声和革命行动，迫使清廷不得不作出政治改革的姿态。从"五大臣"出洋考察政治，到辛亥革命建立民国，清王朝用了六年时间的延宕，将自己推上了绝路。走出国门的留学生亲身体验着西学魅力的同时，也在争论、辩驳中作出了不同的政治选择。即使这样我们都不能忽略一个事实，即日后"分道扬镳、南辕北辙"的各方在踏出国门时都曾有着一个共同的"救国梦"。

1.立宪救国。"立宪救国"思想并非留学生群体走出国门之后的"大发现"，自鸦片战争之后，其在中国的传播已经经历了60余年的时间，而逐步酝酿成熟的。张朋园先生将其划分为四个阶段：第一个阶段，从1840—1870年，这30年间，是知识性的介绍时期；第二个阶段，1871—1895年，这25年间，士人视议会代表"君民一体"，内可团结人心，外可抗拒强权；第三个阶段，1895—1904年，民权说代起，强调议会表现人民的权力；第四个阶段，1905年以后，议会思想根植国内，人民起而要求付诸实现。[②]同时，张先生也指出，议会思想"渐渐传布全国。但受到影响的限于知识分子，或教育程度较高的人士"。换言之，即使"传布全国"，清末立宪已经紧锣密鼓地展开，"立宪救国"仍旧是少数社会精英的"独角戏"。

留日学生是推动清末"立宪运动"的重要力量，他们的推动作用一方面体现在影响那些倚重他们从中央到地方的实权派；另一方面则积极参与到各种立宪前准备活动的技术操作上。从五大臣出洋考察的随员，到最后报告的撰写，以及地方督抚奏请政治改革的奏疏，无处不在的是留日学生的努力。而在清廷正式宣布"仿行立宪"的准备和具体实施工作中，留日学生更是起到了不可替代的作用。例如：宪政编查馆中的金邦平、汪荣宝、

---

① 袁世凯：《缕陈直隶历年学务情形嗣后责成提学司续加推广折》，骆宝善、刘路生主编：《袁世凯全集》（第十五卷），河南大学出版社2013年版，第131页。

② 张朋园：《中国民主政治的困境：1909—1949晚清以来历届议会选举述论》，吉林出版集团有限责任公司2007年版，第44—45页。

曹汝霖和章宗祥这"四大金刚"①。编查馆的核心机构——编制局，共有职员 21 人，留学生有 17 人，其中 16 人为留日学生。而且随着立宪进程的发展，编查馆的人员还在陆续增加。1909 年 5 月 21 日，宪政编查馆再次奏调 7 人入馆，其中就包括直隶宛平县留日学生顾德邻。②

1906 年，清廷宣布预备立宪，设置 9 年的筹备期，试图建立完整的议会体制。在此期间，咨议局则以临时议会的形式成为晚清各方政治势力施展抱负的舞台。1908 年，按照颁布的选举章程直隶咨议局议员定额为 140 人，相应规定了 7 项候选人资格和 8 项不成为候选人的情形③，据统计直隶省具备选民资格的有 162585 人。④张朋园先生认为，"直隶在这次选举中，办理选民资格调查，比较尚属得法。其选民的百分比 0.63% 是全国之冠"，且"观念方面，直隶实较内地各省进步"⑤。他的这种判断不无道理，原因在于直隶较其他各省在自治、立宪方面启动得更早，准备得更充分而已。早在 1907 年 7 月间，袁世凯奉旨在直隶先行试办地方自治，他委任天津知府凌福彭、翰林院检讨金邦平二人负责在天津筹办自治。为了顺利选举，并使当选者达到"补守令之缺失，通上下之悃忱"的目的，特采取了多项措施和步骤：第一，派遣学习过法政，熟悉地方情况的士绅各处宣讲。第二，编印《法政官话报》，分发各处，以便传阅学习。第三，将地方自治的好处编成白话，张贴布告，以期家喻户晓。第四，设立自治研究所。从各处选择阅历广、素服乡望者，大治 8 人，小治 6 人，集中在自治研究所培训四个月。毕业后，各自返乡筹设自治学社来传播立宪思想。第五，设立自治局，制定自治章程。再由自治局在津府范围内公举 42 人，外加 4 名本省有地方管理经验的官员，由此 46 人自治章程进行审订。经过 19 次会议，议定自治章程 111 条。第六，设立选举科。通过调查确定选民数量，合计 12461 人。具备候选人资格者为 2572 人。第七，进行初选。将候选人

---

① 详见尚小明《留日学生与清末新政》，第 6 页。

② 《宪政编查馆奏派员充编制局副科员等差片》，《政治官报》宣统二年正月十一日，折奏类，第 828 号。转引自尚小明《留日学生与清末新政》，第 8 页。

③ 详见《宪政编查馆会奏各省咨议局章程及案语并选举章程折》，《政治官报》，1908 年 7 月 24 日。

④ 《东方杂志》，1909 年（宣统元年四月二十五日）第 6 卷第 5 期，《宪政篇》，第 231 页。

⑤ 张朋园：《中国民主政治的困境：1909—1949 晚清以来历届议会选举述论》，第 58 页。

按住所划分为 8 个区。选民每人一票，每张选票只能选择一个候选人，当众验票。每区先选出得票最多的 4 人，共计 32 人。再统计剩余的选票，选出得票最多的 103 人，与上述 32 人，为初选当选者，共 135 人。然后进行第二轮选举，初选者相互投票。每区选出 1 人，合计 8 人。再统计剩余的选票，选出得票最高的 22 人，合计选出议员 30 人。第八，当选议员另择时间、地点，投票互选，选举出议长李士铭、副议长王绍廉。① 天津议事会成功选举，引起直隶社会各阶层的极大关注，在天津士绅的推动下②，议事会选举出董事会，会长由天津县知县兼任，另副会长 1 人、会员 8 人均从议员中选出。至此，中国历史上第一次由官方主导的议会选举圆满落幕。从另一个角度看，这次地方选举的圆满落幕，对于整个清末立宪运动来说才仅仅是个开始。其反响也在持续发酵，民众对于选举的方式倍感新鲜，但同时对于宪政体制的运作更是心存疑虑。《大公报》在天津县董事会成立的当天就对议会与地方行政体系间的责权关系制衡表示出担忧，"此章程一日不能实行，则董事会适成一种之废物。吾人又何必日言自治，天津之地方团体又何需乎此有名无实之机关哉！"③ 这种忧虑不无道理，但从天津地方自治的内容和实际运作情况来看，"它不仅对地方政权起了制约作用，而且维护了地方社会的权利，是民众参政进一步加强的体现"④，这种判断是比较合理的。当时的官方评价也以正面、积极评价为主，继任直隶总督杨士骧也认为"（天津议会、董事会）两年以来，规模初具"。同时，《大公报》也认为"自治之已告成立者，直隶当未有部章之前，先有自治团体。虽以官力行之，然议事会、董事会之名颇具"⑤。应该看到，天津试行地方自治在客观上促进了立宪运动的历史进程。

对于开设地方议会，清廷的态度并不积极，中央、地方虽时有奏议，

---

① 《北洋大臣袁世凯奏天津试办地方自治情形折》，故宫博物院明清档案部编：《清末筹备立宪档案史料》（下册），中华书局 1979 年版，第 719 页。

② 《天津宜速设董事会以完全自治机关说》，《大公报（天津）》，1907 年 11 月 17 日。

③ 《祝董事会之前途》，《大公报（天津）》，1908 年 7 月 13 日。

④ 徐建平：《清末直隶宪政改革研究》，中国社会科学出版社 2008 年版，第 250 页。关于天津地方自治的实际运作效果，该书中有更为详尽的论述。由于无关本书的主旨，此处不再赘述。感兴趣者请参看徐建平的著作。

⑤ 《东方杂志》，1909 年（宣统元年三月二十五日）第 6 卷第 4 期，《宪政篇》，第 184 页。

却并无实质性进展，以至于引发了留日学生专程归国请愿的事件。[①] 于是，清廷迫于压力在 1907 年 10 月 19 日，发布上谕"著各省速设咨议局"[②]。但同时却没有给出统一的、具体的操作章程，以至于各省分歧，一事无成。直至 1908 年 7 月 22 日，宪政编查馆拟定的章程才得到批准，同时限令各省一年内办成。[③] 直隶总督杨士骧按照章程设立咨议局筹办处，包括监理 6 人，总办 2 人，总检查 6 人，参事 4 人，科长 2 人，科员 8 人，司选员 24 人，合计 50 人（科长为兼任）。其中有留学经历的 23 人（1 人留美，1 人留英，21 人留日），有游历经历的 7 人（1 人驻俄参赞，6 人游历日本），有新学教育背景的 10 人，不详者 3 人。有留学、游历、新学背景的占 80%，由此可见立宪运动对新式知识分子的倚重。直隶籍留日人员共 18 人，占筹办处全体职员的 36%，占全部留学人员的 78.26%，具体人员如下：

表 2-12 　　　　　　　直隶咨议局筹办处直隶籍留学人员一览表[④]

姓名	籍贯	留学国及所习专业
王绍廉	天津府天津县	英国，军事（轮船驾驶）
刘春霖	河间府肃宁县	日本，法政
王振垚	定州	日本，师范
李士伟	广平府永年县	日本，法政
梁志宸	遵化州丰润县	日本，法政
齐树楷	保定府蠡县	日本，法政
仝宝廉	广平府永年县	日本，法政
阎凤阁	保定府高阳县	日本，法政

① 《湖南即用知县熊范舆等请速设民选议院呈》，故宫博物院明清档案部编：《清末筹备立宪档案史料》（下册），第 609 页。

② 《著各省速设咨议局谕》，故宫博物院明清档案部编：《清末筹备立宪档案史料》（下册），第 667 页。

③ 《宪政编查馆等奏拟订各省咨议局并议员选举章程折》，故宫博物院明清档案部编：《清末筹备立宪档案史料》（下册），第 667—683、683—684 页。

④ 徐建平：《清末直隶宪政改革研究》，第 292 页。赵艳玲：《清末民初的代议制：从顺直咨议局到直隶省议会的案例考察》，社会科学文献出版社 2012 年版，第 37—38 页。刘建军：《你所不识的民国面相——直隶地方议会政治（1912—1928）》，第 23—24 页。

续表

姓名	籍贯	留学国及所习专业
吴德镇	保定府新城县	日本，法政
王双岐	冀州	日本，法政
康恩恒	深州	日本，法政
王法勤	保定府高阳县	日本，辍学不详
仇翰垣	保定府雄县	日本，法政
武绳绪	广平府永年县	日本，法政
徐朴	大名府大名县	日本，法政
贺培桐	冀州枣强县	日本，法政
高俊澎	冀州衡水县	日本，法政
吕荣甲	河间府沧州	不详，法政

　　直隶咨议局筹办处，依照章程，再加上直隶试办地方自治的经验，筹备工作也是按部就班。经过骨干培训、宣讲章程、调查选民资格、大众普及（传单、报纸），再经过初选、复选，直隶省历史上首次省级议会选举终于尘埃落定共选出议员156人。[①]1909年9月30日，直隶咨议局举行预备会议。[②]10月14日，直隶咨议局召开第一次正式会议，选举阎凤阁为议长，王振垚、谷芝瑞当选副议长。[③]张朋园先生经过研究奉天、直隶等十五省议员的基本资料，给出了首次当选各省咨议局议员的基本特征：咨议局议员大多数为具有传统功名之士绅；若干士绅同时又曾接受过新式教育；大多为有产阶级；高层士绅中多曾在中央或地方担任过官职，有一定的政治经验，对政府有所认识。[④]张先生认为，这些背景兼具传统性与现代性，主导他们在议会中的论政方向。他们投身立宪运动，本身就有着明确的政治诉求：废除科举后，朝廷用人偏重新学，更看重留学生，政府能够容纳的人才有限，这就使咨议局、资政院等民意机构成为开明士绅参政、议政

---

　　① 关于直隶咨议局议员人数，有155、156、157人之说，详见徐建平《清末直隶宪政改革研究》，第297页注释。本书从其说。

　　② 《直隶咨议局开局预备会议纪事》，《大公报（天津）》，1909年9月30日。

　　③ 《直隶咨议局开局纪事》，《大公报（天津）》，1909年10月15日。

　　④ 张朋园：《中国民主政治的困境：1909—1949晚清以来历届议会选举述论》，第67页。

的不二之选，当然也不排除有浑浑噩噩之徒将其作为晋身仕途的"光明大道"，无论如何都展现出积极进取的一面。另外，他们多为有产阶级，害怕剧烈的社会变动，期望通过自身参与政治能够抑制、避免各种不利局面的出现，维护其自身（或阶级）的现实利益。清末立宪运动就是在这种各阶级都纠结于自身利益的考量下轰轰烈烈地进行着，当然也注定了各自或激进或保守的现实抉择，很快就看到了他们分道扬镳，因为1911年辛亥革命爆发了。石家庄地区当选的咨议局议员共14人，有新学背景者8人，占57.14%，与全省的93.9%[①]相比还有较大的差距。具体情况如下：

表 2-13 　　　　　　　　顺直咨议局中石家庄籍议员一览表 [②]

序号	姓名	籍贯	教育背景
1	李榘	束鹿县	进士，京师大学堂进士馆，留日
2	张照坤	束鹿县	生员，留日（自治班）
3	王丹桂	束鹿县	副贡，直隶校士馆，直隶自治研究所
4	张冠卿	束鹿县	举人，留日
5	康景昌	元氏县	廪生，直隶自治研究所
6	彭国栋	藁城县	拔贡，直隶校士馆
7	吕邦宪	晋州	副榜，留日
8	李镜蓉	晋州	生员，北洋法政学堂
9	商佑	平山县	生员
10	马立中	正定县	生员
11	窦文光	新乐县	生员
12	王赓汉	赵州	生员，天津自治研究所，留日（自治班）
13	朱丕章	赵州	增生
14	李清源	深泽县	贡生

---

① 刘建军：《你所不识的民国面相——直隶地方议会政治（1912—1928）》，附录二，第148页。

② 刘建军：《你所不识的民国面相——直隶地方议会政治（1912—1928）》，附录二，第233页。有所加工。

　　刘建军先生在他的研究中以"社会变革"为取向，将直隶议员的政治取向分为五种：激进派；新派；半新不旧派；守旧、保守乃至反动派；投机派。^①至少说明了清末立宪时期士绅对政治改革的探索和彷徨，再加上人性的复杂，情况就会变得错综复杂。平心而论，该时期的留学生、接受新式教育的士子对西方的宪政思想了解的程度很低，换言之，很清楚的人不多。试想仅仅经过三四个月，又或者六个月，即使九个月的留学，无论是自然科学的，还是社会科学的西学新知能掌握到什么程度？从留学运动爆发高潮后，清廷修改留学政策，限制速成科留学生数量就可以明白，他们的程度最多也就是囫囵吞枣罢了，从咨议局之后的历次议会的命运也可以看到这一点，绝大多数的早期议员既不清楚自己能干什么，更不清楚自己该干什么，又如何能驾驭得了这徒具外表的宪政改革？

　　清末立宪运动失败了，与其将之归结为清政府的保守和虚伪，抑或是反动势力的强大，不如想一想中国文化中的政治伦理、价值观能够多大程度地接纳西方的民主、自由，至少清末还不具备这样的思想基础和社会基础。以至于黎安友先生指出，"市民社会和政治文化的衰弱无力，民主可望而不可即"^②。回顾本章的主题，如何应对1840年以来西方文化的挑战？笔者花了大量的篇幅也并非为了嘲笑留学运动的急功近利，以及立宪运动的失败，从另一个侧面看，走出去了解借鉴、学习吸收西方文化的优长，使之与中国文化相融合，清末的知识分子已经找到了正确的方向，并走上了正确的道路。

　　2. 革命救国。文化和国家、民族就像毛与皮的关系，在晚清"救亡图存"的巨大压力之下，皮之不存毛将焉附？对于清政府能否带领中国走出困境这一基础问题的判断，使得有人选择了政治改革，而有人选择了革命道路。辛亥革命的胜利，推翻了清王朝，使中国向西方的学习真正从器物，跨越

---

　　① 详见刘建军《你所不识的民国面相——直隶地方议会政治（1912—1928）》，附录二，第153—156页。这五种划分值得商榷，例如：新派、半新不旧派、保守派三种，是立宪派（改良派）内部激进、温和、保守程度上的差别而已，是否可以这样理解——新派是温和派中的激进派，而半新不旧派是温和派中的温和派？事实上，每一个政治取向都一定会有激进、温和、保守的程度选择。这五种政治取向的划分，似乎在标准上产生了一些混淆。

　　② 黎安友：《黎序》，张朋园：《中国民主政治的困境（1909—1949）——晚清以来历届议会选举述论》，第2页。

到了制度。

　　石家庄地区留日学生在立宪运动中表现平平，当选的议员也都没有什么特别出色的表现。相较于宪政改革，他们似乎更钟爱于教育救国、实业救国。但在开始寻求革命救国的道路上他们就敢于献出鲜血，乃至生命。

　　1905年8月，孙中山等在东京成立中国革命同盟会，直隶省支部亦在东京成立，以张继、王德裕为主要负责人，其中石家庄地区籍的有张荩臣、王魁元二人。

表2-14　　　　　　　　1905年同盟会直隶省东京支部人员名单①

姓名	籍贯	姓名	籍贯	姓名	籍贯	姓名	籍贯
张继	沧州	王裕德	定州	张荩臣	正定县	王魁元	正定县
韩应房	保安州	谷钟瑶	定州	童启曾	宣化县	樊英	保安州
卢万镒	不详	赵奎章	保安州	张仲山	清苑县	陈幼云	蠡县
华世忠	天津府	王观铭	宁晋县	李廷斌	宁晋县	金之铮	祁州
赵连璧	东广	孙树堂	直隶	李兆兰	高阳县	吕复	保安州

　　至1907年，旅日直隶籍会员发展到35人，其中石家庄地区籍的有张荩臣、王魁元、李宝正、刘几王、李克廉5人。具体名单如下：

表2-15　　　　　　　　1907年旅日直隶籍会员一览表②

姓名	籍贯	姓名	籍贯	姓名	籍贯	姓名	籍贯
张继	沧州	张锐韬	冀州	李立木	曲阳	王德涵	蠡县
张文钦	武邑	李保震	武邑	李宝正	赞皇	李煜瀛	高阳
杜义	静海	王裕德	定州	刘几王	获广	李克廉	正定
赵奎章	保安	华世中	天津	孙松龄	蠡县	樊瑛	保安
谷钟英	定州	姜韬	南宫	丁开嶂	遵化	周之屏	蠡县

---

　　①　张荩臣：《东京同盟会直隶支部之动作》，邱权政、杜春和编《辛亥革命史料选辑》（上册），湖南人民出版社1983年版，第234页。

　　②　冯自由：《中华民国开国前革命史续编》（上卷），《民国丛书》（第二编），第76卷，第116、138、139页。名单中的籍贯一栏，有东广县疑为东光县，有获广县疑为获鹿县。

续表

姓名	籍贯	姓名	籍贯	姓名	籍贯	姓名	籍贯
王魁元	正定	车钺	通州	金之铮	祁州	张荩臣	正定
称廉卿	东广	张仲山	清苑	张育麟	清苑	赵连璧	东广
谷钟瑶	定州	陈兆雯	蠡县	张培琛	高阳	任文毅	大兴
孙殿斌	东广	靳锡璜	武昌	赵师杜	祁州		

石家庄籍留日学生中早期同盟会革命先驱如下。

张荩臣（1884—1968），字清廉，正定县人。考取清政府公费留学生，入日本早稻田大学学习法律，在此期间加入同盟会。1910 年毕业回国，分发河南候补知县。武昌起义爆发后，革命派亦策划河南独立，张荩臣利用职务之便在其住处储存子弹，以秘密支持起义工作。河南巡抚宝棻等经过观望，见局势难以阻挡，遂欲求去以保平安。袁世凯了解到情况后，促请朝廷免去巡抚宝棻等河南主要官员的职务，保奏其心腹齐耀琳为河南巡抚，控制了新军，以压制革命派，河南独立的态势得到遏制。同盟会为了应对反动派的反扑，拟刺杀齐耀琳举行暴动，不幸被巡防营诱骗，暴露消息。乘同盟会开会之际，派军队包围其秘密活动据点——省立师范，一举将同盟会首脑捕获。张荩臣由于误到另一个秘密据点——私立法政，而得以逃脱抓捕，遂化装离去。被抓捕的革命党有 40 余人，其中张仲瑞等 11 人被清政府杀害。河南革命遂告失败。民国成立后，曾任河北省尧山专员兼县长、滦县县长、江西省法院推事、奉天省法院推事，宁夏高等法院院长、甘肃省高等监察厅检察长、河北大学校长等职。[①]

王葆真（1880—1978），字卓山，又名凤玉，深泽县人。耕读传家，祖父、父以中医执业。自幼随堂伯父读私塾。1902 年考入保定直隶高等农业学堂。1905 年考取直隶省公费留日学生，初入东京经纬学堂，后入早稻田大学政治经济科。1905 年加入同盟会。1911 年回国，作为同盟会留日学生代表参与组织滦州起义。1911 年 10 月 22 日至 11 月下旬，王葆真三次

[①] 张荩臣：《辛亥河南革命失败之经过》，邱权政、杜春和编：《辛亥革命史料选辑》（下册），第 255—259 页。王京瑞：《张荩臣先生记事》，《正定文史资料》（第 2 辑），政协正定县委员会文史资料委员会，1996 年，第 149—154 页。

冒险进入滦州，策反在此地参加秋操的新军第二十镇。关键时刻，该镇上层将领接受君主共和，放弃起义，改行兵谏，错过了起义的最佳时机。王葆真继续在滦州发动中下层军官，终于在 1911 年 12 月 31 日促成发动起义，建立中华民国北方军政府。王葆真按孙中山通知，赴南京当面汇报起义事宜，被委任同盟会燕支部筹备主任。而滦州起义在清政府的镇压下惨遭失败。王葆真曾赋诗纪念，"深宵几度铁桥前，成败由来莫问天。谁知共和多血迹，滦州一举成千年"。民国初，任第一届国会众议院议员。袁世凯称帝后，赴东北参加讨袁的军事活动。袁世凯去世后，他毅然南下，参加护法运动。[①]王葆真是石家庄地区清末民初留日学生革命先驱的杰出代表。

　　还有同盟会直隶省东京支部的创始成员王魁元，正定县人，学习医科，归国后就职于保定直隶省公立医学专门学校，教授外科兼局解学，后兼任附属医院院长。[②]宋教仁在其日记中记载了，在日留学期间，王魁元资助其前往辽东运动"马侠"，建立同盟会辽东支部的往事。[③]直隶同盟会早期成员李克廉，正定县人，是北洋三杰之一王士珍的内侄。[④]李克廉是钱公来加入同盟会的介绍人。[⑤]1906 年，朱霁青在锦州府广宁县（今北镇市）创办广益学院，教授科学、世界通史、人权学说，为储备革命青年之基地。李克廉自东京回国出任该校教职。后被人告发，学校被查封停办。

第三节　由"复古"而激发的"开新"

　　辛亥革命推翻了清王朝的统治，结束了中国的封建专制，建立了民国。

---

　　① 王葆真：《反袁护国的回忆》，《文史资料存稿选编 1 晚清·北洋上》，中国文史出版社 2002 年版，第 598—632 页。王葆真：《民国初年国会斗争的回忆》，《文史资料选辑》（第 82 辑），文史资料出版社 1982 年版，第 135—174 页。李任夫：《民主斗士王葆真》，《河北文史集萃·政治卷》，河北人民出版社 1991 年版，第 254—265 页。石家庄地区地方志编纂委员会编：《石家庄地区志》，文化艺术出版社 1994 年版，第 1086—1087 页。中国人民政治协商会议河北滦县委员会：《滦县文史资料》（第 9 辑），河北人民出版社 2000 年版，第 184—185 页。
　　② 《河北医学院志（1915—1991）》，第 162—163 页。
　　③ 湖南省哲学社会科学研究所校注：《宋教仁日记》，湖南人民出版社 1980 年版，第 351 页。
　　④ 《朱霁青事略》，《革命先烈先进传》，台北"纪念国父百年诞辰筹备委员会"，1965 年，第 966 页。
　　⑤ 《钱公来》，杜元载：《革命人物志》（第 8 集），台北"中国国民党中央委员会"党史史料编纂委员会，1970 年，第 193 页。

袁世凯心怀专制之梦，民选的国会自然就成了其实现"美梦"的拦路石，在袁氏的运作之下，国会无疾而终。自 1914 年 1 月间，袁世凯解散国会，继而，废除《临时约法》，他在专制的道路上越走越远。在袁氏复辟专制的过程中，他利用保皇派鼓吹"尊孔复古"的思想制造舆论，与进步团体的反对浪潮形成了激烈的思想交锋。袁世凯操控国民代表大会，强行复辟专制统治，激起了革命团体的武装反抗。袁氏复辟帝制失败，退求总统而不得，众叛亲离之下，惊惧而亡。纵观袁世凯一生的政绩，在直隶期间的作为开始了一段辉煌的时期，至"手创共和"而达到巅峰。此一时期，直隶省无论是军事、教育的近代化、实业的进步，还是立宪运动的开展，都为其在主政期间打下了坚实的基础。尤其是在派遣留学生学习新学方面，袁氏可谓不遗余力。殊不知，当初这些最为"开新"的举措为其日后"复古"培养了最为坚定的反对力量，而他人生末期的专制"复古"又激发了新一轮的"思想启蒙"——新文化运动。

一　"五四"新文化运动在直隶

从民国成立至南京国民政府成立之前，是中国历史上政权最为动荡的时期，这种不安定和焦虑催生了更为激进的文化精英群体。从另一个侧面来看，这种动荡不安、众说纷纭，还体现出共和的成功并没有弥合新旧、中西思想之间的巨大鸿沟，换言之，共和思想还缺乏更为强大的社会、群众基础。即使是各资产阶级政党班本身也没有一套更具说服力的文化解决方案。"摸着石头过河"在一定程度上会加剧这种新旧、中西思想上的对立和紧张状态。可以看得见的是，民初思想领域内的争论更为普遍化、深入化，却又被袁世凯所利用，化为其实现个人野心的工具，这对参与争论的各方及刚刚建立的民国而言，是无益而有害的，客观上也并没有起到完善民主体制、达成共识的目的。继之而起的是更为猛烈的新文化运动。

关于民初对尊孔复古风潮的争论和批评，超越了一场学术争论范畴，是带有明确政治诉求和倾向性的政治论争。在直隶的文化界也引起了强烈的反响。曾经的以鼓吹西学为己任的先进知识分子，有一部分退化成传统思想的卫道者。例如：严修，"他既认为'泰西之学为当急'，又认为'孔孟程朱之道不可畔（叛）'。在这种矛盾思想的作用下，1921 年，发起成立城南诗社……1927 年，又成立了崇化学会。……在新旧教育思想的激烈斗争中，严修最终作了旧思想的俘虏"①。严修等尚且如此，更遑论其他那些本身就对政治制度、思想层面西学无动于衷或一知半解的人们？前文提到的贺葆真也与严修类似，他起初于新学方面也算是用功较深的知识分子，至少对西方文化抱有很深的好感。例如，1910 年 9 月间，他曾经为父亲贺涛读梁启超的《国会制度私议》就赞扬"举国会制度，全体议之，博征列邦制度，按之吾国现情，精理名言往往在，诚当今不可少之文也"②。他一边赞叹实业工厂③，一边劝阻友人办报宣传革命。④他一边关注着县议事会选举事宜⑤和武昌起义⑥，一边又为获悉清帝退位而感到"千古国体变更，闻之怆然"⑦，并且坚持到 1912 年 8 月间"始剪发"⑧。他投身地方事业，一边开办移风易俗戒缠足会⑨，凝聚地方的商会⑩；一边又宣传复古，改良其祖父创建的字纸会为孔教会⑪。

另外一些人的想法显然与贺葆真等不同。在直隶最早反对定孔教为国教的是北洋法政学堂的李纯澍，"认为孔子本身未尝以教主自居，与耶稣穆罕默德根本不同。况且宗教扎根于信仰，何须宪法之规定"⑫。李大钊对此问题的看法显然比李纯澍要深刻得多，他认为："袁世凯及筹安会鼓噪尊孔读经的目的在于复辟封建专制制度。"⑬1915 年 9 月，陈独秀在上海创办《青年杂志》（第 2 卷起改名为《新青年》）标志着新文化运动正式展开。直隶省以天津、保定为中心，为传播新文化、新思想"南开学校、

---

① 阎国华、安效珍主编：《河北教育史》（第 2 册），河北教育出版社 2003 年版，第 145 页。

② 贺葆真：《贺葆真日记》，李德龙、俞冰主编：《历代日记丛钞》第 131 册，第 435 页。

③ 贺葆真：《贺葆真日记》，李德龙、俞冰主编：《历代日记丛钞》第 131 册，第 437 页。

④ 贺葆真：《贺葆真日记》，李德龙、俞冰主编：《历代日记丛钞》第 131 册，第 481 页。

⑤ 贺葆真：《贺葆真日记》，李德龙、俞冰主编：《历代日记丛钞》第 131 册，第 452 页。

⑥ 贺葆真：《贺葆真日记》，李德龙、俞冰主编：《历代日记丛钞》第 131 册，第 475 页。

⑦ 贺葆真：《贺葆真日记》，李德龙、俞冰主编：《历代日记丛钞》第 131 册，第 482 页。

⑧ 贺葆真：《贺葆真日记》，李德龙、俞冰主编：《历代日记丛钞》第 131 册，第 498 页。

⑨ 贺葆真：《贺葆真日记》，李德龙、俞冰主编：《历代日记丛钞》第 131 册，第 497 页。

⑩ 贺葆真：《贺葆真日记》，李德龙、俞冰主编：《历代日记丛钞》第 131 册，第 498 页。

⑪ 贺葆真：《贺葆真日记》，李德龙、俞冰主编：《历代日记丛钞》第 131 册，第 498 页；第 132 册，第 22 页。

⑫ 李纯澍：《论国教》，《言治》，1912 年第五期。转引自刘民山《李大钊与天津》，天津社会科学出版社 1989 年版，第 37 页。

⑬ 李大钊：《民彝与政治》，《民彝》（创刊号）1916 年第 1 期，第 17—38 页。转引自赵宝琪、张凤民主编《天津教育史》（上），天津人民出版社 2002 年版，第 221 页。

直隶第一女子师范学校、北洋法政专门学校……相继出版了《敬业》（1914年10月）、《校风》（1915年8月）、《南开潮》（1917年12月）、《直隶第一女子师范学校校友会会报》等进步刊物"，"有力地抵制了尊孔读经的逆流，为民主、科学等进步思想的传播提供了阵地"①。

1919年，巴黎和会中国外交失败，由此引发了波及全国的"五四运动"。直隶省以天津、保定、唐山在"五四运动"时期的表现最为突出，此三地是近代直隶近代化过程中最为先进的地区，高等学校、专门学校最为集中。北京爆发学生爱国运动的消息传来，三地学生迅速响应，组成学生联合会声援北京。号召学生罢课、商人罢市、工人罢工，以抗议北洋政府的丧权卖国行径。②杨国强先生分析指出，"北洋军阀的黑暗政局和乱世群生相，同武昌起义之后的'咸与维新'所带来过的希望成为一种强烈对比，逼使向往过共和立宪的人们在身与心交困中重究既往。由此形成的思想巨潮，催生了比上一代革命人物更为激进的民主主义者"③。这就是"五四新文化运动"在今人看起来有些矫枉过正的原因。

二　从王士珍看社会精英的另类选择

王士珍（1861—1930），字聘卿，直隶正定府正定县牛家庄村人，北洋三杰之首，人称王龙。④曾祖父王朝凤，国学生，精岐黄，擅绘画。祖父王履安，通岐黄，擅击剑，有"戎马书生"的雅号。父王如松，本生父王如柏。王家算是书香门第，至他出生时业已没落。王士珍3岁时，本生父亦去世。生活虽然艰难，但嗣母刘氏、生母丁氏全力哺育，使王士珍在幼年时接受了良好的教育。他9岁入私塾，17岁弃文从武，考入正定标镇，以军饷养家减轻家庭负担。

从军后，得到正定镇总兵叶志超的赏识，先充当叶的卫兵，1885年经其推荐进入北洋武备学堂炮兵科深造，成为第一期学员。肄业后，任山海关武备学堂教习。1891年，随叶志超平定金丹教起事。1894年，随叶志超赴朝平定东学党起义。后随袁世凯小站练兵，开始发迹，历任督操营务处

---

① 阎国华、安效珍主编：《河北教育史》（第2册），第146页。
② 详见阎国华、安效珍主编《河北教育史》（第2册），第149—157页。
③ 杨国强：《晚清的士人与士相》，第382页。
④ 关于王士珍的研究著作，首推彭秀良：《王士珍传》，中华书局2013年版。

会办右翼第三营部队帮统，步队学堂监督（督操营务处会办右翼第三营部队帮统兼），工程营管带，德文学堂监督（工程营管带兼），小站留守司令官，步队第一协统领，督理全军操防营务处（步队第一协统领兼），北洋常备军左镇翼长，练兵处军学司正使，军政司正使，陆军第六镇统制官，正黄旗蒙古副都统，陆军部右侍郎（军政司正使署），江北提督（军政司正使署），陆军部右侍郎衔，江北提督，湖广总督（署），陆军大臣。1912 年 2 月 12 日，清帝逊位，王士珍立即称病辞职，回归正定故里，以示其反对清帝退位之决心。也由此可见王氏对袁世凯等北洋同僚所作所为之不满，所谓"道不同，不相为谋"，这算是王士珍所坚守的做人底线。

袁世凯正式当选为大总统后，采取非常手段，派长子袁克定以半苦情半胁迫的方式将王士珍请回北京，旋即授予为陆军上将，派充陆海军大元帅统率处坐办，模范团筹备处处长，代理国务卿，陆军部总长。袁世凯复辟帝制，王士珍不以为然，以至于袁克定欲以酒鸩之。[①] 虽然王士珍"为人圆滑，对袁唯命是从，遇事不肯触忌犯颜"[②]，不过直抒己见而已，却险遭大难，可见其并非一意讨袁氏的欢心，依然不改有所坚持的个性。袁世凯弥留之际，王士珍受其遗嘱，委以维护北洋团体利益之重托。王士珍果然不负所托，余生之中多次协调各派利益，努力挽救、维持局面。却最终落得讥评，有人称"王向来是一个怕事的人"[③]。1930 年 7 月 1 日，王士珍因患肠癌，在北京堂子胡同本宅病逝，归葬于正定祖茔，享年 70 岁。[④]

戴建兵先生总结了王士珍为人处世的几个特点[⑤]：第一，求己莫求人。中国传统士大夫，一生奋斗，不结党，不巴结，全靠自己奋斗，苦其心志，练其肌肤。王士珍的婶母是个慈祥、心地善良的人，从来没有仗势、仗资产傲视乡里，凡是登门求助的人，无不真诚地帮助，受了好处的邻里无不交口称赞。她曾因作奸犯科的儿子被抓进监狱而求助于王士珍。王士珍回

---

① 汪曾武：《劫余私志》，《近代史料笔记丛刊》，中华书局 2007 年版，第 15 页。转引自彭秀良《王士珍传》，中华书局 2013 年版，第 84 页。

② 彭秀良：《王士珍传》，中华书局 2013 年版，第 83 页。

③ 文斐编：《我所知道的"北洋三杰"》，中国文史出版社 2004 年版，第 287 页。

④ 戴建兵：《正定王士珍与乡里社会》，《河北广播电视大学学报》2012 年第 1 期，第 1 页。

⑤ 详见戴建兵《正定王士珍与乡里社会》，《河北广播电视大学学报》2012 年第 1 期，第 3—5 页。

复说"王子犯法与庶民同罪，何况咱们还不是王子呢"。最终也没有疏通关系加以营救，婶母却因担忧而去世。彭秀良称其"公私分明，不以个人恩怨论短长，这才是王士珍忠于职守、不徇私情的一贯表现"①。第二，克己。王士珍在江北提督任上之时，上任途中轻车简从，宁可自己住草棚也绝不以势压人。每次回老家，都不事张扬，低调往来。因为在家族内辈分较低，所以逢乡亲便热情打招呼，嘘寒问暖，态度十分的亲切和蔼。在其辞官回乡居住期间更是服务乡里，乐于助人。无论是贩夫走卒，抑或是街坊邻居，都会主动帮忙。有时也会利用自己的身份，但都是为别人帮忙。

　　纵观王士珍一生，尤其是如民国后的所作所为，时人称其"最淡泊宁静"②。戴建兵先生称其"忠于国事，安于乡里，一介武夫，守于规矩。一生行事与中国的主流价值观念相合……神龙见首不见尾"。而彭秀良称其"是一位无兵无勇的北洋'大元老'。在残酷的政治面前，王士珍选择了退出，反而会获得社会的尊重。……非不想为业，是不能为业"③。本书以王士珍为案例，是想将他作为清末民初石家庄地区的代表，即典型性的"过渡人"。在笔者看来，王士珍为人处世有着突出的特征：廉洁自守；无野心，有原则；性格坚韧，有负重之担当；善谋略，少弄权。从其政治属性来看，他所从属的北洋新军，并没有为维护清王朝的封建统治与革命党人作殊死的斗争，在政治利益面前却选择了促成共和的建立，是为共和的元勋。从文化属性上来看，王士珍接受的虽是西式的军事思想教育，但他却拒绝逼迫清帝逊位，并为此在即将到来的荣誉加身面前，决然选择退隐。在道德属性上，他并不迷恋共和，却坚决反对袁世凯复辟帝制。维持北洋乱象，只因受人之托，忠人之事。从他身上很难感受到西学的痕迹，却有着厚重的燕赵古风。他曾经总结自己的一生，"余少年时，意气不可一世，视建功立业，直寻常事。比追随李合肥，以彼勋望之隆，才猷之富，阅历之深，凭借之厚，而见其行事多扞格。每郁郁不自得，始叹天下多难事，非可妄自矜许。从此遂不敢放言高论。后渐跻高位，闻见更广，益知建树

---

①　彭秀良：《王士珍传》，第 92 页。

②　徐一士：《谈王士珍》，《亦佳庐小品》，《近代史料笔记丛刊》，中华书局 2009 年版，第 96 页。

③　彭秀良：《近代中国军阀政治的演变过程与阶段性特征——兼论王士珍在民国政坛的不作为现象》，《河北广播电视大学学报》2013 年第 3 期，第 14 页。

之不易，惟兢兢自持而已。自由江北提督解任归里，即无宦情；辛亥一出，已为蛇足。其后以项城敦迫，故交牵率，勉相周旋，毫无裨补。今复以河间推挽，乖尸揆席，而国事则久无可为，岂余之才力所能有济，不过聊询友谊，暂维门面，有何政见之可谈乎！惟私心默祝和平统一早日实现，兵祸不作，举国宁谧。余得为一太平之民，安居乡里，于愿足矣；然颇虑此愿之不易偿也"①。王士珍在民初政坛并没有可观的政治作为，但是他与激进派、保守派都不同，唯独比双方都多了一点"宁静"，他不焦躁也不纠结，有所为有所不为，努力经营做力所能及的事，只问耕耘不问收获。这份宁静也许是王士珍在民国初年为政坛开出的"良方"。王氏的为人处世可算是清末民国正定文化特征的另类呈现。所谓：

> 赵客缦胡缨，吴钩霜雪明。银鞍照白马，飒沓如流星。
> 十步杀一人，千里不留行。事了拂衣去，深藏身与名。

从鸦片战争至"五四运动"，中西文化对抗的第一回合基本结束。中国文化从开始的风雨飘摇，到走出国门，中国艰难地踟蹰于"器物—制度—思想"的近代化之路。过程艰辛，且充满了撕裂的痛苦。这种撕裂对精英知识分子尤甚，不仅存在于情感，更尖锐的感觉来自文化——价值、伦理、道德、认同、信仰等。新文化运动，被运动的发起者们视为启蒙运动，其在思想领域内解决中西文化冲突的意图明显，由于采取了更为激进的方式，效果则打了一些折扣。换言之，"五四新文化运动"为中国的发展找到了一条政治出路，但并未弥合中国社会在文化思想领域的撕裂。无论遭到激进者如何强烈的批判保守的、另类的人依然存在。因为，任何一个个人或者群体都不能超越他们所处的时代，或者说每一个都有其历史的局限性。此一时期，无论激进、保守，还是另类，他们共同的特征都逃不过"过渡性"，是在"器物—制度—思想"这一过程中逐步改造、逐步提高的产物。在这以连续性的过程中，每一个"过渡人"都是"一脚踩着中，一脚踩着西""一脚踩着新，一脚踩着旧"，时刻面临着"双重价值选择"的考验，因此也常常表现为撕裂的、纠结的、焦虑的，甚至是"无所适从"的。特

---

① 徐一士：《谈王士珍》，《亦佳庐小品》，《近代史料笔记丛刊》，第 96 页。

别是对于清末民初的知识分子而言，金耀基先生指出："一个人要扬弃中国的价值观而接受西方的价值,则还需要能解消一种'种族中心的困局'。"[1]也正像他所说的那样，"过渡社会是可以一直过渡下去的，转型期的现象是可以常留永驻的"[2]。自鸦片战争开始的，发生在石家庄地区的种种多元化的思想文化激荡永远会凝固在那一刻，启迪后人，昭示未来。

---

① 金耀基：《从传统到现代》，第81页。
② 金耀基：《从传统到现代》，第83页。

第 三 章

文学艺术 *

　　有清一代，直隶省学风浓厚，尤其是清代中叶以前，人才辈出。陶樑《国朝畿辅诗传》记录的鸦片战争前的诗人有 875 人，"终清一代的河北作家无虑不下 1000 余家，由此可见河北诗歌作家之众多，诗歌作品之量大；不仅如此，终清一代河北作家的诗歌创作之质量也属上乘"①。由此可见，"清代畿辅地区的文学家虽无法媲美江南文化核心区，但总体而言与其文化次核心地位是相称的"②。清代中叶以前，正定人梁清标、梁清远、梁允植、灵寿人傅燮詷均在文坛有较大的影响。

　　今石家庄市行政区划内所属各地，自古以来并不以文化繁盛著称，历代虽时有闪光之处，但晚清以来相较于直隶省文化发达地区尚有一定的差距，例如：以晚清近代最重要的学术流派——桐城派为例，笔者据清人刘声木的《桐城文学渊源考》《桐城文学撰述考》进行的统计，师事及私淑张裕钊、吴汝纶的 103 位直隶籍的北方桐城派文人中，只有尚秉和（行唐）、崔栋（无极）、赵宗忭（深泽）三人籍贯是石家庄地区，由此可见本地区文化发展的基本状况。再如，王长华主编的《河北文学通史》所述鸦片战争后没有一位石家庄地区的作家出现，亦可见文化气息之衰败。晚清以来，本地区最重要的行政区划单位——正定府，其府治所在地正定县历史上以"北方三雄镇"著称，其文化教育发展程度比不上邻近的赵州、深州、定

---

　　* 本章作者系石家庄学院历史文化学院袁丙澍博士。

　　① 王长华主编：《河北文学通史》（第二卷下），科学出版社 2010 年版，第 123 页。

　　② 江合友：《清代畿辅诗歌的区域特色及其历史价值——以陶樑〈国朝畿辅诗传〉为中心的讨论》，《河北师范大学学报》（哲学社会科学版）2015 年第 6 期，第 45 页。

州等直隶州，更遑论与近代飞速发展的保定、天津相提并论。铁路建成以后，石家庄由籍籍无名的小村庄一跃成为区域中心，商贾云集、文化荟萃，但毕竟缺乏岁月的积淀，且与之伴随的是正定、获鹿等地的衰退，这是近代石家庄地区文化的基本态势。

第一节　清末民初地方志的编纂

府州县志，记录一府、一州、一县的事情，虽有官、私之分，且有良莠不齐之弊，毕竟是研究、了解各地方的第一手材料，不可不察。明清以降，直隶省在方志编纂方面有可观的成就，现存明清方志748种，居全国之冠。[①]道咸以来各地方志简要开列如下[②]。

一　通志

（光绪）《畿辅通志》三百卷首一卷，（清）李鸿章修，黄彭年等纂。清同治十年（1871）修，光绪十年（1884）刻本。

（民国）《直隶通志稿》不分卷，贾恩绂等纂修。有稿本、抄本、油印本。

（民国）《河北通志稿》四十七卷附目录一册，王树枬等纂。民国二十四年（1935），铅字本。

二　府州县志

（一）州志

（同治）《直隶赵州志》二十一卷首一卷，（清）孟传铸纂修。同治稿本。

（光绪）《直隶赵州志》十六卷首一卷末一卷，（清）孙传栻修，王景美等纂。清光绪二十三年（1897）刻本。

（光绪）《赵州属邑志》八卷，（清）孙传栻纂修。清光绪二十三年（1897）刻本。

（光绪）《赵州乡土志》，（清）佚名纂修。清光绪末年抄本。

---

① 方尔庄：《河北通史·清朝下卷》，河北人民出版社2000年版，第325页。
② 参见河北大学地方史研究室编《河北历代地方志总目》，河北人民出版社1989年版。来新夏主编《河北方志提要》，天津大学出版社1992年版。有所增补。

（光绪）《晋州志》六卷附节烈册一卷，（清）佚名纂修。清抄本。

（二）县志

（光绪）《藁城县志续补》十一卷，（清）朱绍谷、汪度修，张毓温纂。清光绪七年（1881）刻本。

（民国）《藁城县志》十二卷，王炳熙、任传藻修，于箴等纂。民国二十三年铅印《藁城县志四种》本。

（民国）《藁城乡土地理》，林翰儒编。民国十二年（1923）石印本。

（民国）《高邑县志》十二卷首一卷，王天杰、徐景章修，宋文华纂。民国二十二年（1933）铅字本。

（民国）《高邑县志》十三卷首一卷，张权本修，李涌泉纂。民国三十年（1941）铅字本。

（光绪）《获鹿县志》十四卷首末各一卷，（清）俞锡纲修，曹镕纂。清光绪七年（1881）刊本。

（光绪）《获鹿县乡土志》二卷，（清）严书勋编。抄本。

（民国）《石门指南》，孟蔼言编，民国二十二年（1933）。《石门日报社》铅印本。

（民国）《获鹿县及石门市事情》，陈佩编，民国二十九年（1940）。

（民国）《石门新指南》，张鹤魂编。民国三十一年（1942）铅印本。

（光绪）《续修井陉县志》三十六卷，（清）常善修，赵文濂纂。清光绪元年（1875）续刻本。

（民国）《井陉县志料》十六篇，王用舟修，傅汝凤等纂。民国二十三年（1934）铅印本。

（民国）《晋县乡土志》四册，（清）李翰如编。民国四年（1915）石印本。

（民国）《晋县志》六卷，（清）孟昭章修，李翰如纂。民国十六年（1927）石印本。

（民国）《晋县志料》二卷，刘东藩、傅国贤修，王召棠等纂。民国二十四年（1935）石印本。

（道光）《栾城县志》十卷首末各一卷，（清）桂超万、李鈖修，高继珩纂。清道光二十六年（1846）刻本。

（同治）《栾城县志》十四卷首末各一卷，（清）陈詠修，张惇德纂。清同治十一年（1872）刻本。

（同治）《灵寿县志》十卷末一卷，（清）陆陇其原本，刘赓年续纂修。清同治十三年（1874）刊本。

（同治）《续修束鹿县志》八卷，（清）宋陈寿纂修。清同治七年（1868）刻本。

（光绪）《束鹿乡土志》十二卷，（清）张凤台修，李中桂等纂。清光绪三十二年（1906）铅印本。

（民国）《束鹿新志考征文料》，谢道安撰，民国二十五年（1936）铅印本。

（民国）《束鹿县志》（五志合刊），谢道安修。民国二十六年（1937）铅印本。

（咸丰）《深泽县志》十卷，（清）张衍寿修，王肇晋纂。清同治元年（1862）刻本。

（咸丰）《平山县志》八卷，（清）王涤心修，郭程先纂。清咸丰四年（1854）刻本。

（光绪）《续修平山县志》六卷首一卷，（清）郭奇中、唐世禄修，鲁述文、毕晋纂。清光绪二年（1876）刻本。

（光绪）《平山县续志》八卷末一卷，（清）熊寿筱修，周焕章纂。清光绪二十四年（1898）刻本。

（光绪）《平山县新编乡土志》不分卷，（清）方汝霖编。清光绪末年抄本。

（民国）《平山县志料集》十六卷，金润壁修，焦遇祥、张林纂。民国二十年（1931）油印本。

（光绪）《重修新乐县志》六卷首一卷，（清）雷鹤鸣修，赵文濂纂。清光绪十一年（1885）刻本。

（同治）《续修行唐县新志》八卷首末各一卷，（清）崔苓瑞纂修。清同治抄本。

（光绪）《无极县续志》十卷首末各一卷，（清）曹凤来纂修。清光绪十九年（1893）刻本。

（民国）《重修无极县志》二十卷，耿之光、王桂照修，王重民纂。

民国二十五年（1936）铅印本。

（光绪）《元氏县志》十四卷首末各一卷，（清）胡岳修，赵文濂、王钧如纂。清光绪元年（1875）刻本。

（民国）《元氏县志》十六篇，王自尊修，李林奎、武儒衡等纂。民国二十二年（1933）铅印本。

（光绪）《正定县志》四十六卷首末各一卷，（清）庆之金、贾孝彰修，赵文濂纂。清光绪元年（1875）刻本。

（民国）《正定县志》四卷，张文林等纂修。民国二十一年（1932）誊录本。

（民国）《正定县事情》，陈佩著。民国二十八年（1939）铅印本。

（光绪）《续修赞皇县志》二十九卷首一卷，（清）史赓云、周晋堃等修，赵万泰纂。清光绪二年（1876）刻本。

（光绪）《赞皇县乡土志》，（清）秦兆阶编辑。抄本。

（民国）《赞皇县志》二卷，汤玉瑞修，闪国策纂。民国二十九年（1940）铅印本。

第二节　诗文

搜诸道光朝以来之各府州县《艺文志》，辑录如下。

一　高邑文士与诗文

1.郭辂，字景商，号沛阳老人，高邑县东张村人。天资聪颖，13岁进入县学，先后跟从赵郡进士张骏嗣、吴焘淹学习，学问贯通经史子集，尤其擅长书法。后考中光绪辛卯科举人，在当时颇具文名，遗憾并无作品见于县志。

2.孝子张梦鹤殉母诗。光绪九年（1883）高邑县内孝子张梦鹤，于风雨大作河流涨水之际，为救自己70岁老母亲，落水而死，邑人大恸，上至知县下至邑人纷纷作诗以悼念，并将此事报告给朝廷，朝廷立牌坊以表其孝心。邑人悼诗载于民国年续修的《高邑县志》，成为近代时期本县仅有的、记载完整的诗文。

王维垣（邑人）《孝子张梦鹤殉母诗序》：

诸生张梦鹤秉性真诚，事亲纯笃，髫年失怙，壮年游庠。念慈晖而思报，依子舍以承欢。不料于光绪九年七月二十三日夜，风雨交加，河流骤涨，梦鹤家临泽畔，室浸水中三板，四邻皆避。

急负母焦氏至门外，拥树攀条，暂图楼止。惟时夜色昏霾，怒涛汹涌，移就高处，失足堕河。梦鹤救亲情切，奋不顾身，跃入急流，呼号援引，载浮载沉，同殁于水。翌日，邻里捞诸村外，犹与母相将不失。余与生居同桑梓，忍听湮没乎？因公请转详具奏，奉旨入祠，邑侯贺公与幕宾廖公、委员汪公共咏其事，聊记原委，以诗作序云尔。

贺荣骥（时高邑知县，湖北举人）《张孝子殉母诗》：

荒村夜半浜涛入，十家九家水中泣。白头老母病在床，孝子仓荒负之出。

天昏雨黑不辨途，狂飙卷浪如人立。鬼伯夺母向河流，耳畔犹闻呼儿急。

微躯拼与蚊蚮争，至性不因生死易，几人到此转念差，靦颜视息诚何益。

北沙河边孝子死，遗体屹立清波里，一手指天意可知，魂魄犹思抱母起。

呜呼！孝子诸生耳，三代明经皆不仕。似尔才识一孝字，采风表闾我之志。

廖显庸（湖北举人）《前提》：

张孝子，居河滨，父早丧，母七旬。七月二十三日夜，河水骤涨逼四邻。四邻从，水至矣，孝子仓皇负母起。门外有树趋相倚，奔涛撼树怒如雷。母惊堕水水不回，孝子对之心肝摧。母死儿生胡为哉？跃身入水波为开，水声人声相喧豗。是时夜正半，天地色昏霾，鬼伯啾啾匿河隈。儿死不能救母生，魂兮愿随母归来。明日邻里寻，尸一掌波间。如告语，母子相，出嗟叹，满行路。张孝子世儒，素口诗书心孺慕。孝经未闻殉母篇，至性原不死章句。孝子死，邑宰闻，趋具状，达天庭，请旌其闾表其坟。大书独行慰冥漠，高邑孝子张梦鹤。

汪宝树（勤灾委员，汝阳进士）《前提》：

　　孽龙肆虐殃里闾，畿辅南北无完庐。高邑近山山河决，平地水深三尺余。波浪铿訇天地黑，千村惊骇无人色。栋宇摧颓墙壁倾，华屋转瞬成泽国。卓卓城北张孝子，有母七旬欲他从。忽然失足堕水中，骇浪奔涛蹶不起。孝子奋身来相援，力尽泥滑随浪翻。急涛辗转救不得，母子相抱归沉渊。吁嗟乎！雨师无知岂无情，天为孝子留其名。雪浪滚滚风烈烈，天为孝子完大节。母存俱存亡俱亡，孝子视死如康庄。彤管得见采，天语下煌煌。赐之嘉名树之坊。石可泐兮山河改，孝子之名永常在。

二　井陉文士

陈笺，生卒年不详，井陉威州人，清邑庠生。幼时即聪敏好学，及至年岁稍长，不慕功名，专事教书。他同情寒门学子，不收学费。教书五十余年，培养拔贡者两名，食廪者八人，游庠者四十多名。他曾与傅良策合作收集编纂了《井陉县乡土志》一书，未刊印。

傅良策，生卒年不详，井陉库隆峰人，清岁贡。酷爱读书，家虽贫穷，而花钱买书却从不吝惜，文章气节亦为人所称道。曾与陈笺合作编纂了《井陉县乡土志》一书，未刊印。

三　晋县文士与诗文
（一）晋县文士

苑世亨（约1811—1887），号竹轩。晋州龙头村人。15岁补诸生；17岁因成绩第一，费用由国家供给。道光十一年（1831）中举人，后一直任教四十余年。众多弟子中，登科者十余人，秀才百余人。教授之暇，勤于著述。有《四书参思辨录》《易说纂要》等，并续修《晋州志》，博采旁搜，多所补益，于咸丰十年（1860）刊行。

杨亶骅（约1813—1876），字襄穆，号华林，又号铁帆，晋州楼底村人。道光十五年（1835）中进士，任德庆（今广东德庆县）知州。任期不长，遭人排挤贬职,发配到军台效力。刑满回到故乡,历掌无极、栾城、正定书院,著有《古本大学辑解序》等, 卒年 64 岁。

刘杏五(1840 年前后在世),晋州杨家庄人。性沉静,精医道;凡临症,诊脉即知病源,用药马上见效。若遇不治之症,则婉言辞之。因此医名大振,当时有"刘扁鹊"之称。著有《女科三要》一书,进士杨亶骅作序,盛行于世。

李翰如(1858—1930),晋县东留章村人。少年时曾受良好家庭教育。清光绪十一年(1885),拔贡太学,声望日隆。中年后专心讲学著书。先后就教于西卓宿、海滩私塾,求学者不远百里前来。光绪三十年(1905)后专事著述。有《治邑便览》4 卷、《消遣集》4 卷、《晋县乡土志》等。先生不修边幅,为人坦率,和易诚实。清末被举为孝廉方正。民国五年(1916),大总统颁予"耆德俱尊"匾额。民国十三年(1924)春,始执笔纂修《晋县志》。时值兵事迭起,其惨淡经营,苦心孤诣,民国十六年(1927)书成刊行。

(二)晋县诗文

1.杨亶骅(生卒年不详)《文古本大学辑解序》:

自今本大学列于四书,而孔门相传之原本不著于世者久矣。帖括家非傍朱子门户无以博科第。训诂家如《大全摘要》等书汗牛充栋,非袭朱说将视为覆瓿物,无以传世。而貌荣名《朱子章句》诚多精诣,而一家之言岂尽合圣贤之指?况改二千五百余年之成书,断以己见,理虽可见,说究无据。且前此有二程子改本,后此有王氏柏、蔡氏清、高氏攀龙、葛氏寅亮、李氏本、丰氏坊改本,纷纷异说,何去何从?不独礼家聚讼矣,汉注虽疏而原本非伪,间以语人,未免少见多怪。故世所传大学本皆朱门之书,非孔门原书也。伏读钦定《礼记义疏》特存古本,以《朱子章句》与郑孔同列分注。《四库全书》所收朱子以后说大学之书仍有用古本者,亦有布衣今本说为是而辨其失者。据此见,《大学》一书仍当以孔门之书为定本矣。

前明王文成公著《大学或问》,发明古本,义指精当,止于至善,以亲民而明其明德,一语提纲挈领,得圣贤嫡传格物之义。训物为事,训事为正,正其不正者,去恶之谓也;归于正者,为善之谓也。故曰:"无善无恶心之静,有善有恶意之动,知善知恶是致知,为善去恶是格物。"《传习录》一书概以遏欲相警切,而犹未正言格物之为去欲也。至国朝,钱毛氏先舒格物说出,而格致之义始定。定与鹿太常善继。容城孙征君奇逢《说约》《近指》两书与大学义蕴阐发精透,而章次仍袭今本。安溪李氏光地著《古本说》,少所发明,以知止节为立志存心端本之事,小学大学承接之关要,抒其独见,实非确解。惟近世任丘边氏迁英《古本大学说》,以中庸自明诚之义,为说求之,全书无不吻合,解正修章,尤足破诸说之诬。

乡先辈王氏定柱著《大学臆古》,义理该贯,间见层出。今辑此书,据边氏王氏之说,而以《说约》《近指》精义实之,格物从毛氏训,全书大旨则专宗阳明,间以管见疏明。俾学者因此观孔门之书,学孔门之学,而訾余姚为近禅者。破除夙见,庶不至守株一家之说,而失于支离也。

夫同治四年闰五月中浣之末。

2. 张凤台(? —1924)(清光绪进士,授晋州知县)《治邑便览序》:

积乡里而成都邑,积都邑而成省会,积省会而成天下。天下者,都邑之所积也,都邑治则省会治,省会治则天下治。天下之根本在都邑,都邑之根本在牧令,牧令之设,岂惟是安富尊荣虚縻爵禄云尔哉!举凡一邑之学校、财产、狱讼、农商工业,以及一切利害疾苦,人心风俗,诸大端兴革损益均惟牧令。是赖卷阿之诗曰:"明明天子,媚与庶人。"旨哉言欤!夫媚之云者,以下奉上之谓也。以天子之尊而与庶人相亲相悦,略其分而近于媚者,其爱民之诚可知已。易临卦君子以教思无穷,容保民无疆。临者,上临下曰容,曰保,富与教兼施也。君子有临民之责而济以刚中之德,则民说而顺之矣。民国肇建十年于兹,绿林交哄而民困于盗,戎马纷驰而民困于兵,雨旸愆期而民困于岁,甚至攘权攫利者流。朘削脂膏以供营私之费而民复困于党争,立异矜奇之辈淆惑耳目致乖秉彝之良,而民又困于学说。积兹五困,流弊滋纷。自生民以来,世道衰微,财穷民苦,未有如今日之甚者,顾安得无数贤有司休息生养,裨登民与衽席耶?又安得一二关心民瘼者,著书立说,为临民者矫其偏而树之鹄耶?凤台绾符桑梓,愧无寸长,每于考察属吏一端,凤夜兢兢,冀苏民困。兹有晋县李君骥程新辑《治邑便览》

一书。拖有人介余弁首。余展阅数过，纲举目张。历引古今吏治美恶，以示劝惩。微特在官之圭臬，抑亦民国之劫运所赖以挽救者也。不量谫陋，爰缀数语，以为今之牧民者勖。

中华民国十年九月河南省长张凤台序于大梁官廨。

3.增生李秾华（生卒年不详）《晋州宫侯去思碑记》：

国家设官分职綦，布星罗要，皆奉天子德意，以嘉惠元元者也。而语亲民之吏，则邑令于民为尤近。贤，则兴民造福，不然，则民受祸有不可胜言者。夫如是，民惟恐其不去，去惟恐其不速；而欲民之去而思，思而欲其不朽，岂易？易耶。

壬辰宫侯来尹是邑，断案入神，是非了无回曲，爱民如子，好恶悉协与情，而且剔业奸，除积弊，深仁厚泽。殆不啻久阴积晦，忽曜以晴曦；大旱弥年，时沃以膏雨。莅任甫期月间而晋邑大治。是以邑既兴，来暮之歌，更深去思之感。一时绅士乡耆会同六百余人，赴省保留。蒙藩宪大人裕面谕留，任不调别所。百姓一闻，莫不举手加额，曷胜欣慰。讵料当事者以侯才优，谓晋邑不足尽其才，竟令移调沧州，终以不获。借冠为恨，以致骑竹之童，扶节之叟，悠悠然思侯之德于不已，以为遗爱如此，此真令人难忘也。今因众心耿耿，欲寿贞珉，咸请文于余。余才短，袜线识，昧管蠡，何敢言文，乃叹：服人在行，惟行高者人慕；动众在德，惟德立者众乎。倘宫侯轸念斯民，复莅晋封，风俗蒸蒸日上，自必底于熙熙皞皞之休，岂不懿欤？余因且望且感，并忘其固陋之不足为文也，不禁援笔直书，敕诸石亦若与召，崇岘山之爱，并传不朽。云宫侯名昱，字王甫，江苏泰州人。

清光绪二十年，岁次甲午，夏四月。

4.另有题名录如下：

纪沄：《漪园记》；

刘杏五：《女科三要》；

李翰如：《历代通鉴辑览增解》16卷、《治邑便览》4卷、《消遣集》

24 卷、《益世文集》4 卷。

5.（清）易绍基［晋州吏目，汉阳易绍基（字少薇），生卒年不详］《初至晋州感怀四津》：

> 奉檄初临下曲阳，荒城茅舍最苍凉。
> 太行西拥烟云渺，滹水东环雪浪狂。
> 土蠹危崖夸鼓国，村连万柳峙龙冈。
> 衙斋镇日浑无事，一卷黄庭引兴长。

四　栾城县文士

张惇德（1834—1888），又名豫垲，字濂石，号重斋，别号亦元，栾城东街人。咸丰十一年（1861）辛酉科拔贡生。

惇德少年时代即聪明异常，过目成诵，被人们称为神童。好书法，擅长篆籀，工汉隶。博学能文，精于考据学，尤精于目录学。

张惇德一生纂著甚富，同治十一年（1872）重修《栾城县志》14 卷；光绪三年（1877）重修《唐县志》12 卷；光绪五年（1879）重修《延庆州志》12 卷；光绪七年（1881）补修《保定府志》80 卷；光绪十年（1884）参加《畿辅通志》300 卷的编纂工作，这些志书均印刷出版。还著有《学隶集说》《篆刻指南》《张氏〈清河志〉舆地考异》《〈葛山志〉一粟集》《鸳鸯亭诗稿》等书。他博览群书，涉猎多种学科，无不精通。晚年在保阳（今保定）通志局纂修《畿辅通志》。

张惇德十五年笔耕不辍。光绪十四年（1888），由保阳通志局完成编纂工作后回到家中，积劳成疾，因风寒医治无效，未到 60 岁就逝世了。

翰林院侍读、学部右丞、京师督学局局长孟庆荣赞惇德曰："德容考思，遍传里间。嘉言懿行，笔不胜书。癖嗜经济，广为购储。牙签之富，名闻皇都。能校亥豕，能正鲁鱼。善于修志，熟于版图。学宗班马，才能欧苏。既博既精，堪称通儒。我忝翰苑，廿载有余。较公闻见，恒愧不如。"

五　灵寿县诗文

成肇麟《绝命诗》：

屈己全民命，捐躯表素怀。

乡关何处是，孤愤郁泉台。

注：肇麟字漱泉，生年不详，江苏宝应人。清光绪二十五年（1899）补灵寿知县，二十七年（1901）三月一日，八国联军之德军进犯灵寿，勒令提供肉食、粮秣，肇麟不予办理，惹恼洋人，备受折磨、凌辱，是夜投井自尽，留此诗以表满腔郁愤。

六　行唐县文士

清末进士尚秉和（1870—1950），一生勤于笔耕，主要文学作品有《槐轩文集》（上、中、下）、《诗集》（4卷）、《查勘明陵记》（4卷）、《灌园余暇录》（6卷）、《槐轩见闻录》（2卷）、《避暑山庄记》等。

七　无极县文士与诗文

清代崔苓瑞、李荣绅等，既有反映战乱、灾荒和表现劳动人民疾苦的文章，又有山水游记诗品。民国年间的李荫青、郝士李维埒（女）等人，皆为邑内白话文早期作者，其作品都有一定的代表意义。

崔苓瑞（1820—1891），自佩西，号莲古。请正定府无极县扬坊村人。自幼聪慧，9岁有"神童"美誉，名噪乡里，后因家境贫穷而辍学。12岁随父求学于异地，埋头苦读，好学不懈，两年间学完"六经"和"四书"。15岁作八股文、试帖诗，18岁补为县学生员，后进入保定莲池书院，学业成绩优异，领取特等津贴。苓瑞重视博览群书，注意研读自然科学和社会科学著作，对天文、气象、针灸、兵法、医药等诸学科无不通晓，对理学著述和佛教经典亦有研究。同治六年（1867）中举人。同治七年（1868）曾国藩任直隶总督时，开设"礼贤馆"，令各州县举荐人才，分发四川任知县。两年后赴职，目睹官场浮华腐败之风，苓瑞毅然请辞还乡，自此专心致力于教育事业，传道授业，躬耕不辍，直至年老逝世。著述有《续修行唐县志》《崔苓瑞先生遗迹》行世，诗词歌赋作品有《兽炭》《佛手柑》《送孔伯笙归里序》等。

李凤阁（1821—1900），字子翔，号仙池，又号诗农，自号然犀道人。清代正定府无极县东侯坊村人。岁贡生，家境殷实，轻财好义。咸丰十年（1860）

捐资正定府贡院，被授予五品顶戴。光绪十九年（1893），知县曹凤来主修《无极县续志》，所有调查、编纂所需费用由凤阁自力承担，民众以"造福桑梓"匾额相赠。而后又巨资相助圣泉书院与高等小学堂的建设。

凤阁熟通中医，对诊治精神病颇得要领，常年免费为百姓治疗。会收集古玩金石，文人墨客往往相与往还。著有《备荒罪言》《怡芦诗草》《棠阴唱和集》《题画诗草》《诗农杂著》等诗文集，还有医学专著《驱蛊燃犀录》刻印传世。

李荣绅（1852—1914年），字佩铭，号锦泉，清代正定府无极县东侯坊人。家境殷实富足，少有大志，7岁起即研读经史，十五六岁习诗作赋，崭露头角，与乡绅对答唱和，小有名气。光绪十五年（1889）大挑一等，朝廷以知县衔派往福建充任税官。因政绩不凡，光绪二十八年（1902）擢升为罗源县知县。任职期间政绩斐然，民国元年（1912）离任时，罗源县民千人箪食壶浆，百船相送。

荣绅擅长诗文，著作有《钟嵘诗品之研究》1卷，现已佚失。他曾把任职罗源知县时诗作集为《罗源诗稿》刻印传世，民国《无极县志》载有《畲婆》《说梦》《鬻女叹》等数首。尤其《鬻女叹》一诗，写贫苦人家卖女换钱、聊度饥荒的悲惨境况和"乳燕离巢飞，一步一回顾"的骨肉分别之情，感人泪下。辑诗如下：

畲婆

不施膏沐古装梳，椎髻簪花竹简粗。

嫁娶蓝雷无别姓，豳风为补畲民图。

赠连江县王公荣绶

数载天涯结比邻，鸿泥爪印证前因。

所忻知己忘形隔，最怕欺人谬貌亲。

竹径云停琴在御，蕉窗风暖砚生津。

霄征悔不调饥慰，一息轮蹄作贺宾。

说梦

舟行濑上水流滩，万里家山到不难。

梦究就人人就梦，为参佛说解疑团。

流沙闻说是天涯，珍惜分阴梦想奢。

为我移山星宿外，不叫轻易日西斜。

鬻女叹

乳燕离巢飞，一步一回顾。反哺具鸟私，横被娸媒妒。

薯米日两餐，冗食同滋懼。惟恨鬻儿钱，仍难常饜饫。

邻家姊妹行及笄，迎娶茹苦无十年。

勤织有余布，胡为辱泥涂。

骨肉竟乖忤，一语寄双亲，鉴侬勿再误。

八　正定诗文

民国时期正定文学作品不见史书，但在民间流传着一些新体诗歌。如1915年有《咒奉君》，1917年有《痛打王扒皮》等。

1.贾孝彰《伏城驿道中柬都门诸友》：

浸入寒月打头霜，帝里风云接上方。

土舍有烟皆断续，丛祠无雨亦荒凉。

力扶凋敝嗟才短，目极京华别绪长。

回首软红尘十丈，几多清梦滞恒阳。

按：贾孝彰，生卒年不详，山东黄县人，监生。同治十三年（1874）任正定知县。

2.赵文濂《过正定府》：

形势山河胜，津梁道路通。

城环新水绿，塔挂夕阳红。

驿柳萦官舍，池芹秀泮宫。

环桥门未入，行色惜匆匆。

按：赵文濂，生卒年不详，河北涞水人，举人。光绪间曾任正定府学教授。

3.赵文濂《顺平侯祠》：

> 桑梓归耕愿未酬，驱驰戎马为安刘。
> 功从长坂坡前建，祠自滹沱水畔留。
> 箕谷勋名超众将，乡贤俎豆重千秋。
> 岁时父老瞻依近，栋宇移邻汉寿侯。

4.赵文濂《观王士则书李宝臣纪功碑》：

> 皇华驿馆碑峨峨，龙蛇飞舞烟云拖。
> 颜筋柳骨字画劲，临风吊古重摩挲。
> 历年虽久尚完好，翰墨照耀辞包罗。
> 有唐天宝始兆乱，安史肆逆纷干戈。
> 河北扰攘常山陷，杲卿忠义云天摩。
> 恒定数州降将献，成德建镇开山河。
> 卢龙魏博相犄角，赐名赐姓皇恩多。

5.容丕华《东垣城怀古》：

> 偶过东垣感慨增，离离禾黍满沟塍。
> 水流哽咽君知否，欲向行人说废兴。

按：容丕华，生卒年不详，正定县人，贡生。光绪年间曾参与重印《正定县志》。

6.容丕华《正定府》：

> 起伏沙冈一郡环，唐藩成德汉常山。
> 西抱恒岳千峰峭，南截滹沱百道湾。
> 中国咽喉通九省，神京锁钥控三关。
> 地当河朔称雄镇，虎踞龙盘燕赵间。

7. 庆之金《因公宿城南十里铺题壁》：

廿年曾此逐征程，禾黍西风马鬣轻。
几向滹沱餐麦饭，揭来宦海事浮名。
奔驰已改书生貌，抚字深惭卓政声。
差喜新凉诗思健，秋山无数暮云横。

按：庆之金，生卒年不详，安徽含山人，举人。同治年间（1871 年、1873 年）两次任正直知县。

8. 刘秉琳《赵子龙故里》：

荆蜀都闻将略长，威声一振自当阳。
心精早识真英主，胆大原包小战场。
谏上如逢法正在，出师惜与邓芝亡。
成都盛日无旧舍，名并常山重故乡。

按：刘秉琳，湖北黄安人，清进士，光绪年间曾任正定知府。

第三节　美术、书法

一　获鹿书画名家

清末民初，有城关梁子勤擅泼墨芭蕉，气势雄厚，磨墨半升，一挥而就；山后张庄韩会朝书融柳、王为一体，工翎毛花卉；休门赵育民、赵士恒（生于1918 年）叔侄二人，以魏碑见长，1935 年起墨迹遍布石家庄以及晋冀京津。

二　井陉书画名家

霍元章，道光年间以山水画著名；蔡庄的蔡汝霖、蔡承泽父子，书画篆刻并举，蔡汝霖同样以山水著称（中国美术家人名词典）；民国年间有方山的马凤舞，防口的何景五，固底的高九歌被誉为"井陉三大画家"。

陈畴（1869—1928），字锡九，号芸西，井陉乏驴岭人，光绪时廪膳生。康梁变法后，废科举，兴学堂。陈畴于保定优级师范学校毕业后历任井陉日报社社长、宣讲所所长、岗头高小校长等职。陈畴热爱文学，工于书法，年轻时对颜真卿、欧阳询、黄庭坚、何绍基等名家的书法着意临摹，后集各家之大成，独特的书法被世人称为"陈体"。到了晚年书法功力更是到了炉火纯青的境界，所谓"书法遒劲浑厚，机辙横生，尤长于大字，凡邑人之匾额，多出其手。每日乞书者，如行山阴道上，应接不暇。得之者珍逾拱璧"。陈畴之子馥馨、桂馨、密馨兄弟三人，皆好书法，笔法类似枯枝老鸦，被誉为"疙瘩体"。

梁素敦（1885—1960），字子厚，井陉狼窝村人。梁素敦少时，科举已废，就读塾师，敏而好学；其书法方正严实，浑厚遒劲，举县闻名。民国时期，县内匾额，条屏多出其手，从学者甚多，求书者接踵。他为人题字，纸不泽精粗，墨不拘优劣，信手书来，云烟满纸，观书者无不称奇。

高镛，生卒年不详，幼名金贵，井陉南秀林村人。8岁入塾，读"四书"，习"八股"，未及入试，便辍学回家，12岁从父亲学习泥瓦匠，盖祠堂、修庙宇，尤其爱好泥塑和壁画艺术。他拜师学艺，经过六年的勤学苦练，18岁即能独立作业。自民初之1947年井陉解放，全县大小的庙宇，神龛中的神像、壁画的修复和塑画，大都请他承做。其技艺之精湛可谓远近闻名。

民国初年，县府通令重修明伦堂、关帝庙、显圣寺时，所有殿堂的大型神像，诸如"千手观音""桃园三结义""四大天王踩八怪"等，也多出自他手，工艺精细，形象生动。重修北张村下庙时，他塑造的各种佛像，千姿百态，神态各异，大受观瞻者的赏识。井陉苍岩山福庆寺、正定隆兴寺等名刹古园的修复，也多慕名请他指导。他的壁画取材广泛，民间传说、神话故事、历史事件、古典小说，无所不包。而《三国演义》《西游记》《水浒传》的人物和故事更是他最常画的题材。高镛的作品构图合理，线条简练，形象逼真，人物性格鲜明，为行家里手所称道。高镛一生从艺，年80而卒。

三 晋县书画名家

清代，本县吴中祥画梅尤绝；赵鸣岐竹石小品至佳；清末吴树棠擅画山水、花鸟，遗作《长治久安》现存国家文物部门。

清刘树桐、赵鸣岐均擅书法，有一定影响。清吴中祥擅隶书，吕邦洞擅颜体。民国时期，刘荫昌酷爱书法，用棉花蘸墨书写，其作品民间广为流传。宁简擅清笔小楷，系民国《晋县志》修改本主要誊写人之一。陈廷桂（华国）楷、草、隶皆精。另有张世荣、王荫堂等名家。

四　栾城书画名家

清末民初，较有影响的绘画人士有：韩梦熊、冯庆龢、刘衡伯、李世兰等。清光绪十七年（1901），慈溪途经栾城在龙冈书院看到韩梦熊画的《松鹤图》大加赞赏。刘恒伯擅画兰草，其作品不求着墨多，寥寥几笔便兰香四溢。

清末民初，栾城较有影响的书法界人士有：张伯堂、冯庆龢、刘衡伯、张世尧等。

1. 张伯堂，生卒年不详，南柴村人。道光年间秀才，善于书法，以大草见长，号称"一笔虎"。1901年，光绪帝途径栾城见其书作后，称其书作有成，先作品无存。

2. 冯庆龢（1867—1947），字韵生，作画笔名竹泉，别号知不足斋主，西安庄乡南十里铺人。清光绪年间秀才，精于书画，善楷书、行书、隶书，尤工篆籀、钟鼎文。作画喜翎毛花卉，亦善人物，为清光绪至民国年间栾城首屈一指的书画名家，在栾城、赵县、元氏、赞皇、藁城、正定一带享有盛名。曾参加1932年的栾城修志工作。

冯庆龢的书法艺术，无论真、行、隶、篆皆达到炉火纯青的地步，且多才多艺，触类旁通，系书画全才，刻意临摹各家画谱，主攻小写意，丹青功夫亦颇精深。冯庆龢还喜诗词、工韵句，每每有吟咏之作。所书对联亦多为自撰，作画皆有题诗，常为点睛之笔，而且风格清新隽逸，雅俗共赏。

3. 刘衡伯，康家庄人。艺名"又一村"，自幼习书画，字以大草见长，且有龙飞凤舞之势。

4. 张世尧（1884—1961），乳名定生，字峻天，张惇德之子，栾城东街人，文庠生。出身于书香门第，自幼就读于私塾，精通诸子，尤擅书法。成年后张世尧先后任高邑县、赞皇县承审之职，此间他潜心攻楷隶二法，侧重隶书，练就一手好字，在附近各县颇具名气，求字者络绎不绝。但张世尧有一怪癖，曾印有传单"十不写"："人品不端不写，纸张低劣不写，要求字体不写，限制词语不写，限制日期不写，权势强迫不写，心绪不宁不写，环境不静不写，天昏地暗不写，气候不宜不写。"

5. 张耀先（1878—1947），字震斋，栾城西关人，清光绪年间秀才。

民国初年任河南省兰封县县长。喜书法，习颜体，善写行书和草书，以行书为主。爱写大"飞"字作中堂画，对联多用唐诗。张耀先曾写过"栾城县自治筹备处"的牌子，字迹工整，苍劲有力，赢得观众交口称赞。

6.杨生池，字其迈，文庠生，栾城西街人。中年时善画山水、芦雁、翎毛、花卉。晚年还善指画，习篆刻、钟鼎文。他作画认真刻苦，不辞辛劳，为了画好大雁，曾亲赴数十里远的滹沱河畔观察大雁生态。所画山水，师法米襄阳，常作大米点，风云变幻，暴雨如倾，《飞瀑图》令人如临其境，如闻其声，还善画百雏图。用大墨垛在纸上一按即一只雏鸡，而且百只雏，百种样，形态各异，生动有神，栩栩如生。后在石门书画展览中，其作品深得绘画爱好者的夸赞。

五　灵寿书画名家

1.杨翔凡，民初毕业于北京美专的高才生，并无作品流传。

2.王子平，民家"画匠"，许多旧庙宇中曾留下他的（壁画）彩墨手迹。

3.赵瑜，廪生（候选训导），善书法，工楷书。同治五年（1866）重建儒学明伦堂，其匾额"明伦堂"三字即出于其手。

4.卢云子，生卒年不详，清末民初人，世居灵寿卢家洼村。艺巧多才，泥木两作，兼善锻造刀具，尤精木工雕刻，名闻近府各县，时有"鲁班再世"之美誉。

六　无极书画名家

1.刘本皋，"擅长山水，干湿互用，笔力苍健，气韵深厚。尤长画蝶，栩栩如生，人物亦有飘飘除尘之概，观其画可知其品""暇则适情翰墨，工六法。晚年以书画自娱"。

2.民国时期李凤阁，"工诗善画，颇嗜古物，所藏间有珍品"，其泼墨芭蕉有宋代文人画家徐渭风骨，所画梅、竹有独到之处，拜在其门下学画者不下数十人。

3.李清魁，"多读书，万年酷嗜书画，所藏多明迹"。

4.贾麓云，无极人，1926年毕业于北京京华美术学院，1932年晋升为教授，在天津创办麓云国画函授学校。工山水、花鸟，常绘制彩灯、彩挂、屏风，曾在北京举办个人画展，著作有《绘画透视学》。

5.寿颐，生卒年不详，字鼎臣，号伴梅退士。清代满洲正蓝旗人。同治四年（1865）进士，同治十一年至光绪二年（1872—1876）任无极知县，后外调，旋于光绪三年（1877）复任无极知县一年。寿颐"为政务得民心，寓严明于仁慈，不尚苛猛而人莫感犯"，深得民众崇敬和爱戴。任三年，平定县内匪患。

寿颐善书能诗，曾为不少人家写过扇面、条幅、中堂和应酬文书，一手洋洋洒脱的柳体行书。在诗品方面，除一些唱和之作外，至今留有一首16段64句的《竹枝词》，真实地反映出当时邑内乡民风情，如同史料集锦。

6.高洛言（1836—1902），清代正定府无极县驿头村人。幼时就读于史村私塾，上下议论，通晓典故，尤爱书法。

洛言仕途坎坷，怀才不遇，务农一生，终未为官。而书法之功从未抛弃，习书不止，邑内传有"高洛言习字，一年磨坏一个烟袋锅"之说。其书法并非"颜（真卿）柳（公权）王（羲之）赵（孟頫）"系属，多为自由体，善行、草，而疏隶、篆。逢年过节、红白喜事，即为邻里乡亲书写对联、中堂、挽幛、讣闻；一些店铺堂号和公共场所，亦请其书写牌匾。享有盛誉的有县衙大堂的"玉壶寒冰"，北苏镇戏楼的"飞燕惊鸿"等，均悬挂百年之久。尤其"玉壶寒冰"一匾，在日本侵略军占领无极期间，因得日军头目赏识而免遭涂炭。现如今民间有洛言所书作数幅，被视为艺术珍品予以收藏。

7.其他楷书名家有邓春辉、田炳勋、刘本夔。贾寅恭于清光绪十二年（1886）所书《重修句公祠记》碑，保留至今。行书名家王仲寿、陈源。民国时期楷书名家有王洛佳，行书名家有梁荣成，擅草书的有孙怀仁、强金铭。可谓名人辈出。

七　元氏书画名家

清代以前，元氏擅长美术者史籍无载。民国初年，县城西关王东初，擅长花鸟山水画，在石家庄一带颇负盛名，被称为"四大初"之一。西原庄刘风虎，留学德国，专攻西洋画。刘曾任北平国立艺术专科学校教授及北平师范大学工艺系主任等职。解放后在天津市博物馆（博务馆）长期从事美术工作，在国内颇有影响。东原庄宫之光，杜庄李宝桢均以美术课从教学多年，颇有造诣。

第四节 戏曲

中国传统戏曲四大声腔有昆腔、高腔、梆子腔和皮黄腔，又有"雅部"与"花部"之分。其中，昆曲即为昆腔的剧种，因其文辞典雅含蓄而被称为"雅部"；另外三类则被称为"花部"，盛行于乡野之间。自清中叶，昆曲日渐衰落，而"花部"个剧种日渐崛起，尤其是皮黄戏（京剧）日益为大众所喜爱，流传日广。

河北的地方剧种则有河北梆子、评剧、老调、丝弦、皮影、蔚县秧歌等。[①]

一 获鹿之戏曲

流传于获鹿县的主要剧种主要有京剧、河北梆子、丝弦、秧歌、评剧、老调等，其中丝弦流行面最大，获鹿县是丝弦的发祥地。民国初年，丝弦多在"野台子"演出，随着石家庄的崛起，丝弦才逐渐进入戏院。

1.获鹿地方曲种——"木板书"。民国初年，石家庄崛起，各种曲种涌入石家庄，南花园有固定的演出场地，其规模超过了获鹿城冷庙的曲艺场地，南花园成了获鹿县的曲艺中心。"木板书"是获鹿的地方曲种，老百姓称其鼓词或大鼓书，演员持木板演唱，敲小鼓伴奏，唱词朗朗上口，通俗易懂，生动形象，第一句多是"咱们说的是""说了个"。曲调简朴有力，高亢奔放，多用当地方言土语演唱。艺人申成和常在南花园演出，有时也在获鹿镇演出，颇受老百姓欢迎，被大家称为"说不够"。

2.吹歌。俗称"吹手唱"，在获鹿镇有悠久历史，民间婚丧嫁娶及过节祭神时，多情民间乐队（班）演唱，此种艺人称"吹手"。一般户只有器乐吹奏，较隆重者还有声乐演唱。

二 灵寿之戏曲

1.秧歌。灵寿县兴起最早、流布最广、听众最多、影响最大的一个地方剧种。它的演出形式简单，一般不用管弦乐器；台词、唱段重复较多，因而被称为"九翻的秧歌"，语言通俗易懂，表演形象活泼，具有浓厚的

---

① 详见王长华主编《河北文学通史》（第3卷上），第24—27页。

乡土气息。康熙年间出现第一个戏班，有清一代共有 50 个村办秧歌戏班。常演的剧目有：《龙宝寺》《南阳传》《翠屏山》《老龙山》《下河东》《劈华山》《双锁柜》《下南唐》《山东剑》《红枫传》《小八义》《大八义》等 100 多个。清中期有戏班的村子有：南岗、北营、北闸井、安托、山门口、秋山、板房、漫山等地。

2. 丝弦。清光绪初年（约 1876 年），井陉县北白花村一个刚组建不久的丝弦戏班（高盛班）来灵寿演出期间，被井陉县张老万、朱有为两人以较优厚的待遇收留接管，此为该县第一个丝弦戏班。受其影响，北敖、彭家庄、车辖辘驼、祁林院、九岭、南寺等十多个村开办丝弦戏班。常演的剧目有《金铃记》《长寿山》《父子会》《对花枪》《杨家将》《呼家将》《铡徐孟》《铡法青》《铡赵王》《铡判官》《神仙传》等 60 多个。

3. 河北梆子。清光绪二十三年（1897），南寺村组建灵寿县第一个河北梆子戏班，后改为秧歌班，故影响不大。光绪三十年（1904），龙堂村梁启秀等 4 人在该村发起组建河北梆子剧团，聘请何老定、丁香花老艺人为师，梁自为班主，演员有 40 余人。在该团的带动下，相继出现慈峪、北伍河、南燕川、陈庄、下石门、油盆、张家庄、南营等 10 多个剧团。常演的剧目有《大登殿》《打金枝》《蝴蝶杯》《十五贯》《破洪州》《烧骨记》《万仙镇》《忠保国》《秦香莲》等 40 多个。

三　井陉之戏曲与戏班

1. 晋剧。早在 19 世纪，井陉就有了晋剧。民国初年，山西老艺人荫营红（艺名）曾在井陉传艺。加之井陉紧靠山西，所以，晋剧在井陉之盛行，从俗语"井陉人儿路上走，山西梆子不离口"中可见一斑。

2. 丝弦与"高盛班"。丝弦是流行在井陉的主要剧种之一分为东西两路西路丝弦采用了晋剧、秦腔、蒲剧的乐器和唱腔；东路丝弦吸取了河北梆子、乱弹和京剧的乐器和唱腔。丝弦最早出现于井陉北白花村，号牌"高盛班"，班主高世俊。高世俊本人不会表演，但对戏剧十分爱好。开设戏班不讲赔赚，是井陉丝弦的最早组织者。约在 1876 年，"高盛班"在灵寿演出，被张老万、朱有为所霸。一年之后在获鹿演出时，北白花村出动青壮年 100 余人将戏班抢回，但部分演员仍被扣押。因角色不全，戏班难以支撑。1879 年，高世俊重整旗鼓将走班卖艺的秋来、贵富、二德、生旺所收留，又买来一批娃娃，从此丝弦戏班复生，仍号"高盛班"。演出的主要剧目有《孙膑下山》《忠保国》《跑沙滩》《安阳桥》等200多个。

3. 河北梆子。全县有16个河北梆子剧团，分布在井陉北部的孙庄、北王庄、洛阳、小作、康庄、青石岭、冶西等村。最早由老艺人焦少林传艺，学到的传统剧目有《斩子》《大登殿》《游龟山》等。

4. 秧歌。是井陉流传较广的一种表演形式。既善于交流感情，又善于叙事达意；既能表演民间日常生活为内容的小"出子"，还能演折子戏。白花、洛阳、上庄、微水等村都有秧歌剧团。常演的剧目有《安安送米》《借女吊孝》《老少配》《小姑贤》《四劝》等。

5. 曲艺。井陉的曲艺主要以快板书、山东快书、相声、京东大鼓、河南坠子等为主，其他还有西河大鼓、木板书等。

吴四会（1888—1958），吴家庄村人。民间艺人。幼年家贫，4岁时患眼疾，因无钱治疗，双目失明。12岁时从其叔学弹三弦，历时五载终于学得了精湛的技艺，且学会了《施公案》《包公案》《五女兴唐传》《封神榜》等长篇说唱。17岁开始单独卖唱，几乎走遍了井陉的大小村庄，还曾到过获鹿、石家庄等地进行表演。而后的抗日战争期间，他自编自唱了许多揭露日寇暴行、歌颂人民抗日的书段。

四 晋县戏曲与民间戏班

西河大鼓于清末传入晋县。时主要艺人有王殿邦及弟子马英奇、彭英福等。

清末民初，晋县有业余剧团（时称戏班）34个，人员1300多名。均系村民集资筹办，多于年节、集日、庙会时演出。一般只为娱乐，庙会则少量收费。流行剧种有河北梆子、评剧、哈哈腔、丝弦、老调、乱弹、二簧（京剧）、河南坠子、秧歌等。演出剧目有《二小姐做梦》《辕门斩子》《王清明投亲》《彭公案》《打渔杀家》等。

五 栾城之戏曲与艺人

清末民初栾城有秧歌、罗罗腔、丝弦、京剧（二黄）、河北梆子五个剧种。其中罗罗腔这个剧种在栾城仅西董铺有，影响较小，已经绝传。这一时段最著名的曲艺人当属张二德和刘训二人。

张二德（1889—1951），丝弦著名旦角，乳名二完德，艺名"唱不够"，栾城县永安村人。张二德自小受到在戏班里演戏的大哥的熏陶，幼时便迷上了戏曲，尤其喜爱旦角戏。张二德9岁，父亲去世后便入了戏班，专攻旦角。张二德起早贪黑，勤学苦练，功夫日渐增长，后来得到丝弦名旦"黄霓旦"和"三拨调"的指点。名师出高徒，张二德16岁便已在附近各县小有名气，特别是他的花旦拿手戏《小二姐做梦》《拉相公》《跑沙滩》等剧目在栾城、赵县、获鹿、井陉等县流传极广，久盛不衰。戏迷们为他编过这样的顺口溜："拆了房子卖了砖，也要看二德的《跑沙滩》"，"为了看二德的《小二姐做梦》，高粱谷子忘了种"。在获鹿、井陉演戏，外地的群众翻山越岭十几里路，也要看他演出。观众们爱听张二德唱戏简直如痴如醉，所以给他起了个艺名——栾城名旦"唱不够"。

刘训（1893—1977），原名刘国栋，艺名"唠叨人"，栾城县段家营人。幼年时，家人便把他送到旧班社拜著名的丝弦艺人"三拨调"为师。初时学唱正工青衣，可刘训对唱旦角不感兴趣，对丑角戏却产生了浓厚的兴趣，不用人教，一看就懂，一学就会，演起来得心应手，动作大方自然，富有浓厚的生活气息。后成为栾城、赵县、元氏一带乡村家喻户晓、妇孺皆知的任务，观众们送他一个雅号——"唠叨人"。

六　束鹿县之祥庆社

祥庆社，文艺班社。创办于1919年。清末民初，北方昆曲日渐衰落，许多演员穷困潦倒。束鹿县（今河北辛集市）旧城镇镇长王香斋为重振这一古老的地方剧种，创建祥庆社，广揽人才，该剧社一时间名伶云集。1928年，因创办者王香斋年事已高，无力经营，剧社遂解散。1949年后，该剧社培养的演职员大都加入各专业剧团，成为北方昆曲艺术表演的中坚力量。

七　平山之戏曲与艺人

平山历史上曾有数种剧团活动，主要形式是清乾隆年间的子弟班戏和以后的草台班子戏。

1.西调秧歌（又称大秧歌）在平山流流传较早，逢年节庙会自发组织演出，是土生土长的地方剧种。它以"七打八唱九松闲""大袄套大衫，外套一坎肩，一唱面对门，二唱打地摊"的演出形式著称。所有剧目都是民间生活琐事、民间故事、婆婆妈妈、家长里短、打老婆、骂孩子的趣事，颇受农民特别是妇女们欢迎，夸张的艺术加工，方言的巧妙运用使人百看不厌。近代期间最著名的平山戏曲演员当属西调秧歌崔天保。

崔天保（1888—1938），又名崔忠，平山县辛庄村人，人称"盖三县"（在平山、井陉、灵寿三县拔尖）。他出生于秧歌表演艺术世家，其父崔乃俭为第三代传人。崔天保从小耳濡目染，15岁时又受教于著名秧歌艺人田材卯（平山北西焦村人，人称秧歌"西霸天"，与"东霸天"王洛景齐名）。在师傅的言传身教下，崔天保几年时间便学得《双锁柜》《打经堂》《刘玉兰赶会》《攀花墙》等大小剧目60余个。后响应刘玉瑞号召，成为"玉盛和"秧歌班的主演之一。1938年在"辛庄惨案"中被日军杀害。

2.丝弦。在平山从乾隆年间开始流传。

3.河北梆子。民国初年建立东黄泥戏团、南西焦戏团，而后农村河北梆子剧团不断涌现。

4.音乐。民国初期，县内民间最流行的乐曲有《算盘子》《打腰牌》《哭皇夫》《万年欢》《渔翁乐》《将军令》等；歌曲有《小放牛》《送情郎》《大钉缸》《胖娃娃》《剪窗花》《绣花灯》《清水河》《孟姜女哭长城》等。

八　行唐解家庄秧歌剧团

清咸丰年间，秧歌剧传入行唐。清咸丰十年（1860），西路秧歌艺人老髦来到解家庄村，收徒传艺。清光绪十年（1884），建立解家庄秧歌剧团。

老髦的第一代弟子有余老春、赵老博。第二代弟子有廉老江、廉老顺、阎老庆、康老云、姜世珍、赵老祥等。但是秧歌剧的演出形式的"坐唱"，没有表演。剧目有《双锁柜》《白蛇传》《白蛇传》《借女吊孝》等传统剧目。冬季农闲季节，在本村及附近村庄演出。

九　无极县之戏曲

1.无极专业戏班。清光绪十六年（1890），古庄刘洛东自筹粮款建立"丰翠和"昆弋班，简称"和翠班"，是为县内最早的戏班，当代饮誉全国的北方昆曲表演艺术家韩世昌、郭蓬莱、侯玉山、侯玉龙等先后受业于此。

演出的主要剧目有《思凡》《刺虎》《通天犀》《闻铃》《夜奔》《游园惊梦》等。由于昆曲台词古雅，曲调委婉，农民群众不易听懂，因此演出日衰，加之刘洛东赔累甚巨，家境没落，至1913年戏班解散。

2. 县内早期戏班。西南丰袁全成于光绪二十一年（1895）成立的敬胜堂梆子班，北牛尹洛笃于1918年创办的笃新台梆子班。农村有十几个地摊剧团，多数唱堂会戏或为应酬红白事围桌坐唱。当时传入县内的剧中主要有河北梆子、丝弦、评剧（亦称蹦蹦）、老调、坠子、秧歌、京剧等，演出剧目因戏种而别，著名演员有吕月樵（女）、周彩霞（女）等。

3. 民间音乐。清末民初，县内音乐以民族音乐打击乐器、管弦乐器和吹奏乐器居多，并以五声音阶记谱。打击乐器有锣、鼓、铙；管弦乐器有胡琴、琵琶、月琴、秦琴；吹奏乐器有笛子、箫、笙、唢呐。这些乐器都用以戏曲、歌舞伴奏，也用于为婚丧嫁娶的"红白事"服务。大鼓又名战鼓，多用于盛大节日和欢庆胜利之时。

十　元氏之戏曲

县内流传有丝弦、河北梆子、京剧、乱弹、罗罗腔、河南坠子等八个剧种。其中罗罗腔传入最早，早在明朝就传入龙正村；丝弦、河北梆子、秧歌在民国时期流传较广。

十一　正定之戏曲

1. 秧歌。相传，由"大锣腔"演变而来。清康熙年间南白店村就有秧歌，乾隆年间传到北白伏、树路村。从咸丰年间到"七七事变"前，是秧歌的鼎盛时期，县内较出名的业余秧歌班先后有26个，分布在北孙、厢同、塔儿屯、大临济、丁家庄、新城铺、北庄、邯村、西房头、东房头、曲阳桥、岸下、西咬、南化、西杜、北白伏、西慈亭、北白店、南白店、刁桥、南楼、许香、东里双、南圣板、固营、树路各村。其中北孙、厢同、北庄三个业余戏班先后发展为专业班。北孙秧歌班，始建于光绪年间，民国初年发展为专业班，班主于全州，演职员50余人，演出于正定、灵寿、行唐、阜平、新乐等14个县。

在长期演出中，出现了不少受群众欢迎的演员。咸丰年间，树路村高连贵较有名气，当时流传"连贵不来，不敢开台""连贵一到，长钱两吊"

的民谣。清末，树路村王洛景，人称"秧歌种""东霸天"（树路在正定城东）。他念白诙谐幽默，句句逗人发笑，能文能武，戏路广，曾在正定、藁城、栾城、赵县、平山等地农村教过戏，收徒很多。

2.河北梆子。清光绪三十年（1904），新城铺首先建立河北梆子戏班。此后半个多世纪，先后出现过不少梆子戏班，规模有大有小，存在时间长短不一。较有名气的戏班有：新城铺、东曲阳、北贾村、三角村、西慈亭、东宿村、陈家疃、傅家村、李家庄、高平、北孙、西兆通共十二个班。

3.高腔、昆曲。清光绪年间，正定有同乐轩票社，学唱高调、昆曲，群众称"高腔学"。社址在县衙前三皇庙内，成员30余人，多为粮店、花店掌柜和县衙三班六房人员，彼此互称社友，能者为师，互教互学。年长者为首，称"大学长"。社友家中遇有喜庆事，则前去演唱，但概不为社会和他人演唱。社友中艺术水平最高的是王老兆，自幼学演大生，尤爱红生戏。到20年代初，多数社友年事已高，"同乐轩"逐渐销声。

4.丝弦。清光绪年间，后塔底村组建丝弦子弟班。以后十几年，南杨庄、木厂、二十里铺等村也先后成立丝弦戏班。

以上为石家庄地区各县文化艺术之大概情形。清末民初所载，文学、艺术各领域均鲜有大影响者，是为文化核心区以外的边缘地区共有的现象。

第 四 章

宗 教*

第一节 道教

河北是早期道教发祥地之一，石家庄是道教最早流传的地区，道教在唐宋时期发展达到顶峰。明清时期道教开始衰落，并逐渐开始世俗化。清末道教进一步与民间信仰结合，产生了很多秘密的民间宗教组织。

一 衰落的背景

清朝末年，清政府实行新政，其主要内容为"兴学堂、废科举、遣留学、练新军、改营制、办实业"，其中兴办学堂，由于资金无法解决，清政府采取了"庙产兴学"，即利用佛教、道教的殿堂作为办学场所，以庙里的土地、法器等财产养学。"庙产兴学"的主张由来已久，早在1898年3月，洋务运动的代表人物张之洞在其发表的《劝学篇》中就提出："今天下寺观何止数万，都会有百余区，大县数十，小县十余，皆有田产，其物皆由布施而来，若改作学堂，则屋宇田产悉具，此有权宜而简易之策也。方今西教日炽，二氏日微，其热不能久存，佛教已际末法之中半之运，道家亦有其不鬼不神之忧。若得儒风振起，中华义安，则二氏亦蒙其保护矣。大率每一县之寺观什取之革以改学堂，留什之三以处僧道，其改学堂之田产，学堂用其七，僧道仍食其三。计其田产所值，奏明朝廷旌奖僧道，不愿奖者，移将其亲族以官职，如此则万学可一朝而起也。"光绪皇帝接受

---

* 本章作者系石家庄学院历史文化学院王锋副教授。其中，第四节一、二标题中部分内容作者为袁丙澍。

了张之洞的建议，下诏说：将各省厅州县现有之大小书院，一律改为兼习中学西学之学堂。地方捐办之义学、社会，亦令一律中西兼习，以广造就。至于民间祠庙其有不在祀者，即著地方官晓谕民间一律改为学堂，以节靡费，而隆教育。[1] 因而，"庙产兴学"开始在全国风行。这对本来就已衰落的道教来说是一次毁灭性的打击，庙产被占用，道士失去了赖以生存的条件，只能被迫还俗，或流浪他乡，转入民间。

民国时期，国民政府虽然实行宗教信仰自由政策。但是，清末"庙产兴学"的遗风，以及新文化运动中将道教视为封建文化的堡垒，而受到民主革命思想的猛烈冲击。梁启超就曾写道："道教是中国的一大污点，它对这个国家有百害而无一利。"[2] 陈独秀也说："阴阳家是古说最为害于中国者"，"一变而为海上方士，再变而为东汉、北魏之道士，今之风水、算命、卜卦、画符、念咒、扶乩、炼丹、运气、望气、求雨、祈晴、迎神、说鬼，种种邪僻之事，横行国中，实学不兴，民智日僿，皆此一系学说之为害也。却邪说正人心，必自始"。主张孔教、古老的伦理、旧艺术、旧宗教、偶像及非科学信仰概应被打倒；钱玄同将道教称为"最野蛮的道教"，并认为关帝、吕祖、九天玄女等与道教有关的一切信仰都是骗人的把戏；等等。[3] 同时，国民政府为区分宗教信仰和封建迷信的界限，破除民间的迷信风俗，也对道教采取了一些限制措施。1928年颁布了《神祠存废标准》，在这标准中，涉及道教准予保留的神祠有伏羲、神农、黄帝、太上老君、元始天尊、三官、风雨雷神、土地、灶神、天师、岳飞、关帝、吕祖等；予以废除的则有日、月、火、五岳、四渎、龙王、城隍、文昌、财神、送子娘娘、瘟神、赵玄坛、孤仙等神祠庙宇。画符念咒的道教被认为是不善的宗教，也在废除之列。[4] 这使道教又一次遭到冲击。

二　清末民初的道教

由于元代的宗教政策，河北地区主要属于道教全真派的管辖范围，而全真道自元代以来，七真门下各自开派，形成诸多派别，在河北地区

① 释明复：《中国近代佛教法难的瞻顾》，《狮子吼月刊》1977年8月，第19页。
② 刘笑敢：《道教》，陈静译，上海古籍出版社2008年版，第9页。
③ 唐大潮：《中国道教简史》，宗教文化出版社2001年版，第346页。
④ 任继愈主编：《中国道教史》，中国社会科学出版社2001年版，第936页。

传播的全真道派主要有龙门派、南无派和武当三丰派。石家庄流传的主要是武当三丰派，在获鹿一带传播，主要宫观有抱犊寨的金阙宫、老君洞、城隍庙、十方院等道观。获鹿的三丰派中兴于抱犊寨的金阙宫，壮大于十方院。据记载，民国年间，十方院庙产丰盈，占获鹿商铺、土地之近半，火神庙一条街，南门里道西半条街，城关商贸海子沟一条街，河南岸商贸一条街，白鹿泉下游左右水浇地及城周围土地计六七十顷，富甲一方，历任主持，均与地方长官、名流、士绅交厚，显赫一时，南北西东之道观也均有庙产，以赖生存。[①] 同时，还北上北京以及承德、张家口等地区传教，其实力雄厚，发展迅速，规模庞大，成为历史上最兴盛时期。这一现象跟全国道教衰落的整体趋势形成鲜明对比，可以说是道教发展史上获鹿之特殊现象，同时，也反映了民国年间社会思潮的多元性。

图 4-1　获鹿县抱犊寨金阙宫山门

（图片来源：《河北省重点寺观教堂图集》，第 66 页）

---

① 鞠志强主编，刘庆文、高丽杨著：《河北道教史》，宗教文化出版社 2016 年版，第 165 页。

图 4-2　获鹿县十方院

（图片来源：《河北省重点寺观教堂图集》，第 58 页）

　　此外，道教的衰落是伴随着道教的民间化和世俗化而进行的。随着道教的衰落，民间各种秘密宗教组织应运而生，且门类甚多。有白衣道、九宫道、八卦教、白莲教、义和拳、黄老教等，此起彼伏，屡禁不止。尤其是八卦教、白莲教和黄老教在真定府西部的井陉、平山、获鹿等县秘密传播。据记载，同治年间，白莲教教徒黄老、李秀桢等，占据邑南銮驾山，声势颇盛，当时愚夫愚妇，受其蛊惑者，不计其数。嗣黄李被剿，于是八卦、九宫、先天、后天、三圣、善友及万国道德会等教，相继而出，自时厥后，迎神赛会，圆经大醮，风行一时，彼此效尤，遂为邑民习俗之大累。[①]

　　辛亥革命以后，由于新文化运动和五四运动的冲击，加之国民政府的种种限制，道教日益萎缩，道士数量明显减少。但千百年来流传下来的宗教信仰却在民间继续传播，道教进一步民间化和世俗化。真定、获鹿、井陉、平山、赞皇等县的民间仍家家挂神像，户户有神龛。村中的关帝庙、土地庙、龙王庙、火神庙等仍香火较盛。但此时百姓们已分不清佛教和道教，往往既供菩萨、罗汉，也供道教八仙、玉皇。

　　民国时期，道教的衰落还可以从各县志中记载的道观和道士的数量一

<hr>

　　① 王用舟、傅汝凤：《井陉县志》（二），成文出版社民国二十三年（1934）影印本，第 498 页。

窥究竟。据记载，藁城民国十九年（1930）调查信奉道教者，男19口[1]；据民国十七年（1928）调查，获鹿县信奉道教82人，其中男80人，女2人[2]；正定县信奉道教以及道观情况，详见表4-1。从各县志记载来看，无论是道观数量，还是道士数量，都说明道教在民国时期衰落了。

表4-1　　　　　　　　　民国二十年（1931）正定县道教庙宇情况[3]

庙宇名称	所在地	住持	道士数（人）	房屋间数（间）	田地亩数（亩）
河神庙	南关	永祯	2	2	100
玉皇庙	北门里街	永悟	2	14	12
城隍庙	马军营街	房蜀年	12	10	60
火神庙	庙后街	周道士	1	3	10
圣母庙	平邸村	王明文	2	33	2
玉皇庙	土贤庄	蜀平	1	9	24
老君堂	留村	龙才	5	6	14

三　抗战时期的道教

抗战时期，日本侵占石门（今石家庄）后，虽然有个别汉奸道士与日本间谍勾结，成立各种反动会道门，为日本法西斯效力。但更多的是涌现爱国抗日的英雄事迹。在井陉、鹿泉一带，至今还传颂着道士出身抗日游击队战士康永英与战友顽强杀敌和英勇跳崖的动人事迹。

康永英，俗名康英英，井陉县三峪村人，自幼在挂云山出家为道士，属龙门派第十八代玄裔弟子。在1940年9月百团大战中，18岁的康永英参加了吕秀兰领导的地方武装区小队，成了一名机智勇敢的抗日游击队战士。百团大战胜利后，日本调集3000多兵力，疯狂反扑，并利用飞机、大炮的配合，对挂云山进行猛烈攻击。当时，担任平（山）、井（陉）、获（鹿）游击支队三中队队长的李鸿山率领40多名战士和吕秀兰领导的

① 藁城市地方志办公室：《藁城县志》（明·嘉靖，清·康熙、光绪，民国时期），河北星海印刷有限公司2007年版，第412页。

② 陈佩编辑：《河北省获鹿县及石门市事情》，地方事情调查资料第12号，中华民国新民会总会出版，民国二十九年（1940）四月。

③ 正定县方志编纂委员会：《正定县志》，中国城市出版社1992年版，第824页。

区小队 10 多位战士，为了掩护八路军大部队的转移和乡亲们的安全，主动吹号鸣枪向敌人射击，目的是把日本军队引向自己方向。日军闻声迅速向他们围攻过来，游击队战士与日军展开了英勇激烈的战斗。开始，他们巧妙地利用地形山势，半天的时间击退敌人二十多次进攻，后来他们弹药打完，就搬动山上的石头砸向敌人，但终因寡不敌众，被步步紧逼的日军包围在挂云山上。当时，大部分战士已经牺牲，尚存的几位游击战士也都身负重伤，但他们个个英勇顽强，区小队长吕秀云看到敌人逼近，她为了不当亡国奴，用力将一块大石头投向敌人，高呼："打倒日本帝国主义！"转身跳下悬崖。康永英和另外四名战士也高呼："打倒日本鬼子！"随后英勇跳下悬崖。50 多名的游击队战士，本来可以利用熟悉地形的优势，躲过敌人的进攻，但他们为了大局，为了百姓，多数战死，6 人跳崖，全军覆没。正是他们的英雄壮举，保护了大部队和乡亲们的安全。小道士康永英和战友们以身殉国，永垂不朽！[①]

四 1949 年前遗存的道教宫观

据有关资料记载，石家庄在 1949 年以前，全市 17 个县（市）区共有道教宫观 111 处，其中大部被毁，部分仅存遗址和石碑记载。兹将 1949 年前 111 处宫观记述于下。[②]

（一）鹿泉区（30 处）

横山圣母祠：相传汉时即有，祠在山麓，元大德间迁之，明嘉靖间重修。今尚存清康熙五十六年（1717）重修碑。

三清观：据五代北汉时（天会十五年）之"奇石山磨崖记"（其文在县志）。山上有三清观、纯阳洞乃修真之所。

玉皇庙：在城东康庄，据康熙初年重建碑记载，创建于宋太平兴国年间。

封龙山凌霄殿：在封龙山山顶北坡，创建宋代，元、明、清均有重修。

泉神庙：据元至正间，教谕王得义重修鹿泉泉神庙碑记。

老君洞：据明嘉靖时，"老君洞南楼记"记载在莲花山南麓。解放初

---

① 鞠志强主编，刘庆文、高丽杨著：《河北道教史》，第 225—226 页。

② 石家庄市民族宗教事务局编：《石家庄宗教志》（上册），石家庄市市直机关文印中心印刷，2016 年，第 43—51 页。

尚住道士多人，住持齐太平。

龙王堂：嘉靖十六年（1537）重修海山龙王堂。

大王庙：在莲花山西沟。据康熙五年（1666）碑文记载，明嘉靖、万历均有重修碑记，创建年代不详。

西门韩信庙：据明万历二十六年（1598）《重修西门瓮城韩侯庙》记载，始建于嘉靖年间。

土门韩信庙：鹿泉八景之一。建于雍正十三年（1735），竣于乾隆元年（1736）。

城隍庙：城内向阳大街东侧。

八蜡庙：据明嘉靖年间符庄重修八蜡庙记"（其文在县志），符庄东南旧有八蜡庙一座，不知建于何时。

蛟龙洞：在抱犊寨山腰处，据明崇祯十年（1637），清康熙五年（1666）、雍正二年（1724）、乾隆三十六年（1771）、光绪十年（1884）重修碑记载。

金阙宫：在抱犊寨山上，创建于清顺治元年（1644）。

十方院：位于鹿泉市西北门外，太平河南岸，坐南向北。始建于清康熙七年（1668）。

东会馆：位于谭沟街玉皇阁外，始建于清康熙年间。

西会馆：位于城西南牛坡山之北山坡，始建于清乾隆三十六年（1771）。

圣母宫：在邵营村，据康熙五年（1666）重修碑记，创建年代不详。

青华观：在莲花山山顶，据康熙五年（1666）重修碑记，创建年代不详。

石井玉皇庙：在石井村，据道光八年（1828）碑记记载，创建于明万历二十六年（1598）。

九里山玉皇顶：在封庄村后，九里山山顶，据清光绪三十二年重修碑记载，创建于明天启年间。

火神庙：在顺城关后街，供奉炎帝祝融。有碑记考：隆庆四年（1570）、万历三十二年（1604）、乾隆元年（1736）、嘉庆十四年（1809）均有重修。

大王庙：城南杜庄村头山上，创建于明天启四年（1624）。

三皇庙：城西北，顺治六年（1649）建。

龙王庙：城西北，康熙三十年（1691）建。

大公庙：在封龙山北坡九龙口。

药王庙：在封龙山北坡。

太平道观：在封龙山北坡。

宝泉寺：在南梁庄，创建于正德年间。

大悲寺：在北故邑，清康熙年间重建，创建年代不详。

图4-3 获鹿县封龙山太平庙

（图片来源：《河北宗教史图集》，第203页）

（二）赞皇县（24处）

周穆王庙：在赞皇山青龙寨，创建于北魏。

碧霞元君庙：在嘉应寺村东北角，创建于隋开皇年间。

城隍庙：在旧县治前不远的西面，坐北向南，创建于隋文帝开皇年间。

迎祥观：在北壕村南，据石碑文记载，清咸丰二年（1852）重修，创建年代不详。

魏徵大庙：在孙庄村北，创建年代不详。

崔府君大庙：在南壕村北，创建年代不详。

浚泽公庙：在五马山，据县志记载建于北宋。

玉皇阁：在县城南关，据考证该阁始建于北宋。

西阳泽玉皇庙：在西阳泽村，据传县城玉皇阁和西阳泽玉皇阁是县衙统一拨款修建的，同时动工，至明清两代又同时重修。

青龙观：在孤山村东南的青龙山上，修建于金大定年间。

人祖庙：在西江洞村北，金泰和二年（1202）修建。

关帝庙：在县城东街旧烟斗厂，修建于宋金年代。

三皇庙：在县城内东街路东，据旧县志记载，修建于元代。

真武庙：在县政府大院东边，据传修建于明永乐年间。

龙神庙：有两处，一处在楼底创建于嘉靖甲寅年（1554）；一处在旧县城东门外，创建于明万历年间。

东岳庙：在榆底村东头，建于明成化年间（1465—1487年）。

火神庙：有三处，县城南关火神爷庙、陡岭火神庙、河东火神庙。据说火神庙旧有石碑，碑文有"火神庙肇建于明成化年间"字样。

三官庙：在县广播站之处，建于明代。

二郎庙：在县城西关，有石碑记载同治十三年（1874）重修。

龙王庙：该县龙王庙很多，几乎村村都有，有名的是五马山浚泽公庙、鱼山龙王庙和郭万井龙王庙。

八蜡庙：在县城东门外（注：今药材公司所在地），据传建于明嘉靖年间。

坛山玉皇庙：在坛山村东北万花山顶，建于清雍正十二年（1663）十月。

五马山玉皇庙：在五马山东麓中部的半山腰。修建年代不详。

嶂石岩玉皇庙：在嶂石岩笔架峰下，建于明正德年间（1506—1521）。

（三）正定县（15处）

开元观：在县城内，据记载始建于唐开元二十六年（738）。

龙兴观：在县城内，据万历《真定县志》记载始建于唐开元二十六年（738）。

紫极宫：在县城内，据记载始建于唐开元二十九年（741）。

玄真观：在东北村，据万历《真定县志》记载始建于唐天宝中年间。

玉华宫：在县城内，据光绪《正定县志》记载始建于元中统二年（1261）。

河神庙：在县城南门外，始建于元朝正元年（1341）。

城隍庙：在县城西南，始建于明洪武三年（1370）。

东岳庙：在县城东门外，始建于洪武十五年（1382）。

大鸣泉庙：在曲阳桥村北，始建于明成化年间（1465—1487）。

火神庙：在县城南门外，始建于弘治年间（1488—1505）。

马神庙：在旧恒山驿，始建于正德十一年（1516）。

龙母行宫：在北关村东，始建于明崇祯十六年（1643）。

老君堂：在留村，修建年代不详。

圣母庙：在县城东门外，始建于明万历年间（1573—1620）。

水母庙：在县城南门外，始建于天启七年（1627）。

（四）井陉县（9处）

清幽观：在小作村东，据1986年《井陉县志》记载始建于五代至北宋年间。

清淳宫：在小作村东，据1986年《井陉县志》记载始建于五代至北宋年间。

通仙观：在县城北，元至正年间建。

紫微观：在威州村，据民国《井陉县志料》记载始建于金天会十五年（1137）。

玄真观：在小作村。

白云观：在清凉山，观中有成化碑，相传始建于明代。

龙王庙：在庄子头村东，唐武德元年（618）建。

朝阳庵：在矿区贾村，相传始建于明代。

清凉阁：在矿区南皂村，明嘉靖十九年（1540）建。

（五）栾城区（3处）

清虚观：在西赵台村，据《河北文史资料选辑》记载始建于宋元祐中。

葆真观：在龙门村北。

太极观：在县城东。

（六）行唐县（5处）

朝元观：在许由疃村，元朝建。

太清观：在县城东北，修建于宋景祐中。

王母观：在王姑庄，隋开皇中修建。

延祥观：在市同村。

张仙翁观：在许由疃，金大定中建。

（七）平山县（4处）

静修观：在县城北10公里东林山，修建于金大定年间。

清淳观：在县城西，修建于明洪武中。

甘泉观：在县城西30公里甘秋村，明永乐年间建。

青龙观：在天桂山，明崇祯年间建。

图 4-4　平山县天桂山青龙观三丰殿

（图片来源：《河北宗教史图集》，第 246 页）

（八）高邑县（3 处）

玉皇庙：在北马村，始建于明万历十八年（1590）。

元帝庙：在县城东南庄头村，始建于明万历乙未年（1595）。

圣母庙：在县城西，明万历年间修。

（九）新乐市（3 处）

元通观：在柴里村。

会真观：在长寿村，元时建。

万寿庆阳观：在陈家庄，元时建。

（十）辛集市（5 处）

清源观：在县城西。

玉清观：在县城南。

玉真观：在县城南贾百户村。

文兴观：在县城西南枣营村。

玉清观：在县城北大土庄，清顺治五年（1648）建。

（十一）晋州市（2 处）

五岳观：在县城内，北齐天保中建。

羽化观：在县城东北，元至正中建。

（十二）灵寿县（1处）

文山观：在县城北，元至正中建。

（十三）无极县（1处）

崇兴观：在贾氏村。

（十四）赵县（1处）

太清观：在县城内。

（十五）藁城市（2处）

玉皇庙：在西河堡，明万历时建。

崇兴观：在县城东南贾氏村。

（十六）元氏县（1处）

修真观：在县城北，唐开元中建。

（十七）桥西区（2处）

良厢观：在东良厢村。

关帝庙：在振头村北街。

第二节　佛教

佛教发源于古印度。西汉后期，传入中国；西晋末东晋初，传入真定
（今石家庄正定县），常山郡始建寺院。隋唐时期，佛教在中国达到鼎盛，
并在石家庄地区创立了闻名世界的临济宗和赵州禅。清代，佛教呈现藏兴
汉衰局面。同治年间，佛教在石家庄地区达到最高峰。民国时期，佛教衰落。

一　同治年间寺院僧尼数量增加

清代继承明代的佛教政策，其僧官制度也取自明代，在京城设立僧录
寺，有"正副掌印各一人，下设左右善世二人，阐教二人，讲经二人，觉
义二人；各府、州、县各设僧纲、僧正、僧会一人，由该地方官拣选，具
结详报督抚，由督抚咨部派札补授，年终汇报吏部，其钦记由该省布政司
给发"①。所以，清代对僧尼的管理很严格，不准私度僧尼，一律官给度
牒。但到乾隆年间，随着人口的增加，私度僧尼数量开始增加。乾隆十九

---

① 《礼部·僧官道官》，《大清会典》卷三六。

年（1754），清廷宣布废除度牒制度，任何都可以随意出家而不受限制。^①这是千百年来佛教发展史的一大变局，有利于扩大出家人队伍。但同时也导致僧尼素质的急剧下滑，人员成分趋于复杂，造成寺院管理困难，僧团戒律松弛，声誉大幅下降，从长远看不利于佛教的发展，致使佛教加速衰退。据记载，同治年间，井陉境内僧尼道士，裘袈黄冠，为俗人超度祈祷，藉谋生活，如扣以明心见性之谈，虚无清净之旨，则茫然不知所对，盖释道二教之衰微，固非一朝一夕也。^②另据记载，藁城：近数百年来，僧徒皆无学问，人皆贱之，故佛教日衰焉。^③由此可见，废除度牒制度对佛教衰落的影响。

清代后期，佛教衰落是不争的事实，但随着人口的增加和度牒制度的废除，确实客观促进了佛教寺院和僧尼数量的增加。同治年间，真定府各县寺院数量达到最高峰，仅正定、获鹿、井陉三县就有新旧寺院160多座，平均每17平方公里就有一处寺院。^④

二　清末民初佛教衰落

清末民初，全国范围内兴起的庙产兴学运动，使本就衰落的佛教遭受一次重大破坏。加之辛亥革命、新文化运动和五四运动的冲击和破坏，佛教寺院日渐衰落，许多寺院都改为学校，正如民谣所言："中华民国改了良，拆了大寺盖学堂。"有关民国时期拆寺兴学的事件，地方志书也有记载：据民国十九年（1930）调查，自创建学校以来，城乡多以庙宇寺观改为之，释、道二教既少存在之余地，其衰落自不待言。^⑤可见，经过一系列运动的冲击，佛教虽然在全国范围内有劫后重生的趋势，涌现印光、虚云、弘一和太虚"民国四大高僧"，但在河北石家庄地区，佛教不可避免地衰落了。

同时，这一时期佛教的衰落，还可以从寺院和僧尼数量上一窥究竟。以正定县为例（详见表4-2），由此可见，寺院和僧尼的数量明显减少，民国时期石家庄地区的佛教衰落已是不争的事实。

---

① 鞠志强主编，张志军著：《河北佛教史》，宗教文化出版社2016年版，第476页。
② 王用舟、傅汝凤：《井陉县志》（二），第498页。
③ 林翰儒纂：《藁城县乡土地理》，成文出版社民国十二年（1923）影印本，第60页。
④ 石家庄市民族宗教事务局编：《石家庄宗教志》（上册），第168页。
⑤ 藁城市地方志办公室：《藁城县志》（明·嘉靖，清·康熙、光绪，民国时期），第412页。

表 4-2　　　　　　　　　　民国二十年正定县佛教寺院情况 ①

寺庙名称	所在地	住持	僧人数（人）	房屋间数（间）	田地亩数（亩）
隆兴寺	东门里街	纯三	12	60	600
崇因寺	北门里街	德念	12	50	70
镇海寺	北关	定琴	5	15	80
临济寺	南仓西街	会祥	1	5	2
观音堂	北门里街	觉晨	2（女）	5	3
关帝庙	庙后街	荫普	1	5	200
开元寺	馆驿街		1	10	无
广惠寺	南门里街	史四什	1	3	无
天宁寺	观前街东	乐安	1	6	
三角堂	府墙东街		1	10	5
白衣庵	马军营街	老授	4（女）	4	
水寿庵	馆驿街	荣花	3（女）	6	
裴昌庙	南仓东街	海章	1	5	2
关帝庙	教场庄	张合喜	2	9	50
崇兴寺	东贾村	明祥	4	15	48
永寿寺	木庄	白亮	2	12	20
老母庙	朱河村		4（女）	6	2.5
关帝庙	西柏棠村	远岚	1	7	8.5
关帝庙	三角村	介清	2	6	7
白雀寺	斜角头村	泰润	3	31	6
崇庆寺	南曲阳村	了方	1	6	20
观音堂	上曲阳村	荫圃	2	12	12
观音堂	周家庄村	绪顺	1	9	15
兴隆寺	丰隆疃村	介和	2	11	28
观音堂	十里铺村	觉顺	3（女）	6	4
三官庙	大马村	宋瑞	1	6	8

① 正定县方志编纂委员会：《正定县志》，第 827—829 页。

续表

寺庙名称	所在地	住持	僧人数（人）	房屋间数（间）	田地亩数（亩）
观音堂	三教堂		1	3	180
观音堂	南石家庄		1	3	1
三萧庙	南村	龙喜	4	12	3
丰灵寺	南村	诚让	1	5	5
普兰堂	吴家营	庙至	4	5	7
地藏庵	小西帐	深悟	3	6	33
观音堂	大丰屯	言路	3	10	28
奶奶庙	韩通村	庙洛清	3	6	1.2
十五堂	留村	常月	3	10	14
玄帝庙	赵村	教信	2	4	10
华严寺	东杜庄	连僧	3	6	6
天齐庙	店上村	仁三	3	13	2
原恒寺	新安村	便来	1	13	20
观音寺	北二十里铺	宽恒	1	11	19
崇因寺	秦家庄	觉化	1	22	29
同庆寺	巧女村	成瑞	2	7	14
三吉寺	高平村	成柱	1	6	8
关圣庙	新城铺	盛宽	3	11	19
圣母庙	南化村	通太	4	18	33

三　莲海法师与井陉显圣寺 [①]

民国时期由于持续二十多年的"庙产兴学"运动，河北省那些在城镇的寺院大都难逃厄运。就连那些极富历史文化传统、具有极高文物价值的寺院，也几乎没有得到什么保护。比较特殊的是，在此期间，井陉显圣寺不仅于 1920 年得到了全面重建，而且培养出了两位近代史上著名的高僧：藏传佛教史上中国第一位在外国大学任教的和尚教授——法舫，第一个考上头等格西学位的汉族僧人——密悟。

---

① 第三小节内容根据鞠志强主编，张志军著：《河北佛教史》，第 522—523 页内容整理。

　　显圣寺坐落在河北井陉旧县城（今天长镇）北关外，右依天长岭，左依绵河。始建于隋开皇年间（585），距今已有一千四百多年历史。宋代以前，该寺名为天宫院，北宋大中祥符七年（1014），工部尚书参知政事丁谓、中书侍郎兼刑部尚书平章事向敏中、守司空兼门下侍郎平章事王旦，奉宋真宗之命重新勅建该寺，并赐名为庆成院。宋金时期该寺地位显赫，元、明、清各代屡有修葺。据传说，明代重修之时有菩萨显圣遗金，助寺僧完成了佛像贴金工程，故改名为"显圣寺"。清代末期寺院渐渐残破。

　　显圣寺之所以能在民国期间得以中兴，得益于莲海法师的悲愿。

　　莲海（？—1930），俗姓单，井陉县单家村人。[①]他早年经商，并已娶妻。22岁时，时节因缘成熟，他离俗出家。受戒后，莲海法师初朝五台，再礼峨眉，续拜普陀，遍游佛教名山。之后，他潜心经典，领悟真谛，参访祖庭，问道尊宿，先后出任安徽潜山三祖山之三义庵、佛光寺、三谷寺、白云岩住持。民国初期，他在北京任佛教赈筹会干事。1920年华北五省大旱，井陉尤甚：自是年五月至九月，境内滴雨未降。秋粮无收，饥民遍野，树皮草根亦被食尽。莲海法师率人视察灾情回到井陉，被故乡灾情深深震撼，乃发慈悲之愿，救饥民于倒悬。他返回北京后，多方奔走，邀请佛教赈筹会吴璧华、何一鸣，以及上海北方工赈会张声祥等人来井陉验灾并放赈。自是年秋后至翌年夏，他在显圣寺中相继多次为饥民发放小米35万余斤，红粮（高粱）29万多斤，米16万斤，还有面麸、豆饼、玉米等粮食近10万斤、棉衣数千件，又发放银元数万元和各种粮种，使邑内数万饥民赖以存活。[②]

　　莲海法师还收养了家庭无力抚养的难童550名：井陉显圣寺"难童教养所"收养300名，送北京收养所200名，选其中优秀者50名入北京种德堂善士学校学习，以全其材。[③]这其中就有后来著名的密悟格西与法舫法师。

　　当时的显圣寺破败已久，莲海法师在赈灾的同时，发愿重修道场，得到井陉正丰煤矿总经理段启勋先生（段祺瑞之三弟）的鼎力资助，自1921

---

　　①　莲海法师中兴显圣寺之后，又主持重修了井陉玉峰山、雪花山等寺庙，邑人感其德，公请其出任显圣寺、雪花山、志公岩住持。海莲1930年圆寂于志公岩禅室，茶毗后得舍利若干，建塔于志公岩。

　　②　井陉县史志办公室：《井陉县志料》，民国二十年（1931）修，1988年整理重印，第573页。

　　③　井陉县史志办公室：《井陉县志料》，第573页。

年1月动工至7月竣工，历时半年，费银3000余元，将殿宇佛像修葺一新。重修后的显圣寺，形成一长方形院落，寺内建筑由南向北依次为山门、天王殿、大雄宝殿、毗卢殿等，中轴线东西两侧有祖师殿、僧寮及藏经楼等。寺之东侧为显圣寺历代高僧墓地，砖塔、石塔林立；临绵河处，矗立着一座建于金代的华塔，它与正定广慧寺华塔一样，属国内罕见的精美古塔。①

莲海法师在修建寺院的同时，在显圣寺设立井陉佛教分会，筵僧讲经说法，使境内佛教为之中兴。1921年农历二月三十日，著名高僧倓虚法师随北京佛教筹赈会人士一同来到井陉显圣寺。三月初一，倓虚开始在寺内为广大民众、教养所难童讲经，历时一个月，先后宣讲了《金刚》《弥陀》及《地藏》等经典。此次井陉显圣寺讲经，是倓虚法师出家后的第一次讲经弘法，故在其《影尘回忆录》中称此次讲经为"井陉弘法第一声"。

四　著名僧人②

（一）密悟

莲海法师在显圣寺收养的当地难童之中，有一位霍履庸。霍氏本乃井陉望族，世代清芬。其十六世祖霍鹏曾为明万历时都察院右副都御史，十五世祖霍叔瑾曾为清康熙时通正使（善书法，其草书为康熙帝所欣赏），其父霍堃乃清光绪间拔贡。进入民国，霍氏家道中落，因此1920年华北大旱，霍履庸也就成了莲海法师在显圣寺收养的难童之一。霍履庸在显圣寺学习、听经时，因其家学影响，识字且天性聪慧，被选送到北京种德堂善士学校学习文化及佛学知识。三年后，霍履庸考入北京华英中学读高中。1924年，从大勇法师、白普仁尊者学习藏传佛教。次年，他参加大勇的入藏学法团到四川康定安雀寺学习藏语，并依该寺江巴喇嘛正式剃度出家，法号密悟。

由于种种阻隔，入藏学法团求索数年未能如愿，唯有大刚、法尊、密悟几人克服重重困难，继续西进，分别于1932年、1933年到达拉萨哲蚌寺拜师学经。在拉萨的十一年时间里，密悟法师系统学习了藏传佛教的五部大论，1943年，密悟在拉萨参加"门郎钦布"祈法大会之佛教学位考试，

---

① 花塔之"临河倒影"乃井陉八景之一。惜此塔在1963年8月被洪水冲毁，后来显圣寺大部建筑也毁坏殆尽，今唯余一座残破的大雄宝殿。

② 第四小节内容根据鞠志强主编，张志军著：《河北佛教史》，第524—525、536—537页内容整理。

并获得"拉让巴格西"头等第七名，称"昂格"（超级格西）。汉人中获此殊荣者，前所未有。因密悟是藏传佛教史上第一位考取头等格西的汉族僧人，受到西藏佛教界特殊尊重，故而达赖喇嘛专宴密悟法师，并赠以镶金僧靴。

1946 年密悟法师返回成都，在四川文殊院、宝光寺、尧光寺等地讲授藏传密教经典，在川中名声日高。在此期间，在成都成华大学政治系任教的地下共产党员熊子骏拜密悟为师，在向其学习"因明""中观"的同时，也向密悟宣传共产党的主张，使其成为爱国进步人士，为西藏的和平解放做了大量工作。

密悟师为人谦虚，学识渊博，尤其是对藏传佛教研究之深，是空前的。他曾将多部藏经译为汉文，惜全部散佚。

（二）法舫

法舫[①]法师，俗姓王，河北省井陉县人，清光绪三十年（1904）生。[②]法舫法师是太虚大师门下四大弟子之一。追随太虚大师长达二十年，竭尽全力维持大师所开创的事业，对大师革新佛教的理想竭诚拥护。法舫不仅是太虚大师的入室弟子，也是其得力助手，其勇于负责的精神，至堪钦佩。

法舫法师会汉、藏、英、梵、巴利五种语言文字，精通汉传、南传、藏传佛教。他先后任教于武昌佛学院、柏林教理院、汉藏教理院，三度主编《海潮音》杂志，并主持世界佛学苑图书馆，襄佐太虚大师设立世界佛学苑研究部，成果斐然，是我国近代杰出高僧之一。

1940 年，民国政府教育部礼请法舫以传教师身份到印度、斯里兰卡弘扬大乘佛法。其间，由于法舫德学兼优，先后被印度国际大学和斯里兰卡国立大学礼聘为教授。这在近代中国僧人之中，乃空前荣光之事。由于法舫能将多国语言互易运用，讲经说法深入浅出、活泼生动，真正把中国大乘佛法传扬于世界，成为驰名中外的一代佛教学者。他两度出国传教，为中印、中锡文化交流作出了杰出贡献，为中国佛教赢得了国际声誉。

---

① 法舫，最初法名为"芳"，入武昌佛学院后改为舫。

② 关于法舫的生年，有不同的记载。台湾道安法师在法舫圆寂前十个月时撰文写道："法舫……生于前清光绪二十九年（1903）。"见道安《法舫法师传略》，《道安法师遗集》，台湾松山寺灵根法师印行，1983 年，第 75 页。

第三节　伊斯兰教

伊斯兰教与基督教、佛教并称世界三大宗教。唐代平叛"安史之乱"时，传入石家庄地区，距今已有近 1300 年历史。20 世纪初，京汉、正太铁路建成通车，石家庄市区周围的藁城、无极、正定以及保定一带的穆斯林云集石家庄寻求生计，伊斯兰教随之传播开来，并建立清真寺。①

一　清末伊斯兰教碑碣的普遍出现

清末，随着清真寺的大量修建和汉族文化的普及，伊斯兰教碑碣作为一种合成文化和穆斯林道德、信仰的传承方式，在石家庄地区普遍出现。内容涉及建寺、记事、功德、告示、禁戒、教理、捐赠等多方面。现将该时期伊斯兰教碑碣整理如下：

1.新乐"彭家庄重修清真寺碑"，清同治四年（1865）立；

2.无极"高头清真西寺重修碑记"，清同治十年（1871）立；

3.新乐"彭家庄清真寺记地总碑"，清光绪二十三年（1897）立；

4.新乐"彭家庄重新整理清真寺记地亩碑"，清光绪二十三年（1897）立；

5.新乐"彭家庄清真寺重建碑"，清光绪三十年（1904）立；

6.新乐"彭家庄清真寺万古流芳碑"，清光绪三十年（1904）立；

7.无极"高头清真寺百世流芳碑"，清光绪三十一年（1905）立。

这些碑碣，不仅刻写下清代石家庄穆斯林的精神世界和社会行为，而且从不同角度真实记录了清代石家庄伊斯兰教、回族的历史发展和与清朝统治者之间错综复杂的关系。如在《无极高头清真寺碑记》②中，对"清真""真主"以及伊斯兰教"无形"理论所作的简明精辟的论述，既反映了碑文撰者对伊斯兰教教义和哲学理论的高深造诣，也代表了这一时期石家庄穆斯林在宗教理论认识方面的新水平。③

---

① 石家庄市民族宗教事务局编：《石家庄宗教志》（上册），第 2 页。

② 碑在今石家庄市无极县高头清真西寺，碑文见余振贵、雷晓静：《中国回族金石录》，宁夏人民出版社 2001 年版，第 214 页。

③ 鞠志强主编，吴丕清著：《河北伊斯兰教史》，宗教文化出版社 2016 年版，第 211—212 页。

图 4-5　无极高头清真寺藏光绪帝御赐香炉

（图片来源：《河北宗教史图集》，第 366 页）

二　民国时期石家庄的伊斯兰教

伊斯兰教在中国有多种称谓，如"清真教""回回教""回教"等。石家庄市有回族、维吾尔族、塔吉克族、乌孜别克族、哈萨克族等 10 个少数民族，这 10 个少数民族历史上大部分信仰伊斯兰教，但也有一部分信仰别的宗教或不信仰宗教。石家庄地区少数民族以回族人口最多，主要集中在无极高头、藁城九门、新乐彭家庄、正定顺城关、辛集南街等18 个村庄。

无极县，据县志记载：坛下村在城西南 15 公里，有回教教徒 503 户，清真寺 1 座，为教徒会聚诵经之处……坛下村正东，高头村距城 12.5 公里，亦有回教教徒 423 户，清真寺 1 座，教规与坛下村同，唯以内部不和，于该村东牌创建一寺，凡归此新寺者名曰新行教，归于西牌旧寺者名曰古行教。①

藁城县，据县志记载：今吾邑回教约计千户，以九门、蒲城、谈下、南乡为最多，皆有礼拜堂之建设。②据民国十九年（1930）年度调查户口之数，

---

① 耿之光、王桂照修，王重民纂：《无极县志》，成文出版社民国二十五年（1936）影印本，第 124 页。

② 林翰儒纂：《藁城县乡土地理》，成文出版社 1968 年版，第 59 页。

全县信奉回教者，男 1791 口，女 1660 口。①

新乐县，伊斯兰教主要分布在彭家庄、堤头乡东杨家庄。另外，长寿、承安镇等也有少量居住者。民国十九年（1930），新乐县有伊斯兰教教徒 1555 人，其中男性 876 人，女性 679 人。②

正定县，伊斯兰教教徒主要是藁城九门和保定定县的回族迁居而来。民国三十一年（1942），有教徒 1204 人，其中男性 702 人，女性 502 人。顺城关清真寺建于民国三十四年（1945），历任阿訇有甘俊岭、刘希文、底世清、赵斗、马金元、白金贵。③

束鹿县（今辛集市），伊斯兰教教徒主要聚集在新城镇。据县志记载，光绪三十一年（1905），有回教男女 138 人。④民国二十三年（1934），为减轻教民负担，新城镇清真寺又募捐了 36 亩地，大部分出租，少部分由阿訇、四掌教耕种，从此清真寺开始自养。⑤

三　民国时期石家庄的清真寺

（一）石家庄清真寺⑥

1897 年西方列强为了便于掠夺中国的资源，始修卢汉铁路（卢沟桥至汉口），并将铁轨铺到石家庄，被坚决反对帝国主义的义和团所拆毁。义和团运动被镇压后，根据《辛丑条约》，重修铁路，改名京汉（由北京至汉口）铁路，1902 年铁路再次修至石家庄，1903 年建成车站，命名为枕头车站。经营餐饮业的穆斯林随修路大军由保定率先到达石家庄。随着京汉铁路于 1905 年正式通车，1907 年正太铁路修筑，并以石家庄为始发站，使石家庄聚然喧闹起来，服务行业、工厂随之勃兴，商贾蜂拥而至，石家庄取代获鹿成为冀晋两省货物的集散地，穆斯林也由保定、定州、正定、藁城、无极等地迁到石家庄，1907 年达 20 余户，100 多人。来石穆斯林

---

① 藁城市地方志办公室整理：《藁城县志》，内部资料，2007 年版，第 412 页。

② 新乐县地方志编纂委员会编：《新乐县志》，中国对外翻译出版公司 1997 年版，第 664 页。

③ 正定县方志编纂委员会：《正定县志》，第 829 页。

④ （清）李中桂等纂修：《光绪束鹿县志》，成文出版社光绪三十一年（1905）影印本，第 69 页。

⑤ 辛集市地方志编纂委员会：《辛集市志》，中国书籍出版社 1996 年版，第 988 页。

⑥ 石家庄市民族宗教事务局编：《石家庄宗教志》（上册），第 392—394 页。

为履行宗教功课，筹集款物在桥西八条胡同租赁土地，修一坊简陋的清真寺，盖土木结构的北房 5 间，其中 3 间做礼拜处，2 间做沐浴室。1917 年被洪水一洗无余。

此后，石家庄的众多乡老为重建新清真寺奔走呼号。然而因人单势孤，一时难遂心愿。回族古玩商人林恒昌和张洛海、刘洛臣等集资现大洋 275 元，购得石家庄村西土地 9 分有余，于 1920 年三月破土动工，重建清真寺。暂修三间土木结构北房为礼拜殿、土木结构南房三间为沐浴室。此时殿堂简陋、规模狭小、难称完寺。

1918 年，随着石家庄因南北经济大动脉京汉铁路和东西经济动脉正太铁路通过，名声远播，京汉铁路的振头车站改名为石家庄车站，北洋军阀政府又于 1925 年下令在石家庄筹备建市。石家庄和休门两村合并，各取一字，拟市名为"石门"。此时穆斯林增为数百户，但多为苦寒之家，完善清真寺之心有余，而经济力量难于到达。1925 年 12 月，马云亭及侄马鸿宾两位将军捐资购寺西地六分，暂以砖瓦围之。1926 年冬，甘肃武都王继先阿訇由归绥（今内蒙古呼和浩特）应聘来到石门任教长。他品端学萃，德高望重，热心于教门，为完善清真寺，王继先阿訇不惮跋涉之劳，四方奔募，其行动感天地。除本埠穆斯林尽力捐资外，山西教育厅厅长马骏，字君图及太原众穆斯林慷慨捐助，从清西陵购苍松翠柏，伐之以备建礼拜殿之用，王阿訇以归绥清真寺礼拜殿为楷模，亲自绘制图纸，先建东对厅三间，北讲堂三间，沐浴室三间，门楼一间及围墙，焕然一新，由于当时局势动荡，米珠薪桂，百物无不昂贵，礼拜殿不得不暂缺，王阿訇又八方奔走，广求乜贴，各地穆斯林慨解义囊，1929 年按王继先阿訇设计建成礼拜殿，整个清真寺无不美善，名为"石门清真寺"。1930 车勒诸贞珉以永垂后世。并在附近创建穆光小学，后改名清真小学、回民小学。

随着回民繁衍生息及不断迁来，清真寺显得狭窄，难以容众。各位乡老四处写乜贴、集资金，于 1940 年又在清真寺南侧购民房 23 间，扩建沐浴室，重盖北讲堂，扩建了清真寺的规制。1949 年后，清真寺更名为石家庄清真寺。

表4-3 民国时期石家庄清真寺历任阿訇[①]

任次	阿訇姓名	任期时间	籍贯
1	石恩甫	1911—1916	河北省保定市
2	张桂	1917—1925	不详
3	王继先	1926—1933	甘肃省武都县
4	麻子荣	1933—1935	山东
5	韩炳伍	1936—1944	内蒙古呼和浩特市
6	杨宝斋	1945—1946	河北省保定市
7	金德海	1947	北京市
8	底温良	1948	河北藁城九门
9	杨永昌	1948	河北省保定市
10	尹宽	1949	内蒙古呼和浩特市

（二）石家庄桥东清真寺[②]

1925年，北洋军阀政府下令在石家庄筹备建市，将石家庄与休门合并，取名石门。桥东回民逐渐增多。日伪占领时期，于1940年建石门市。特别是抗日战争胜利后，国共在重庆进行和平谈判，久经战乱的中国人民渴望和平安定有一线希望，回民期望过正常的宗教生活，到桥西清真寺路遥不便，盼望在桥东回民聚居区再建一坊清真寺。乡老金洛顺联合众乡老，筹资购料，于1946年在休门西（现东华路）上，先盖了北讲堂、南讲堂、沐浴室共15间，以讲堂权做礼拜殿。

表4-4 民国时期石家庄桥东清真寺历任阿訇[③]

任次	阿訇姓名	任期时间	籍贯
1	杨宝斋	1946—1947	河北省保定市
2	底世清	1947—1949	河北藁城九门村

---

① 石家庄市民族宗教事务局编：《石家庄宗教志》（上册），第395页。
② 石家庄市民族宗教事务局编：《石家庄宗教志》（上册），第399页。
③ 石家庄市民族宗教事务局编：《石家庄宗教志》（上册），第400页。

（三）清真女寺 ①

20 世纪 30 年代初，石家庄穆斯林在建成礼拜殿和创办穆光小学后，为女穆斯林聚礼和会礼方便，租用桥西清真寺南民房三间，暂时做女穆斯林的沐浴屋和礼拜处。1944 年，石门市穆斯林增多，穆斯林经济实力大增，于是购买土地，创建石门清真女寺，盖北房 3 间，做讲堂；南房 2 间，做沐浴室，西房 5 间做礼拜殿，建筑面积 161.39 平方米。并聘请师娘（女阿訇）主持清真女寺教务，带领女穆斯林履行五功，传播伊斯兰教教义、教法、礼仪等知识。

表 4-5　　　　　　　　　　民国时期清真女寺历任师娘

任次	师娘姓名	任期时间	籍贯
1	杨师娘	1944—1945	山东
2	金师娘	1944—1950	河北保定市

各县清真寺，如藁城县九门清真寺、东蒲城清真寺、南乡清真寺；新乐县东杨家庄清真寺、彭家庄清真寺；无极县高头清真寺、谈下清真寺；束鹿县（今辛集市）新城清真寺、辛集清真寺；正定县城内清真寺、顺城关清真寺，不再一一赘述。

第四节　天主教

天主教又称"公教""罗马公教""加特力教"，是基督教的三大派别之一。明代末期，天主教传入河北。据记载，天主教南北朝时，传入吾国，忽断忽续，未尝发展；明季传道师来华者，皆具高尚学识，信徒渐众，遂流传内地。②另据记载，万历年间天主教传入高邑，首先入教者为里村、坊珊、破塔三村，次有中韩、河头村、陈家庄、北关相继入教。③鸦片战争爆发前，

---

① 石家庄市民族宗教事务局编：《石家庄宗教志》（上册），第 401 页。
② 林翰儒纂：《藁城县乡土地理》，第 62 页。
③ 王天杰修、宋文华纂：《高邑县志》，成文出版社民国二十二年（1933）影印本，第 206 页。

直隶（今河北）天主教徒达到 7.5 万人。[①]

一　清末天主教的传入

天主教传教士在石家庄地区的活动，在"导言"中有所提及，但其活动从未停止过。例如：直隶总督讷尔经额奏报：于 1846 年 9 月 6 日（道光二十六年七月十六日）抓获企图通过井陉闯关，进入山西传教的法国传教士牧若瑟及随行的山西教民程世直，送交井陉县审讯，并将牧若瑟遣返广东。[②]此一时期，进入内地传教属于非法，所以，这一时期的中国官方记载中关于传教士在石家庄地区的活动并不多，但并不意味着传教士已经在这个地区绝迹。由于史料的限制，使我们很难详细描绘出该地区全部传教士的状况和活动，只能以"窥斑见豹"式的耙梳勾勒出大体的情况。清初，在石家庄地区活动的传教士以耶稣会士为主，至 1773 年（乾隆三十八年）被罗马教廷解散，元气大伤。后虽又被恢复（1814 年，嘉庆十九年），但已风光不再。而遣使会则被罗马教廷授命接收耶稣会所办教区，使得该地区的传教活动得以维持，直至第二次鸦片战争后，在中国内地传教活动全面合法，其事业得以进一步的繁荣、扩大。但即使在禁教森严的时期，传教士依旧坚持在石家庄地区。例如：法国遣使会传教士董若翰（Jean-Baptiste Anouilh），1849 年 9 月 9 日抵达北京教区。他当选为阿拜多斯的主教，被任命为孟振生主教的辅理主教，并于 1851 年 6 月 22 日由该主教在小营里（宁晋县）"祝圣"，于 1858 年 12 月 14 日被任命为直隶西南的第一位宗座代牧。直至 1869 年 2 月 18 日在正定府去世，其墓地位于柏棠小修道院的小教堂中。[③]董若翰在该地区活动时间长达 18 年，其间活动往来虽不可尽数，却也有迹可循。例如：1861 年 12 月 31 日（咸丰十年十一月二十九日），直隶总督奏报："正定县知县钱万青禀报：前次曾到夷人董若翰，安置在郡城崇因寺。……现在逐日聚集多人，不知何为，未便向其稽查。且该夷

---

① 石家庄市民族宗教事务局编：《石家庄宗教志》（下册），石家庄市市直机关文印中心 2016 年，第 506 页。

② 朱金甫主编：《清末教案》（第一册），《中国近代史资料丛刊续编》，中华书局 1996 年版，第 30—32 页。

③ ［法］荣振华等：《16—20 世纪入华天主教传教士列传》，耿昇译，广西师范大学出版社 2010 年版，第 583 页。

自居长官，举动骄傲。……现已传称，该夷人不日欲往栾城、赵州、宁晋、藁城、定州等处"[①]，由此可见董氏在教禁初解时期活动区域之广。当然，在该地区活动的传教士绝不是仅此一位。

图4-6　直隶西南代牧区示意图

（图片来源：《河北宗教史图集》，
2016年，第464页）

**图4-7　正定西南代牧区总堂
近景**

（图片来源：王熙藏品旧照片）

图4-8　正定西南代牧区总堂远景

（图片来源：王熙藏品旧照片）

---

① "中央研究院"近代史研究所编：《教务教案档》（第1辑），《中国近代史资料汇编》，"中央研究院"近代史研究所1974年版，第241—242页。

表 4-6　　　　1840—1919 年直隶西南宗座代牧区遣使会传教士情况一览 [①]

序号	姓名	国别	到教区时间	在教区服务时间（年）
1	林安当 （Jean-Antoine Simiand）	意	约1841	约30
2	董若翰 （Jean-Baptiste Anouilh）	法	1851	18
3	蔡国贤 （Pierre Ts'ai）	华	不详	不详
4	姜怀义 （Benoit Kiang）	华	约1857	约35
5	张司铎 （Paul Tchan）	华	1857	不详
6	吕景堂 （Maurus Lu）	华	1859	38
7	李饱德 （Matthien Li）	华	约1859	约7
8	罗若翰 （Jean-Baptiste Marie Glau）	法	不详	不详
9	艾树声 （Ignace Erdely）	匈	约1861	约24
10	梅慎思 （Raphael moscarella）	意	约1863	约34
11	樊明道 （Vincent Fan）	华	1866	17
12	白振铎 （Geraud Bray）	法	1866	一个多月
13	张振铎 （Laurent Tchang）	华	约1866	约14

---

① 直隶西南宗座代牧区，成立于 1856 年（咸丰六年），主教府设在正定府，辖正定、顺德二府，及定州、赵州二直隶州。最初由孟振生代理教务，1958 年 12 月 14 日董若翰被任命为直隶西南的第一位宗座代牧。1924 年直隶西南宗座代牧区改正定宗座代牧区，1946 年，改成正定教区。

续表

序号	姓名	国别	到教区时间	在教区服务时间（年）
14	侯穆远 （Quintus Heou）	华	1866	34
15	张廷安 （Paul Tchang）	华	1866	48
16	戴济世，又名达里布 （Francois-Ferdinand Tagliabue）	法	1869	15
17	周雅南 （Jacques Tcheou）	华	1870	8
18	张树芳 （Jean Tchang）	华	约1870	约42
19	安守正 （Jacques Grasset）	法	不详	不详
20	谢凤来 （Jean-Louis-Marie Chevrier）	法	不详	不详
21	谢儒略 （Justin Lescure）	法	1873	31
22	李安当 （Antoine Dellac）	法	约1873	约4
23	高履泰 （Charles Catella）	意	1876	7
24	卫振世 （Omer-Casimir-Amand Vasseur）	法	约1876	约17
25	包儒略 （Jules Bruguiere）	法	约1877	约29
26	陆功达 （Claude-Maurice Gontharet）	法	1878	3
27	文华 （Alexandre Waelen）	荷	约1878	约23
28	董若望 （Jean Coursieres）	法	1880	20
29	孟爱理 （Alphonse-Marie Morelli）	意	约1880	不详

续表

序号	姓名	国别	到教区时间	在教区服务时间（年）
30	和生春 （Henri Hercouet）	法	约1881	约23
31	狄德缓 （Andre-Alexandre Denis）	法	约1881	约6
32	董文学 （Pascal-Raphael-Nicolas-Carmel D'Addosio）	意	1882	3
33	雷觉世 （Raymond Ramond）	法	约1883	约14
34	张淑世 （Paul-Louis Tchang）	华	约1884	约33
35	程霁阁 （Francois Tch'eng）	华	约1884	约36
36	都士良 （Jean-Baptiste-Hippolyte Sarthou）	法	1885	5
37	武致中 （Ernest-Francois Geurts）	荷	约1886	约4个月
38	庞锡祉 （Paul Bantegnie）	法	约1886	约10
39	顾贤劳 （Adolphe-Desire-Ernest Coudart）	法	约1887	约8
40	齐白修 （Felicien Muzzi）	意	1887	9
41	贾体道 （Jean Kia）	华	约1890	约9
42	裴若望 （Jean-Aristide Penen）	法	约1891	约22
43	陈世骏 （Vincent Tch'en）	华	约1892	约21
44	巴国范 （Nicolas Baroudi）	叙	约1893	不详
45	马进贤 （Jean Meineri）	意	约1895	几天后去世

续表

序号	姓名	国别	到教区时间	在教区服务时间（年）
46	艾树声 （Joseph-Jacques-Pierre Geerts）	荷	约1896	约3
47	林铎 （Leonard-Joseph-Hubert Hoefnagels）	荷	约1896	约32
48	韩国彬，后称安思定 （Auguste-Edouard Henault）	法	约1896	约2
49	柴慎成 （Thomas-Ferdinand Ceska）	奥	不详	不详
50	德通修 （Arnold-Henrt-Louis Theunissen）	荷	约1898	约2
51	马得胜 （Victor-Louis Malfait）	法	约1899	约4
52	文致和 （Hubert-Franccoi Schravent）	荷	约1899	约9
53	雷鸣稣 （Joseph-Adrien-Gabriel Leymarie）	法	约1901	不详
54	彭寿民 （Louis Pochon）	法	约1901	约1
55	安永祺 （Celestin-Andre-Francois Jaladien）	法	约1902	约15
56	樊萌丰 （Michel-Ange Stefani）	意	约1903	不详
57	尚德馨 （Jacques-Marie-Joseph Jamar）	比	约1903	约30
58	王化东 （Jean Valette）	法	约1903	约15
59	艾类斯 （Louis-Noel Chanet）	法	约1903	不详
60	德润身 （Jacques Reynen）	荷	约1904	约17
61	李振华 （Nicolas-Daniel Lescos）	法	约1904	约13

续表

序号	姓名	国别	到教区时间	在教区服务时间（年）
62	郎士贞 （Georges Rolland）	法	约1905	不详
63	雍爱众 （Ildefonse-Pierre-Joseph Lemoine）	法	约1906	约12
64	顾其卫 （Jules-Auguste Coqset）	法	1907	10
65	司嘉德 （Alphonse-Marie Schiattarella）	意	约1907	不详
66	夏露贤 （Lucien Charny）	法	1907	不详
67	叶义详 （Jean Riera）	西	1908	14
68	马鸣岐 （Jean Ramakers）	荷	约1908	不详
69	和生春 （Felix Aube）	法	约1909	不详
70	陆道传 （Emile Roussez）	法	约1909	约5
71	程九朝 （Thomas Tch'eng）	华	约1910	不详
72	梅贵宾 （Francois Van Meerendonk）	荷	约1910	约3
73	方道林 （Francois-Xavier Friedrich）	匈	约1910	不详
74	宋德馨 （Jean-Baptiste Song）	华	约1911	约17
75	陈世绵 （Joseph Tch'en）	华	约1911	不详
76	尉文汇 （Joseph Yu）	华	约1911	不详
77	尉文森 （Jules Yu）	华	约1913	约18

续表

序号	姓名	国别	到教区时间	在教区服务时间（年）
78	辛春海（Thomas Sin）	华	约1913	不详
79	白世珍（Joseph Pai）	华	约1913	不详
80	米济民（Jean Mi）	华	约1913	不详
81	申清铎（Francois Chen）	华	约1913	约2
82	穆尔理（Etienne Manry）	法	约1913	约14
83	雷声远（Jean-Baptiste-Pierre Remy）	法	1914	19
84	方义模（Constant-Andre Fiandin）	法	1915	3
85	王德山（Jacques Van Ravesteyn）	荷	约1915	约5个月
86	张先民（Joseph-Tchang）	华	约1915	约6
87	陈启明（Job Tch'en）	华	约1916	不详
88	孔令德（Joseph K'ong）	华	约1916	不详
89	米兆丰（Joseph Mi）	华	约1916	不详
90	文贵宾（Jean de Vienne de Hantefeuille）	法	1917	3
91	步络义，最早姓蔡（Laurent Strzelczyk）	波	1917	4
92	闵孝宽（Francois Min）	华	约1917	不详
93	米济世（Pierre Mi）	华	约1917	不详

续表

序号	姓名	国别	到教区时间	在教区服务时间（年）
94	萧崇山 （Jean Slao）	华	约1917	约6
95	董葆真 （Pierre Tong）	华	约1918	不详
96	田德玉 （Paul Tien）	华	约1918	不详
97	包安德 （Andre Bruno）	埃及	1918	不详
98	李明源 （Felix Olivers）	荷	约1918	不详
99	周济世 （Joseph Tcheou）	华	约1919	约10
100	孟济华 （Antoine-Joseph Mommers）	荷	1919	1

资料来源：［法］荣振华等《16—20 世纪入华天主教传教士列传》，耿昇译，广西师范大学出版社 2010 年版。

　　表 4-6 中仅仅是列举了该时期遣使会在石家庄地区活动的传教士的记载，事实上，由于资料所限也不可能是该会在此地区活动的全部传教士。其他如保禄会，女修会仁爱会、若瑟会，及新教圣公会、内地会等，后有专章，这里不再赘述。综上所述，天主教在教禁、局部开放、全面开放等各时期在石家庄地区活动大略可见一斑。

　　鸦片战争后，随着西方列强侵略的不断深入，天主教也加紧了传教活动。由于天主教教务不断发展，欧洲天主教修会积极推进宗座代牧制。咸丰七年（1857）撤销北京教区，建立三个宗座代牧区：直隶北宗代牧区、直隶东南宗代牧区和直隶西南宗代牧区，其中直隶西南宗代牧区，主教驻地正定，由法国遣使会管理。[①]

　　1861 年初，法国遣使会士董若翰主教来到直隶西南宗代牧区正定府

---

① 鞠志强主编，任继远著：《河北天主教史》，宗教文化出版社 2016 年版，第 178 页。

上任。当时代牧区有教徒1.2万人，分布在122个村庄，其中正定府6000人，分布在72个村庄，赵州6000人，分布在50个村庄。[①]董若翰主教上任后，推行"诉讼传教"的方法，在西南宗代牧区开启了"诉讼传教"时代。董若翰在传教时讲道："我有皇上的谕旨，大家都可以信天主教，任何人不可阻拦，连皇上也不能，官员更不能了。"[②]董若翰的"诉讼传教"，使信奉天主教的家庭和人数迅速增加。1863年，平山县水碾、灵寿县孙家庄、深泽县大梨园村等7个村都信奉了天主教。[③]在董若翰主教多年经营下，到1870年，直隶西南宗代牧区教务已遍及32县，有堂口339个，21615教友。[④]有关1840—1919年间遣使会传教士在石家庄地区活动的情况，在导言中已经有所叙述，这里不再赘述。

图4-9　民国时期正定天主教堂全貌

（图片来源：王熙藏品　旧照片）

---

① 鞠志强主编，任继远著：《河北天主教史》，第201页。

② 解成编著：《基督教在华传播系年》（河北卷），天津古籍出版社2008年版，第102页。

③ 鞠志强主编，任继远：《河北天主教史》，第202页。

④ 樊神父：《遣使会在华传教史》，吴宗文译，台北：华明书局1977年版，第240—241页。

图 4-10　正定宗座代牧区主教府——栖贤楼

（图片来源：《河北宗教史图集》，第 480 页）

图 4-11　正定宗座代牧区主教府神父楼

（图片来源：《河北宗教史图集》，第 538 页）

二　晚清石家庄地区的教案

有关清末的教案，夏春涛在其《教案史话》中定义为，教会与教外民众因摩擦、冲突而引起的诉讼、交涉事件。① 纵观清末教案之所以频发，主要是有些传教士利用不平等条约，强占土地民房，干预地方行政司法，袒护教民，欺压平民引起的。清末"中国教案层见叠出。小则失财，大则失地，而教案一端遂以促瓜分之祸……此非宗教之关系，乃政治上之关系也"②。所以说，中国近代教案，是中国社会逐步沦为半殖民地半封建情况下的特殊产物。③ 从清初至 1907 年间，石家庄地区的教案主要有以下几种类型。

1.维持禁教谕令，搜捕、驱逐私入内地的非法传教士。如前所述，即使在严厉禁教的康雍乾时期，行走在内地的西方传教士也能藏匿于广阔的教区，并不断有后继者挑战朝廷的禁令，由此引发了数次大规模的搜捕行动。

1784—1785 年乾隆朝教案。1784 年 10 月 4 日（乾隆四十九年八月二十日），湖广总督特成额奏报：8 月 27 日（七月十二日），在郧阳白家湾抓获四名"相貌异样"的可疑人员。据四人雇用船只的水手称：系西洋人往陕西传教。在四人的随身箱物内，查获西洋经卷，及纸画神像一箱。据审讯，四人是广东罗马当家所发往陕西传教。并查获随身携带给李姓之人的书信一封，由蔡伯多禄送至湖南湘潭暂住，另酌人接力送樊城，直走西安。委托其将四名传教士送往陕西。④ 乾隆帝发上谕：质问广东督抚为何漫无察觉？且恐其得有逆回滋事之信。并有遣人赴陕，潜通信息的可能。令两广、湖广、陕甘总督彻底究办。⑤ 全国彻查的结果发现，此案竟然牵涉广东、福建、湖北、湖南、陕西、四川、山东、山西、直隶、甘肃等省的数百名教徒。⑥ 其中，协办大学士和珅字寄直隶总督刘峨，要求查拿分往直隶的西洋传教士汉色勒木、阿头大多，解京收审。⑦ 其后又多次追问、

---

① 夏春涛：《教案史话》，社会科学文献出版社 2011 年版，第 10 页。

② 《论中国教案之原因》，《东方杂志》1904 年第 11 期，第 65—67 页。

③ 朱金甫主编：《清末教案》（第一册），中华书局 1996 年版，前言第 1 页。

④ 中国第一历史档案馆编：《清中前期西洋天主教在华活动档案史料》（第一册），中华书局 2003 年版，第 344—346 页。

⑤ 《高宗纯皇帝实录》（第十六册），《清实录》，中华书局 1986 年版，第 267—268 页。

⑥ 张力、刘鉴唐：《中国教案史》，第 187—188 页。

⑦ 中国第一历史档案馆编：《清中前期西洋天主教在华活动档案史料》（第二册），第 557 页。

质询刘錡追查的结果。后来，虽然发现有所误会，"西洋人汉色勒木，即颜诗莫。阿头大多，即德天赐。杨义格拉、乌里必约，即罗机洲、麦守德。四人具系令汪达洪寄信粤东，经该督抚委员伴送来京当差，应用者。并非汪达洪私行勾引，潜赴直省传教之人。著传谕刘錡，即通饬各属停止查拿"①。即便如此，其他直隶教徒也多受牵连。正定府藁城县的教民郝保禄因接引在此地传教的梅神甫而被解部收审，同时继续缉拿接待过梅神甫的教民何禄。②连同一周前在清河县抓获的"勾引伴送"传教士进入直隶的安三等人，被解京归案。至此，这场波及全国的大教案才渐渐平息。

嘉庆朝依然对天主教在内地传教保持了高压政策，先后发生过：1805年（嘉庆九年），在京意大利传教士德天赐违反禁令，委托华人教徒陈若望向澳门传递"由海道至直隶注有汉字的地方地图"，而导致在山东、直隶两省查拿天主教徒的案件，前后有"一千人等受到惩罚"，并波及全国；1811年（嘉庆十六年），搜捕旗人教徒案；1812年，西藏马奇事件及贵州驱教案；1813—1814年，湖北、广东驱教案等。③在这种态势下，此一时期直隶历任总督也不遗余力地维护禁教的谕令，先后查处了"古北口习教案"④"赤峰毛山丹习教案"⑤等。其中涉及石家庄地区的有1818年3月16日（嘉庆二十三年二月初十日），直隶总督方寿畴奏报"劝谕习教民人到官具结改悔"，称"晋州……习天主教之曹青一名。……赵州习天主教之潘子恒等男妇十二名。……先后赴各该州县具结改悔"，请予宽大处理。⑥

比较上述史料，不难发现，至1860年天主教在华传教"完全合法"

---

① 中国第一历史档案馆编：《清中前期西洋天主教在华活动档案史料》（第二册），第642页。

② 中国第一历史档案馆编：《清中前期西洋天主教在华活动档案史料》（第二册），第691—692页。

③ 详见张力、刘鉴唐《中国教案史》相关章节。

④ 中国第一历史档案馆编：《清中前期西洋天主教在华活动档案史料》（第三册），第1029—1031页。

⑤ 中国第一历史档案馆编：《清中前期西洋天主教在华活动档案史料》（第三册），第1037—1038页。

⑥ 中国第一历史档案馆编：《清中前期西洋天主教在华活动档案史料》（第三册），第1115页。

时期之前，直隶发生的教案数量并不高于东南沿海地区的水平，而正定府的教案数量也远远小于直隶北部、保定府的水平，究其原因，是正定府的天主教发展落后于直隶上述两个地区，与地方官员的控制不无关系。1860年以后，形势有所变化，直隶教案数量暴增，跃居全国的前列。[①]

表4-7　　　　　　　　　1860—1870年全国教案登记表

省　份	教　案	省　份	教　案	省　份	教　案	省　份	教　案
直隶	55	江苏	12	浙江	3	安徽	2
山东	7	陕西	1	福建	11	贵州	8
山西	8	江西	15	广东	6	四川	10
奉天	9	湖北	8	云南	1	吉林	4
河南	10	湖南	3	西藏	2	黑龙江	1

注：从该表看，直隶河北教案第一。

资料来源：《河北宗教史图集》，2016年，第470页。

2. 涉及土地产权的案件。传教士入华多有租地、购地建立教堂的举动，所涉及的地产在康熙朝后期禁教之初，就将那些没有获得朝廷印票的传教士驱逐出境，并将教堂、教产予以剥夺。其后，雍乾嘉道各朝依然奉行严厉禁教，传教士虽然仍潜伏于内地活动，却也不敢公开置办产业。第一次鸦片战争后，西方列强依靠武力不断施压，终于得到了道光皇帝的同意，"所有康熙年间各省旧建之天主教堂，除改为庙宇民居者，毋庸查办外，其原有旧房尚存者，如勘明确实，准其给还该处奉教之人"[②]，各基督教差会也借此突破了条约中"五口传教"的限制，借机向各省渗透。

"正定府还堂案"。直隶西南宗座代牧区的第一任代牧董若翰，1859（咸丰九年）年因邱云亭案[③]，赴保定直隶总督府求情，而被遣返上海，到沪后旋即搭乘对华发动战争的英法联军的军舰北上，并见证了攻克北京、火烧圆明园的过程。[④] 挟列强之武力，董氏传教策略亦一改往日之隐忍变得愈加

---

① 参见陈银崑《清季民教冲突的量化分析（1860—1899）》，台北：商务印书馆1991年版。陈氏统计数据为，直隶共发生教案89起，仅次于四川的117起。及赵树好《教案与晚清社会》，赵氏共统计1842—1911年间，直隶共发生教案240起，仅次于山东的333起。尽管二者的统计数据有所差异，但依旧能看出直隶教案爆发的态势。

② 朱金甫主编：《清末教案》（第一册），《中国近代史资料丛刊续编》，第14页。

③ 朱金甫主编：《清末教案》（第一册），《中国近代史资料丛刊续编》，第173—174、175—177页。

④ 解成编著：《基督教在华传播系年》（河北卷），第91—92页。

强硬起来。1861（咸丰十一年）年他在正定县城传教时，曾被安排住在县城崇因寺，向地方官要求"移居大厦，言称刻下暂屈，来年皇上必有恩旨，赐其住所。……须正顺两府定赵两州往来常住，必有数十间大厦方足敷用"[①]。他通过法使哥士耆出面与清朝政府交涉，商定拣选两处办理即可。公使哥士耆出京后，使官德尔位接办此事，叠次到总理衙门，屡以出兵"帮同期匪"为请，叠次催办。最终选定正定府过去的皇帝行宫地址和宣化府城内原有天主堂两处。法国公使承诺给了这两处，"其它七十余处免究"。结果不长时间就食言，董若翰主教又通过法国公使出面，得到了深州城内四五亩空闲仓地作为教堂地基。[②]他进一步归还正定、顺德两府，及定州、赵州两直隶州共72处教产的要求，借机提出——交还很不方便，而直接索要崇因寺或行宫。[③]总理衙门最初拒绝，但董若翰开列出所有需要交还的天主教堂堂址以胁迫，经过长达半年的反复交涉，董氏最终得逞。[④]

表4-8　　　同治元年法使德尔位呈直隶正定府、赵州天主堂清单

序号	位置	面积及房屋	现状
1	正定府东大街	教堂1座，地基东西10丈，南北15丈	举人开设盐店
2	藁城北桥寨村	教堂2座。东头，房10余间。西头房3间	拆毁，木料入官 拆毁，木料入官
3	赵州野鸡铺	教堂1座，计地2亩有余，房29间，有钟鼓二楼	拆毁，木料入官修柏乡县三十里铺庙宇
4	赵州冯村	教堂1座，计地3亩有余，房30间	拆毁
5	高邑李村	教堂1座，计地5亩有余，房百余间	县署大堂、明伦堂、文庙

---

① "中央研究院"近代史研究所编：《教务教案档》（第1辑），《中国近代史资料汇编》，第241—242页。

② 李书源整理：《筹办夷务始末（同治朝）》第一卷，中华书局2008年版，第190—191页。

③ 朱金甫主编：《清末教案》（第一册），《中国近代史资料丛刊续编》，第224—225页。

④ "中央研究院"近代史研究所编：《教务教案档》（第1辑），《中国近代史资料汇编》，第243—255页。

续表

序号	位置	面积及房屋	现状
6	赵州泥河村	教堂1座，计地18亩，瓦房34间，房屋38间	拆毁
7	栾城赵台屯（村）	教堂1座，东西10丈，南北3.6丈，瓦房3间	拆毁，地基入官
8	藁城西长安村	教堂1座，大堂15间，厢房27间	拆毁
9	晋州于家庄	教堂1座，房数十间计地1亩7分8厘3毫	拆毁，李姓居住。另有墓地，被霸占
10	栾城董家庄	教堂1座，计地60余亩。另有10余亩	书院先生承种城隍庙道士承
11	元氏张邑村	教堂1座，计地6亩	拆毁，木料修桥
12	赵州高家庄	教堂1座	拆毁，木料入官
13	栾城西王村	教堂1座	拆毁入官
14	新乐岳村	教堂1座	拆毁
15	晋州白水村	教堂1座	拆毁入官
16	藁城兴安村	教堂1座。后有说2座，南堂房18间，北堂房25间	拆毁改庙宇
17	赵州谢庄村	教堂1座	木料入官
18	藁城贾村	教堂1座，瓦房5间	拆毁，今教友居住
19	晋州张家庄	教堂1座，房18间	拆毁，田姓居住
20	晋州周家庄	教堂1座，房数十间	拆毁
21	无极东五里庄	教堂1座	拆毁，木料入官
22	新乐西王村	教堂1座	拆毁
23	正定东塔子口	教堂1座	拆毁，木料修崔楼
24	晋州福堂村	教堂1座	现存
25	晋州掌吕村	教堂1座	现存
26	新乐内营	教堂1座	改为魁星楼
27	新乐西望	教堂1座	拆毁，外教人居住
28	无极东庄	教堂1座	拆毁，地基外教人侵占
29	正定复成倪镇	教堂1座	拆毁，现作官马号

续表

序号	位置	面积及房屋	现状
30	正定义子口村	教堂 1 座	拆毁，民宅

资料来源："中研院"近史所编《教务教案档》（第一册），第 365 号，第 245—251 页。字体加粗者为清单中重复出现者，有的重复了两次。

董氏坚称直隶正定、顺德府、赵州、定州等处旧有教堂 70 余座，由于年深日远，不能遽然悉数，只查出 30 余座的具体情况，据此要求偿还，并指明要求得到崇因寺或行宫。后直隶总督上报朝廷，将行宫抵还教会，该还堂案是当时影响较大的一个典型事件。事实上，教会依据条约索还教产，并非如其所宣称的本着方便、通融的原则，而多有趁机要挟、制造事端的行为。总理衙门在为处理还堂案作总结时谈道："即如查还教堂一事，近年各省地方，抵还教堂，不管是否有碍民情，硬要给还；并有强指绅士华丽房屋，为昔年教堂，逼令民间退让之事；甚至将有碍体制之地，及公所、会馆、庙宇、为阖地绅民所最尊崇者，均任意索取抵给教堂。且各省房屋，即或实系当年教堂，业经历有年所，或原系教中人卖出，嗣后民间转相售卖，已非一主；并有从新修理，费用甚巨者，教士不出价值，逼令交还，又因房屋偶有倾倒，反索修理之费。各种举动，百姓均怒目相视，俨若仇敌，岂能相安无事？"① 总理衙门的这一番言论，与董氏扬眉吐气的"索还"，两相印证，自然能够体会到其中酝酿的严重危机。换言之，西方教会自身为其在华传教事业的发展设置了难以逾越的障碍。此类教案看似主体明确，一方是朝廷，一方是教会，似乎与非教民无关。事实上，最终的裁决结果的社会影响，及示范效应一定会波及普通的非信教民众，甚至教会方一定程度上有意如此，这无疑在获得额外利益的同时，也损害了政府的权威。这也是中西的敌对情绪，自上而下迅速延伸的重要原因。

---

① 李书源整理：《筹办夷务始末（同治朝）》（第九册），中华书局 2008 年版，第 3303 页。

表 4-9　　　　　　　1860—1899 年正定府、赵州教案情况一览

序号	时间	地点	案发情由	处理结果	资料来源
	1862 年 9 月	赵州柏乡	柏乡小里村天气亢旱，依照乡规，请关帝像赴各庙焚香拜祷祈雨。七月初一下雨后，众人仍抬神像赴各庙谢雨。路过天主教堂，和陆成杭等教民相遇，村众以教民虽已入教，但各有田禾，不随同祈雨就是沾了光。互相口角，争吵扭殴，张姚氏负气拿走经书四部，并致路怀锦碰伤。	经教民刘振远，民人刘亮、柴洛出面调解，现已和好。民人赔偿天主教堂损坏什物，归还经书。教民承认并无村民殴打教民闫董福，并同意撤诉。今后凡村中演剧酬神、迎神祈雨等，教民不愿随者听其便，首事者不得强相抑勒，言语相激。教民所诉县令姚某并无偏袒不究各情事。	《教务教案档》（第一辑）：第 502、504 号
	1863 年 3 月	赵州柏乡	察哈尔协领讷钦泰押解军马 200 匹赴浙江，路过赵州柏乡贾村，因道路狭窄，军马踩踏青苗。与当地教民冲突，成讼。	双方所言均不尽不实。所践踏青苗损毁不重，均已发荣。所失军马全部找回，并无教民拦殴兵丁、惊跑短夫。毋庸置疑。	《教务教案档》（第一辑）：第 496 号
	1864 年 1 月	灵寿县	教民刘成道邀闫士山、积善寺主持广仑入教被拒，互生嫌怨。后积善寺佛像被毁，闫士山挟嫌诬赖系教民所为，致村民纠众报复，抢夺教民粮食，以致成讼；教民刘发财将女儿许给任二包袱之子为媳，任家欲完婚，刘发财多次推托，致任二包袱起疑，邀众上门抢亲，刘发财误伤民人栗四，以致成讼。	刘发财因事忿争，误伤旁人，应发近边充军，配杖 100，因病故，毋庸议；闫士山革去皂役，杖 80，枷号两个月；积善寺住持广仑勒令还俗，杖 80，折责 30 板；其他参与抢夺教民粮食的村民各杖 80，折责 30 板；原告刘春德撤诉。	《教务教案档》（第一辑）：第 540、554、563、565、566、569、573、574、581—593 号；（第二辑）：第 183、186、190、202 号

序号	时间	地点	案发情由	处理结果	资料来源
	1864年2月	平山县	水碾村民教双方素有积怨。前有双方争夺村内寺庙公产成讼。后本年正月十九日，巡役左福、刘三秃当街施放鸟枪，教民李贵等出堂喝阻，致相互争吵，刘二秃放枪恐吓，伤教民李贵。教民捏造遭捆殴、关禁妇女、打枪抢粮、烧毁教堂、宰杀教民牲畜等事。并放枪至教民郗王氏、郗金梁受惊成疾；勾串灵寿县百姓捉拿教民；运送鸟枪；指取教民房地借钱唱戏；罚令教民跪香拜庙等。称另有财物损失达千数百件，要求赔偿。	争夺村内寺庙公产案，总共70亩，民教各半，允许教民利用建立传教学堂。村中一切演戏酬神赛会，不得派及教民。刘二秃枪伤教民李贵，照例应发云贵、两广烟瘴少轻地方充军。刘三秃为肇衅之人，罪应枷杖。左福等民人事后不力为排解，听任村人喧嚣滋事，各杖80，折责30板。教民李贵、刘自知等控词失实，或因被伤不甘，或因迁怒怀疑，并无恃教之意，均请免议。	《教务教案档》（第一辑）：第538、540、544、545、552—555、563、569、573、574、581—593号
	1864年5月	赵州柏乡	寨里村民教双方争夺公产观音堂，及附属香火地十余亩。教民立馆传教，民人依旧章在罐整庙会期间在观音堂施茶，教民不许，以致互讼。	教民暂挪，俟施茶事毕，仍归该教设学。双方迭次翻控。经提州训明，将观音堂西破寺二庙断令该村民等另行择地对换，与该教建盖天主教堂。	《教务教案档》（第二辑）：第192号
	1869	栾城	教民苏润身赴正定府呈控民人王小二等霸地修庙。	不详	《教务教案档》（第二辑）：第268号
	1870年8月	正定府	法方照会总理衙门，正定府有士兵强行搜查天主教堂，"如迳任人往来之处，随便各屋各院，恣情游历，并升房屋之顶。所牵之马，将堂院中所种花草尽皆践踏。并伤损物件"。据指称是曾国藩晚辈（先称是李鸿章的部队）的部队。	湖广总督李鸿章称，自己的部队尚未达到直隶境；正定镇总兵称，士兵、马匹出入军营都有严格的管理规定，不可能是正定驻军所为；直隶总督曾国藩称，正定练军营中无曾姓总兵官。三人均承诺约束士兵，并严惩造谣生事之人。法方所言不可信。	《教务教案档》（第二辑）：第336、343、347、350、355号

续表

序号	时间	地点	案发情由	处理结果	资料来源
	1873年5月	正定府	法国翻译官德微理亚面递节略，称"直隶正定主教，遇有庆贺大礼、年节令辰，送片拜谒，均拒不接纳。……且该处教民有平常交涉事件，承审官亦必百般勒索"。	正定知府刘秉林称，戴教士来郡拜谒，并无不纳情事。总署要求：遇有教士年节晋谒，如非干预公事，不必过于拒绝，致有借口。	《教务教案档》（第三辑）：第260、264号
	1874年10月	高邑	法国公使热福理照会总署，高邑县卫县令发告示摊派教民出钱修理文庙。	总署要求直隶总督李鸿章，"请将从前谕单之意，训诲官民"。	《教务教案档》（第三辑）：第288号
	1899年1月	平山	缑家村武生曹得魁之二女曹二妮，许字苏家庄韩璋之孙为妻。后曹得魁入教，反悔女儿婚事，百般推脱韩家成亲的要求。并送曹二妮到正定府教会学校。韩家趁曹二妮返家之际，邀集众人抢亲。曹得魁到县控告韩家。	曹得魁将女领回，另行择配。韩璋抢亲究属非是，当经分别责惩从宽开释。曹得魁所控生员刘丙心、韩铎昌，因证据不足，略予薄惩，戒其读书守分。	

资料来源："中研院"近史所编《教务教案档》。

从表4—9所列举的石家庄地区的各类教案可以看到，诱发的原因是多方面的，涉及的范围也涵盖了地亩房产、庙宇崇拜、婚丧嫁娶等百姓日常生活的诸方面。在一些例子中，同一个社区范围民教双方反复控告，延宕既久，积怨日深，以致对该地区政治秩序、社会秩序的冲击是巨大的，已经成为当时的社会热点问题。以表4—9赵县柏乡小里村的例子来看，因酬神、演戏、赛会等摊派活动经费，是长久以来中国农村惯常的生活方式，已经是一种约定俗成的义务。而教会以禁止偶像崇拜为由屡屡引发教案，使"教民就变成了生活在乡社结构之中而又与其民俗生活方式发生抵触的特殊群落。……使有些教民产生了只享成而不出钱的可能，形成一小批'占全村便宜的人'。显然，这是为乡村道义所不齿的"①。很显然，对乡村组织而言，教会、教民对乡村秩序、价值认同的破坏是不能被接受的。

三　义和团反洋教斗争

19 世纪末 20 世纪初，帝国主义掀起瓜分中国的狂潮，激起中国人民的反抗，开始了轰轰烈烈的义和团运动。义和团起源于义和拳，最初爆发于直鲁交界的赵三多领导的义和拳反洋教斗争。随后，义和拳发展到直隶全境。

光绪二十五年（1899）十月，冀中饶阳县有一个姓尹的人来到音州棚头村，"设坛授徒"，最初只有 24 人学习拳术，渐渐发展起来，除在本县各村外，还在邻近的深泽县的一些村子中和正定南的石家庄（当时属获鹿县）设立拳场。同时还有一个冀中姓曹的人到宁晋县的孟家庄教拳，"不数日即传布于邻村……势颇昌盛"。十二月初，官庄村一教民姜自发去宁晋孟家庄催讨欠债，被义和团民拽入庙中，勒令背教，因不从，被乱刀砍伤生命垂危。在教会的督请下，正定镇董履高提督对义和团"督队痛剿，枪毙 30 人，余众悉散"②。晋州、获鹿等地的拳厂也被当地的地方官员"捣毁"。但这里的义和团并没有因此而被消灭。教会请兵剿杀，更激起了义和团的发展，也更激起了反洋教的猛烈。"光绪二十六年（1900）四月初，拳焰又起。晋州、定州、新乐、宁晋、广宗、获鹿等处，拳场林立。"③

面对义和团反洋教风暴的冲击，驻守于正定主教府包儒略主教采取被传教士称为"甚为明智"的办法，即"保卫重点教堂"。他指定几个防卫中心，集中武力人力，组织教民重点防守。众教民见祸及燃眉，纷纷团聚于大村教堂。除团聚于正定大堂外，在北者聚于车寄、桥寨两处，在东者聚于垛墩，东南之人聚于唐邸。教士、教民团聚之地成了义和团围攻的目标，双方交战，都有伤亡。垛墩交仗，"毙团民五十四人"。车寄村交仗，团民"死者七十四人"，后来义和团和清军联合攻击，神父张廷安遵主教之命率教民转移，"教友死二十三人"。正定县令与教士素善，力劝教士出境，洋工程师及随从人员即潜行而去。风暴过后，包儒略主教计算教士无一人遇难，

---

① 程啸、张鸣：《晚清教案中的习俗冲突》，《义和团运动·华北社会·直隶总督》，河北大学出版社 1997 年版，第 70 页。

② 解成编著：《基督教在华传播系年》（河北卷），第 336 页。

③ 胡绳：《从鸦片战争到五四运动》，湖南文艺出版社 2012 年版，第 476 页。

教民遇难 150 多人，多是未能避至中心的零星散处教民。[①]

四 "庚子事变"后的天主教

义和团运动被中外反动势力联合剿杀后，清政府与帝国主义签订了《辛丑条约》，条约规定：清政府向各国赔款 4.5 亿两白银，39 年付清，本息共计 9.8 亿两白银，此次赔款史称"庚子赔款"，除此之外，地方政府还要负担本地的教案赔款。

据统计，石家庄地区教案赔款有：

束鹿县天主教案赔银 14000 两，京钱 1100 吊（均就地筹）；
高邑县天主教案赔制钱 1000 吊（就地筹）；
深泽县天主教案赔京钱 58000 吊，赔谷 1300 石（均就地筹）；
行唐县教案赔大钱 1400 吊（就地筹）；
晋州教案赔银 3000 两（就地筹）；
无极县教案赔大钱 30000 吊（就地筹）；
新乐县教案赔大钱 5000 吊（就地筹）；
藁城县教案赔京钱 500 吊（就地筹）。[②]

由于清政府的保教措施，加之巨额教案赔款。"庚子事变"后，石家庄的天主教和全国一样，出现迅猛发展的势头。直隶西南宗代牧区传教范围遍及 32 州县，除正定周边 14 县外，还有定州、深泽、曲阳、赵州、宁晋、高邑、临城隆尧、邢台、沙河、广宗、巨鹿、任县、内丘、南和等州县。代牧区神父最多时有 29 人，其中外籍神父 10 人，本籍神父 19 人。还有修士 67 人，仁爱会和若瑟会修女 88 人。传教堂口和聚会念经场所 440 个。庚子年（1900）后教徒人数发展很快：1870 年为 21 万人，1900 年达到 3.2 万人，1906 年上升到 4 万人。[③]

---

① Octave Ferreux：《遣使会在华传教史》，吴宗文译，第 381 页。
② 根据鞠志强主编，任继远著《河北天主教史》，第 344—348 页整理。
③ ［法］巴斯蒂：《义和团运动期间直隶省的天主教教民》，《历史研究》2001 年第 1 期。

五　民国时期天主教的传播

民国时期，由于反帝爱国运动的冲击和中国天主教民族意识的觉醒和本土化的推进，石家庄天主教的"诉讼传教"的方式明显减少，并出现新变化，其中之一就是普遍实行赈灾传教。

民国时期，直隶地区水旱灾害频发。直隶西南代牧区（正定）1917年，发生特大水灾，正定"文大司牧（文贵宾）动用该堂基本金以恤灾黎"。1918年春，直隶西南部流行瘟疫，正定神父、修士、贞女不避性命之危，甘愿拯救染疫之人。有2位传教士、1位贞女、1位修士，受瘟疫传染而死，还有30多修道士，也为拯救染疫之人而失去了自己的性命。他们的事迹见报后引起了强烈的社会反响。1920年，正定总堂从河南购谷米500吨、从山西购小米红粱500吨，"均运至直（隶）省各灾区散放"。正定天主堂巴副主教9月购运麦种1000担分发各堂，按照极贫、次贫分别施赈。11月又备款从河南省漯河镇购买小米500吨，运送各堂施放，收养老弱妇孺230余名。[①]

天主教的治病赈灾的慈善事业，使教会在民众中的形象有所改变，对传教有很大的帮助，很多受助灾民皈依的天主教。据《无极县志》记载，城西南9公里黄台村，及城东3公里庄里村，有天主教堂，村民奉教者甚多；城北10公里里尚村，亦有教堂1座，奉教者数十家。[②]藁城乡土地理志记载，今吾邑受洗礼者，约数千人，如北桥寨、南董、兴安、广阳、顺中等村，皆有教民之聚居，十字架堂之高耸，巍巍乎有凌霄之慨焉。[③]民国二十六年（1937），束鹿县天主教已在20个村庄建有教堂，在30个村发展教徒3000多人，详见表4—10。

表4-10　　　　　　民国二十六年束鹿县天主教分布情况表[④]

村别	教堂（间）	户数	人数	备注
东小王	6	15		
东刘家庄	40	107		

---

① 鞠志强主编，任继远著：《河北天主教史》，第423页。

② 耿之光、王桂照修，王重民纂：《无极县志》，成文出版社民国二十五年（1936）影印本，第124—125页。

③ 林翰儒纂：《藁城县乡土地理》，第62页。

④ 辛集市地方志编纂委员会：《辛集市志》，中国书籍出版社1996年版，第984—985页。

续表

村别	教堂（间）	户数	人数	备注
新兴路	10	23		
北营	30			
木丘	15			
北周家庄	6			
骆家营	10	35		
赵念	11	20	70	
孤庄	7	10	50	
等报	6	10	50	
吕家庄	24			
赵家庄	33			
天宫营	5			
东柳科	3	30	600	
温家村	9			
张古庄	11	17	70	
南位井				男25人、女20人
镇头	5	8	45	
南吕村	5	35	83	
百福	16		55	南牌男25人、女16人，北牌男8人、女6人
北郭	3	40	160	男82人，女78人
东花里庄			17	
南郭		8	30	
中里厢		30	128	
谢村		70	283	
泊庄		10	42	
北里厢		5	20	
吕厢口		40	165	
南四冢		24	80	
礼璨			10	

六 抗战时期正定天主教惨案

"七七事变"后，日本策划华北五省自治，加紧了对华北地区的侵略，石家庄的天主教也深受其害。1937年10月，日本制造了天主教正定惨案。

1937年，日本军南侵，北平、天津保定相继陷落，10月7日，日军进攻正定县城。很多来不及逃离的难民避居到正定天主堂内。"天主教堂的避难者前一星期就打破二万大关，随着炮声蜂拥而来的，又将突破前者的数倍。……东院全部为男人，西院大都为妇女（内为养病院、养老院和婴孩院，而以修女主理之）。"防守正定县城之国民党部队由于人少势寡，在与日军激战两天后，于9日晨撤离正定县城。

9日上午8点，日军从北门进入城内，挨户搜查，大肆屠杀，"事后调查，足有二千人作了牺牲"。不久，日军冲入天主堂，抢掠一些东西。日本军官也到堂里参观，"当场许下善加保护"。但当日军听说堂内藏有良家妇女，便于午后径向天主堂索要，被文致和主教严词拒绝。下午6点钟，有四五个武装日军来天主堂西院去敲大门，借口搜查军火，实欲强拉妇女。时西院除三四十名修女，两三千名小女婴孩外，住有避难妇女两三千人。仁爱会修女亚纳玛利姆姆坚决不给开门，这几个日军只好他往。

不久，一群更野蛮的日军来到天主堂大门口，又有数位日军赶往若瑟会修女院。文致和主教闻之，立即派修道院院长夏露贤与账房贝德良两位神父出去与日军交涉，不料二人刚到大门，即被日军锁押于门房小屋内。时值晚7点后，正是传教士用晚餐时，文致和主教及20余位神父、修士齐聚餐厅，日军忽然闯入，用枪口对准大家，先绑了艾德偲（Geerts）辅埋修士，又绑了主教文致和，有位毕先生（Bisco Pitch）是捷克斯洛伐克人，自北京来正定修理管风琴，因战乱未回，见主教被绑，上前阻拦，也被绑缚。接着被绑的还有几位神父和修士。日军把主教、神父等押出门外，连同门房锁押的两位神父共9人，押上汽车，扬长而去。

文致和主教等人被押走后，音信皆无，教堂多方派人打探，仍没有下落。柏棠修道院长荷兰籍马鸣岐（Jean-B. Ramakers）进正定城，听说文主教等遇难之事，请日军颁发一许可证，但日军不允。便派一胆大教徒去定州会见定州本堂及总铎神父艾类斯（Louis Chanet）报告此事，艾类斯非常震惊，因日军不发给他通行证无法进京，适有一位阎姓教徒任中华邮政视察职务，利用他向驻北京满德贻（Montaigne）主教传报，满德贻主教将此事报告法国驻华使馆，由使馆与日方交涉，促成日方派员来正定调查。

11 月 10 日，艾类斯等人已渐渐知道，就在文致和主教等人被掳之夜，即在离主教府 300 米的木塔下被全体烧死。在木塔下拾到神父、修士们遗留的帽子、鞋子和圣牌等物品。在确凿证据面前，日本当局只得承认杀害主教等人的事实。主教、神父、修士等被害 9 人：

1. 文致和主教，64 岁，荷兰人；

2. 夏露贤（Lucien Charney）神父、代牧区遣使会会长，54 岁，法国人；

3. 柴慎诚（Thomas Ceska）神父、代牧区遣使会副会长，65 岁，奥地利人；

4. 贝德良（Eugene Bertrand）神父，主教府会计，32 岁，法国人；

5. 卫之纲（Gerrit Wouters）神父，小修院教师，28 岁，荷兰人；

6. 艾德偲（Antoon Geerts）修士，62 岁，荷兰人；

7. 白来福（Vadislas Prinz）修士，28 岁，波兰人；

8. 霍神父（一译罗神父，Emanuel Robial），苦修会士，52 岁，法国人；

9. 毕先生（Mr. Biscopitch），捷克斯洛伐克人，51 岁，由北京来此修理管风琴的。[①]

日本当局承认对此惨案负责，同意并允许在主教座堂旁边立一纪念碑：大理石碑，有两根石柱支着，上有石盖，高 2 米，宽 1 米，碑上刻着"为纪念 1937 年 10 月 9 日的牺牲者"，下面是 9 位被害者的姓名。日军承认犯罪、表示忏悔的话在碑上只字未提。此碑今存于正定旧天主堂院碑亭内，是日军残害中国天主教人士的铁证。

---

① 李晓晨：《抗日战争时期的河北天主教会研究》，河北省民族与宗教研究会：《基督教文化与当代中国社会国际学术研讨会论文集》，2012 年，第 119—121 页；解成编著：《基督教在华传播系年》河北卷，第 473—475 页；Jean-blue：《正定的悲剧——1937 年 10 月 9 日》，《正定举行被难主教传教士追悼弥撒大礼》，《公教进行旬刊》1938 年第 10 卷第 1 期。转引自鞠志强主编，任继远著《河北天主教史》，第 494 页。

七 天主教正定教区

（一）教区介绍①

天主教区，亦称主教区。即是将数县划分为一教区，设有主教公署（简称主教府）内有主教、副主教和若干司铎（神甫）组成。主教公署是一个教区的管理机关，主教为教区的最高首领，负责监护并发展其辖内的天主教会，并享有七件圣事的全权。教区的基层组织称"本堂区"，若干个本堂区组成总本堂区。每个本堂区设一常住司铎或称本堂神甫，主持该堂区一切教务，有的设有襄助司铎，称副本堂。

清咸丰六年（1856）天主教正定教区建立。主教府设在正定府（今正定县城），由北京教区分出 32 个县，法国遣使会士管理。首任代牧主教为孟若瑟·马夏尔（法国籍），当时称为直隶西南宗座代牧区。民国十三年（1924），直隶西南宗座代牧区改正定宗座代牧区。民国三十五年（1946），天主教正定宗座代牧区改称正定教区。

清咸丰八年（1858），第三任代牧主教董若翰来正定传教，欲将正定城内隆兴寺西侧皇帝行宫幽静，欲建为教堂，即返京后备文向清廷租借，蒙御批赏赐。从此，皇帝行宫即成为天主教堂。以白银 4 万两，在院内北部正中建主教座堂，在两侧建有首善堂、仁慈堂，1919 年扩建主教堂。

正定教区最初辖正定、阜平、藁城、曲阳、获鹿（今鹿泉）、灵寿、栾城、平山、行唐、新乐、定县、赞皇、井陉、晋县、无极、元氏、深泽、赵县、柏乡、隆平、高邑、临城、宁晋、邢台、任县、尧山、广内邱、巨鹿、平乡、南和、沙河共 31 个县。全教区分 6 个总本堂区，29 个本堂区，371 个支堂。民国十三年（1924）将深泽县划归安国教区。赵县教区、顺德教区分别于民国十八年（1929）、民国二十二年（1933）从正定教区划分出去后，正定教区辖石门（今石家庄市）正定、阜平、藁城、获鹿、曲阳、灵寿、栾城、平山、行唐、新乐、定县、赞皇、井陉、晋县、无极、元氏 16 个县。

建立正定教区以来，先后有 11 名主教任职（历任 13 任），其中外国籍主教 8 名，中国籍主教 3 名。1949 年前，正定教区共有大教堂 6 座，教堂 396 座。主教府拥有房屋 1000 间，占地面积 150 亩。全教区有神甫 79 名（其中外国籍神甫 21 名，中国籍神甫 58 名）、修士 51 名（外国籍

---

① 石家庄市民族宗教事务局编：《石家庄宗教志》（下册），第 508—510 页。

修士 1 名，中国籍修士 50 名）修女 125 名（外国籍修女 7 名，中国籍修女 118 名）。有大修道院 1 所、修女院 3 所、小修道院 1 所、备修院 1 所、意利芒会（译音）1 所（由外籍神职人员管理）、保禄会 1 处、若瑟会 1 处、神乐院（苦修会）1 处。有高级小学 3 所，学生 918 名；初级小学 7 所，学生 377 名；初级教理班 83 处，学生 1793 名。有教理宣讲所 65 处、孤儿院 6 处、缝纫厂 2 座、医院 2 所、诊拧所 6 处、养老院 2 处、笨笃工厂 1 座（生产罐头、肥皂、葡萄酒等）、印刷厂 1 座。据天主教会 1949 年统计、全教区有教徒 81985 人。

（二）教区机构 [①]

正定教区最高宗教领导机构——主教公署，主教公署是天主教本教区的最高领导和决策机构，它的直属机构有以下几个。

遣使会：有司铎 25 人，外籍神甫 17 人，中国神甫只有张伯里、尉文质、刘安祉等少数人参加，只有参加此会的才可以担任当家神甫。

保禄会：于 1891 年成立，专为培养男性传道员，辅助神甫办理传教及慈善工作。

意利芒会（译音）：中外籍修士，管理天主教堂的经济。

大修道院：1914 年建立，接收小修道院的毕业生，修业六年，毕业后即为司铎，该院 1920 年并入北京文声学院，仍旧正定教区领导。

上述组织设在正定主教座堂东侧首善堂内。

仁爱会：1858 年建立，是天主教的女修会，在主教座堂西侧仁慈堂内。初建时有修女 6 人，后来为 20 人左右，最多时有 31 人。解放前夕有 19 人。其专事办婴儿院，安老院，医院等事业。除修女外另有职员、雇工 35 人。

若瑟会：1891 年成立，初与仁爱会在一起。专为培养女修道员、辅助神甫办理传教及慈善工作。是女性隐修会。有修女 100 余人，她们脱离家庭发“三绝”（绝财、绝色、绝意）大愿过修道生活，辅助司铎传教、当若瑟小学教师，还做工种地，经济独立，经费自给，若瑟会修女经深造可成为仁爱会的修女。

小修道院：1891 年建立，专为培养教友优秀子弟，毕业后投考大修道院，以备领授司铎职。

---

① 石家庄市民族宗教事务局编：《石家庄宗教志》（下册），第 512—514 页。

婴儿院、残老院等设立在仁慈堂后院，据民国三十一年（1942）统计，共有孤儿 421 名（最多时达 600 人），残疾人 104 名，老弱人 133 名。此院还开设织布房，绣花房，襄孤老残人从事生产劳动。

施医院，设在仁慈堂西边，西大门里，施药房设在观后于（今胜利街路东）。

若瑟会小学：1925 年开办，招收应入学的儿童，有学生 100 余人，分甲、乙、丙、丁四班，经费自理。

男女首善学校各一所，是普通高小，教徒与非教徒均可入校就读。据民国三十一年（1942）统计，男女校共设高级班 5 个，初级班 8 个，共有学生 882 名。

苦修会（神乐院），1927 年在怀来县杨家坪成立，后由李卜岚、汪类斯（法籍）等人来正定教区与主教协商，在滹沱河五孔桥南建苦修会。建成后由李卜岚任院长。修士多时有百余人，分为白衣和紫衣两种修士，他们纪律严格，不许谈话，只是自己苦修，不向外传教。其经济独立，解放前有土地 1253 亩，其中果园 80 亩。土改后，给其土地 453 亩。正定解放时有修士五六十人，除二人未走外，其余人员分道赴香港一小岛上继续办苦修会，由正定人赵金贵任院长。

本笃工厂：生产罐头、肥皂和葡萄酒，有发电机供教堂照明用电。

此外，正定天主堂内还设有一些非宗教单位和为教堂服务的单位。

表 4-11　　　　　　　1942 年正定教区外国传教士调查表 [①]

姓名	国籍	性别	年龄	职务	来华年限	住址
和春生	法兰西	男	62	天主堂司铎	36	城内东大街天主堂
李明原	荷兰	男	55	天主堂司铎	25	城内东大街天主堂
雷鸣和	法兰西	男	68	天主堂司铎	43	城内东大街天主堂
罗贯之	荷兰	男	33	天主堂司铎	8	城内东大街天主堂
宋素文	法兰西	女	65	天主堂修女会院长	21	城内东大街天主堂

① 石家庄市民族宗教事务局编：《石家庄宗教志》（下册），第 515 页。

续表

姓名	国籍	性别	年龄	职务	来华年限	住址
魏乃礼	意大利	女	80	天主堂安老院管理员	55	城内东大街天主堂
顾苑贤	比利时	女	69	天主堂孤儿院主任	30	城内东大街天主堂
金方济	法兰西	女	63	天主堂施医院主任	10	城内东大街天主堂
步恒	法兰西	女	65	天主堂绣花房主任	31	城内东大街天主堂
侯利亚	法兰西	女	53	天主堂迤管理主任	13	城内东大街天主堂
安乐斯	荷兰	男	46	柏棠修道院主任	22	柏棠修道院
马鸣岐	荷兰	男	61	柏棠修道院教授	28	柏棠修道院
司嘉德	意大利	男	62	柏棠修道院教授	28	柏棠修道院
温文炳	荷兰	男	56	柏棠修道院教授	28	柏棠修道院
包安德	意大利	男	56	天主堂木禅会神甫	25	城内东大街教堂
方道林	匈牙利	男	61	天主堂园艺管理员	33	城内东大街教堂
方济舟	法兰西	男	46	天主堂司铎	23	本笃庄神乐院
巴爱孟	法兰西	男	70	神乐院司铎	32	本笃庄神乐院
毛亚伯尔	法兰西	男	40	神乐院士	5	本笃庄神乐院
柴亚郎	法兰西	男	42	神乐院副院长	12	本笃庄神乐院
王第尧	比利时	男	37	神乐院司铎	10	本笃庄神乐院
司仁名	比利时	男	44	神乐院司铎	9	本笃庄神乐院

（三）教区本堂、支堂名录①

1.定县本堂（辖19个支堂）：王家胡同、孔庄子、内化村、保子疃、于家佐、北宫城、辛店子、台村、潘村、西板上、东涨、东不落岗、二十里铺、唐城、西建阳、土原村、寨城村、中古村、五女店。

2.桥寨本堂（辖13个支堂）：李家疃、西门村、卢家庄、邯邯、岳村、西汪、十三里、小吴村、杜寺、曹村、沙井、连台村、底城驿。

3.油通本堂（辖25个支堂）：安庄村、北赵台、董家庄、东客村、西官村、大小孙村、东营村、焦家营、安家屯、榆林村、李村、段家庄、苏辛庄、

---

① 石家庄市民族宗教事务局编：《石家庄宗教志》（下册），第516—520页。

小代梅、牛村、赵家庄、安乐村、小梅村、不落营村、永安村、赵村、留营、浪头、王家庄、西郭村。

4.冯家庄本堂（辖8个支堂）：城南村、龙田沟、凤凰楼、孙家庄、洼里、张家阜安、龙门、上房村。

5.兴安本堂（辖10个支堂）：武家庄、贾村、毛庄、角中、五界村、藁城南关、尚庄、焦庄、南朋、王家庄。

6.西庄本堂（辖9个支堂）：固城、东庄、南庄、大风屯、北高级、密棠、谈固、河北贾村、柳林铺。

7.柏棠本堂（辖8个支堂）：北贾村、树路村、西房头、西洋、吴兴、曲阳桥、朱河村、本笃庄。

8.北车寄本堂（辖11个支堂）：邵村、杨村、南王村、北王村、怀德村、杨咬村、张家屯、孟良桥、寨西店、岗北、阜头庄。

9.小召本堂（辖15个支堂）：东大召、侯家庄、甄村、赵家庄、木佃、寨里、子位、丁村、大定、阜财、七堡、小章、马村、位村、东湖。

10.宿家庄本堂（辖11个支堂）：东河流、小路村、峪儿村、梨树沟、干河铺、宋家庄、马家岸、北中峪、店头、辛庄、南食马。

11.沟里本堂（辖13个支堂）：王家坡、南冶、黄安、康青炭、矿头、辛庄、南石殿、楼子间、尚家湾、西庄子、陈家庄、梁家窑、东黄洼。

12.卸甲河本堂（辖8个支堂）：天花梁、刘家坪、西渠、王家庄、红花沟、泥里河、王家峪、古道。

13.水碾本堂（辖12个支堂）：田村、卜吕、南贾壁、湾里、王平、大齐、封城、邰家庄、里庄、南固城、阁同、李村。

14.东田本堂（辖10个支堂）：东明村、柴里村、秦村、闵镇、习村、褚邱村、化皮村、关关、内营、刘家庄。

15.庄里本堂（辖12个支堂）：西汉、流村、东丈村、袁流村、大陈村、西侯村、南柳村、西浪村、大汉、东侯、里肖、里肖道。

16.黄台本堂（辖9个支堂）：马固庄、牛辛庄、王家庄、西关、西河流、东河流、验村、石家庄、东洋村。

17.南董村本堂（辖13个支堂）：大章村、南孟、马桥、王家营、岗子上、阜阳村、蔡家岗、黄庄、高庄、北汪村、凝仁村、蒲城村、北堤里。

18.段村本堂（辖12个支堂）：东贾、尚庄、毛遗、马村、白露、郭贝庄、史庄、菅里、东城角、龙正村、小留、池村。

19.东焦本堂（辖13个支堂）：寺家庄、山下段村、韩家园、台头村、上庄村、彭村、宋村、大安舍、小安舍、白池乾、西里村、佛庄、大郭村。

20.石家庄市本堂（辖石家庄市、区共4个支堂）。

21.北障城本堂（辖14个支堂）：南障城、于家村、七师营、耿庄、红土岩、何应村、支沙口、柿庄村、杨庄村、大财村、梅庄村、流沙朋、孤台村、东尖子。

22.小常安本堂（辖10个支堂）：大常安、南周韩、里庄、寨子里、贾庄、贾市庄、马邱、张各甫、刘家庄、西白露。

23.赵魏本堂（辖13个支堂）：孙家庄、卓宿、干家庄、张家庄、河阴、周家庄、张村、周村、小樵村、长召、屯里、屯肖、白滩。

24.北营村本堂（辖15个支堂）：北马村、善宝庄、北邑、南墩村、徐村、王里庄、尚庄、顺中村、尧灵村、小丰村、东贾亭、朱家庄、彭家庄、西杜村、故城村。

25.东里庄本堂（辖11个支堂）：石碑庄、韩庄、马子、赵家庄、南辛庄、射佛头、鲁庄、程家营、武邱、周头、纪庄。

26.石棋峪本堂（辖8个支堂）：南固底、感洲、南寨、河西村、冯家沟、北固底、马村、西王舍。

27.西王俄本堂（辖25个支堂）：东王俄、王家洞、孤山、白壁、郭家庄、陈家庄、坛山、孟家庄、北马村、延康、北竹里、张家庄、南马村、陈村、北邢郭、南邢郭、白家窑、花林、杜庄、九龙沟、孙庄、徐乐、深家沟、榆底、武昌。

28.元氏城本堂（辖19个支堂）：寺庄、李村、富村、武庄、元庄、方家村、北苏、花园、孟村、东曹、南白露、张村、褚固村、王村、杜庄、南因、北严村、小孔、周家庄。

29.南佐本堂（辖21个支堂）：苏庄、姬村、同下、黄家营、万年村、聊村、北吴会、南吴会、东杨村、侯村、高庄、南营、西城角、王村、齐范、马岭、南正村、赵庄、南河滩、北沙滩、南马村。

天主教正定教区驻京办事处（北京兴化寺街五福里甲一号）该办事处创于1947年，创办人陈启明，买价为伪法币1000万元，接受罗马教宗传讯部津贴。又于1947年12月购置了东煤厂2号院，买价4800美金，专为本区老病修养处所。到1949年办事处开始招收小修生就读于西什库耕华中学，并不属于本区附属机构，五位保禄会修士也不称正式修会机构。此外，若瑟会修女17人借住于宣武门内南堂内西院，设一荫仁诊所，并有家庭缝纫，借以自力更生，不足部分，教区贴补。修女们也不称正式的修会机构，正定仁慈堂婴孩于1947年大部转来北京，加入北京仁慈堂。

（四）教区的社会事业 [①]

1.学校

首善小学：原为私塾小学，是正定教区成立的完全小学。由教区第二任主教董若翰于清咸丰八年（1858）创办。教徒与非教徒子女皆收。民国三十年（1941）第六任主教顾其衡将该校改名为首善小学，校址设在正定县城内，经费除学生缴纳学费外，其余由教区供给。解放后，该校停办。另外，正定教区还设立法文学校一所，目的是专门培养铁路职工，由法国人主管该校。教徒与非教徒子女均可应招入校学习。

2.医院、诊所

正定教区公教医院、诊所：民国三十七年（1948）由正定教区主教陈启明在石家庄创办，医务人员由修女担任，经费由教区供给。

蔚仁诊疗所：于民国三十七年（1948）由正定教区主教陈启明在北平创办。医务人员有20余名，皆是修女。经费由教区供给，解放后与北京南堂诊所合并。

乐仁诊疗所：正定教区于民国三十七年（1948）由修女刘银须在天津成立。医务人员20余名，皆是修女。经费由教区供给。

束鹿沙河林诊疗所：民国三十五年（1946）建立。

赵县教区诊疗所：该所于民国二十四年（1935）由主教张弼德创办。所址设在高邑县城内，医务人员皆为天主教徒。

3.孤儿院、养老院

正定教区孤儿院：于民国九年（1920）建立，地址设在石家庄煤市街，首任院长闵桂心，拥有孤儿50余人，有11位修女担任护理工作。

正定教区仁慈堂：于清咸丰八年（1858）由该教区第二任主教董若翰创办。地址设在正定城内天主教总堂，首任负责人为意大利籍修女宋姆姆。

经济来源于法国巴黎"婴儿会"的拨款补贴。该堂包括养老院、婴儿院、残老院等附属机构，婴儿院收养孤儿最多时达五六百人，养老院主要收养无依无靠的孤寡老人，残疾院主要收养无依无靠而又失去生活能力的残疾人和老人。该堂的主要护理人员是本教区若瑟会的修女。据1949年统计，该堂有孤寡老人和残疾人151人。

表4-12　　　　　　　　　　正定教区社会事业统计表[①]

项目 年度	孤儿院	孤儿数	养老院	医院	诊疗所	中学	中学数	高小	学生数	初小	学生数
1928	6	607	4	4		1	35			38	1142
1933	5	673	4	4							
1936	4	613	3		5			1	85	16	679
1938	4	535	1		5				604		216
1942	3	463	1	1	4			3	1244	8	792

第五节　基督教

基督教是世界上最大宗教，分为天主教、东正教和新教三大教派。在中国，"基督教"单指基督教的三大教派之一——新教。本节所提基督教也单指新教。基督教自清嘉庆年间传入中国，据记载：基督教嘉庆年间传入中国，信徒增加颇速。[②]但当时基督教的传教活动主要限于东南沿海一带，并没有北上直隶。

一　清末基督教的传入

第二次鸦片战争后，基督教开始大规模到内地传教。光绪十三年（1887），内地会上海总会派遣英国传教士青季连夫妇及贾贵安、莫崇信

---

① 石家庄市民族宗教事务局编：《石家庄宗教志》（下册），第547页。
② 林翰儒纂：《藁城县乡土地理》，第61页。

到获鹿传教，在县城东关购房设立教堂。①《辛丑条约》签订后，内地会乘机向附近各县扩展。传教范围逐渐发展到井陉、平山、灵寿、行唐、元氏、赞皇、临城，与获鹿合称南北八县，以后又发展到灵寿西北和晋县塔上村。石家庄地区培养的第一批传道员有平山县李同文、灵寿县刘凤鸣、行唐县李白、井陉县张树林、元氏县胡瑞亭、赞皇县范德润、获鹿县苏锦成等。②

图 4-12　获鹿县基督教会的五位女执事

［图片来源：［英］柯喜乐《福音何以传到河北西部》（内部资料），杨小隆译，第 30 页。
转引自《河北宗教图集》，第 578 页］

二　民国时期基督教的发展

义和团运动后，由于教会赔款和清政府的保教措施等原因，基督教传教事业进入大发展时期。据统计，到民国九年（1920）左右，整个直隶省除西山一小部分山地外，全省被分为 18 个宣教会之责任地。各大差会所属责任地大小依次如下：美以美会（13500 平方英里）、公理会（10650 平方英里）、内地会（5525 平方英里）伦敦会（5050 平方英里）、北长老会（4835 平方英里）、圣道公会（3675 平方英里）。另外，基督复临安息日会、救世军、独立教士上帝教会、男女青年会以及教育机关、圣经会、圣教书会等，均无限定区域。③

---

① 鞠志强主编，刘海涛著：《河北基督教史》，宗教文化出版社 2016 年版，第 29 页。
② 石家庄市民族宗教事务局编：《石家庄宗教志》（下册），第 616 页。
③ 中华续行委办会调查特委会编《中国基督教调查资料：1901—1920》，蔡咏春、文庸、段琦、杨周怀译，中国社会科学出版社 2007 年版，第 190 页。

同时，石家庄还新增了一些差会。民国二年（1913），美国远东宣教会派遣丹麦牧师冉彼得到石家庄传教，先后在南大街、寺后街、大桥街租房，始建神召会。①民国七年（1918），瑞典籍军官柏希贤在石家庄休门创建中华救世军。②民国二十年（1931），中国籍传教士庚兆祥到石家庄，在桥西西小街租房，创办安息日会。③同年，真耶稣教会传入河北，以晋县为中心向四周县乡发展。④

图 4-13　石门神召会的牧师及教友

（图片来源：周爱琴牧师提供，转引自《河北宗教图集》，第 582 页）

三　抗战时期基督教的波折

"七七事变"后，日本发动全面侵华战争，全面抗战爆发。石家庄地区沦陷，基督教也因战争受到冲击。抗日战争期间，石家庄的基督教教产蒙受很大损失，许多教堂被抢占、被摧毁，教务活动无法举行。据统计，日本侵略军纵火焚烧了束鹿、灵寿等县教堂，赞皇等地因部分传教士撤走，教会组织涣散，许多基督教信徒、教牧人员，在日本侵略军的扫荡中惨遭

---

① 鞠志强主编，刘海涛著：《河北基督教史》，第 63 页。
② 鞠志强主编，刘海涛著：《河北基督教史》，第 67 页。
③ 鞠志强主编，刘海涛著：《河北基督教史》，第 182 页。
④ 鞠志强主编，刘海涛著：《河北基督教史》，第 184 页。

杀害。[①]

太平洋战争爆发后，日本对基督教会的态度发生很大变化。为了利用和控制基督教会。1942年10月15日，河北、山东等华北四省三市基督教会代表800多人，在北平中南海怀仁堂举行大会，正式成立伪华北中华基督教团。为应付政局，华北各地教会纷纷成立基督教团分会，伪河北基督教团分会会长由叶保罗担任，特约委员为日本牧师稻田浩。分会下设真定（今正定县）道等八个区会。基督教团在日本人的授意下，多次组织和平祈祷，以掩饰日本帝国主义的侵略行径。[②]

四　主要基督教教派

近代石家庄地区传播范围比较广的基督教教派有内地会、神召会等，同时中华救世军、基督复临安息日会、真耶稣教会、基督徒聚会处等基督教派也在一定范围进行传教。

（一）内地会[③]

内地会是基督教最早的差会之一。1865年由英籍传教士戴德生创立。该会派遣大批英、美、加、澳、德、芬、南非、瑞典、挪威等国各教派传教士到中国内地传教。光绪十三年（1887），内地会传入直隶，派遣传教士青季莲夫妇等在太行山区，以获鹿为中心，扩展传教范围，在井陉、平山、行唐、元氏等地形成内地会的"南北八县"。

1. 行唐堂会：光绪三十年（1904），中国籍传教士李伯到行唐县传教，在东大街租房，建立简易教堂。宣统二年（1910），购地建立正式教堂。行唐堂会下设岗头村、北伏流两个分会。

2. 内丘堂会：光绪三十年（1904），青季莲牧师到内丘传教，建立教堂。

3. 灵寿堂会：光绪三十一年（1905），中国籍传教士李同文到灵寿县传教，设立教堂。1920年，灵寿发生旱灾，教会通过发放赈款，吸引灾民入教。为此，李同文还被县公署授予二等"嘉禾章"奖。次年，信徒增加四五百人。灵寿堂会借机扩大组织，在陈庄、青廉设立分堂，下辖牛城、西营、

---

① 河北省地方志编纂委员会编：《河北省志·宗教志》，中国书籍出版社1995年版，第386页。

② 河北省地方志编纂委员会编：《河北省志·宗教志》，第386、387页。

③ 鞠志强主编，刘海涛著：《河北基督教史》，第101、164页。

木佛、白马岗 4 个分会。

4. 赞皇堂会：创建于光绪三十一年（1905），该堂会在县城东关街设福音堂有房子 15 间，占地 14 亩。

5. 平山堂会：光绪三十四年（1908 年），传道员李敏政到平山传道，并在县城北关建造教堂，有房子 18 间。同时向四周村庄扩展，先后在东回舍川坊进家庄曹峪、南川建立 5 个分会。

6. 元氏堂会：光绪三十四年（1908），英国传教士青季莲和中国籍传道员胡思义到元氏县城建立教堂，有房子 18 间，占地 113 亩，并在韩台设分会。

7. 井陉堂会：1913 年，青季莲牧师到井陉县传教，在县城建造教堂，有房子 14 间，设立刘家沟教场 2 个分会。

8. 晋县堂会：民国初期，内地会传入晋县，在塔上村设堂会，信徒多为公理会信徒。

1929 年，成立获鹿区会，会长由凌桐担任，下设 11 个堂会、26 个分会，开设 2 所小学、1 所女子学道院，信徒达到 200 余人。"七七事变"后，外籍传教士撤离回国，刘谦、孙殿杰主持教务。1942 年，日本人组织的华北基督教团成立，正定道基督教团区会成立，获鹿内地会参加了基督教团，胡景森担任会长。1946 年，区会在获鹿设立"道学院"。1947 年，区会迁到石门市（今石家庄市），与神召会合并建立、圣经工读学院。

（二）神召会①

神召会在英、美有多个分支，但都属于灵派，主讲圣灵道理，强调神迹奇事和耶稣再来等教义。中国神召会成立于民国三年（1914），由西方各国五旬节教派联合而成。民国时期，石家庄神召会主要分布在石家庄市、新乐、元氏、无极、藁城、赵县、正定、行唐等地。

1. 石家庄市神召会：1913 年，美国远东宣教会派遣丹麦牧师冉彼得到石家庄传教，始建神召会。1921 年，美籍吴牧师出资 3 万美元和冉彼得在今新华路购地建造福音堂。并以此为中心，向四周村庄扩展，先后在城角庄、塔谈、大桥街、栾城贾村等地建立分会，信徒分布在城角庄、塔谈、北杜、横山、西三庄、孔寨、获鹿、正定、栾城等地 60 余个村庄。据 1935 年统计，

---

① 鞠志强主编，刘海涛著：《河北基督教史》，第 166—167 页。

有信徒 3000 余人、传教士 12 人，并设立一所妇女院。

1941 年，冉彼得因病休养，瑞典牧师席耳负责，宋仁轩、张殿勤等人协助，并兴办培信小学。1943 年，冉彼得去世，神召会按立张殿勤为牧师，宋仁轩、杨德润、刘桂洞为长老，董兆瑞、宋银甲等 7 人为传道员。解放战争期间，传教士冉约翰（冉彼得之子）到石家庄。神召会利用美国的救济物资吸引人们入教，教务一度非常活跃。1947 年，石家庄解放后，内地会由获鹿迁至石家庄。神召会和内地会联合创办"圣经工读学院"，并附设复生药房和新华木厂。

2. 新乐神召会：1917 年设立后，不断发展。民国十三年（1924），瑞典牧师爱西斯在旧城关北坦村建立教堂，建筑房屋 45 间，在新乐县城东关张家庄、木村、青同设立分会。

3. 元氏神召会：1925 年左右，神召会在元氏县城商关建立教堂，占地 0.8 亩，有房 17 间，后向附近村庄传教。据 1943 年统计，信徒达到 140 人，胡瑞亭维持教务。1947 年，教堂被国民党军队拆毁，教务停止。

4. 无极神召会：1926 年，瑞典牧师义传真夫妇到无极县传教，在大郭村设立神召会，并向四周村庄扩展。

5. 藁城神召会：1928 年，丹麦神召会派遣中国籍传教士王通灵到藁城北席村传教，设立神召会，后向附近扩展，先后在县城、增村设立分会。

6. 赵县神召会：1929 年，瑞典牧师单慕仁到赵县传教，创立赵县神召会。1934 年，单慕仁在县城购地 6 亩，建造教堂，有房屋 32 间，在北解疃、停住头增设 2 个分会。1935 年，信徒达到 270 人。1941 年，差会不再负担教会开支，赵县教会从此开始自养，开支主要依靠信徒捐献。

7. 正定神召会：1930 年，瑞典传教士史比善到正定传教，在县城内购地 163 亩，建造福音堂，有房屋 53 间。正定神召会下设孔村、韩家楼、永安、胡村、东邢家庄、西权城、合家庄、东上宅、蟠桃、南村 10 个分会。1941 年统计，有信徒 450 人、牧师 10 人、长老 6 人，执事 4 人、传道员 5 人。1949 年，信徒增至 1316 人，分布全县 57 个村庄。

8. 行唐神召会：1930 年，瑞典牧师义传真夫妇到行唐县城北街租房建立神召会。1942 年，行唐神召会有正式信徒 141 人、慕道友 30 人，由中国籍传道员朱宝珍负责。

（三）中华救世军

救世军的创始人为英国人威廉·布斯。救世军模仿军队建制，信徒称军兵，传道人称军官，具有军阶、军衔，总部设在伦敦。救世军虽然是一个比较小的教派，但其慈善事业世界闻名。[①]

1916年，救世军传入直隶。民国七年（1918），瑞典籍军官柏希贤在石家庄休门创建中华救世军，建立石家庄队。1930年，一位美籍军官和一位中国籍军官在石家庄市做传教工作。1933年，在石家庄市大经路购地约3亩，建造教堂和配房，并设立小学校学道班、粥厂等附属事业。抗日战争期间，教会被日军炸毁，附属救济事业均告结束。[②]

（四）基督复临安息日会

基督复临安息日会是美国复临派的一个分支，该派在强调基督复临的同时，强调守安息日（星期六）。光绪二十八年（1902），基督复临安息日会派出安德生夫妇来华，在上海设有总会，由美籍传教士柏仁生任总会长，下设8个联区、32个区会。1920年，安息日会传入直隶。1931年，中国籍传教士庚兆祥到石家庄，在桥西西小街租房，创办安息日会。"七七事变"后，教会被日本侵略军飞机炸毁，教务活动中断。[③]

（五）真耶稣教会[④]

真耶稣教会，原名万国更正耶稣真教会。1917年，由魏恩波创立。1931年，真耶稣教会传入河北，以晋县为中心向四周县乡村发展。

1. 束鹿真耶稣教会

1931年，晋县信徒李志唯到束鹿试炮营建立教会，发展信徒。同时赵海深在赵家庄建立教会。到1944年，束鹿真耶稣教会发展信徒102名。

2. 正定真耶稣教会

1940年左右，正定县中杜村信徒张俊名在磁县接受真耶稣教会信仰后在中杜村建立教会。到1949年，信徒达120人，分布在中杜、东杜、安丰、白庄、西平乐等村。

---

① 段琦：《美国宗教嬗变论》，今日中国出版社1994年版，第159—165页。
② 鞠志强主编，刘海涛著：《河北基督教史》，第181页。
③ 鞠志强主编，刘海涛著：《河北基督教史》，第67、182页。
④ 鞠志强主编，刘海涛著：《河北基督教史》，第184—185页。

3. 藁城真耶稣教会

1944 年左右，真耶稣教会在藁城创立，先后在增村、北堤里、小吴村、后西关等村设立聚会点。

（六）基督徒聚会处 [①]

1943 年，河北境内部分基督教信徒开始分化，脱离原来教派，组成聚会处，主要分布在石家庄、唐山等地。

1. 栾城聚会处

1943 年，原神召会传道人杨德润、刘桂森脱离石家庄神召会，在栾城贾村组织自立会，后改称为聚会处，并在东佐设立分会，隶属于石家庄聚会处。

2. 获鹿聚会处

1948 年前后，刘桂森等人到获鹿东南高迁一带传教，吸收原获鹿内地信徒加入获鹿聚会处，在高迁东营、永壁、南降壁设立聚会所。

五　基督教教堂

基督教传入石家庄百多年来，陆续在全市各县建造了一些教堂，既有规模较大的教堂，也有简易的活动场所。教会建造教堂在抗日战争前夕达到高峰。据民国十八年（1929），内地会成立获鹿区会，下设 11 个堂会，26 个分会，就有大小教堂和简易场所 37 座。抗日战争期间许多教堂被日军毁坏。解放前统计，石家庄基督教教堂为 27 座。

表 4-13　　　　　　　　　解放前石家庄基督教堂统计表 [②]

地点	教堂名称	所属教派	建堂时间
石家庄市	新华路福音堂	神召会	1921 年
	城角庄教会	神召会	1928 年
	大经路教会	救世军	1933 年
正定县	县城教会	神召会	1931 年
	韩家楼教会	神召会	约 1934 年
	北石家庄教会	神召会	约 1935 年

① 鞠志强主编，刘海涛著：《河北基督教史》，第 186 页。
② 石家庄市民族宗教事务局编：《石家庄宗教志》（下册），第 649 页。

续表

地点	教堂名称	所属教派	建堂时间
栾城县	县城教会	神召会	1916 年
	贾村教会	神召会（聚会处）	1928 年
	郄马教会		1915 年
获鹿县	县城教会	内地会	1929 年
	西铜冶	内地会	1946 年
井陉县	县城教会	内地会	1930 年
无极县	县城教会	公理会	1908 年
	郭庄教堂	救世军	
赵县	县城教会	神召会	1934 年
元氏县	南关福音堂	内地会	约 1920 年
行唐县	县城福音堂	内地会	1917 年
高邑县	南门教会	神召会	1914 年
新乐县	北坦村教会	神召会	1924 年
灵寿县	南门里教会	内地会	约 1885 年
	陈庄水峪村堂	内地会	1900 年
	南寨乡青廉教堂	内地会	1927 年
平山县	城北关教堂	内地会	1914 年
赞皇县	城东街礼拜教堂	内地会	1910 年

六　基督教的社会事业

基督教传入中国之后，在传教之际也伴随着基督救社会事业的发展。主要包括文化教育、医疗卫生和慈善事业，这些事业的开展，无疑是出于传播"福音"的需要，得到中国人对基督教的承认和赢得人心。从客观上看，对社会也有一定的积极作用，促进了中国近代社会文化的发展。

（一）教会学校①

基督教传入石家庄后，英国传教士青季莲于 1910 年创办"福音堂女子小学"，学校有西屋 3 间，东屋 3 间，学生最多时 30 余人。民国十八年

---

① 石家庄市民族宗教事务局编：《石家庄宗教志》（下册），第 694—695 页。

（1929），基督教内地会成立获鹿区，开设2所小学，1所女子学道院。1937年获鹿基督教内地会创办了"扬道学校"，有学生170余名。民国三十五年（1946）区会在获鹿设立"道学院"。民国三十六年（1947），区会迁到石门市（今石家庄市）和基督教神召会合并建立"圣经工读学院"。

1. 福音小学

1946年，石家庄基督教内地会在开办"圣经工读学校"的同时，由创办人姚大柱腾出四间房屋，开办了"福音小学"，共招生四个班，即一至四年级每班20—30人。全部聘请有文化的基督徒当老师，义务给学生上课。为扫盲工作作出了贡献。不收学生任何学费，石家庄解放后不久，学校改为国家教育。

2. 培信学校

目前石家庄市中山路小学的前身就是基督教的培信学校。由基督教神召会牧师希尔（瑞典人）创办。兼任校长，谷怀空任副校长，老师全是基督徒。

（二）福音药房①

民国三十二年（1943），石家庄市基督教神召会瑞典籍牧师希尔在石家庄传道期间，将本国得到的一笔遗产全部变卖（金额不详），把资金全部投到石家庄，购买了民族街上当时由一个朝鲜人办的"金山药房"，购买后更名为"福音药房"。该会和部分教友为股东，由石家庄的基督徒负责经营，面向社会开放，总经理：谷怀空；副经理：杨蒙恩；经理：段景瑞；会计：谷善祥；业务员：杜经严、段××等。由于谷怀空去云南传道，杨蒙恩负责总管。时间不长，杨蒙恩单独分了出去，拿走了一些钱。其余的人继续经营。同时到北京找神召会的姚志辉牧师商量，药房又更名为"复生药房"，总管是段景瑞长老。药房的工作人员全部是基督徒。

第六节　其他宗教

除上述处于正统地位的宗教外，还有一些游离于社会体制外的宗教信仰，总称为民间宗教，又称秘密宗教、民间秘密宗教、教门、道门等。民间宗教在古代历史上曾发挥寄托下层民众理想、组织民众起义反抗压迫

---

① 石家庄市民族宗教事务局编：《石家庄宗教志》（下册），第695页。

的社会功能。但是，近代以来，特别是民国时期民间宗教传播封建迷信思想，蛊惑人心，危害社会治安，反动性质明显增强。下面以藁城、正定为例[①]，介绍民国时期主要传播的民间秘密会道门组织。

一 民国时期藁城县的会道门

藁城县的会道门组织，受外县影响，历代都有活动，并且往往被一些居心叵测的"道首"所把持。至 20 世纪 40 年代末，县内仍有一些封建迷信思想严重的人，以"鬼神论""宿命论"以及"修福免灾"的谎言愚弄群众，按照封建家长制形式组成种种秘密团体。有的设供鼓吹邪说，有的搞所谓"传承法嗣"，诱骗青少年，或以"过阴传寿""画符避邪""渡仙体"等骗财害命、奸污妇女，危害社会治安。县内主要道会门有：一贯道、圣贤道、九宫道、还乡道、先天道、坐宫道、青门道、如意道、红阳道、小香道、大刀会、佛教会、白阳道、后天道、龙盘道、大香道、白莲教、八卦道、中门道、通天道、红枪会、共进会、遗共道、磕头道、青天道、清明道、吕祖道、佛祖道、硬功道、玉皇道、祖母道、同天社、天门道、金丹道、长毛道、红万道、三阳道、三香道、金钱道、有理道、三皇会、转山会、黄香道、北斗道、石金社、天师道、一心堂、安清道等。其中一贯道、圣贤道、九宫道、还乡道最反动。解放后，政府对反动会道门进行了坚决打击和取缔。

（一）一贯道

民国二十九年（1940）传入藁城，分栾城、正定、石家庄 3 支，统归石家庄系。时有藁城县王济川、石家庄郝国印、正定县翟中林，先后在藁城县城梅花、赵庄建立分坛。在一贯道首田锡芳（冀县人）等积极活动下，到民国三十二年（1943）底，表灵、岗上、兴安、屯头、三丘、南孟、倪家庄等村共建立 17 个分坛。分坛设坛主、达善师、讲阐师、办事员等职。民国三十六年（1947）发展到 125 个村，其中有前人 5 名、点传师 24 名、坛主 180 名、道徒 9253 名。

（二）圣贤道

圣贤道大约在 19 世纪中叶传入城。40 年代末县内圣贤道有道首 200 名，

道徒1840名，其支系繁多、称呼不一，通常称圣贤道、好好道、人仙道、先天道、秘密还乡道等，均是一个主根——宁晋县孙家姚村。该道主要信仰"先天爷""无生老母""西天如来佛"等。以"好好修炼，上天享福，躲邪避难"等谎言骗人入道，并把摆供、劝道、收人、提升道首的场所称为"供场"，亦称"供桌""供摊"。规定每年正月初三、三月初三、七月十五和立春、立夏、立秋、立冬7个时辰均应凑钱摆供，道首则通过升供，大发横财；利用"讨天批""拉流"等伎俩，制造谣言，蛊惑民心。

（三）九宫道

九宫道大约在20世纪30年代传入藁城，并扩展到数十个村。从民国三十七年（1948）连续三年取缔，大部分道首及道徒停止活动。

（四）还乡道

民国十三年（1924）由石家庄于满仓传到北营村，自称北修山藏神洞。民国十五年（1926），发展到系井、石井两村，称为井泉山水湖洞和石泉山卧虎洞。以后又发展到南营、杜村、尚书庄、彭家庄等村，均属石家庄北会统管，主要以北营、系井、石井为据点进行摆供和发展道徒等活动。抗日战争时期，此道充当日军侵华工具，搜集抗日武装军事情报，积极散布不抵抗主义。

（五）坐宫道

约在20世纪30年代，由正定县胡家姚村传到县内大慈邑村的高老石。高被升为"当家里"，并在大慈邑、大丰化等村发展道徒。其盛行之时，仅大慈邑村道徒就达200余人。

（六）青门道

很久以前从外地传入寨里村，并开设道房，吴心雪任"正坐当家里"。民国十八年（1929）后，青门道发展到阜阳、南董、北高庄、西四公、杜家庄和三丘等10多个村庄。后又传入正定县杨家庄、固营，无极县西高、大名庄、郝庄、明秩寺等地。建立道房30多个，发展道徒200余人，涉及3个县的37个村庄。

二　民国时期正定县的会道门

明代末年，正定县出现了会道门活动。日军侵占正定后，日伪政府把会道门当作乙种宗教加以保护利用，有的会道门直接参与特务活动，成了日本特务的帮凶。解放后，政府明令取缔了反动的会道门，一般只搞迷信活动的会道门成员，经过教育，多数人逐渐脱离了组织，停止了活动。

（一）一贯道

一贯道于民国三十年（1941）由北京道首张五福传给正定刘德山。刘在正定发展道徒 90 余人，在城内府墙东街（今解放街）路东自立成鞋铺建一贯道慈化坛，刘德山任坛主兼点传师。坛内设点传师兼坛主 3 人，副坛主 2 人，领导 4 人，讲善 2 人，文牍 1 人，招待 8 人。后来，刘德山与石门市总点传师在正定城里建慈惠坛、慈航坛、慈善坛、慈仁坛、慈和坛、慈德坛、诚厚坛。从民国三十年（1941）十月开始，刘德山到正定四乡发展道徒，至民国三十四年（1945）八月，一贯道共设坛 76 个，有"三才"以上骨干 210 名，发展道徒 4152 人，遍及正定 130 个村庄。在灵寿、无极深泽、深县、安平等县也发展道徒，建立了佛坛。点传师刘德山、李芝多、王风臣、黄希恒、杨淑华、王化隆、高庆田等，经常乘马车往返于正定城乡之间，开展道务活动。

一贯道配合日本侵略军的奴化教育，大肆宣扬，"不久要刮黄风下血雨，还要有更大的劫难"。让人们忍受日军侵略压迫，不予反抗。新道徒入道要由旧道徒两名做保荐人，缴纳 2 元以上的入道费，由点传师主持举行入道仪式。一人入道后要求全家都入道。道徒逢农历初一日、十五日集中于公共佛坛拜佛，听点传师、坛主或讲善宣传圣训或读弥勒佛经，诱使道徒发"净身愿"或"财愿"（捐钱捐物）。

（二）万国道德会

万国道德会正定分会是南高家营村（今石家庄郊区）何子丰、何子居于民国二十七年（1938）成立的，会址在南高家营村。该会主要活动在正定滹沱河南各村镇以及获鹿、栾城、赵县少数村庄，至民国三十二年（1943），共发展会员 221 名。

万国道德会让会员诵读《观音劝善文》《感应篇灵异记》《玉皇心印经》等，其目的是要人们忍受日本帝国主义的残酷压迫不反抗，因此，受到伪政权的支持。

（三）还乡道

还乡道于民国初年传入正定，开始只是在民间以巫术看病，活动于朱河、韩家楼、高平村、上曲阳、南曲阳、里双店、孔村、完民庄、东宿村，南早现，大孙村西形后塔底、东汉、西通、南石家庄东庄等村。民国三十一年（1942），发展道徒达 1007 名之多。道首余琴轩改还乡道为先天道，在正定大河镇（现归获鹿县管辖）设总部，组织武装少壮道徒效忠日本侵略者，搜集抗日政府情报，与共产党为敌。

（四）天门会

天门会又名大刀会。1938 年 3 月，以拐角铺村王清林为首，组织一些青壮年参加，每人持长柄大刀，胸前挂红布口袋，每晚烧香磕头，练"清身法""避枪法""避炮法"，为地主看家护院。后来，日军调大刀会百余人，到南孟与二路范子峡部作战，伤亡惨重。日军第二次调大刀会出战，会员不敢再去，即自行解散。继任会长刘青芳（又名三喜），投靠国民党，第二次解放正定时被击毙。

（五）青红帮

青红帮清末在正定即有活动，民国元年（1912）至二十六年（1937）活动最盛聚会地点在城内天宁寺前（今大众街）。早期主办人有娄静轩、孙和平、任木斋、崔□□、刘晏如等。日军侵占正定后由齐铭德、齐呈祥父子主办，更名"中华共进会"，后又改为"安清会"。日本人中尾一德为青红帮石门区顾问，经常来正定"指导工作"。青红帮以联络各路朋友辅佐内河航运及其他运输事业为宗旨，公开反对共产党。日军投降后，日渐衰落。

（六）坐宫道

坐宫道于清末传入正定。起初在城内西门里、太平街等处设有佛坛。因道徒多在晚上集聚一处练功打坐，俗称"摸摸道"。该道最高头目称师父，下有传法、当家、四主、六宗等，常用咒语、符水给人治病。后传至韩家楼、里双店、付家村、南楼、丰家庄、南中丰、蟠桃等村。解放前夕，付家村康黑小自称师父，后称皇帝，发展道徒 49 人。

（七）佛教会

佛教会又名同善社先觉柯。民国六年（1917），由获鹿人牛向臣从保定传入正定加者多系绅士、官吏、大地主和宗教界上层人物。会址初设城内关帝庙，后迁明伦堂，最后迁入开元寺。

入会者每月要向会内捐纳活动费。全体会员每 60 天开"理体会"一次，在会内静坐一天默念佛经。当时一些社人表面看佛教会是联络释会上层人物的联席会。他们与道、儒三教人士共同研究圣训，劝导世人行善，实际公开反对共产党。杨索、张恺臣等人曾任会长。会内设文牍科、恩职科、庶务科、收支科、交际科、检查科。会员 30 多名。

（八）一心道

一心道也叫一心堂。民国初年在周家庄、上水电、王古寺、永安，东安丰等村开始活动。迷信鬼神，用看阴阳宅、以巫术看病等手段骗钱。道首是周家庄村人，道徒 50 余名。

（九）八步龙天道

八步龙天道亦称通天道。民国初年在正定诸福屯村始有活动。道首于志步，又名登云以看阴阳宅、用符水治病等方式宣传封建迷信，道徒众多。后传至拐角铺、东贾村、戎家庄、南牛屯、吴家营、新乐县梁家庄等村。

（十）九宫道

九宫道于民国初年在正定城内始有活动。教徒烧香打坐、跳神发愿、祈求再世富贵。解放前夕已趋衰落，城内有道首 1 名，道徒 14 名，西里双村有道首 4 名，道徒 29 名，里双店有道徒 29 名，南村有道徒 11 名。

（十一）圣贤道

圣贤道清末从北京传入正定城内，以宣扬孔孟圣训为宗旨，让人遵守封建道德。后传至农村。解放前夕，城内有道首 6 名，道徒 113 名，北白店有道首 6 名，道徒 201 名，斜角头有道首 1 名，道徒 21 名。

（十二）长毛道

长毛道在正定县丁旺村独有。民国初年从外地传入，道徒多至 42 名。均蓄长发，不讲卫生。有道首 2 名。以巫术、符咒治病，反对科学，拒绝接受新鲜事物。

除前述会道门外，正定还出现过三心道、皈依道孔孟圣道、万源善坛、邪乞门、金丹道、石和尚道、北斗星道、请风道、混香道、上天道、看香道、红阳道、小香道、三佛道、如意道、三玄道、清门道、烧香道、金开道、三星道、八卦道、龙华圣教会、青元道、万佛道等，皆从外地传入，仅有少数道徒活动。

第 五 章

教 育 *

　　伴随着工业和商业的逐步兴起，近代石家庄教育事业日渐发展与繁荣，这是石家庄走向近代文明的一个重要标志。近代石家庄学校教育的发展与变迁，与清末社会状况和新式教育改革是一致的，体现了近代教育的曲折发展和艰难历程。

　　清代石家庄的地方教育机构以书院为主，这些书院大多是官方创办，教育的目的是培养科举人才，教学的主要内容也是科举考试的内容。以科举制为中心的传统教育，是为维护封建统治阶级利益和需要服务的。随着社会状况的变化，特别是外国资本主义的入侵，给清朝带来了深刻的社会变革。随着国门的被迫打开和西方近代的教育思想、制度的涌入，中国传统教育遭受到巨大冲击。一些有识之士开始倡导创建新式学校，传统教育的变革逐渐提上日程。到清代中期，传统教育和学校已经开始衰落。进入近代，科举制度走向了衰亡。1901 年，清廷宣布实行"新政"，开始在全国推行教育改革、兴办新学堂。1905 年，清政府宣布废除已经存在了一千余年的科举制度。

　　石家庄的传统教育和书院制度也在这一大的历史背景下，开始进行近代的改制和变迁，并最终融入近现代教育体系中，完成了从传统教育向近现代教育的历史转型。

---

　　* 本章作者系《石家庄学院学报》编辑部王倩副教授。

第一节　清代中后期书院的发展

书院是我国古代社会一种特有的教育机构，创自唐代，经过历朝的不断发展，到了清代臻于鼎盛。特别是自雍正朝开始，清朝政府实行积极扶持书院发展的政策。雍正十一年（1733），谕令"各省督抚在省会各建书院一所，并各赐白银1000两，作为师生膏火之需"[①]。在此政策的影响下，全国各地的书院发展呈现蓬勃之势。根据邓洪波在《中国书院史》的统计，清代全国共有书院4365所，是之前各朝代书院总和的1.49倍。河北地区的书院同全国发展形势一致，清代直隶书院建有251所，其中212所都是新建，在全国名列第7，属于清代书院的发达地区。[②]

在全国政策和河北书院发展的大形势下，石家庄的书院在清代获得蓬勃发展。根据各县志资料统计，清代在石家庄境内共有24所书院，在整个河北省来看，属于书院发达地区。这些书院分别为：龙冈书院、东壁书院、湘殷书院、香泉书院、滹阳书院、文昌书院、培英书院、龙泉书院、南池书院、复初书院、千秋书院、风动书院、松阳书院、鹿泉书院、天桂书院、尊闻书院、皆山书院、玉城书院、文清书院、东关书院、庆阳书院、圣泉书院、景羲书院、滹南书院。[③]这24所书院几乎遍布石家庄的各个市县，不仅在数量上达到了历朝之最，而且在规模上也是空前的。这些书院大多创建于康乾时期，但在清代中后期特别是同光时期又有了一定发展，规模不断扩大，折射出清代中后期石家庄书院发展的基本脉络与特点。

一　地方政府对书院的创建和扩建给予大力支持

自雍正时期提倡地方政府建设书院的政策以来，官方逐渐成为书院创立的主力军。清代石家庄的24所书院，经过对各县志资料的查阅，有21所书院是由知县所创办，且历任知县又对书院进行了多次修建与扩充。

平山县天桂书院，乾隆三十八年（1773）知县员家驹捐俸，创建于学

---

① 袁森坡、吴运廷：《河北通史》清朝上卷，河北人民出版社2000年版，第237页。

② 详见邓洪波《中国书院史》，第六章第一节"清代石院基本情况统计"，东方出版中心2004年版，第217—219页。

③ 吴洪成、刘达：《清代石家庄书院探析》，《石家庄学院报》2015年第4期，第41页。

宫东按察院旧址，并聘请名师在书院设帐讲学；嘉庆六年（1801），平山知县李东垣对天桂书院酌增膏火①；咸丰三年（1853），知县王涤心制定了书院的月课章程，实行考课，并躬亲讲演，以示训诲。

井陉县文昌书院，康熙年间邑令周在城东文昌阁扩立所建②；乾隆年间，邑令周在城东门内复建书院，择地营修；同治六年（1867）张公署县事全力为书院筹措款项，使得书院有了较大发展。③

赵县庆阳书院，同治六年（1867）知州刘锡谷捐出俸银，对书院进行扩建，又建讲堂1座、斋舍2座、厨房1座，大大改善了书院的环境和条件。④

栾城县龙冈书院，知县王玑创建于康熙二十二年（1683），因栾城有卧龙岗而得名"龙冈书院"。乾隆三十三年（1768）知县李方茂对书院进行重新修葺，道光十四年（1834）知县王大猷再次重修书院。⑤

获鹿县鹿泉书院，乾隆三十九年（1774）知县唐奕恩在白鹿书院旧址创建，制定院规10条，在招生、开学、上课、考试、纪律和奖惩等方面都有详细规定⑥；乾隆四十六年（1781）知县周荣对书院进行改建；同治八年（1869）知县俞锡纲捐赠30张长桌、30条长凳；同治十一年（1872）知县劝捐，对书院前院的东西厢房进行修葺。⑦

正定县恒阳书院，道光十年（1830）知府关公炳在原来尊闻书院的基础上进行了重修，并将尊闻书院更名为恒阳书院。尊闻书院是乾隆四十二年（1777）由知府方立经创办，当时书院有桥、照壁、重门、讲堂、课所、内外舍共42间。同治十年（1871）知府刘秉琳、府学教授赵文濂对恒阳

————————

① （民国）金润璧：《平山县志资料集》，成文出版社有限公司1976年版，第64页。
② （清）常善修，赵文濂：《井陉县志》第17卷，书院志，成文出版社有限公司1976年版，第59页。
③ （清）常善修，赵文濂：《井陉县志》第17卷，书院志，第60—61页。
④ 河北省赵县志地方编撰委员会：《赵县志》，中国城市出版社1993年版，第743—744页。
⑤ （清）陈詠修，张怀德纂：（同治）《栾城县志》（一），成文出版社有限公司1976年版，第299—300页。
⑥ 鹿泉市史志编纂委员会办公室编：《获鹿县志》，中国档案出版社1998年版，第605页。
⑦ （清）俞锡纲修：（光绪）《获鹿县志》，《中国地方志集成·河北府县志辑》第4册，上海书店出版社2006年版，第191页。

书院再次进行修茸，共用钱110万千文。①

无极县圣泉书院，同治八年（1869）知县李葆贞与县里士绅共同捐款所建；光绪八年（1882）购置了二十四史、十三经等书籍，后知县蒋继芳复开官课，十三年（1887）知县高楷延师开课。②圣泉书院虽然创建时间较晚，但地方政府仍然加大修建力度，重视书院课程的教育价值。可见，同光时期尽管传统旧学及书院已日渐式微，但在地方政府的支持下，仍获得较大发展。

晋州市湘殷书院，康熙三十年（1691）由知州陈祖法倡导，乡民集资共同创建。书院内设有讲堂6间，东西厢房各3间，南屋4间，大门1间。③光绪十九年（1893）知州章均将湘殷书院改名为鼓城书院。

行唐县影响最大的书院是龙泉书院，创建于乾隆二年（1737）。因院中有口名为"龙泉"的井，因此书院得名。乾隆二十三年（1758）知县吴高增重视教育，对书院进行重修。道光元年（1821）知县王延浩重修书院。同治元年（1862）知县高建勋极力倡导振兴教育，倡议乡绅为书院捐资，同时严格书院学生的考课管理，龙泉书院重获振兴。④

灵寿县松阳书院，乾隆二十九年（1764）知县林调燮创建，乾隆三十九年（1774）知县刘启秀重修；道光二十三年（1843）胡容重修书院。⑤

辛集南池书院是乾隆三年（1738）由知县王天庆创办；乾隆二十四年（1759）知县李文耀对书院进行修茸，增建了堂楹3间，名为"梦花堂"；嘉庆元年（1796）知县李符清捐资进行重修；同治十一年（1872）知县宋陈寿捐资重建。⑥

这些书院大都由地方知县创办且多次捐资修茸，彰显出地方政府对各地书院办学所给予的重视与扶持力度，这也是清代中后期书院获得发展的最大动力。

---

① 正定教育志编纂委员会：《正定教育志》，河北教育出版社1996年版，第58页。

② （民国）王桂照修，王重民纂：（民国）《无极县志》（影印），成文出版社有限公司1976年版，第196页。

③ 刘得志主编：《晋州市教育志》，河北人民出版社2001年版，第20页。

④ 王永德主编：《行唐县志》，中国对外翻译出版公司1998年版，第554页。

⑤ （清）刘广年：（同治）《灵寿县志》（影印），成文出版社有限公司1976版，第126—127页。

⑥ 河北省辛集市志编纂委员会编：《辛集市志》，中国书籍出版社1996年版，第678页。

二　书院的规模不断扩大，教学条件日益完善

随着官方力量的介入与加强，日常经费的不断充盈，书院不仅在数量上有所增加，而且建设规模不断扩大，环境优美，各项设施条件不断完善。

栾城龙冈书院，整体建筑完整，规模较大。有大门3间，二门3间，讲堂5间，左右厢房10间，后院上房5间，左右厢房6间，守者住房及厨房共3间，照壁2座，牌坊1座。书院后面设立义学房舍3间，门楼1座。[1]其中"二堂五间为山长住房；东西厢房六间同讲堂边房两间，堂下东西厢房十间，皆为在院生童肄业之所"[2]。另外，书院附设铺房8处，共有88间。

获鹿县鹿泉书院，书院房间众多，区域划分合理。有大门3间，讲堂3间，东西厢房6间，后堂3间，后院门1座，讲堂3间，前后书房2间，左右厢房6间，东向书厅3间，书房2间，南向肄业房6间，厨房1间，北向肄业房3间，厨房2间，总共44间（县志原文为47间）。[3]

正定恒阳书院，即尊闻书院，道光十年（1830）改称恒阳书院。光绪年间经过重修后，有大门3间，讲堂前穿堂5间，西斋房8间，讲堂后正房5间，厨房3间，西耳房1间，东耳房1间，书院整体焕然一新。[4]

平山县天桂书院，建有"正厅5间房，东西耳房各1间，讲堂3间，东西斋房四座20间，厨房8间，大门3间，二门1间"[5]。总计有41间房。

井陉县皆山书院，占地面积20多亩，是一组规模宏大、气派雄伟，具有民族风格的古建筑群。书院朱漆大门，门额书"皆山书院"四字，大门两旁为临街房5间。院内建有一圆形鱼池，夏日来临池内荷花绽放，饶有情趣。院内正房为讲堂，东西配房各四楹。室内清静恬雅，朴实无华，几净窗明。中院有东、西、北3个房间，是学生休息和自修的地方。后院为书院仓库和图书室，礼器乐器都非常齐全。[6]

---

① （清）陈詠修，张怀德纂：（同治）《栾城县志》（影印本），卷六"学校志"，第310页。

② （清）陈詠修，张怀德纂：（同治）《栾城县志》（影印本），卷六"学校志"，第305页。

③ （清）俞锡纲修：（光绪）《获鹿县志》，《中国地方志集成·河北府县志辑》第4册，第191页。

④ （清）赵文濂编纂：（光绪）《正定县志》，《中国地方志集成·河北府县志辑》第3册，上海书店出版社2006年版，第219页。

⑤ （民国）金润璧：《平山县志资料集》，成文出版社有限公司1976年版，第64页。

⑥ 崔治先主编：《井陉县教育志》，河北人民出版社1991年版，第27页。

灵寿县松阳书院，有讲堂3间，耳房2间，斋舍12间，二门楼1间，东厢房3间，临街房7间，中间设有大门。①

新乐县景羲书院，有"讲堂5间，东西厢房各3间，南对厅3间，南厅东西耳房各1间，大门3间，二门屏风4扇，院夫房间2间，山长宅正房3间，南房3间，围墙通高一丈，东西长19丈5尺，南北长9丈7尺5寸"②。

书院不仅规模扩大了，而且藏书较从前更为丰富。如平山天桂书院，光绪十五年（1889）知县石昆山购备书籍器具，整饬规章制度。当时书院购存书籍有经、史、子、集：《十三经注疏》《御纂七经》《钦定七经》《国语》《国策》《经典释文》《大学衍义》《中庸衍义》《四礼翼》《佩文韵府》《说文义证》《二十四史》《水经表》《水经注》《稽古录》《文庙通考》《朱子年谱》《大清会典》《地舆全图》《百子全书》《说苑》《世说新语》《近思录》《困学纪闻》《读书日程》《輶轩语》《楚辞》《陆宣公集》《正谊堂集》《乾坤正气集》《梁溪全集》《林文忠公集》《胡文忠公集》《曾文正公集》《文选》《唐宋文醇》《古文辞类纂》《古今诗选》《钦定四书文》《子史精华》《文心雕龙》③井陉县皆山书院，"惟所藏图书甚多，多系经史子集类，如诗书易礼春秋五经，诸子百家书，二十四史，康熙字典，玉堂字汇、说文解字之类"④。光绪后期书院改学堂的呼声日益，在此情况下，地方政府仍然对天桂书院进行整治，添置购买书籍、修订章程。

由此可见，清代中后期对书院建设发展的重视，反映出书院在同光时期出现了发展的高峰。另外，书院藏书的类型以经史类书籍为主，这与书院的官办有很大关系。书院教育与科举考试紧密联系，反映了清代中后期书院的官学化日益加深。

三　书院的组织管理制度日益规范

清代中后期石家庄书院的规模扩大、数量增多、官学化严重，这些都

---

① （清）刘庚年：（同治）《灵寿县志》（影印），成文出版社有限公司1976年版，第126—127页。

② （清）雷鹤鸣等修，赵文濂纂：（民国）《新乐县志》，成文出版社1968年版，第97页。

③ （清）熊寿籛修，周焕章纂：（光绪）《平山县续志》，《中国地方志集成·河北府县志辑》第10册，上海书店出版社2006年版，第236—237页。

④ 崔治先主编：《井陉县教育志》，第27页。

需要书院管理制度的相应变化。书院的发展复兴，离不开书院管理制度的完善与优化。

（一）院长的选聘更为严格

院长为一院之首，地位举足轻重，是书院管理的核心人物。因此，如何选聘院长，院长应具备怎样的学识与素养，直接关系一所书院的发展。延请院长，也是书院日常教育管理的重要任务。随着书院规模的扩大，院长的选聘条件逐渐严格，特别是到了清代同光时期，在对前朝经验教训总结吸取的基础上，对院长的选聘做了更为严格的规定。

一般对院长的选聘，要求具备良好的学识和道德素养。栾城龙冈书院在道光十六年（1836）制定了书院章程。关于选聘院长有以下规定：每年八九月延请山长（院长），由总理及董事会同邑绅，公开选录科甲出身学行素著诗文兼长者。[①]建于同治年间的无极县圣泉书院，在书院条规中对院长的选聘有了更为严格的规定："不许请本邑人，必众董事访求外州县品学兼优者主讲。"[②]院长要求必须是外州县人员，避免了同城选聘的"请托之弊"。通过对道光年间的龙冈书院与同治年间的圣泉书院对比，我们可以看到，对院长的选聘不仅要求"出身学行素著诗文兼长"，而且必须是"外州县的品学兼优者"。选聘的条件更为严格，选聘的程序也更为客观、公正，避免了因人情、腐败影响到书院掌管者的选聘，从而更加有利于书院的健康发展。

（二）管理分工更加细化

院长虽然主管书院的行政事务，但具体的行政工作由董事负责。董事的职责，包括日常行政事务、经济收入支出等。栾城龙冈书院，设董事四人，"每岁轮流二人，在院常川照料经历租榖银钱等项"[③]。同治年间的无极县圣泉书院，对董事从选聘到管理有严格的规定："书院宜选公正绅士以董其事，董正数人，每月必到。"不仅明确提出董事的选聘标准，而且对董事的工作纪律提出了明确要求，对董事的管理更加严格和规范。同时，圣泉书院还设置副董事一职，"董副数人，按月轮班，管理登记支销账目，年终会同众董事清算"[④]。副董事的设立，细化了董事的各项工作，

① （清）陈詠修，张怀德纂：（同治）《栾城县志》（影印本），第300页。
② （民国）耿之光、王桂熙：（民国）《无极县志》（影印），第197页。
③ （清）陈詠修，张怀德纂：（同治）《栾城县志》（影印本），第307页。
④ （民国）耿之光、王桂熙：《无极县志》（影印），第197页。

有利于提高工作效率，同时也加强了对董事工作的监督。

书院还设有院书，管理日常记录等事务。圣泉书院设立院书一名，"两课试卷均令该书制备，所有写题封门填榜纸张亦令该书自办，每值课期该书前往承办"①。书院还"常雇斋夫一名，常川住院，守护供役"。

（三）制度管理更加规范

书院运行经费筹措不易，因此对所辖房舍、物品等，都进行登记造册，并作出相关规定，健全制度，规范管理。

龙冈书院明确规定，"书院堂舍、工程及一切什物、器具、铺面、房屋租数、田地坐落村庄顷数、亩数、租数，发商生息存本，各项册籍一样造具三分，一存县卷，一存儒学，一存书院，交董事收执"②。对书院房屋、书院地亩坐落的村庄和亩数、铺房坐落房屋间数都一一做了登记，记录内容明晰详尽，管理非常规范。"田家庄村东路南地2亩，南五里铺村北大道西地41亩，南五里铺村南路西园地38亩，西宫村南道西地2亩，柴赵村西路北地8亩，西关外地3亩，焦家庄村西南四里许地10亩，栾武庙西地7亩，内营村西北地13亩，西吕村村西地7亩，河西村村西地7亩……"③

圣泉书院对借用书院房屋、书院经费的，提出明确规定："无论差使、官长、绅商民以及董事，均不得借寓，倘有相强，众董事据章程公同力阻。""书院培养人才必行之久远，方收实效。所存经费不许借支。倘别有公务官提此项，众董事具禀力阻。"④可见，到了同治年间，对书院财物的管理措施更加有力，态度也更加坚决和明朗，禁止任何人员，以任何理由对书院所属财物进行外借。这样的规定，有力确保了书院财物的完整，为书院正常教学秩序的开展提供了保证。

石家庄书院在清代中后期不断发展，已经成为教育事业的重要组成部分。书院在培养人才、提高民众文化水平、开启民风等方面起了重要作用。这些书院不仅在古代教育中发挥着重要作用，而且是连接古代与近代教育的桥梁。伴随着书院改制，这些书院改建为不同等级的近代新式学堂，成为石家庄近代教育的一支重要力量。

---

① （民国）耿之光、王桂照：《无极县志》（影印），第198页。
② （清）陈詠修、张怀德：《栾城县志》（影印本），第308页。
③ （清）陈詠修、张怀德：《栾城县志》（影印本），第310—311页。
④ （民国）耿之光、王桂照：《无极县志》（影印本），第199页。

第二节　近代教育体制的建立与发展

中国近代教育制度起源于洋务运动时期，推进于戊戌变法时期，晚清新政时期得到了确立，教育体制的转型是中国近代化进程中的重要环节。

清代中后期书院教育继续发展，承担了传承地方文化教育的主要作用。但随着外国资本主义势力的入侵，中国经济社会发生了重大变化，半殖民地半封建社会的性质日益加深。伴随西学的不断传入，传统的封建王朝不断受到西方科技文化的冲击与挑战，以科举为中心的封建传统教育阻碍了中国近代化的进程。洋务运动与戊戌变法时期，一批新式学校、军事学堂开始出现；到了清末新政时期，废科举、改学制、兴学堂，新式教育迅速发展，中国近代教育体制逐渐建立起来石家庄的近代教育就是在这种社会大背景下开始的。

一　清末官方的教育改革

清末官方的教育改革可以追溯到19世纪60年代开始的洋务运动。洋务运动中一项重要的内容和措施，就是兴办新式教育，培养科技军事人才。当时河北省开办的新式学堂有天津武备学堂、北洋电报学堂、北洋水师学堂、山海关北洋铁路学堂等。这些新式学堂的建立，从教学内容、教学方式上打破了传统科举教育的僵化与束缚，传播了西方自然科学技术知识，可以说是中国近代新式教育的开端。

戊戌时期，维新派废除八股、推广新式学堂得到光绪皇帝的赞同和支持。1898年6月23日，光绪皇帝明令废除八股考试。1898年7月10日，光绪帝下诏，令"将各省府厅州县现有大小书院，一律改为兼习中学西学之学校"①。以省会之大书院改为高等学堂，郡城之书院改为中学堂，州县之书院改为小学堂。但由于百日维新的失败，除了建立京师大学堂，兴办学堂的政策在地方上没有推行下去。

八国联军侵华战争后，清政府内忧外患的局势更加严峻，迫于压力，

---

① 朱有瓛主编：《中国近代学制史料》第一辑下册，华东师范大学出版社1983年版，第442页。

开始实行"新政"。清末新政的改革力度是前所未有的，改革涉及范围广泛，教育改革是其中一项重要内容，也是新政中最富积极意义，并产生了极大的社会影响。废除科举制度、书院改学堂、创立近代教育学制和建立近代教育行政体制，构成了清末新政时期教育改革的主要内容。

（一）废除科举制

科举制度起于隋朝，在封建社会发展的上升时期起到过重要作用。到了晚清，科举制度已有一千多年的历史。随着中国近代化进程的推进，科举制已经越来越不适应教育和人才发展的需要。1901 年清政府宣布废除八股，但科举仍在存在。1905 年，袁世凯等人在《奏请废科举折》中，指出："欲补救时艰，必自推广学校始。而欲推广学校，必自先停科举始。"[①]1905 年，清政府谕令"著即自丙午科为始，所有乡会试一律停止，各省岁科考试亦即停止"，并要求各省督抚"实力通筹，严饬府厅州县赶紧于城乡各处遍设蒙小学堂，慎选师资，广开民智"[②]。自此，在中国实行了一千多年的科举制度被废除。全国迅速兴起办学热潮，新式学堂的发展和增长速度迅猛。科举制度的废除具有划时代的意义，打破了传统教育体制的束缚，为学校教育政策的推行创造了条件，促使传统教育体制的瓦解和近代教育体制的建立。

（二）书院改学堂

书院是清代地方一级重要的教育机构，对古代地方教育、文化风俗的形成作出过不可磨灭的贡献。但到了清末，书院自身产生严重积弊，官学化严重，所学知识空疏无用，逐渐沦为科举的附庸。书院僵化、落后等弊病成为社会发展进步的阻碍。同时，晚清社会变动剧烈，西方科学知识的传播，新式学堂和教会学校的冲击，都促使传统书院变革和改制。戊戌变法时期，维新派提出了改书院为学堂的政治主张，由于变法失败，该项措施并未真正推行下去。但书院改制的大趋势已经不可阻挡。

1901 年，清政府上谕，"除京师已设大学堂，应行切实整顿外，著各省所有书院，于省城均改设大学堂，各府及直隶州均改设中学堂，各州县均改小学堂，并多设蒙养学堂"[③]。这一诏令也被称为兴学诏，推动了新

---

① 朱有瓛主编：《中国近代学制史料》第二辑上册，华东大学出版社 1983 年版，第 111 页。

② 朱有瓛主编：《中国近代学制史料》第二辑上册，第 113—114 页。

③ 璩鑫圭、唐良炎主编：《中国近代教育史资料汇编·学制演变》，上海教育出版社 1983 年版，第 5—6 页。

式学堂的发展，是中国近代教育史上的一大突破。

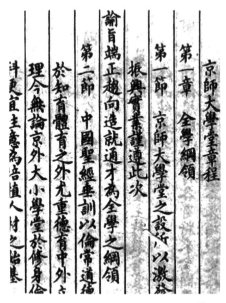

图5-1　京师大学堂章程书影截图[1]

图5-2　京师大学堂匾额[2]

---

① 罗检秋、李占领、黄春生：《中国文化发展史》（晚清卷），山东教育出版社2013年版，第263页。

② 罗检秋、李占领、黄春生：《中国文化发展史》（晚清卷），第261页。

（三）创立近代教育学制

随着新式教育的发展，特别是书院改学堂的发展，对于新学制的需求更加迫切。在此背景下，张之洞、张百熙等拟定了《奏定学堂章程》，并于1904年正式颁布实施，由于这一年是农历癸卯年，所以又称《癸卯学制》。《癸卯学制》是我国近代教育史上第一个正式发布实施的学制，标志着中国近代教育制度的确立。《癸卯学制》包括《学务纲要》、各类学堂章程、各学堂考试章程、各学堂管理规则、各学堂奖励章程等共22个章程制度。

《癸卯学制》建立了比较完备的教育体系。《奏定学堂章程》包括《蒙养院家庭教育法章程》《初等小学堂章程》《中学堂章程》《高等学堂章程》等，对近代的学前教育、初等教育、中等教育和高等教育，均做了较为详尽的规定。该章程把教育分为三个阶段，第一阶段为初等教育，包括初等小学堂5年和高等小学堂4年；第二阶段为中等教育，由5年制的中学堂构成；第三阶段为高等教育，包括了高等学堂3年、分科大学和通儒院。从教育分类上看，癸卯学制还包括师范教育和实业教育。颁布了《初级师范学堂章程》《优级师范学堂章程》《初等农工商实业学堂章程》《中等农工商实业学堂章程》《高等农工商实业学堂章程》《实业教员讲习所章程》等。

初等小学堂：儿童满七岁入学，学业5年。所授课程为：修身、读经讲经、中国文字、算术、历史、地理、格致、体操。[1]

高等小学堂：初等小学毕业后可入学，学业4年，教授科目与初等小学堂基本相同，有：修身、读经讲经、中国文字、算术、历史、地理、格致、图画、体操。[2]

普通中学堂：高等小学毕业后可入学，学业5年。中学堂科目有12门：修身、读经讲经、中国文学、外国语、历史、地理、算学、博物、物理及化学、法制及理财、图画、体操。[3]我们可以看到，课程内容比较丰富，涉及知识面较广。

高等学堂：由中等学堂毕业者升入，学业3年，主要是为入大学预备科。

---

[1] 朱有瓛主编：《中国近代学制史料》第二辑上册，第174—176页。

[2] 朱有瓛主编：《中国近代学制史料》第二辑上册，第190页。

[3] 朱有瓛主编：《中国近代学制史料》第二辑上册，第383页。

高等学堂学科分为三类：预备入经学科、政法科、文学科、商科等大学者；预备入格致科大学、工科大学、农科大学者；预备入医科大学者。[①]

这些章程规定了入学年龄、学习年限、招收对象、课程设置、考试管理等，明确了新的学制和管理政策，奠定了近代教育的基础，标志着具有现代教育制度的确立，促进了中国教育近代化的发展进程。

（四）建立近代教育行政体制

新的学制建立后，新式学堂迅猛发展，新的教育体系和学校管理任务的繁重需要新的教育行政机构来承担。为适应教育改革的需要，清政府于1905年设立学部，颁布上谕，"亟应振兴学务，广育人才。现在各省学堂已次第兴办，必须有总汇之区，以资董率而专责成，著即设立学部"[②]。学部下设总务、专门、普通、实业、会计五司，是国家管理教育的最高行政机关。在健全完善国家层面的教育行政体制基础上，继续加强对地方教育行政的改革。清政府裁撤学政，要求"各省改设提学使司，提学司一员，统辖全省地方学务，归督抚节制"[③]，并在提学使司下设立学务公所。1906年，学部奏定《劝学所章程》，"各厅州县，应各于本城择地特设公所一处，为全境学务之总汇，名曰劝学所"[④]。至此，从学部、提学司到学务公所、劝学所，由中央到地方形成了完整的教育行政体制，具备了近代教育管理的雏形。

二　石家庄清末教育变革

石家庄近代教育的变革主要体现在对传统书院的改制。在全国教育变革的大环境下，石家庄书院在清末"新政"时期纷纷依照"新学制"规定改为学堂，基本完成了从旧有封建传统教育向近代教育的转换，为石家庄乃至河北省的现代教育发展发挥了积极作用。根据各县志文献资料，将主要书院改制的具体情况叙述如下。

（一）正定县恒阳书院

1902年，由知府江槐序在恒阳书院旧址筹建正定府中学堂。学堂设总

---

① 朱有瓛主编：《中国近代学制史料》第二辑上册，第570页。
② 朱有瓛主编：《中国近代学制史料》第二辑上册，第142页。
③ 朱有瓛主编：《中国近代学制史料》第二辑上册，第143页。
④ 朱有瓛主编：《中国近代学制史料》第二辑上册，第144页。

办、学监、司事等，江槐序任总办。另有教员 2 人，分别教授英文和汉文。1903 年正月开学，首批录取学生 50 人。[①]

（二）赵州庆阳书院

1901 年赵州知县吴国栋负责筹办将州书院改设为中学堂。吴国栋召集乡绅商议后，决定将庆阳书院重新修茸，作为中学堂的新校舍。1902 年 4 月，直隶督办委派日本人三岛海云为英文教官，委任定州进士王延纶为校长，将庆阳书院改建为赵州官立中学堂，年经费白银 4110 余两。[②]

（三）无极县圣泉书院

1903 年圣泉书院改建为无极县高等小学堂，第一次招收学生 30 人。学校成立之时，"开课组织颇简单，仅由学董李荣琦、刘恩普等负责办理。学校经费由旧书院基金数千吊发商生息，膏药地五十五亩、围城树地数十亩，由学校收租后又填抽花生税捐"[③]。后学校逐渐扩充规模，搬入新的校址，经费也由财政所支取，学生班数增至 6 个班，1931 年在校生 200 余名。

（四）高邑县千秋书院

1904 年千秋书院改建为高邑县官立高等小学堂。由于当时尚未废除科举制度，学校教学科目仍沿用的是旧的教学体制，没有设立科学课程。1905 年科举制废除后，学习课程"以读经与科学并重"。民国元年（1912）后，开始专门教授学部规定的课本。1916 年改称高邑县官立高等小学校，"建讲堂，购仪器各种设备"[④]，办学条件逐步改善。校内常年经费约 3000 元，随粮带征 1482 元 2 角 5 分 4 厘，学田租金 173 元 9 角，学田变价生息 441 元 8 角 4 厘，学费约 800 元。

（五）平山县天桂书院

1902 年平山县在天桂书院房舍的基础上，添设窗户、桌椅等一应设施，并以书院原有经费和发商生息钱为办学经费，将书院改为小学堂。1904 年改为平山县高等官立小学堂，开学之初已有学生 31 名。又有"继续具禀请求自备饭资随班听讲者"，后来不断扩充校舍，开设了蒙养学堂等。[⑤]

---

① 河北省正定县地方志编纂委员会：《正定县志》，中国城市出版社 1992 年版，第 649 页。
② 河北省赵县志地方编撰委员会：《赵县志》，第 95 页。
③ （民国）耿之光、王桂照：《无极县志》（影印），第 145—146 页。
④ （民国）宋文华等纂修：（民国）《高邑县志》，成文出版社 1968 年版，第 174 页。
⑤ （民国）金润璧：《平山县志资料集》，第 65—66 页。

（六）藁城滹南书院

1905 年滹南书院改建为第一高级小学校。"添筑东西斋舍讲堂楼房共41 间，嗣后又添 49 间，共房舍 90 间。"[①] 设校长 1 人，教员 10 人，庶务 1 人。

（七）元氏县文清书院

1904 年由民众募捐筹办经费，在文清书院旧址上添建学舍，将书院改建为元氏县官立高等小学堂，设有负责董事 1 人，名为学董，后改称为堂长。1911 年，学校名称改为元氏县官立高等小学校，堂长改称为校长。1921 年，学校再次更名为元氏县立第一高初级小学校。[②]

（八）晋州鼓城书院

1904 年鼓城书院改为晋县小学堂，1905 年又改为晋县高等小学堂。1911 年改为高等小学校，1923 年改为高级小学校。[③]

（九）栾城县龙冈书院

清末，栾城县开始兴办新教育，1901 年龙冈书院改建为县立高等小学堂。

（十）井陉县皆山书院

1904 年，知县谢鉴礼用皆山书院的款项扩建高小学堂五楹，建设 20 余间配房作为学生宿舍，将书院改建为井陉县高级小学堂。学校首次招生 50 人，为 1 个班。学堂设学监进行日常管理。[④]

（十一）行唐县龙泉书院

1902 年，龙泉书院改建为县官立初等小学堂。

（十二）新乐县景羲书院

1908 年，景伏羲书院改建为县立高等小学堂。

（十三）赞皇县复初书院

1904 年，知县韩廷焕将复初书院改建为县立高级小学堂。

（十四）辛集市南池书院

1904 年，南池书院改建为束鹿县速成师范传习所和模范学堂。

---

① （民国）于篯辑：（民国）《续修藁城县志》，《中国地方志集成·河北府县志辑》（第6 册），上海书店出版社 2006 年版，第 217 页。

② （民国）李林奎、王自尊纂修：（民国）《元氏县志》，成文出版社 1976 年版，第 418 页。

③ （民国）孟昭章修：（民国）《晋县志》，《中国地方志集成·河北府县志辑》（第 5 册），上海书店出版社 2006 年版，第 394—395 页。

④ 崔治先主编：《井陉县教育志》，第 44 页。

（十五）获鹿县鹿泉书院

1901 年，鹿泉书院改建为高等小学堂，书院院长崔权为学堂的董事。

上述书院的改制情况基本囊括了石家庄的全部书院，反映出清末石家庄书院改制的大致面貌。石家庄的书院改制发生在 1902 年至 1905 年，除正定恒阳书院和赵县庆阳书院改为中学堂外，其余各县书院均改为县立高等小学堂。这与清末新政采取的废科举、兴学堂的教育宗旨和政策是相符的，说明石家庄的近代教育与全国同步发展，也反映出石家庄清末教育变革的性质。书院改制，不仅是教育机构名称的改变，更是教育内容的更新，直接促进了石家庄初等教育的发展，有力推动了石家庄教育近代化的进程。学堂教育和近代学制已在石家庄初具规模，为教育近代化、提高群众的基本文化素质奠定了基础。

第三节　民国前期石家庄的学校教育

一　民国时期教育体制改革

1911 辛亥革命推翻了清王朝的封建统治，中国社会进入新时代。1912 年中华民国成立，蔡元培任教育部总长，积极推进教育体制改革。1912 年 1 月，南京临时政府颁布《普通教育暂行办法令》，规定："从前各项学堂，均改称为学校。监督、堂长，应一律通称校长。凡各种教科书，务合乎共和民国宗旨，清学部颁行之教科书一律禁用。小学读经科一律废止。初、高等小学毕业者，称初、高等小学毕业生；中学校、师范学校毕业者，称中学校及师范学校毕业生。"[1]

在学制方面，1913 年颁布了新的统一的学制系统，即《壬子癸丑学制》。这一学制将清末的《癸卯学制》规定的各学年的时间缩短，整个教育时期分为"三段四级"：一为初等教育共 7 年，包括初等小学校和高等小学校，初等小学由以前的 5 年改为 4 年，高等小学由 4 年改为 3 年；二为中等教育，中学校由 5 年改为 4 年；三为高等教育，内分为预科、本科，共计 6—7 年。[2] 1922 年，教育部公布新的学制——《壬戌学制》。《壬戌学制》的主要宗

---

① 朱有瓛主编：《中国近代学制史料》第三辑上册，第 1—2 页。

② 朱有瓛主编：《中国近代学制史料》第三辑上册，第 27—29 页。

旨是"发挥平民教育精神，谋个性之发展，注意生活教育，使教育易于普及"等。①从这一宗旨来看，《壬戌学制》将近代教育又向前推进了一步，更加注重和体现近代教育的精神实质。该学制将整个教育过程分为初等教育、中等教育和高等教育，采用"六、三、三、四制"。即初等教育共6年，分为初级小学4年和高级小学2年；中等教育共6年，分为初级中学3年和高级中学3年；高等教育4—6年，包括专科和大学。这一学制基本适应了经济社会发展和培养人才的需求，此后南京国民政府仍然沿袭了1922年的《壬戌学制》，一直沿用至1949年后。

除了学制改革，课程设置也有较大的变化。民国的教育宗旨是"注重道德教育，以实利教育、军国民教育辅之，更以美感教育完成其道德"②。因此在废止清末读经课程的基础上，对初等小学和高等小学的课程做了相应调整。初等小学课程设置有：修身、国文、图画、唱歌、体操等。高等小学课程设置为：修身、国文、本国历史、本国地理、理科、手工、图画、唱歌、体操、英语等。③同时教育部在课程设置中强调，"本国历史要旨，在使儿童知国体之大要，兼养成国民之志操。地理要旨，在使儿童略知地球表面及人类生活之状态，本国国势之大要，以养成爱国之精神"④。虽然清末《癸卯学制》的小学堂章程中也设置了历史课，但是所教授内容与教育宗旨完全不同。清末历史课设置的宗旨是"略举古来圣主贤君重大美善之事，俾知中国文化所有来及本朝列圣德政，以养国民忠爱之本源"⑤。这仍然是封建传统教育的宗旨与内涵，强调的仍是忠君爱国的思想。而民国时期历史地理课程的设置则体现了近代教育的要求和宗旨，强调的是国民精神，这是民国教育的重大进步。

教育行政发生了较大变化。民国成立后，各省设立教育科，管理全省的教育事务。1917年根据颁布的《各省教育厅暂行条例》规定，各省设立教育厅，设厅长1人。教育厅下设3个科，分管各项教育事业。石家庄地区各县的教育行政，在民初时仍沿用清末的劝学所制。民初，劝学所设所长1名，劝学

① 朱有瓛主编：《中国近代学制史料》第三辑下册，第804页。
② 朱有瓛主编：《中国近代学制史料》第三辑上册，第90页。
③ 朱文通、王小梅：《河北通史》（民国上卷），河北人民出版社2000年版，第296页。
④ 朱有瓛主编：《中国近代学制史料》第三辑上册，第152页。
⑤ 朱有瓛主编：《中国近代学制史料》第二辑上册，第178页。

员 3 名。1923 年教育部颁布《县教育局规程》规定，石家庄各县正式废除劝学所，设立教育局。教育局设局长 1 人，视学、教育委员及事务委员若干人。同时，县教育局设立董事会，为全县教育机关，负责全县教育事务。如获鹿县 1922 年改劝学所为教育局，设董事会，有董事 5 名，设视学员 6 名。[①] 高邑县于 1923 年改劝学所为教育局。设局长 1 人，主管全县教育工作；督学 1 人，视察指导全县教育工作；教育委员 3 人，分管各学区教育工作；事务员 1 人，负责整理文件资料。[②] 赞皇县 1923 年改劝学所为教育局，设局长和视察员。[③] 20 世纪 30 年代，教育局又改为教育科。

二　石家庄地区学校教育的发展

石家庄近代的初等教育发展较快。1913 年石家庄各县小学堂一律改称为小学校，并相继进行了学制和教学内容的改革。学校设置分为初等小学校、高等小学校。初等小学校由乡镇设立，学业 4 年；高等小学校由各县设立，学业 3 年。1915 年河北省召开全省小学会议，督促各地建立小学校。后将初等小学改称国民学校。1922 年，国民学校改称初级小学校，高等小学校改称高级小学，初高等兼有的成为完全小学校。20 世纪二三十年代，石家庄地区各县小学教育发展迅速。

石家庄市区最早的小学，是 1910 年前后由乡绅姚梦梅创立的一所村办新式学校。学生不读"四书""五经"，使用的是民国编写的新课本，设有国语、算术、自然、修身、音乐、体育等课程。1922 年，该校改名为获鹿县立第四高小学校，归获鹿县管辖。学校规模不断扩大，由原来的一个班发展为六七个班。校舍也进行了重修和扩建。前楼为校长、教师的房间，楼下有传达室、食堂和伙房。过道为会议室、展览室。前院为操场。第二院的过道为学生宿舍，中间是教室。后院为高年级学生上课的楼房。楼顶还建有一座亭子，登高四望，可以观看到全市的面貌。[④] 学校设有图书馆、阅报室，有乐队，备有大钢琴、风琴等。后来随着铁路的发展，京汉铁路局和正太铁路局分别石家庄建立了第一扶轮小学和第二扶轮小学。1925 年

① 鹿泉市史志编纂委员会办公室编：《获鹿县志》，第 624 页。
② 河北省高邑县地方志编纂委员会编：《高邑县志》，新华出版社 1993 年版，第 553 页。
③ 河北省赞皇县地方志编纂委员会编：《赞皇县志》，方志出版社 1998 年版，第 499 页。
④ 石家庄政协文史资料研究委员会：《石家庄文史资料》第一辑，1983 年，第 99—102 页。

大兴纱厂建立一所职工子弟初级小学，1928年又在石门救济院设立贫民两级小学。[①]

正定县初等教育较为发达。1913年建立了县立男子高等小学校，4个班共200名学生。1923年县建立女子高级小学，2个班80余名学生。1932年全县有高级小学7所，在校学生1154名；初级男子小学188所，在校生11960名；初级女子小学51所，在校生2000余名。[②]

平山县初等教育在民初即具规模，1915年初级小学已达82所。1934年全县有高级小学5所，在校学生514人；完全女校1所，学生197人；初级小学226所，学生10440人。全校高级、初级小学在校学生总数为11151人。[③]

1923年藁城县有男女高小学校各一所，国民小学校140所，学生总计5202名，教职员工123人。[④]

1931年元氏县已有小学156所，其中高级小学7所，初级小学149所，学生共有6295人，教职员工192人。[⑤]

1930年无极县共有小学207所，学生9562名。[⑥]

1934年赞皇县有初级小学94所，完全小学2所，学生共2400名。[⑦]

1933年井陉县共有高级小学6所，其中县立高小和女子高小各一所，学生407名。男女初小246所，学生8523名。[⑧]

1918年晋县有小学校209所，学生6324人，教员217人。到了1931年全县男女高级小学校8所，女子完全小学校1所，男女初级小学校257所，学生共有8180名。[⑨]

1913年行唐县有初级小学校58所，高级小学校3所，两级小学校1所。1928年男女初级小学校发展到153所，学生共4167名；男女高级小学共7

---

① 石家庄地方志编纂委员会：《石家庄市志》第5卷，中国社会出版社1999年版，第11页。

② 河北省正定县地方志编纂委员会：《正定县志》，第639页。

③ 平山县地方志编纂委员会：《平山县志》，中国书籍出版社1996年版，第682页。

④ 林汉儒纂：《河北省藁城乡土地理》，成文出版社1968年版，第21—22页。

⑤ 李荣辰主编：《元氏县志》，中国和平出版社1995年版，第358页。

⑥ 刘宗诚主编：《无极县志》，人民出版社1993年版，第510页。

⑦ 赞皇县地方志编纂委员会：《赞皇县志》，第479页。

⑧ 井陉县志编纂委员会：《井陉县志》，河北人民出版社1986年版，第497页。

⑨ 张喜聚主编：《晋县志》，新华出版社1995年版，第616页。

所，学生有 370 名。1935 年全县初级小学 176 所，完全小学 8 所，在校学生 7164 名。[①]

新乐县 1914 年有县立高等小学 1 所，学生 88 人；初等小学 43 所，学生 519 人。1921 年县立高小 1 所，学生 150 人；初等小学 83 所，学生 2203 人。到抗战前夕，全县初级小学达到 140 所。[②]

1906 年赵县已有初、高等小学堂 39 所。1916 年，有国民初等小学 168 所，学生 4159 人。到 1937 年全县有初、高等小学 230 余所。[③]

栾城县小学堂大多由书院和私塾改建而来。1920 年开设 1 所高等小学堂，1922 年建立女子高等小学，到 1936 年全县有高级小学 11 所，初级小学 49 所，在校学生 2240 名，入学率为 38%。[④]

民国时期小学课程设置和教授内容。清末，初等小学堂课程设有修身、读经、讲经、中国文学、算术、历史、地理、格致、体操 8 门课程。1922 年，国民政府制定公布了《中小学堂课程纲要》，小学设国语、算术、卫生、公民、历史、地理、唱歌、体操、手工、图画 10 门课程。[⑤] 小学一律使用国民课本，采用课堂讲授法。民国初年，石家庄及其附近各村的小学堂使用的是共和国新国文新算学等教科书，并试行课堂讲授法。1922 年后，使用教育部审定的小学教科书，都是运用以上课为主的教学形式。我们可以看出，民国时期小学堂的教学内容已经完全不同于清末的授课内容，不再读经讲经，新的教科书不断丰富扩展讲课内容，历史、地理课的设置有利于学生对世界的了解和整体素质的提高。

上述资料显示出石家庄新式小学教育发展的基本情况。从民初到 20 世纪二三十年代，各县小学数量与在校生数量有了大幅增加，小学教育规模进一步扩大。小学教育的课程设置，体现了近代教育的理念和教育宗旨。民国前期，石家庄初等教育发展较为迅速，石家庄初等教育发展较为迅速，这对近代教育的普及化和大众化是有作用的，反映了时代的进步，促进了

---

① 王永德主编：《行唐县志》，第 559 页。

② 韩书林主编：《新乐县志》，中国对外翻译出版公司 1997 年版，第 482 页。

③ 赵县教育委员会：《赵县教育志》，河北人民出版社 1991 年版，第 61 页。

④ 栾城县教育局编：《栾城县教育志（1301—1991）》，河北教育出版社 1994 年版，第 42 页。

⑤ 石家庄地方志编纂委员会：《石家庄市志》第 5 卷，第 13 页。

市民文化的提高。

图5-3　民国时期商务版国语课本正文①

中等教育，包括普通中学堂、师范学堂等。总体来看，石家庄的中等教育不像初等教育发展迅速。创办有正定府官立中学堂、赵州官立中学堂、行唐县官立中学堂、深泽县官立中学堂等，私立中学堂有私立石门初级中学、私立石门鹿泉中学。其中最具代表性的是赵州官立中学堂和正定府官立中学堂。

赵州官立中学堂创办于1901年，1902年开始招生。1913年，学堂改为直隶省立中学校。1917年改为直隶省立第十五中学校。1918年招收学生增加到1个班级。1930年增加1个班级，全校共有5个班。民国成立后，房屋有100多间。到20世纪20年代，已有教室6间，阅览室、图书室、实验室、教师办公室、学生宿舍等200多间。②1931年继续扩大招生规模，再增加1个班，在校生达到6个班级。1933年更名为赵县初级中学校，招生范围扩大到21个县。教学设施日益完善。建校之初，只有讲室2座，20

余间房间。

赵州官立中学堂刚建时，按照《钦定中学堂章程》设置的课程，有修身、读经、算学、中外史学、中外地理、外国文、博物、物理、化学、体操、图画等科目。1912 年，教育部公布中学校令实行规则，赵州中学设立了所规定的 13 门课程。1928 年，依据省教育厅规定，必修课开设有 24 门课程。①

民国后学校日益正规，教师多是优秀毕业生。如 20 世纪 20 年代国文教师马瑞征是北京大学中文系毕业，曾受教于王国维、林琴南等国学泰斗。生理卫生教师李学勤，留学日本，是解剖学家。他讲课不依照教科书，讲课内容却十分丰富。数学教师高配玉是著名数学家，讲解精辟通彻。1932 年，新校长耿廷尉聘请教学名人到校任教，学生成绩极佳，"时教育质量位全省之冠"②。

正定府官立中学堂成立于 1902 年，由正定府知府江槐序在恒阳书院旧址创建。学堂设有总办、监督、学监、司事、教习等，有中文教习和英文教习各 1 人。江槐序兼任学堂总办，同知桐寿兼任学堂监督。学堂招生范围为正定府所辖 14 县，首批招生就是各县选送学生，经过考试予以录取。1903 年正式开学，首次招生 50 人，年龄在 20—40 岁不等，分为两个班授课。学堂不收学费，同时供给书籍、文具和膳宿费用，学生每人每月还可领月费银 5 钱。③ 按照《奏定中学堂章程》规定，正定府中学堂共设 12 门课，分别为修身、读经讲经、中国文学、外国语、算学、历史、地理、博物、物理及化学、法制及理财、画图和体操。该校考试极为严格，每月一次考试，名列前茅者有奖，3 个月不及格者开除校籍。学生品德每 3 个月甄别一次，不及格者除名。1904 年年底，全校只剩学生 20 余人，只好合并为 1 个班。1904 年招收新生 50 人，1905 年招收第 3 班 50 人。1905 年 6 月，第 1 班只剩下 12 人，送到保定高等学堂继续学习。1907 年招收 1 个班，定名为甲班，学制 5 年。1908 年继续招收乙班，1910 年又招收第三班，学制改为 4 年。

师范教育是师资力量的重要来源，因此教育要获得发展，首先要办好师范。随着石家庄地区初等教育的普遍建立与发展，需要大量师资，民国

---

① 赵县编纂委员会：《赵县教育志》，第 97—98 页。

② 赵县编纂委员会：《赵县教育志》，第 95 页。

③ 正定县地方志编纂委员会：《正定县志》，第 649 页。

时期石家庄地区的师范教育应运得到发展。

获鹿县1904年建立师范学堂，到1913年招收学生2个班。1914年师范学堂改为师范传习所，招收学生83名。后改称师范讲习所，到1927年共办5期，毕业生280名。1929年，师范讲习所改称县立男乡村师范学习，招生60名。获鹿县女子师范讲习所建立于1926年，招收高小毕业生，学制3年。课程设有修身、国文、算学、地理、历史、教法、理科、教育学、管理学、心理学、体操、音乐、裁缝、手工、图画等。1930年改称县立女子乡村师范学校。①

正定县于1920年成立师范讲习所，学制一年，主要培训农村教师。1924年成立正定县乡村师范学校，招收高小毕业生，学制三年。女子师范讲习所成立于1925年，学制一年。1926年改称女子乡村师范学校，学制改为三年。1932年正定县乡村师范学校和女子乡村师范学校，分别改称为正定县简易师范学校和正定县简易女子师范学校。②

民国初年，栾城县始有师范教育。1914年初创师范传习所，招收学生近100人。1925年为扩充师资，兴办师范讲习所。1930年师范讲习所改称为栾城乡村师范，招生对象为在职教师和高小毕业生，学制三年。1933年，学校改称简易乡村师范，招收学生仍为小学教师和高小毕业生。栾城简易乡村师范是一所正规的师范学校，属于省、县两级教育行政部门领导。其办学宗旨是要培养合格的初等小学教师。学生学费全免，每人每月还有1元的助学金。学校课程设置齐全，有国文、文法、算术、几何代数、史地、化学、生物、卫生、伦理学、儿童心理学、乡村教育、教学法、音乐、体育、英语、工艺美术等。③

1922年，井陉县成立师范传习所，学制一年，第一届招生40人，课程设有国文、选文、笔算、珠算、手工、图画、唱游、教材教法。学生生活费由县补助，每人每月两吊钱。后更名为师范讲习所，学制改为2年，课程增加了教育学、教授法、小学管理等专业课。县里补助学生生活费，每人每月2元。办两届后更名为乡村示范，学制改为3年。课程设有国文、

---

① 石家庄市教育志编纂委员会：《石家庄市教育志》，河北教育出版社1992年版，第454—455页。

② 石家庄市教育志编纂委员会：《石家庄市教育志》，第476—477页。

③ 栾城县政协文史资料委员会：《栾城县文史资料》第二辑，1992年，第180页。

算术、生理卫生、动物、植物、音乐、体操等，增加了教育学、心理学、管理法等作为专修课。[①]

赵州初级师范学堂创建于 1906 年，学制 2 年，学生毕业后可到新学堂任教。民国后，初级师范学堂先后更名为赵县师范讲习所、赵县乡村师范、赵县简易师范。学堂建立之初，教学上就非常注重师范特点，加强对学生教学教法的培养。民国后，更加注重音体美及教育学、心理学的教学。20 世纪 30 年代，"学校的师范教学与活动进行的很好"[②]。毕业生大多是多才多艺，能够胜任小学的全部课程，为赵县培养了众多合格的小学教师。

1923 年晋县师范传习所建立，学制一年，主要是针对小学教师的短期培训。课程设有语文、算术、教学叫法、教育学等。毕业生由教育局统一安排。1924 年改称晋县师范讲习所，学制 2 年，主要招收高小毕业生。1930 年改称晋县乡村师范，学制 3 年。1934 年又改称晋县简易师范，学制 4 年。[③]1935 年建立了女子师范班，学制 4 年。

平山县师范教育最早是创建于 1905 年的师范讲习班，学制 6 个月，附设于平山高级小学堂内。1912 年改称为师范讲习所，学制 1 年。1931 年又改为平山乡村师范，学制 2 年。后更名为平山简易师范。[④]

行唐县在 1905 年创办了初级师范学堂，学制 1 年，毕业后任小学教师。1912 年改为单极小学教员讲习所。1915 年改为师范讲习所，学制 1 年。1929 年师范讲习所改称行唐县立乡村师范学校，学制 2 年。1929 年成立了女子乡村师范。1934 年行唐县立乡村师范学校改称为行唐简易师范，女子乡村师范更名为女子简易师范。[⑤]

辛集市于 1906 年建立师范传习所，学制 6 个月。1907 年改称束鹿县初级师范。1908 年又改称束鹿县单极师范班，学业为 1 年。1914 年创办了束鹿县师范讲习所，学制 1 年，每期招生 100 人。1931 年建立束鹿县乡村师范，学制 3 年。1934 年改称为束鹿县简易师范，学制 4 年，给予学生每

---

① 石家庄市教育志编纂委员会：《石家庄市教育志》，第 432 页。
② 赵县教育委员会编：《赵县教育志》，第 166 页。
③ 刘得志主编：《晋州市教育志》，第 112 页。
④ 平山县地方志编纂委员会：《平山县志》，第 693 页。
⑤ 王永德主编：《行唐县志》，第 569 页。

月伙食补助 3—4 元。[①]

灵寿县的第一所中学就是 1917 年创办的师范讲习所，从全县高小班中招生，学制 3 年。1931 年，讲习所改称乡村师范。1932 年开始招收女生班。1934 年乡村师范又改为简易师范。几经变更，师范教育总共招生 520 名，其中女生 40 名。[②]

1904 年，无极县创办了县立单极师范学校，招收学生 93 人，学制 6 个月。1910 年改称为单极教员讲习所，招收学生 100 人，学制改为 1 年。1915 年成立了单极师范讲习所，招生 50 人，学制 2 年。1931 年改建为乡村师范学校。[③]

此外，高邑县、赞皇县、新乐县等都有创办师范教育。

从以上资料中，我们可以了解到石家庄地区师范教育发展情况。第一，石家庄地区早在清末即建立了县立师范学堂，后经历了师范传习所、师范讲习所、乡村师范和简易师范等几个发展时期。师范传习所和讲习所的性质是 1—2 年的在职教师短期培训，乡村师范和简易师范的性质则是培养师范生的专业学校。师范教育呈现出规范化、专业化的发展趋势。第二，各县领导者非常重视师范教育，大力支持和发展师范教育。井陉县更是对师范学校学生给予生活补助，鼓励更多学生选择师范学校。第三，从师范讲习所到乡村示范，学校不断拓展所设课程科目，增加了教育学、管理学、心理学、教材教法等专修课，师范教育的特性凸显，学生培养质量不断提高。第四，师范学校招收对象为小学教师和高小毕业生，毕业生多数成为本县小学教师的骨干力量。师范教育的发展为初等教育提供了可靠的师资来源，缓解了小学教育师资严重不足的状况，同时促进了石家庄地区初等教育及整个教育的发展。

---

① 河北省辛集市志编纂委员会编：《辛集市志》，第 703—704 页。

② 中国人民政治协商会议灵寿县委员会：《灵寿县文史资料》第二辑，1990 年，第 91—92 页。

③ 刘宗诚主编：《无极县志》，第 511 页。

第 六 章

文化传播事业的发展 *

第一节 新闻报刊

　　新闻报刊作为近代大众文化传媒的形式之一，是在石家庄近代铁路建成通车，随着石家庄的近代化和城市化发展而产生的，是石家庄城市化发展的产物和需要，它满足了新市民普遍"要求了解时局形势，要求传递信息，要求长点文化，要求娱乐享受"等各种需求。① 所以，近代报刊的创办是石家庄城市化的一个重要标志，对石家庄近代城市化发展有直接或间接的推动作用。

一　报刊创办的背景

　　近代铁路建成通车后，石家庄近代城市化刚刚起步，石家庄没有自己的报刊，只有外地报刊在石家庄发行，新闻纸成为稀缺的信息资源。于是，在 20 世纪二三十年代，石家庄出现了一个新兴职业和行业。

　　为满足城市人们了解时事变化和新闻动态的需求，石家庄街头出现了一批讲报职业人，"讲报"成为近代石家庄新闻传播发展史中一种独特现象。"石家庄之奇特，有讲报者十余处。讲报者何？为闲散半通文字之人，如平津之说评书者，购报纸数份，一茶馆之中，或席棚之下，标题大演讲……饶有趣味，每讲数分钟，则持钵索钱，听众深入脑海咸乐予之。"② 讲报

　　* 本章作者系石家庄学院历史文化学院王锋副教授。
　　① 何平：《解放前石家庄新闻史料》，河北省政协文史资料委员会编：《河北文史资料全书》（石家庄卷），2012 年，第 1637 页。
　　② 刘哲民：《石门二十年来之回顾》（二），见《大公报》1932 年 5 月 4 日第 5 版。

人的出现源于听报需求的出现。据民国时期在石家庄旧报社做过多年校对和编辑工作的何平先生回忆，他在少年时曾亲眼见到在西花园一带，常有讲报人拿着报纸按照自己的理解和认识，向周围一大群听众讲报的场景。① 1938 年以前，石家庄并没有当地的电台广播，多数市民了解新闻，是通过街头的讲报摊获得的。

同时，"石庄市面繁盛，报业亦日见发达"②。二三十年代已经有不少外地报纸在石家庄代销发售，产生新行业派报社。派报社是近代新兴的一种以经营报纸发行为业的商业性组织，负责本地报纸的批发业务，也承揽外地报纸的经销代销。例如，本地从事报刊代售发行的有段家湾的天盛派报社、大桥街的五洲派报社、同乐街的同友派报社、九条胡同的和合派报社、段家湾的俊旗派报社等。③天津《大公报》、保定《河北新报》、北京《实报》等各大小报都相继来到石门，当时经"五洲报社"推销的报纸有十余种，收入相当丰厚。随后外地来石家庄代售的报纸逐渐增多，而且在石门市增加了记者通讯站，以便有针对性地增加对石家庄的关注和报道。30 年代末至 40 年代初，"北京之新民报、晨报、实报、新北京报、天津之庸报、新天津报，保定之河北日报等，已在石门设有支社及分销处。北京、保定之报，皆当日可达"④。

二　近代铁路开通，石门报业初兴

"石门市自形成华北内地都市以来，文化虽称落后，但亦有'新闻'之新事业。"⑤随着石家庄近代城市化的发展，报刊应运而生。

1928 年，石家庄创办了第一个报刊《石门日报》，从此石家庄有了自己的报纸。"石门新闻纸之发端，系于民国十七年，最初刊行者为《石门日报》，创办人系基督教徒李亚夫氏。"⑥由于石家庄城市化刚刚起步，城市人口较少，加之办报资金和业务水平等原因，出版不久，即告停刊。

---

① 何平：《解放前石家庄新闻史料》，第 1638 页。
② 《石庄销报发达》，见《大公报》1931 年 4 月 17 日第 5 版。
③ 李惠民：《近代石家庄城市化研究（1901—1949）》，中华书局 2010 年版，第 462 页。
④ 张鹤魂：《石门新指南》，石门新报社 1942 年版，第 18 页。
⑤ 张鹤魂：《石门新指南》，石门新报社 1942 年版，第 78 页。
⑥ 张鹤魂：《石门新指南》，石门新报社 1942 年版，第 16 页。

1933 年，赵润生、陆直民、孟霭言三人联合创办《石门日报》。创办后不久，赵润生、陆直民先后退出合作，孟霭言独自一人坚守。孟霭言自置了铅石印机，发行四开四版报纸 1000 份。随着业务的拓展和经验的积累，报纸的辐射能力有所增强，印量"旋即增至二千余份，发行地域以石门市为主，其他如市周各县，及沿正太京汉两路各站，均有分销处"[①]。1934 年，报社资本达到 1 万元。[②]孟霭言的《石门日报》内容稍显低级，有时含沙射影揭人隐私，曾刊登《朱八爷游石记》连环漫画，为中下层民众喜读，并出版《石门指南》一书，"七七事变"后，孟氏《石门日报》停刊。[③]

1935 年 12 月，石门《商报》创办，主编为北京报人宋匡我，为商界一派势力支持，资金较多，编辑和印刷较好，一度在市面影响较大。[④]《商报》是中国共产党领导下的一份重要进步报纸，主编宋匡我为中共地下党员，该报坚持抗日救国，热情宣传抗日，在社会上影响很大，但因敌人威胁迫害，宋匡我被迫辞退转回北平。[⑤]1936 年 4 月，《商报》改为《正言报》，名为石门市商会新派办的报纸，实为中共石家庄市委筹办，《正言报》四开四版，先为隔日刊，后改为日刊，社址在中山路 8 条胡同，该报有较显著特色：一是敢言，敢"正言"，国难当头，敢于向"谋国诸公"及蒋家王朝的大小官僚发出救国家与国人于水火之呼声；二是报虽小而信息量大，大小栏目十几个，政治、经济、社会、文化、艺术各个方面无所不包；三是文化品位较高，如介绍高尔基的文章连载、石门文化小史、新文学人物推介等，知识性、文化性较强；四是版面设计不俗，结构严谨，图文并茂。1937 年 9 月，《正言报》被迫停刊。[⑥]

中共石家庄市委在创办《正言报》的同时，积极创办党的机关刊物。1936 年 10 月，中共石家庄市委机关刊物《北风》创刊，创刊号内容纪念"民族之魂"鲁迅先生，以此来宣传抗日救国，号召市民继承鲁迅遗志，为中

①　陈佩：《石门市事情》，新民会中央总会，1940 年 4 月，第 78 页。

②　李惠民：《近代石家庄城市化研究（1901—1949）》，第 465 页。

③　何平：《解放前石家庄新闻史料》，河北省政协文史资料委员会编：《河北文史资料全书》（石家庄卷），第 1638 页。

④　石家庄市地方志编纂委员会：《石家庄市志》，中国社会出版社 1995 年版，第 186 页；政协石家庄市委员会编，杨俊科：《石家庄近代史编年》，方志出版社 2004 年版，第 184 页。

⑤　《石家庄新闻史》编辑委员会：《石家庄新闻史》，河北人民出版社 2010 年版，第 13 页。

⑥　《石家庄新闻史》编辑委员会：《石家庄新闻史》，第 13—15 页。

华民族的解放和世界和平而奋斗。《北风》出版几期就因反动派破坏被迫停刊，随后，市委将《北风》更名为《北光》继续出版，为半月刊，每期发行 2000 份，1937 年 10 月，日军占领石家庄，《北光》被迫停刊。[①]

此外，还有《小石报》《燕风报》《大华报》《新民报》《石市晓报》《当天报》《华北晚报》《华北民报》等发刊，郊县的《灵寿旬报》《时事通讯简报》《赵县民众周报》等创刊发行，都至"七七事变"时停刊。[②]

三　全面抗战期间的报刊业

（一）日伪政权的报刊

1937 年 11 月，石门人士陈震创办《正报》。1939 年 11 月，伪石门市政府将《正报》改名为《石门新报》。1941 年，《石门新报》报社规模和发行量创造了近代石家庄的最高纪录。报社不仅添置了马达印刷机、纸板机、裁纸机等，印刷能力"每日可出报万余份"，而且"其发行区域以市内及南至新乡之沿线车站为主，正太线现已销至阳泉"，"现在销量已达六千余份，遍及冀南各县，为华北有数之权威报纸"，发行范围甚至"已达到冀、晋、鲁、豫四省地区"[③]。当时，报社机构为：社长、顾问，下分编辑部、经理部、营业部。编辑部负责人称编辑长，下分内勤（编辑、校对、电务人员）、外勤（记者）；经理部负责人称部长，下分财会课、工务课（印刷厂）等；营业部负责人称部长，下有发行课、广告课。日伪对新闻控制得很严，报纸上的军政要闻只能是由汪伪政权的"中华通讯社"供稿，刊登的地方新闻，大部分是记者到伪政法机关拿写好的宣传材料或偷盗、暗杀等案件材料，所以报纸变成为日寇的侵略和伪政权的反动统治服务的工具。[④]

---

①　《石家庄新闻史》编辑委员会：《石家庄新闻史》，第 15—16 页。

②　何平：《解放前石家庄新闻史料》，河北省政协文史资料委员会编：《河北文史资料全书》（石家庄卷），第 1638 页。《石家庄新闻史》编辑委员会：《石家庄新闻史》，第 10—12 页。

③　参见陈佩：《石门市事情》，第 79 页；张鹤魂：《石门新指南》，第 18、113 页；《石门新报四周年特刊》，第 2 页《沿革》，第 22 页《工作》，石门新报社 1943 年版。转引自李惠民《近代石家庄城市化研究（1901—1949）》，第 465 页。

④　何平：《解放前石家庄新闻史料》，河北省政协文史资料委员会编：《河北文史资料全书》（石家庄卷），第 1638—1639 页。

图 6-1　民国时期南大街的石门正报社

（图片来源：王熙藏品 旧照片）

1942 年 5 月，在新民会石门市总会授意下，驻石家庄的各大报纸联合成立了新民会石门市总会新闻业分会，分会长为张鹤魂，有会员 70 余人。1942 年，新闻单位又联合华北电影院、石门剧场等单位，成立"石门宣传联盟"，支局长为日本人渡边，目的在于加强对新闻、文化单位的统治管理，以便更有效地为日本侵略者战争服务。[①]

1944 年秋，伪石门市政府将《石门新报》改为《石门华北新报》，作为北平伪政府办的《华北新报》的石门版，社长为陈重光。日本投降后，陈重光改报名为《石门华北日报》。[②]

（二）共产党领导的抗日进步报刊

抗战期间，石家庄区域的抗日根据地大致分为三大块：京汉铁路以西，正太铁路以北，为晋察冀抗日根据地北岳区；京汉铁路以东属晋察冀抗日根据地的冀中区；京汉铁路以西，正太铁路以南，为晋冀鲁豫抗日根据地，这三大根据地都办有党的报纸。

晋察冀抗日根据地的党报《晋察冀日报》在石家庄西北部山区转战办报，发行覆盖石家庄广大地区，报道日军在灵寿县、平山县等地的侵略罪行。[③]

---

① 曹洪智主编：《岁月——石家庄日报社六十年史略》，人民出版社 2007 年版，第 4—5 页。
② 石家庄市地方志编纂委员会：《石家庄市志》，第 186 页。
③ 《石家庄新闻史》编辑委员会：《石家庄新闻史》，第 28—29 页。

同时，1942年7月7日，在平山县碾盘沟创刊《晋察冀画报》，宣传边区抗日军民的英勇事迹。①

晋察冀抗日根据地的冀中区委机关报《冀中导报》，对石家庄人民的英勇斗争做过许多有力的报道。如报道的藁（城）无（极）县南白皮村62岁老汉刘洛仁的英勇事迹。②

石家庄西南部的赞皇、元氏、高邑、井陉（南）、获鹿（南）等几个县属于晋冀鲁豫边区太行一专署。《新华日报》（太行版）是晋冀鲁豫边区中共太行区委、太行行署、太行军区创办的报纸，该报纸在这几个县发行，对石家庄的抗日斗争有广泛的影响，产生了很大作用。③

此外，石家庄各县及人民军队、地方武装也创办一些报刊。《洪流报》是中共束鹿县委机关报，1939年创刊，1940年改为中共冀南一地委机关报，1942年停刊。《红光》是晋深极县委创办的刊物，1943年创刊，1945年改为《党员生活》。1943年5月，晋深极县委创办《干部生活》刊物，同年，还创办有《气节与纪律》刊物。《支部小报》为新乐县委主办。1938年春，晋县抗日县政府创办《晋县导报》，同年10月，更名为《抗战日报》，同年年底，日军侵占晋县县城，该报停刊。④

《战友报》1937年创刊于平山县，是八路军115师344旅主办的油印小报。《抗敌三日刊》是晋察冀军区政治部机关报，前身是《抗敌副刊》，创刊于1938年6月。《前线报》是中共冀中军区委员会机关报，1938年9月创刊，前身是《自卫报》。《星光报》是冀中人民自卫军第五团政治处主办的报纸，1938年2月创刊。⑤

四　解放战争时期的报刊业

（一）国统区的报刊

1945年9月，国民党中央宣传部平汉线特派员高尚志接收《石门华北新报》，改名为《石门日报》⑥，"当时《石门日报》是石门市政府拨款

---

① 《石家庄新闻史》编辑委员会：《石家庄新闻史》，第39页。

② 《石家庄新闻史》编辑委员会：《石家庄新闻史》，第45—46页。

③ 《石家庄新闻史》编辑委员会：《石家庄新闻史》，第56—57页。

④ 《石家庄新闻史》编辑委员会：《石家庄新闻史》，第58—59页。

⑤ 《石家庄新闻史》编辑委员会：《石家庄新闻史》，第61—63页。

⑥ 石家庄市地方志编纂委员会：《石家庄市志》，第186页。

支持的，是机关报"①，1947年9月停刊。

《前锋报》是由国民党第三军于1946年创办，是以军政治部的《扫荡简报》为班底组建，报纸内容为国民党打内战、统治和欺骗人民服务，该报于石家庄解放后停刊。②

除政府和军队创办的报纸外，还有私人创办的两个小报。《醒民日报》，创刊于1945年11月，创办人是杜振江父子，四开四版的小报，没什么特色，每日发行两三千份。《新生日报》，1947年7月创刊，创办人宋乃吉，创办3个月，石家庄解放前夕停刊。③

（二）解放区的报刊

解放战争时期，《晋察冀日报》全面深入报道了解放石家庄战役，发表了许多鲜活、生动的消息和战地通讯、特写。④1948年5月初，晋察冀日报社迁至平山县里庄村，5月26日，为适应华北新形势，中共华北中央局决定，晋冀鲁豫解放区的《人民日报》与晋察冀解放区的《晋察冀日报》合并为华北中央局的机关报《人民日报》，6月14日，《晋察冀日报》发表《终刊启事》，宣布报社完成了它的历史使命。⑤

1948年6月15日，华北中央局机关报《人民日报》在平山县城南3公里的里庄村创刊，报头由毛泽东同志书写。《人民日报》虽然是华北局的机关报，但因当时中共中央已转移到平山县西柏坡，加之《解放日报》的停刊，中央发布的一些公告、指导性文章常常直接送《人民日报》发表，华北局《人民日报》事实上承担了部分中央机关报的任务。1949年1月，北平和平解放，《人民日报》迁入北平，同年8月，中共中央决定将《人民日报》改为中共中央的机关报。⑥

《冀中导报》在解放战争时期对石家庄的许多战斗英雄模范做过重点

---

① 赵士恒：《解放前石家庄的报刊》，《石家庄文史资料》第5辑，石家庄政协文史委员会编印，1990年，第109页。

② 何平：《解放前石家庄新闻史料》，河北省政协文史资料委员会编：《河北文史资料全书》（石家庄卷），第1642—1643页。

③ 何平：《解放前石家庄新闻史料》，河北省政协文史资料委员会编：《河北文史资料全书》（石家庄卷），第1642、1644页。

④ 《石家庄新闻史》编辑委员会：《石家庄新闻史》，第77页。

⑤ 《石家庄新闻史》编辑委员会：《石家庄新闻史》，第80页。

⑥ 《石家庄新闻史》编辑委员会：《石家庄新闻史》，第87、88、89页。

报道，对新乐县爆炸英雄李混子的报道尤其突出。1947年6月8日，《冀中导报》发表文章，详细报道了石门顽伪筹划到藁城、新乐、栾城、赵县等地抢麦的阴谋，凸显了报纸战斗性价值。1948年冬，中共冀中区委决定《冀中导报》停刊，改出冀中《河北日报》，仍为中共冀中区委机关报。1949年7月31日，冀中《河北日报》刊登《本报终刊启事》，为适应建立河北省的新形势，冀中《河北日报》《冀南日报》《冀东日报》合并，从8月1日起，在中共河北省委的领导下，出版省委机关报——《河北日报》。①

1947年11月12日，石家庄解放。11月18日，中共晋察冀中央局创办的《新石门日报》创刊发行，报纸套红印刷，四开四版，周七刊，发行2000份。1948年1月1日，根据中共晋察冀中央局和石家庄市委决定，石门市改名为石家庄市，《新石门日报》随之改名为《石家庄日报》，成为中共石家庄市委机关报，并启用邓拓同志的手书报头。②

此外，该时期石家庄各县也发行一些小报。《翻身农民报》，1946年，由赞皇县工会、农会、妇救会青抗先联合办公室创办《翻身农民报》，油印。由杜俊芳、张喜维编印。次年改名为《农民报》，由韩祥负责。《翻身报》，1946年创刊，中共高邑县委主办，四开二版，周二刊，负责人王金龄，翌年6月停刊。《平分通讯》，1947年创刊，中共藁城县委主办，16开本，油印，不定期。《北岳日报》，1948年创刊，中共北岳区委主办，负责人丁原、郅寒雨、范源，翌年停刊。《群运通讯》，1948年创刊，中共灵寿县委主办，油印，32开，不定期。③

第二节　图书出版发行

一　出版社和图书出版

（一）出版社

近代石家庄在报刊创立之前，没有自己的出版社，主要是上海、北京等地出版社设立的分支机构。民国五年（1916），上海商务印书馆在石家

① 《石家庄新闻史》编辑委员会：《石家庄新闻史》，第81、82页。
② 石家庄市地方志编纂委员会：《石家庄市志》，第186页。《石家庄新闻史》编辑委员会：《石家庄新闻史》，第94、96页。
③ 《石家庄新闻史》编辑委员会：《石家庄新闻史》，第85页。

庄大桥街设分馆一家。[①]民国十七年（1928），李亚夫创办《石门日报》后，石家庄开始有了自己的报刊。民国时期，石家庄创办的报刊，实力稍强的都有自己的印刷机和印刷厂。如《石门新报》，经理部设营业、印刷两科……印刷科设科长一人，下设活字、机器两组，各设组长一人，组员若干名。[②]报社印刷厂除了印刷报纸外，还出版一些书籍。

石家庄解放后，1948年年底，组建大众美术社（河北美术出版社前身），以出版木刻水印年画为主，同时出版画册和其他美术读物，是一个编辑、印刷、发行三位一体的出版机构。[③]

（二）图书出版

1.清末图书出版

清咸丰六年（1856），刻印有深清远著的《雕丘杂录》和史策先辑的《兵法集鉴》。同治元年（1862），刻印有汪献玕著的《景祁斋诗集》和汪廷楷著的《节安先生遗诗》。[④]

清末出版的志书[⑤]有：光绪二十三年（1897），孙传栻修、王美景等纂的《直隶赵州志》印行，全志十六卷，首尾各一卷，“专志本州”，不及属邑。《直隶赵州志》印行后，孙传栻又陆续收到各邑送来许多资料，根据这些资料，孙又纂成《赵州属邑志》八卷，附于州志之后。

光绪二十四年（1898），熊寿钱修、周焕章纂的《平山县续志》刊行，全志八卷，末一卷，该志门目虽多，但内容不多。同时，另有《平山县新编乡土志》印行，甚简。

光绪二十七年（1901），严书勋编的《获鹿县乡土志》刊行，全志分上下两卷，上卷包括历史、政绩、军事等，下卷包括户口、宗教、实业、地理、商务等内容。

光绪三十一年（1905），张凤台修、李中桂等纂的《光绪束鹿县志》刊行，全志十二卷，卷目依次为：历史、政绩、兵事、耆旧录、户口、氏族、宗教、事业、地理、河渠、道路、物产。

---

① 杨俊科：《石家庄近代史编年》，方志出版社2004年版，第53页。
② 石门新报社编：《石门新报四周年特刊》，石门新报社1943年版，第6页。
③ 石家庄市地方志编纂委员会：《石家庄市志》，第198页。
④ 石家庄市地方志编纂委员会：《石家庄市志》，第198页。
⑤ 参见杨俊科《石家庄近代史编年》，第2、3、11、20、31页。

宣统三年（1911），编成《赵州乡土志》，末刊行，编者佚名，不分卷，共十二目。

2.民国时期图书出版

民国时期出版的书籍有：石门日报社编的《石门指南》，民国二十三年（1934）出版，该书分为五编，即地理、人文地理、机关及团体、商号及题名录、街巷及游览。《石门市概况》〔见《获鹿县志》，获鹿县志编纂委员会增订本民国二十八年（1939）3月育德印书店重印本〕，书中记载了当时石门之位置、沿革、境界、形势、面积、气候、行政区域、户口、商业、工业教育、交通、慈善事业、俗尚等。陈佩编的《河北省石门市事情调查》，民国二十九年（1940）4月新民会中央总会出版，详细记载了当时石家庄的地方制度、地理、民俗、治安、产业、商业、交通、金融、教育、宗教、社会事业、新闻等。张鹤魂编的《石门新指南》，民国三十一年（1942）6月出版，在《石门指南》基础上，有了新的扩充。[①]此外，陈佩在民国二十八年，还编辑有《正定县事情》，伪新民会中央指导部出版。[②]

同时，民国三十三年（1944），石门新报社出版了张鹤魂著的《新闻纸的几个问题》和吴宪增著的《中国新闻教育史》，两部著作丰富了中国新闻史研究的内容，当时在学术界产生了一定影响，至今对新闻史研究仍有参考价值。[③]

民国时期出版的志书[④]有：

民国四年（1915），李翰如编的《晋县乡土志》刊行，石印本，全志分4册18章。

民国十二年（1923），林翰如编的《藁城县乡土地理》刊行，石印本，上下两册，不分卷，文多简略。

民国十六年（1927），孟昭章修、李翰如纂的《晋县志》刊行，全志计天文、地理、人事、物产四门，该志在旧志的基础上增加了22则新内容。

民国十七年（1928），李席纂《晋县乡土志》刊行。

---

① 李惠民：《近代石家庄城市化研究（1901—1949）》，第6—7页。

② 杨俊科：《石家庄近代史编年》，第207页。

③ 李惠民：《近代石家庄城市化研究（1901—1949）》，第472—473页。

④ 杨俊科：《石家庄近代史编年》，第51—52、73、91、98、103、117、120、122、131、132、143、150、188、219页。

民国十八年（1929），雷鹤鸣修、赵文濂纂的《新乐县志》刊行。

民国二十年（1931），金润璧修，焦遇祥、张林纂的《平山县志料集》油印刊行，全志16卷，子目21。

民国二十一年（1932），聂良辅主编的《栾城县志》重修完稿，因故未出版，日军侵占栾城后原稿遗失，下落不明。同年，冉杭等监修，张居仁、张文林等纂的《正定县志》缮录本刊行，全志4卷，分疆域、地理、物产、教育、人物等16门36目，约78000字。

民国二十二年（1933），王天杰、徐景章修，宋文华纂的《高邑县志》出版，铅印本，分19目，不分卷。王自尊修，李仲武、武儒衡纂的《元氏县志》出版，铅印本，全志16篇，分33目。此外，有《续修藁城县志》出版，并重印了藁城县嘉靖、康熙、光绪三志。

民国二十三年（1934），王用舟修，傅汝凤纂的《井陉县志料》出版，铅印本，共16编。

民国二十四年（1935），刘东藩、傅国贤修，王召棠等纂的《晋县志料》刊行，铅印本，全志分上、下两卷，上卷10篇，下卷5篇。

民国二十五年（1936），《束鹿县志》（五志合刊）发行。同时，耿之光、王桂照修，王重民等纂的《无极县县志》铅印出版，该志设疆域志、建置志、财赋志等13个条目。

民国二十六年（1937），平山县王芷章编的《清升平署志略》出版，上下册，共计623页。

民国二十九年（1940），汤玉瑞修、闪国策纂的《赞皇县志》铅印出版，全志两卷12个目。

此外，民国时期石家庄各县出版的图书有：

民国二十三年（1934），正定中学编《河北省立正定中学一览》刊印，全书共335页。[1]

民国二十三年（1934），正定棉业试验场场长王又民编《民国二十三年河北省棉产概况》出版，100页，有图表。民国二十四年（1935），正定棉业试验场编《民国二十四年份联合推广棉业报告书》出版；民国二十五年

---

① 杨俊科：《石家庄近代史编年》，第133页。

（1936），编辑出版《农业部正定棉业试验场民国二十四年份实验报告》。[①]

民国二十三年（1934），井陉人高佩玉等译《（汉译）舒塞司立体几何学》，有图表，并多次再版；民国二十四年（1935），译《郝克氏高级代数学习题详解》；民国二十八年（1939），译《葛氏平面三角法习题详解》，均有北平科学社出版。[②] 第136、140、209页。

民国二十七年（1938），行唐人尚秉和著《历代社会风俗考》出版，全书共计527页，精装。[③] 第199页。

民国三十三年（1944），正定人郝景盛著《中国林业建设》，重庆文化服务社出版；同年7月，著有《造林学》，重庆商务印书馆出版。民国三十四年（1945），著《中国木本植物属志》（上卷），重庆中华书局出版；9月，著有《中国裸子植物志》，重庆正中书局出版；10月，与赵为楣合著《普通植物学》，重庆中华书局出版。民国三十六年（1947），编《森林万能论》，由上海正中书局印发。[④]

二　图书发行

民国时期，石家庄官办书店仅有一家经营教科书的新民书局。私营书店有北新、世昌、仁记、至善、中华、北京、联合等书局，以及世界、文德、小小、六一书店和聚兴成画店（兼营图书发行），加上正定县、获鹿县、栾城县、井陉县的11家，共计24家。[⑤]

表6-1　　　　　　　石家庄解放前图书发行机构一览表[⑥]

店名	经营人	经营门面	地址	备注
新民书局	刘序臣	1间	南大街路东	日本、国民党时期的官办书店，仅经营教材发行
北京书局	赵俊臣	2间	中山路路南	二楼住宿、仅一楼营业

[①] 杨俊科：《石家庄近代史编年》，第135、142、150页。
[②] 杨俊科：《石家庄近代史编年》，第136、140、209页。
[③] 杨俊科：《石家庄近代史编年》，第199页。
[④] 杨俊科：《石家庄近代史编年》，第241、247、251、253、294页。
[⑤] 石家庄市地方志编纂委员会：《石家庄市志》，第202页。
[⑥] 石家庄市地方志编纂委员会：《石家庄市志》，第202—203页。

续表

店名	经营人	经营门面	地址	备注
中华书局		2 间	大桥街	后有印刷厂
北新书局	耿淑身、吴景贵	3 间	中山路 212 号	
世昌书局	邢世昌	3 间	中山路 91 号	
仁记书局	李盛茂	2 间	花园东街 193 号	
至善书局		2 间	中山路路南	一贯道坛主主办的
世界书店	王尉苓、王文韬	2 间	中山路路南	
文德书店	李庆苓	2—3 间	大桥街	
六一书店			南小街	
聚兴成画店	李连科	2 间	花园东街 172 号	
小小书店	梁仲元	2 间	大桥街劝业场旁	主要是图书出租
联合书局	冯振武		石家庄	
文化书局			正定县	
育华书局			正定县	
正大书局			正定县	
华北书局			正定县	
庆升阁书局			正定县	
中华书局			正定城内	
官书局			获鹿县南关	
荣盛书局			获鹿县	
育正书局			正定城十字街东	
育民书局	杜泽瑞		栾城县城	
育兴书局	霍誉珍		井陉县城内	

1947 年，石家庄解放后，晋察冀和晋冀鲁豫两大解放区的新华书店，分别抽调精干人员随军进入城市，相继成立了晋察冀新华书店和晋冀鲁豫新华书店石门分店。1948 年，两个石家庄分店进行合并，定名为华北新华书店石家庄分店。此后，又有冀南新华书店并入，陆续开办了韬奋书店和新中国书店，并且帮助恢复和建立了私营的蔚文、志强书局和明德、义丰

书店以及龙翔号、裕顺兴画店。[①]

表 6-2　　　　　　　　1949 年华北新华书店石家庄分店组织机构[②]

石家庄分店	批发	批发	石家庄、正定、建屏、无极、赞皇
		栈务	高邑、藁城、栾城、平山、井陉
		进货	赵县、获鹿
	门市股	门市	本市各校课本之发行在内
		邮购	邮购预订
		文具	进货、批发、零售
	检查员	巡视	
		调查	
		推广	
	会计员	会计	
		出纳	
	庶务员	文书	
		事务	收发、招待
		伙食	
		转运	
	辛集支店	批发	束鹿、晋县、深县、宁晋、武强
		会计	
		门市	
	阳泉支店	批发	于县、平定、和顺、昔阳、寿阳、左权
		会计	
		门市	
	行唐支店	批发	行唐、灵寿、阜平、曲阳、新乐
		会计	
		门市	
	衡水支店	批发	
		会计	
		门市	

---

① 石家庄市地方志编纂委员会：《石家庄市志》，第 203 页。

② 石家庄市文化局编：《石家庄地区文化志》，石家庄市文化局，1995 年，第 244 页。

第三节　图书馆和博物馆 [①]

1940 年 9 月 1 日，石门图书馆正式开馆成立，主管部门为市公署教育科社教股，所设的管理员叫王立山。1941 年 11 月，图书馆拥有的图书总数达到了数千册以上。1941 年 10 月读者共计 800 余人次，到 11 月读者骤增至 10949 人次。1941 年 1 月 1 日，石门博物馆成立于大石桥洞下。1945 年抗战胜利后，石门博物馆、兴亚图书馆由河北省立石门民众教育馆筹建处接管。

一　石门最早的公共图书馆

民国时期，随着城市化发展，石门新式学校一般都增添了图书馆、阅报室等。石门市一些大型的近现代企业，除开办职工学校、子弟学校外，也建立起了规模不一的图书馆、阅报室等，这些文化设施均归各自单位和学校所有，并不对社会大众开放，故此也不能算作公共图书馆。而公共图书馆是一个可供任何社会大众成员开放，可以自由阅读书籍、报纸杂志的地方。

从 20 世纪 30 年代末，正太铁路改由向南出站以后，大石桥失去了交通功能，其桥身拱洞成为城市商业活动和社会公共活动场所。从 1939 年下半年开始，在市中心大石桥下的东桥洞中产生了石门最早的城市图书馆。《石家庄文化志》记载说，石门最早的图书馆是由市公署顾问日本人小早川开设的，后由于他退休回国，市公署教育科社教股从其手里接收了图书馆。实际上，目前有确凿史料证明，1945 年 2 月小早川已近 70 岁，仍在石门经营博物馆，并未于 1940 年回国。

二　募集捐赠和拨款购买图书

石门最早的城市图书馆叫"兴亚图书馆"（大石桥下的那所），由于产生在沦陷时期，其带有浓厚的殖民色彩，体现着所谓"大东亚共荣"的意味。地方当局对这所图书馆的开办和建设显然是居于主导地位，且得到

---

① 本节内容，录自李惠民撰稿《"民国石家庄的城市往事"系列报道之四十一——民国时期的图书馆和博物馆》，《燕赵晚报》2015 年 5 月 18 日。

了驻石日军机关的允准和扶植。

从1939年下半年起，图书馆进入筹备建设阶段，主要是添购图书并向社会征集社会各界或市民的捐赠图书。筹建工作总体上进展比较顺利，一方面石门市公署拨款购置的第一批图书于1940年1月25日交付该馆；另一方面社会各界寄赠图书非常踊跃。譬如，平汉铁路顺德（邢台）机务段专门为石门图书馆捐赠了多种日文书籍；华北文化书局石门支局局长纪玉印曾先后捐赠过最新杂志11册，以及《时事画报》《儿童画报》《北京漫画》《丽华小姐》《新中国》《新秩序》等共12部；还有人捐赠了《日本二千六百年史》等。本市西本愿寺、冀南佛教联合会以及佛教会员赵彬如等人，还向图书馆捐赠一些基础建设钱款，本市东本愿寺吉田智信捐献了《（满洲国）省政汇览：三江省》、精装《东华录》1部。到1940年8月初，桥洞图书馆经过粉刷油饰和内部装修，焕然一新。此时，初步的设施陈列基本完成，已有120余部编号图书收库。

据《华北社会教育概览》对石门市立兴亚图书馆的相关记述，该馆正式成立于1940年9月1日，主管部门是市公署教育科社教股，图书馆所设的一名管理员叫王立山。图书馆正式开馆之后，各个机关的捐赠图书活动仍在继续，例如，开馆的当月，兴亚院华北联络部寄赠来的辞典、儿童图书等300余册，其价值约达1500元。

1940年10月，为了方便读者阅读，图书馆对已经入库书目进行了综合分类编排，当时有词典类（日文）11种、（中文）4种；理学类的化学、天文、矿物、生物、卫生、医学、数学等（日文）28种、（中文）2种；小说（日文）26种；儿童读物及漫画类（日文）72种；美术演艺类（日文）7种；评论类的思想、文化、教育等（日文）37种、（中文）7种；文学类（日文）5种；产业经济学类（日文）6种、（中文）4种；历史类（日文）4种；地理类（日文）三种；铁路类（中文）12种。从上述书目的分类编目看，图书馆在开办之初基本上是以日文书籍为主。

1941年11月，经市公署批准图书馆王馆长前往北京购买新书，此次采购了二十四史及其他新书共800余册。据当地报纸的《兴亚图书馆添加新书》一文报道，1941年11月中旬，图书馆拥有的图书总数，累计达到了"数千册以上，加上各种杂志新闻社所赠之书籍，诚为洋洋大观"。

三　图书馆阅览室的阅览情况

石门市图书馆开馆之后，根据读者的实际需求，及时调整了图书馆的作息时间。例如，阅览室开馆运行一个多月之后，为了便利本市一般公务人员阅读者延长了开馆阅读的时间，正常开馆时间：从上午 10 时起，至晚上 9 时。星期日、民国纪念日开馆时间，从上午 10 时起，至下午 6 时。

石门图书馆与新民报石门总支社合作开设的阅览室，一度成为市民自由读书看报的场所。阅览室有各式各样的新闻报纸，自对市民开放后立即吸引了许多读者眼光。当时阅览室曾有《时事快译》《武德报》《实报》《儿童新闻》《新北京报》《民众报》《河北日报》《新天津报》《庸报》《南京新报》《上海新中报》《国民新报》《青岛新民报》《苏北新民报》《山西新民报》《新乡新声报》等报刊。在石门记者协会和石门各新闻报摊店资助下，图书馆阅览室里还曾增添了《国际情报》《中华通讯》《日日新闻》《东亚新报》《朝日新闻》《大阪每日新闻》，还有杂志《东亚新闻》《太原新闻》《经济电报通讯》《新闻周刊》等。新民报社、石门新报社也为阅览室分别提供了《新民报》《石门新报》各 5 份。随着图书馆对外开放阅览的常态化，各地报纸越来越多，既有广东、南京、上海、汉口、北京等地的报纸，还有东北"满洲"、蒙古、日本的报刊，譬如，日文版的《富士》《妇女画报》《妇女朝日》。据当地记者的《新闻阅览所各地报纸齐全》报道，"华北各省市大小型新闻纸，全部送到，存该所任人阅览。"

作为公共图书馆，能够免费向市民开放，便使得阅览室越来越受到石门民众的青睐。据 1940 年 9 月 10 日《石门新报》报道，每日总计进入石门图书馆阅览室的市民，"极为多数"，"阅者极踊跃"。另据 1940 年 10 月 14 日《石门新报》关于《兴亚图书馆阅览者颇拥挤》的报道，"前往阅览者颇形踊跃，而每逢午后与休假日，甚有人满为患"。由此可知，以前那些关于石门图书馆"阅览报刊寥寥无几"的说法，显然缺乏依据。从客观上说，这些图书报刊的免费提供，使广大市民不仅获得了或多或少的现代知识熏陶，从而开阔了眼界，增长各种常识。

据当年记者调查报道，在石门图书馆读者中，"近以该馆儿童阅读者人数极多，与日俱增"。为了便利儿童阅读，维护阅览室秩序井然，当年的图书馆专门辟出了儿童阅览室，收集有趣的儿童读物多种陈列书架上，以供阅览。特别是阅览室延长了开馆时间后，儿童读者明显增多，由原来每日 40—50 人次，增为每日 200 余人次到 400 余人次不等。据 1940 年 12 月图书馆公布的阅览者登记表数据，当年 10 月读者共计 800 余人次，到 11 月读者骤增至 10949 人次，其中军人读者有 156 人次，警察读者有 143 人次，学生读者有 4412 人次，公务员及知识分子读者有 6081 人次，商人读者有 127 人次，农民读者有 2 人次。

四　石门博物馆

除兴亚图书馆外，在大石桥洞下，还有一所成立于 1941 年 1 月 1 日的石门博物馆。

担任石门博物馆馆长的是日本人小早川，他是一位学者，尽管中国话说的不很好，但喜欢中国文化，对汉学颇有研究，尤其擅长考古。在他的书架上，除了日文图书之外，也有许多中国的线装书。小早川曾担任过市公署顾问，因他对政治不太感兴趣，退休后在大石桥下西部的一个桥洞里自办起了陈列文物的博物馆，自任馆长。他与世无争的风格，被中国记者称为"好好先生"。在他的床边壁橱上，有一副对联："架上有书真富贵，胸中无事即神仙。"小早川创办博物馆时，他已经 64 岁，到 1945 年 2 月近 70 岁时，依然精神矍铄，看上去就像 50 岁的样子，仍在用心经营着石门博物馆的事业。

小早川馆长性格比较温和，待人十分谦逊，比较和蔼，信而好古，而且"是一位极富风趣的人"。他自称是个"老少年"，据采访过他的中国记者说，馆长身上没有日本人的那种所谓"优越感"，在接待参观者时，他总是不厌其烦地一遍一遍地讲解说明，从没有表现过倦怠。他能让到博物馆参观的人，有宾至如归的感觉，一点也不会感到生疏和惶恐。小早川馆长在中国的生活很有规律，每天早晨 6 点起床，晚上 10 点睡觉，无论冬夏起床以后，先来一个冷水浴，然后做运动。无论到什么地方去，小早川一直坚持步行，从不坐车。小早川不仅不吸烟、不喝酒，在饮食上始终是个素食主义者。

石门博物馆里主要陈列的是一些中国古今文物，据有关记述得知，当初展出文物曾有"孔庙之碑文""孔子见老子图""唐吴道子石刻孔夫子圣像"、"宋名将岳飞所书之前出师表"、"朱子治家格言图"等。虽然该馆里收藏品并不算太多，但是，有一些字画"在文献上有其历史价值"。据记者报道说，展品中的"朱子治家格言图"是小早川从日本国内带来的，此件文物流传到日本国内时曾极受重视。除了固定的展出之外，博物馆还会定期组织一些专题展出，展览期间"陈列字画古玩琳琅满目，每日往参观者极形踊跃"。1942年1月1日，该馆成立一周年之际，在石门博物馆举办了一次中日小学生成绩联合展，展品共计百余件，"连日以来，前往参观者颇为不少"。

1945年抗战胜利后，石门博物馆、兴亚图书馆由河北省立石门民众教育馆筹建处统一接管。

第四节　电台广播

石家庄的广播电台比报刊产生要晚。1906年，清政府设立邮传部，1922年，中国第一座广播电台在上海成立，即"大陆报——中国无线电公司广播电台"[1]。石家庄的广播电台成立于日本占领时期，1938年春，日军筹建石家庄广播电台，地址在新民路19号休门赵家祠堂，5月5日开始播音，台名为石家庄广播电台，又称石门放送局，隶属于日伪北平中央广播电台。1940年6月1日，广播电台更名为石门广播电台，先是用作干扰国民党中央台，后又改为干扰美国塞班广播。[2]1940年，石家庄收听广播人员5000人，大多是日本人、工商业者及上层人员。[3]

广播电台刚成立时，基本只是具备"放送关系"[4]，自办节目很少，大多转播北平电台和东京电台节目，还办有新闻、商情行市、娱乐节目等。[5]这可以通过当时的一份节目单一窥究竟。

---

① 李惠民：《近代石家庄城市化研究（1901—1949）》，第477页。
② 石家庄市地方志编纂委员会：《石家庄市志》，第209页。
③ 《石家庄新闻史》编辑委员会：《石家庄新闻史》，第68页。
④ 张鹤魂：《石门新指南》，第114页。
⑤ 石家庄市地方志编纂委员会：《石家庄市志》，第209页。

表 6-3   **1940 年 1 月 9 日石门市广播电台节目表** [1]

时间	节目内容	时间	节目内容
8:30	新民体操	14:50	娱乐节目
8:50	初等日语讲座	18:30	中等日语
9:10	京剧唱片	19:00	青年时间
9:30	新闻重述	19:20	行政工作
9:50	商情行市	19:30	演讲
10:05	新民讲坛	19:50	娱乐节目
11:50	唱片	20:20	新闻
11:59	报时	20:40	歌曲
12:00	家庭常识	21:00	娱乐节目
12:12	职业介绍	21:30	地方新闻并商情行市
12:15	娱乐节目	21:39	报时
13:00	新闻	21:40	娱乐节目
13:15	商情行市	22:00	新闻
13:30	评书	22:20	京剧
14:30	新闻		

　　1945 年，日本投降后，国民党接收石门广播电台，以转播北平电台节目为主，后又开辟了第一广播，恢复两套广播，改台名为石家庄广播电台。第一广播，第一次播音上午 7 点半到 9 点，第二次播音晚上 8 点到 10 点半；第二广播，第一次播音上午 9 点半到下午 2 点半，第二次播音下午 3 点半到晚上 7 点半，主要节目有本市新闻、名人演讲、国文讲座、无线电讲座、播音剧、国乐等。[2]

　　由于当时收音机价格较高，一般市民无力购买，所以石家庄市民的收音机数量很少。同时，购买收音机都必须到当局机关登记，一般在审核登记时，"要把收音机的选台钮焊死"[3]，以限定收听频道范围，固定收听

① 《石门新报》1941 年 1 月 9 日，第 4 版。
② 石家庄市地方志编纂委员会：《石家庄市志》，第 210 页。
③ 何平：《解放前石家庄新闻史料》，河北省政协文史资料委员会编：《河北文史资料全书》（石家庄卷），第 1639 页。

当局确认的电台广播，所以，广播电台的影响不如当时的新闻报刊。

　　石家庄解放后，原石门广播电台的主要机器设备和器材均由新华广播电台接收，4名技术人员和部分器材由市政府秘书处接收，交由石家庄市文教局下属的市民教馆负责管理。由于石家庄周边没有完全解放，为安全考虑，石家庄电台由无线广播改为有线广播。民教馆设立了电台股，筹备有线广播。1948年2月，石家庄新华有线广播电台开办，在市区主要街道开通了有线广播。[①]

　　电台的有线广播有两种形式：一种形式是每天三次的室内广播，主要广播《石家庄日报》刊登的新闻和市领导讲话；另一种形式是借汽车拉扩音机到人口聚集的地方流动广播。石家庄的有线广播为稳定民心，教育群众发挥了很大作用。[②]

---

① 《石家庄新闻史》编辑委员会：《石家庄新闻史》，第106页。
② 《石家庄新闻史》编辑委员会：《石家庄新闻史》，第106、107页。

第 七 章

南北荟萃的市井生活 *

近代铁路开通以前，石家庄只是一个普通的小村庄。据光绪四年的《获鹿县志》记载："石家庄，县东三十五里，街道六，庙宇六，井泉四"，时有 200 户人家，600 口人。① 近代铁路建成通车后，石家庄成了京汉、正太铁路的交叉点，交通日渐发达，各处的劳苦人民奔走衣食，来石谋生，人口日渐增多，亦有各处的商贾，预见石家庄将来是一个发展之地，纷纷来石设肆营业，年复一年，石家庄就繁荣了。② 石家庄逐渐从一个普通的小村庄，逐渐发展成为一座近代化的城市。1926 年，成立石门市政公所，推选周维新为市政公所负责人，周自称市长。③ 由于石家庄是因近代铁路的修建而兴起的新兴城市，具有典型的移民城市特点，市民生活也荟萃南北特点。

第一节　城市居民的衣食住行

一　多元化的服饰风格

近代石家庄作为铁路交通枢纽，城市人口来源广泛，成分复杂。石家

---

* 本章作者系石家庄学院历史文化学院王锋副教授。

① 政协石家庄市委员会编，杨俊科著：《石家庄近代史编年》，方志出版社 2004 年版，第 17 页。

② 刘中五：《我所知道的七七事变前的石门商会》，《河北文史资料全书》（石家庄卷），河北省政协文史资料委员会，2012 年 6 月，第 1359 页。

③ 赵育民：《石门商会和市政公所的缘起》，《河北文史资料全书》（石家庄卷），河北省政协文史资料委员会，2012 年 6 月，第 1357 页。

庄"为五方杂处，侨居者甚多，本地人在昔不过十分之一"①。这使石家庄市民服饰穿着呈现出多元化的风格。"石门因为是交通中心，各都市来的人也不在少，故在服饰方面，也不无进求之处。所谓有外洋输入进来的料子，其中也有中国造的，但是为数较少。其制作的原料也各有不同，如毛织品、丝织品、半丝半麻品、纯麻制品、棉织品等等。上等人家不用说，在冬天时候所穿的都是毛织品，夏天是丝织品，中下等人家也就是随着自己的身份力量而各异了。尤其是妇女们对于穿衣问题，讲求尤甚。"②

随着石家庄城市化的发展，以大兴纱厂为代表的纺织企业也得到发展和壮大，纺织企业的发展促使石家庄普通市民结束了以往完全依靠自己种棉纺织制衣的生活状态，居民可以在石家庄的各种布店购买物美价廉的机器纺织布，缝制衣裳。20世纪40年代，石家庄的绸缎布店达到74家。

图 7-1　民国时期大兴纺织有限公司商标 1

（图片来源：王熙藏品 印刷品）

---

① 张鹤魂：《石门新指南》，石门新报社 1942 年版，第 56 页。
② 《石门之衣极整肃》，《华北新报》1945 年 8 月 5 日，第 2 版。

图7-2　民国时期大兴纺织有限公司商标2

（图片来源：王熙藏品 印刷品）

表7-1　　20世纪40年代初石家庄绸缎布店名称、经理、地址一览表[①]

序号	商店名	经理	所在地址	序号	商店名	经理	所在地址
1	同益祥	马协甫	大桥街裕盛胡同	2	德茂和	刘润生	南大街
3	永纶布庄	王睿智	大桥街	4	利丰布庄	黄志礼	大桥街六条胡同
5	庆顺和	韩鹤芝	大桥街七条胡同	6	厚记布庄	耿疏九	大桥街平安胡同
7	三益成	张清阳	大桥街	8	阜丰厚	黄九秋	同乐街拐棒胡同
9	三易祥	赵宁波	南大街	10	泰丰布庄	穆书轩	大桥街五条胡同

① 李惠民：《近代石家庄城市化研究》（1901—1949），中华书局2010年版，第361—362页。

续表

序号	商店名	经理	所在地址	序号	商店名	经理	所在地址
11	裕泰恒	赵星垣	中华胡同	12	俊山号	杨法瑞	东花园
13	吉庆公	冉树楷	大桥街五条胡同	14	天庆丰	陈彤璞	大桥街
15	荣德益	朱华峰	大桥街	16	泰和昌	张汇东	升平街
17	鸿丰号	王英宸	南小街	18	连盛成	张秀峰	鲜鱼市
19	华纶布庄	邢佩文	大桥街五条胡同	20	和祥号	李凤璋	大桥街五条胡同
21	裕康布庄	徐芳亭	大桥街五条胡同	22	绍振兴	冯旭东	南大街
23	聚丰祥	史佩宝	同乐街东胡同	24	益兴源	陶郁斋	小市街
25	生记布店	张镇岗	同福胡同	26	恒庆号	赵恩普	大桥街六条胡同
27	富绵布店	曹守德	大桥街八条胡同	2S	崇增和	冯慕松	大桥街二条胡同
29	裕生布连	孟子乔	大桥街六条胡同	30	津兴	曹礼堂	大桥街五条胡同
31	久丰信	仔蕴琈	新兴路	32	隆源布店	陈益之	大桥街裕盛胡同
33	元兴号	陈大章	大桥街隆盛胡同	34	永和祥	刘维惠	大桥街
35	广裕永	宋阎如	大桥街七条胡同	36	锦全昌	孟海荣	中华胡同
37	洪聚号	张俊岭	鲜鱼市	38	增茂布庄	崔云阁	大桥街隆盛胡同
39	聚成义	刘顺平	大桥街七条胡同	40	隆盛魁	李宗亭	大桥街
41	隆茂布庄	刘永恩	裕盛明同	42	久记布庄	王自堂	小市街
43	玉泰恒	李韵栖	大桥街八条胡同	44	艳罗天	刘月芳	同乐街
45	正生号	梁鹤桥	大桥街七条胡同	46	宏源祥	牛会友	小市街

续表

序号	商店名	经理	所在地址	序号	商店名	经理	所在地址
47	东盛公	刘东来	大桥街六条胡同	48	久丰布庄	李砥石	裕兴巷
49	义和厚	王春圃	中华胡同	50	裕生祥	王桂如	中华胡同
51	聚盛长	胡熙城	新兴路	52	华康东	刘建业	大桥街
53	福祥布庄	张福有	小市街兴隆胡同	54	祥兴号	王景隆	大桥街五条胡同
55	恒大布庄	李文英	大桥街八条胡同	56	晋丰布庄	陈广志	柏树胡同
57	正昌号	崔瑞霖	大桥街	58	华兴厚	孙立三	大桥街
59	安庆丰	赵泽普	大桥街五条胡同	60	永聚成	田摧疆	大桥街七条胡同
61	协兴昌	冯云章	鲜鱼市	62	永丰泰	李树勋	小市街兴隆胡同
63	信益号	张敬斋	大桥街七条胡同	64	隆记布庄	郜润田	大桥街兴隆胡同
65	信记布庄	曹维汉	大桥街六条胡同	66	同和永	孙树三	大桥街平安胡同
67	全记布庄	王屏周	大桥街五条胡同	68	正丰布庄	封焕新	大桥街四条胡同
69	义兴成	刘琴舫	大桥街六条胡同	70	德益号	高三祝	大桥街七条胡同
71	泰和裕	吴聘之	大桥街	72	庆书义	吴印玺	大桥街五条胡同
73	鸿祥号	王珠泉	大桥街五条胡同	74	裕丰祥	赵子逢	大桥街

居民除购买布料自制衣服外，条件较好的家庭还可以到绸缎布店购买布料，然后到成衣店制作自己喜欢样式的服装。当时的"石门市也有不少成衣铺的存在，不仅承做中服，就是制服、防空服等也一样来承做"[①]。据统计，20世纪30年代，石家庄有从事服装加工的成衣店21家。

---

① 《市上流行土布服装》，《华北新报》1945年8月5日，第2版。

表 7-2　　　　　20 世纪 30 年代石家庄的成衣店名称、地址一览表[①]

序号	商店名	所在地址	序号	商店名	商店名	所在地址
1	三和顺	大桥街	2	文忠	升平街	
3	中华成	同乐街	4	同义恒	安平街	
5	协盛	公兴存街	6	省春	新华街	
7	复顺兴	安平街	8	裕兴成	大桥街	
9	万和顺	西口街	10	福成	阜康路	
11	广兴	通裕胡同	12	庆永顺	升平街	
13	庆义	升平街	14	宝义	公兴存街	
15	丽春	新华街	16	新华	南大街	
17	万顺和	西小街	18	德义	大同街	
19	庆兴成	通裕胡同	20	庆义兴	估衣街	
21	双盛成	升平街				

在石家庄城市化的进程中，随着人口的不断增加和商品经济的逐步繁荣，加工售卖成品服装变得有利可图，并越来越受到广大市民的欢迎。20世纪30年代，从事制作销售成品服装的新衣庄开始出现。它们生产"或中服、或制服，做成以后，拿到铺上售卖。价值较比自己做的便宜，一般贪图便利而又经济的人们，多在此处光顾，所以生意也很旺盛"[②]。到40年代初，石家庄的新衣庄发展到了26家。

表 7-3　　　20 世纪 40 年代初石家庄新衣庄名称、经理、地址一览表[③]

序号	商店名	经理	所在地址	序号	商店名	经理	所在地址
1	华丰号	连庆怀	南大街	2	锦章号	曹承章	大桥街
3	晋昌东号	吴增兴	新兴路	4	永泰和	王新顺	大桥街

---

① 李惠民：《近代石家庄城市化研究》（1901—1949），中华书局2010年版，第362—363页。

② 《市上流行土布服装》，《华北新报》1945年8月5日，第2版。

③ 李惠民：《近代石家庄城市化研究》（1901—1949），中华书局2010年版，第363—364页。

续表

序号	商店名	经理	所在地址	序号	商店名	经理	所在地址
5	华兴号	王魁森	五条胡同	6	恒信德	高玉珍	花园东街
7	义盛德	张耀庭	大同街	8	广和永	刘鉴庭	大同街
9	同心茂	李永祥	新兴路	10	瑞源祥	不详	中华胡同
11	蚨聚隆	张存源	同乐街	12	文山号	刘文山	二条胡同
13	东方	王绍范	新兴路	14	宝聚兴	霍节义	四条胡同
15	和顺成	石恒斌	四条胡同	16	新记兴	张凤桐	姚家街
17	德聚成	黄凤琴	花园西街	18	天祥成	陈润生	新华市场
19	晋昌号	邬祖兴	中华胡同	20	同兴号	张鸿宾	花园东街
21	新兴号	苏瑞卿	花园东街	22	同信斋	周信斋	花园东街
23	志兴号	魏志明	花园东街	24	秋林号	邬斌贵	朝阳路
25	廉泰号	高和太	升平街	26	同义厚	杜庆水	同乐街

　　除了衣裳加工制作以外，20 世纪 30 年代，石家庄还出现了 8 家专门的洗衣店，7 家专门的服装洗染店，5 家销售首饰的专门商店，28 家销售鞋帽的专门商店。到 40 年代，首饰专业商店发展到了 10 家，鞋帽专业商店发展到了 53 家。[①]

二　饮食的便利丰富

　　石家庄作为铁路交通枢纽，特别是 1935 年铁道部规定禽兽、鲜鱼、肉类、鲜蛋、奶、瓜果、蔬菜等鲜活货物，可优先调拨车辆运送，石家庄作为商贸集散中心的地位日益凸显，输入石家庄的粮食、蔬菜、蛋禽、海产、水果、干果等数量和种类大为增加，这为石家庄市民日常饮食生活提供极大便利。石家庄的餐桌上不仅有各种粗细粮，也有各种蔬菜和肉类，常见的蔬菜"多半都由乡村运来……所有的也不过是北瓜、冬瓜、茄子、豆角、青椒、西葫芦、红白萝卜、西红柿和土豆"[②]。由于市民"对鸡鸭鱼虾之类的副食品需求量大增，于是就在高升街出现了宰鸡的、熏鸭的、卖鱼虾

---

① 李惠民：《近代石家庄城市化研究》（1901—1949），中华书局 2010 年版，第 364 页。
② 《石门的食——蔬菜》，《华北新报》1945 年 8 月 5 日，第 2 版。

螃蟹的摊点，并且逐年增加，店铺相连，于是人们就把这条街叫作鲜鱼市街"①。

随着市民人口的增加和经济的繁荣，餐饮服务业应运而生，南北各地的饭店经营者开始涌入石家庄，开办了不同层次和类型的饭店，高档的、大众的应有尽有。到20世纪40年代，石家庄的饭店有54家。饭店经营规模和服务对象不同，可分为三等，上等饭店的菜饭档次较高，"多有全席，有时也有比较特别的菜，也有几样掌手；中等的即千篇一律；下等的是花园一带的束鹿馆、新兴路一带的清真馆，备有饼类、稀粥，比较经济"②。

石家庄大饭店的知名菜肴主要有：中华饭庄的"焖炉烤鸡"、国民饭店的"番茄鸡腿"和"炸虾球"、永信兴饭店的"冰糖莲子"、裕华饭庄的"南扣肉"、正隆春饭店的"红烧鲤鱼酥虾"、祥记饭庄的"酱肚坛子肉"、四海春饭店的"纸包鸡"、桃园食堂的"鳝鱼什锦豆腐腊肠"、德和轩饭店的"拨鱼猫耳朵"、中和轩饭店的"涮羊肉"、庆乐园饭店的"鸡茸鱼翅"、华友食堂的"四法虾"等。③大众日常小吃主要有十种：豆腐脑、豆汁、凉粉、扒糕、煎饼、豆浆炸果子、炸糕、罩火烧、饼子、水煎包。④

表7-4　　20世纪40年代初石家庄的饭店名称、经理、地址一览表⑤

序号	商店名	经理	所在地址	序号	商店名	经理	所在地址
1	永信兴	张香来	共荣街	2	四海春	冯振生	南大街
3	裕华饭庄	李紫珊	共荣街	4	庆乐园	宋金声	至善街
5	祥记饭馆	戴永祥	共荣街	6	中华饭庄	解呈祥	朝阳街
7	华友食常	宋竹平	至善街	8	新乐园	梁春亭	至善街
9	中和轩	满仲交	至善街	10	春合轩	董风鸣	至善路
11	一分利	马仲甫	朝阳路	12	玉兴居	赵德海	朝阳路

---

① 殷良夫：《石家庄部分街道名称的来历》，《石家庄文史资料》第5辑，1986年12月，第136页。

② 《石门的食——饭馆》，《华北新报》1945年8月5日，第2版。

③ 李惠民：《近代石家庄城市化研究》（1901—1949），中华书局2010年版，第369页。

④ 张鹤魂：《石门新指南》，石门新报社，1942年，第226页。

⑤ 李惠民：《近代石家庄城市化研究》（1901—1949），中华书局2010年版，第372—373页。

序号	商店名	经理	所在地址	序号	商店名	经理	所在地址
13	狗不理	孙星元	南大街	14	德和轩	杨根深	亲善街
15	仁义居	刘德仁	正东街	16	国民饭店	骆郁周	新兴路
17	鹿鸣春	赵玉亭	新兴路	18	正隆春	高寿朋	亲善街
19	祯元居	高企昌	亲善路	20	六合馆	底世文	亲善街
21	三义馆	黄凤鸣	四条胡同	22	卫生食堂	段勤新	共存街
23	魁盛兴	高占一	休门道	24	庆丰馆	赵熙思	西大街
25	三合馆	臧寿山	西大街	26	共合馆	张凤琴	西大街
27	正兴园	刘仲二	阜宁街	28	庆林春	武西山	花园东街
29	华顺居	王斌卿	花园东街	30	庆华馆	许双喜	花园东街
31	万春园	白克宽	花园东街	32	三盛园	吴广生	花园东街
33	同合居	东双狗	花园南街	34	永春园	宋金庭	花园东街
35	半分利	李茂先	花园东街	36	增顺馆	李澍惠	花园东街
37	永丰馆	谢永爱	花园东街	38	伍合馆	李新恒	花园东街
39	贵兴馆	安贵贵	從园东街	40	文义馆	李尚文	花园东街
41	顺益馆	耿英顺	花园东街	42	振永春	安大寅	安平街
43	三合公	梁进智	花园东街	44	同合园	谢志贞	裕顺胡同
45	新一条龙	焦启明	休门道	46	新陆食堂	徐子亭	任栗村西
47	束鹿馆	王湘臣	花园东街	48	天安馆	张晓峰	化园东街
49	申家包子	申兰群	化园东南	50	永春芳	董声远	花园东街
51	振兴	王秀山	至善街	52	聚英春	苏光耀	亲善街
53	同盛源	刘顺堂	新兴路	54	双盛馆	侯双成	新兴路

　　除饭店外，近代石家庄的茶馆也比较多，遍布整个城区："本市几乎是每条街都有，可见石门人士也是都爱喝茶，石家庄人喝花茶为最普遍，茶砖在此地不大时兴，龙井、红茶等多半也不符口味。本地人"卖茶叶，也不讲好歹，只以每斤多少钱作为标准，现在茶肆的茶是最高价"。一般市民除了在自己家里喝茶以外，有时也在饭店里喝茶，大多数居民喝茶最常去的地点是小茶铺和茶坊，京津大城市里的那种高档茶楼，石家庄几乎

没有。"①另外，随着外国人的到来，石家庄开始有了咖啡馆，还有了啤酒、蛋糕、罐头，甚至出现了汽水、冰糕、冰激凌等冷饮，还有了西餐，虽然"西餐仅一两家，饭店内附设"②。但是，对石家庄传统饮食结构而言，也称得上是一种改变。

图7-3　民国时期石门南大街上的四海春饭店

（图片来源：王熙藏品　旧照片）

三　住房的快速化发展和多样风格

近代铁路开通以前，石家庄及周边村庄的居民住宅主要是四合院形式的平房建筑，"普通村落皆为平房"③。不仅建筑风格单一，而且整体设计也不太科学和合理，"日光之投射既无考虑，空气之流通又不讲究"④。

近代铁路开通以后，随着石家庄城市化的快速发展，来自四面八方的移民迅速涌入城市，石家庄市民人口快速增加，随之各式各样的居民住宅也拔地而起，"石庄自正太、京汉两路设站以来，华洋麋至，商贾云集，四方来石租地建房者，络绎不绝"⑤。因此，石家庄的住房建设随着石家庄城市化进程而进入快速发展时期。到20世纪30年代，石家庄的城市房

①　《石门的食——茶》，《华北新报》1945年8月5日，第2版。

②　《石门的食——饭馆》，《华北新报》1945年8月5日，第2版。

③　陈佩：《获鹿县事情》，新民会中央总会，1940年4月，第8页。

④　陈佩：《获鹿县事情》，新民会中央总会，1940年4月，第2页。

⑤　河北省档案馆藏：《警察事务所呈送石家庄建筑公会简章卷》（656-1-321），1914年。转自李惠民《近代石家庄城市化研究》（1901—1949），中华书局2010年版，第378页。

屋建设成效显著，石家庄发生翻天覆地的变化，令一位故地重游的记者感慨万千："屈指计今，倏忽二十年，而旧地重游，非复昔时之冷落，真沧海变桑田矣。"[①]住房建设的快速发展，也促使建筑材料行业获得极大发展，到 40 年代初，石家庄生产砖瓦建筑材料的商行达到 19 家。

表 7-5　　20 世纪 40 年代初石家庄砖瓦商行名称、经理、地址一览表[②]

序号	商店名	经理	所在地址	序号	商店名	经理	所在地址
1	福顺窑	温联捷	石门市南	2	兴计窑	马计善	石门市北
3	德盛窑	郑静平	石门市南	4	中泰恒	谷岐山	石门布北
5	和顺窑	刘永德	石门市南	6	福裕成	张玉可	石门市东
7	义顺窑	张智范	石门市东	8	义盛窑	狄克勤	石门市北
9	福聚窑	郑学舜	石门市南	10	义庆长	何连升	石门市南
11	瑞升窑	范成山	石门市南	12	复盛永	李保林	石门市北
13	复兴永	赵殿贤	石门市西	14	瑞生窑	陈瑞生	石门市南
15	德方永	张书芳	石门市东	16	万顺窑	贾福海	石门市西
17	金城窑	虞金美	石门市北	18	义记窑	何生来	石门市北
19	泰记窑	赵瑞桂	石门市北				

随着石家庄房屋建设的快速发展，其建筑风格也呈现出多样化的特点。石家庄虽然是一个没有对外开放的内陆商埠城市，但作为铁路交通枢纽，对外交流和联系较为便利，加之石家庄移民城市的特点，其房屋建筑风格体现了汇聚南北、结合中西的特点。石家庄的房屋建筑既有传统民居建筑风格，也有西方古典主义建筑风格，还有中西结合的建筑风格。

鹿泉申后村的高家大院，是北方传统民居建筑的典型风格。大院始建于 1925 年，1927 年建成，由前、中、后三进院落和左右跨院组成建筑群体，南北长 80 米，东西宽 32 米，占地面积 2560 平方米，前院的东厢房前山墙上有水磨青砖雕刻的浮雕影壁，其中福禄寿等图案玲珑剔透，精致大方，

①　刘哲民：《石门二十年来之回顾》（一），《大公报》1932 年 5 月 3 日，第 5 版。

②　李惠民：《近代石家庄城市化研究》（1901—1949），中华书局 2010 年版，第 379 页。

呈现出明显的山西建筑风格。[①]

正太饭店于 1907 年建成，整个建筑坐西向东，共有三层，外部结构呈"日"字形，整体建筑由五栋楼组合而成，楼与楼之间相互连接，在空间布局上形成主院中有套院的楼中楼格局，建筑造型呈现法国古典建筑风格，在总体布局、建筑平面与立面造型中遵循西方古典主义建筑风格的特点。[②]

井陉正丰煤矿段氏住宅建筑群，1913 年建造而成，占地 13 万平方米，大宅院坐北朝南，门前十级台阶，大门两侧是门卫住房，迎门是一座单檐三楹布瓦顶门楼，飞檐斗拱，沿着门楼两侧汉白玉石雕栏杆围筑的石台阶进入大院，院内正中有 100 多平方米的石砌鱼池，鱼池正北为主楼，为二层砖木结构起脊瓦顶建筑，占地 9000 平方米，为段祺勋住宅，其他高级职员住宅楼原有 5 座，均为二层单檐欧洲古典造型的"洋楼"，是河北省内现存为数不多的欧洲风格建筑与中国传统建筑结合的标志性建筑。[③]

四　交通出行的内外反差

石家庄作为近代铁路交通枢纽，到 20 世纪 40 年代初石太、平汉、石德三条铁路相接，完成了由"丁"字形枢纽向"十"字形枢纽的演变，实现了石家庄居民交通出行的四通八达。

京汉铁路和正太铁路在通车运营初期，客运量并不大。1909 年，正太路只开行 1 对客车……1936 年，平汉路开行客车达到了 9 对。铁路运营之初，每趟列车的编组在 3—6 个车厢……1936 年，正太路客车编挂的车厢增加到了 10 个。京汉铁路和正太铁路运营之始，只是在开车前 1 小时才售票……1937 年至 1945 年改为随时售票，在客票有效期内，乘客随意乘坐任何车次的客车。[④] 铁路为石家庄城市居民外出远行提供了极大便利。

---

① 王方：《石家庄民国时期建筑装饰艺术研究》，河北科技大学，2012 年，第 9 页。
② 王方：《石家庄民国时期建筑装饰艺术研究》，河北科技大学，2012 年，第 10 页。
③ 政协石家庄市委员会编，杨俊科著：《石家庄近代史编年》，方志出版社 2004 年版，第 49 页。
④ 李惠民：《近代石家庄城市化研究》（1901—1949），中华书局 2010 年版，第 388 页。

表 7-6　　　　石家庄火车站列车到发时刻表（1941 年 11 月 20 日改订）[1]

铁路线路	列车车次	发车时间	到车时间	始发站	终点站	备注
平汉线上行	602	22:50	22:30	太原	北京	卧铺、餐车
平汉线	202	7:30	7:10	开封	北京	卧铺、餐车
平汉线	206	10:40		石门	北京	餐车
平汉线	264	17:50		石门	保定	
平汉线	204	14:25	14:05	彰德	北京	餐车
平汉线	234		20:55	新乡	石门	
平汉线下行	233	9:20		石门	新乡	
平汉线	201	22:45	22:20	北京	开封	卧铺、餐车
平汉线	205		19:15	北京	石门	
平汉线	263		11:40	保定	石门	
平汉线	203	15:40	15:20	北京	彰德	餐车
石太线上行	652		15:35	阳泉	石门	
石太线	642		39:40	太原	沂门	
石太线	602	22:50	22:30	太原	北京	卧铺、餐车
石太线下行	651	13:10		石门	阳泉	
石太线	641	10:20		沂门	太原	
石太线	601	8:10	7:55	北京	太原	卧铺、餐车
石德线上行	812		19:55	德州	石门	
石德线下行	811	10:00		石门	德州	

　　在铁路运输事业发展的带动下，石家庄与周边各县公路交通也日益发达，"汽车路则有石沧、石德等路，东至藁城，南至宁晋，西至获鹿，北至正定，每日均有汽车往返"[2]。1928 年 10 月，经河北省建设厅批准，在借助沧石铁路路基的基础上，石家庄至沧州公路建成通车，成为石家庄最早的一条外通公路，它将京汉铁路、津浦铁路连接起来。1936 年开工建设石南公路（石家庄至南宫），由南宫通往济南。1937 年全面抗战前，最终

① 李惠民：《近代石家庄城市化研究》（1901—1949），中华书局 2010 年版，第 389 页。
② 《石门市概况》，见《获鹿县志》，获鹿县志编纂委员会，1939 年 3 月重印本，第 7 页。

形成了沧州至石家庄和石家庄至济南两条通往东部的主干公路，前者起于沧州，经深县、晋县、藁城、正定等地到石家庄，公路全长229公里；后者起点石门，经栾城、赵县、宁晋、新河、南宫，再经清河，入山东省境，抵达济南，长193公里，宽10米，为石子及土路。[①] 四通八达的公路设施也为石家庄市民出行提供了便利。

图7-4　民国时期石家庄长途汽车站（今阜宁路）

（图片来源：王熙藏品 旧照片）

跟石家庄市民市外出行便利形成鲜明对比的是市内交通设施建设的滞后和市民出行的不便。由于石家庄是因铁路枢纽而发展起来的新兴城市，城市发展历程比较短，加之城市化发展前石家庄只是一个偏僻小村庄，城市发展基础薄弱，造成石家庄城市公共交通系统管理缺失和公用交通工具缺乏。即使"石门于过去，曾一度有公共汽车之开驶日往返于朝阳路上，乘者极为称便"[②]，但也是好景不长，仅为昙花一现。

由于市内公共交通工具的缺乏，石家庄市民市内出行主要依赖洋车，洋车业在当时非常兴盛。洋车"成为石门市唯一之交通利具，乃大众之足之洋车，与市民最所相近，为必要而不可欠之物"[③]。同时，除洋车外，

---

① 河北省档案馆藏：《河北省公署四周年施政纪要·建设》，河北省公署编，1942年，第31—32页。

② 《朝阳路——石门银座》，《华北新报》1945年3月5日，第3版。

③ 《洋车夫公定价昨日起已实施》，《石门新报》1940年10月2日，第4版。

自行车是石家庄市民最为方便快捷的代步工具。据报道，20世纪40年代初，自行车"可谓大走红运"，石家庄人"差不多每百人中，有九十八个都能骑车"①。40年代初，石家庄做自行车生意的商行达到43家。

表7-7　　20世纪40年代初石家庄自行车行名称、经理、地址一览表②

序号	商店名	经理	所在地址	序号	商店名	经理	所在地址
1	振兴源	萧万邦	大桥街	2	增福成	耿寿山	大桥街
3	美丰恕记	丁济安	大桥街	4	聚兴隆	朱印芳	南大街
5	意诚号	范绍和	升平街	6	裕兴车行	邱景泰	朝阳路
7	永昌车行	张文庄	新兴路	8	振和成	张致和	朝阳路
9	同心和	吴晋祺	升平街	10	瑞记车行	李怀瑞	大桥街
11	合利号	韩德喜	宁远街	12	丰泰昌	宋旺南	新兴路
13	三益兴	阎育民	新兴路	14	德丰成	郑玉美	新兴路
15	同聚成	王栓德	花园街	16	义和兴	姚金保	花园西街
17	志兴瑞	李世忠	永安街	18	瑞明祥	贾春昌	花园西街
19	福义德	郎福寿	南小街	20	庆益号	唐庆吉	望平街
21	志义东	鲍良志	永安街	22	春昌号	贾春昌	南小街
23	大丰车行	王秀海	花市街	24	双兴成	傅桂枝	永安街
25	义聚成	李殿臣	花园东街	26	义顺兴	张子纲	南小街
27	明记号	董福长	宁远街	28	魏记车行	魏作章	花园街
29	永兴泰	董金璞	新兴路	30	天成信	张平力	新兴路
31	正得利	鲍顺明	西小街	32	自立成	李迎祥	东花园
33	恒利商店	高子显	共存街	34	温和永	鲍顺岐	阜宁街
35	荣茂长	马喜贵	休门道	36	义丰车行	韩士禄	长春街
37	昌盛永	殷其昌	东大街	38	协记车行	鲍顺协	休门道
39	祥记车行	李君保	东大街	40	大兴东	魏金铭	东大街
41	德合兴	魏金辰	新民路	42	瑞长生	马长生	大经路
43	谦和兴	范怀德	花市街				

---

① 《行——石门代步一斑》，《华北新报》1945年8月5日，第3版。

② 李惠民：《近代石家庄城市化研究》（1901—1949），中华书局2010年版，第394页。

第二节 文化娱乐和体育休闲

一 文化娱乐

1. 传统庙会活动

近代铁路开通后，石家庄开始了城市化发展进程。但是，传统的庙会活动作为一种伴随民间信仰活动而演化和普及起来的乡土民俗，既是传统社会流传下来的一个重要文化节日，也是各种民间娱乐活动的重要载体，它并没有随着城市化进程而消失，反而成为石家庄市民的一项重要文化活动。据《石门指南》记载，近代石家庄的传统庙会活动主要有："吕祖祠，在寺后街东头，每逢旧历月之初一、十五两日，善男信女前往焚香致签者不绝。阎王庙，在七里湾，每年旧历正月初八阎王生日、四月初八开庙，具有演戏酬神，极为热闹。奶奶庙，在休门东首，每年四月四日开庙演戏，以木商为最多。观音庙，在菜市街，每月朔望妇女焚香者甚多，每年二月十九日开庙演戏，各商云集。弥陀寺，在休门，每年九月十五日开庙演戏，自十五至月底，各商云集，极为热闹，尤以卖皮货者为多，故俗称冬庙会也。关帝庙，在栗村西大街，每十二年开一次，演戏数台，其间临时规定之。"[1]

石家庄所有庙会活动中，以每年在七里湾娘娘庙举办的庙会活动最为热闹，是石家庄本地规模最为盛大的综合性活动之一。"参加者甚众，因时值初夏，商摊栉比，多售夏货，如竹帘、折扇、凉席、蝇拍等，他如妇女用之花样子，布摊、儿童玩具、家庭用品及农具等，无一不备。饭棚、茶摊、相声、大鼓等，亦杂列其间，俨然一小市场也。"[2] 可见，传统庙会活动已经汇集娱乐、商贸等多种功能于一体，极大丰富石家庄市民的生活。

2. 戏院演出和电影放映

戏曲欣赏是近代石家庄市民的一项主要的传统娱乐项目。以往主要是在传统庙会活动期间进行戏曲表演，庙会活动结束后戏曲表演也就停止，不能满足市民日常娱乐需求。随着石家庄城市化的发展，建造了一批戏曲

---

[1] 石门报社编印：《石门指南·第五编街巷及游览》，1934 年，第 29 页。

[2] 张鹤魂：《石门新指南》石门新报社，1942 年 6 月，第 56 页。

演出的公共场所，以满足市民日常性娱乐要求。石家庄"经济的繁荣使得舞榭歌台拔地而起，木架席棚觅缝而建，好事者征伶选艺，争奇斗胜，一时间名角大班纷至沓来，草台魁首联袂登场，于是乎南腔北调，回荡起伏，蔚成大观"①。

石家庄最早建设的演出场所是1916年建成的升平戏院，在桥西升平街路西，坐南朝北，砖木结构，戏台为伸出式扇面，中间为池座，两侧为廊座，设有楼座和包厢，共有五六百席位。其后有1920年建成的同乐戏院，在桥西同乐街东头路南，砖木结构，设有池座、廊座、楼座包厢以及长靠背椅，共有九百多个席位。1930年建成的劝业剧场，在桥西大桥街，剧场坐北朝南，砖木结构，式样较新，设有池座、廊座以及长靠背椅，共有七百多观众席位。1932年建成的民生戏院，在花园街，也是坐北朝南砖木结构的戏院，设有池座、廊座以及长靠背椅，可容纳七百多位观众。1934年建成的"第一舞台"，在同乐街西头路南，坐北朝南，砖木结构，是当时最新最大的剧院，楼下设有池座、廊座，后面设若干散座，楼上设有正、侧两种包厢，共有九百多观众席位。同时，还有1940年建成的石门剧场，在朝阳路路西，可容纳上千名观众。1942年建成的新华戏院，在桥西新华市场，能容纳七百余名观众。②这些戏院和剧场，为戏曲表演提供了固定场所，改变了过去因时间节令和天气等原因对戏曲演出造成影响的局面，满足了市民日常性的娱乐需求。

除戏院和剧场以外，近代石家庄还出现了一批放映电影的公共场所，进一步丰富了市民的文化生活。石家庄最早的电影放映记录是1919年，刘普义先生在回忆录中谈到儿时在升平戏院看过电影："我记得在1919年春节期间，我十二岁，随着家人去看电影，那时的电影是黑白无声的简短片断。"③由此可见，石家庄最初的电影放映是通过戏院来完成，当时部分

① 张辰来：《艺苑漫忆》，石家庄政协文史委员会编，1997年7月，第1页。

② 以上演出场所情况，参见石门报社编印《石门指南·第五编街巷及游览》，1934年，第20、21页；张鹤魂：《石门新指南》石门新报社，1942年6月，第70页；石家庄市地方志编纂委员会：《石家庄市志》，中国社会出版社1995年版，第179页。张辰来：《艺苑漫忆》，石家庄政协文史委员会编，1997年7月，第26—28页。

③ 刘普义：《石家庄第一家照相馆、戏园、医院和电影院》，《石家庄文史资料》第5辑，石家庄政协文史委员会编，1986年，第224页。

戏院具有放映电影的功能和业务，主要以国产无声影片为主。据记载，同乐园（同乐戏院）所上映影片"多为济公活佛、火烧红莲寺、关东女侠等国产无声之影片"①。石家庄第一家专门放映电影的场所是 1930 年前后建成的"声光影剧院"，剧院在"公兴存街中间路南，专演电影……为石门最早之电影院"②。该影院分楼上楼下，有池厢雅座，座位达千余。专门电影院出现后，"始映有声（电影），如国色天香、人间仙子等国产影片"③。但是，经营时间不长就倒闭了。据记载，1945 年石家庄有电影院 3 家。④ 总之，电影作为石家庄城市化过程中的新兴娱乐产业，虽然没有戏曲受欢迎程度和影响力大，但丰富了市民的文化生活内容，增加了市民文化生活的多样性。

表 7-8   1947 年石家庄演出场所一览表⑤

名称	地址	创建年代	容量	设施状况
升平戏院	升平街	1916 年	750 人	池座楼座包厢长靠背椅
同乐戏院	同乐里	1920 年	800 人	池座楼座包厢长靠背椅
第一舞台	民族路	1931 年	900 人	池座楼座包厢长靠背椅
新世界剧场	永安街	1939 年	600 人	席棚木长条凳
劝业剧场	大桥街	30 年代	700 人	长条靠背椅
声光影剧场	民生街	40 年代	850 人	池座楼座包厢长条靠背椅
新华戏院	新华市场	1942 年	700 人	池座楼座包厢长条靠背椅
石门剧场	朝阳路	40 年代初	1000 人	
新业戏院	休门	1930 年		席棚长条凳
东华戏院	石桥街	1930 年	100 人	席棚长条凳
新新戏院	四义街			席棚长条凳
和平戏院	花园街			席棚长条凳
真光戏院	真光街			席棚长条凳

① 张鹤魂：《石门新指南》石门新报社，1942 年 6 月，第 74 页。
② 石门报社编印：《石门指南·第五编街巷及游览》，1934 年，第 23 页。
③ 张鹤魂：《石门新指南》石门新报社，1942 年 6 月，第 74 页。
④ 郭瑛：《跃进的石门文化》，《石门月刊》第 2 期，1945 年 8 月 15 日，第 8 页。
⑤ 石家庄市地方志编纂委员会：《石家庄市志》，中国社会出版社 1995 年版，第 181—182 页。

续表

名称	地址	创建年代	容量	设施状况
新华舞台	民生街			
义友戏院	花园东街		200 人	
海市戏院	花园东街	1947 年	200 人	席棚
天泉戏院	兴艺街	40 年代	200 人	席棚
同庆戏院	花园街	1932 年	700 人	
胜利戏院	南马路	40 年代		

二　体育休闲

近代石家庄市民体育运动的先河，可以追溯到石家庄铁路总厂、京汉铁路局、正太铁路局、大兴纱厂等大型工厂和单位举办的一些足球、篮球、排球、乒乓球、田径、武术、摔跤等体育活动。1925 年，平汉铁路俱乐部就修建了一个篮球场和两个乒乓球台；同年，正太铁路管理局也修建了一个水泥篮球场、四个网球场、一个排球场、六个室内外乒乓球台。工人之间开展的体育活动影响和带动了各类学校的学生，在平汉铁路扶轮学校和正太铁路扶轮学校，也都修建了篮球场、排球场、乒乓球台以及体育活动的操场。[①]大兴纱厂和大兴职工子弟学校都修建了足球场。1933 年春，在大兴纱厂门外的足球场举办了石家庄第一场足球比赛，比赛双方为大兴工人队和平汉铁路工人子弟队。同年秋，山西省足球代表队在参加华北运动会后，回山西时路过石家庄，石家庄足球界组成联队，在桥东面粉厂足球场与其进行了一场比赛，结果一比二负于山西队。[②]1934 年和 1935 年，正太铁路还举办了本单位的秋季和春季运动会。

为了进一步推动近代石家庄市民体育运动和比赛，1939 年，在花园街南端修建了兴亚体育场，占地 2.8 万平方米，体育场位于朝阳路南侧，又称朝阳路体育场。抗战胜利后，朝阳路改成中山路，体育场也改称为中山路体育场，当时体育场的正式名称为"石门民众体育场"。1946 年 9 月，

[①] 石家庄铁路分局编：《石家庄铁路分局志》，中国铁道出版社 1997 年版，第 549—551 页。

[②] 政协石家庄市委员会编，杨俊科著：《石家庄近代史编年》，方志出版社 2004 年版，第 128 页。

石家庄市政府通过招标方式对体育场进行了维修。同年 10 月，体育场维修完成后，隆重举行了石家庄市秋季运动大会。

除体育运动场所外，在近代石家庄城市化过程中，还修建了城市公共休闲场所，以供市民休闲娱乐消遣。20 世纪 20 年代，正太铁路局在铁路总机厂西北面的正太铁路线南侧，修建了石家庄第一个小公园，当时称为石家庄北花园。"（园）中建亭榭数处，杂莳多花，可供游览，但无墙垣，则以杂树花架为界，游者多正太路局之职工。"[①]1939 年，伪市公署在朝阳路东头的正太车站西侧，修建了"兴亚公园"。公园北达大石桥，南至大同街马路，内修建一个环形喷水池，其景致造型精美，常有游人在此摄影留念。1940 年，伪市公署在桥西占用东焦村和袁家营村的土地，修建了西花园，时称平安公园，占地 55 亩。当时西花园在石家庄的地位，"犹天桥之在北京，不特为各种商贩云集之地，亦属各种艺人糊口之所"[②]。公园内有数处茶棚、茶肆、饭店、书场，其最热闹时，为中午或傍晚，"每当夕阳西下，劳力者多到此休息，其尽头有空地一片，遍植树木，搭有席棚，开设茶肆，坐于藤椅之上，远眺山林，十分悦目。每至夏季有许多人皆留恋于此，大有北京中央公园后河沿之风味也"[③]。1945 年，抗战胜利后，公园改称石门公园。1947 年，石家庄解放后又由石门公园改称为人民公园，不仅新建了荷花池和温室花房，还修建了儿童游艺场。

---

① 张鹤魂：《石门新指南》，石门新报社，1942 年 6 月，第 66 页。
② 《西花园艺人组织游技公会》，《石门新报》1940 年 10 月 2 日，第 4 版。
③ 张鹤魂：《石门新指南》，石门新报社，1942 年 6 月，第 67 页。

第 八 章

民间艺术 *

第一节　民间戏曲

石家庄地区的民间戏曲历史悠久，源远流长。民间戏曲种类较多，主要有丝弦、秧歌、乱弹、河北梆子、京剧、评剧、晋剧、罗罗腔、哈哈腔等近 20 多种。晚清以来，随着正太铁路的修通和石家庄城市化进程的迅速加快，石家庄戏曲获得了新的发展平台。各剧种相互影响，取长补短，不断推陈出新。

一　丝弦

（一）丝弦的主要内容和艺术特色

河北流传着一句谚语，"扶犁耪地唱丝弦，纺绒织布哼秧歌"。丝弦是石家庄特有的民间艺术，具有浓郁的地方特色，是河北省特有的古老剧种之一，也是全国稀有的一个地方戏曲曲种。丝弦又称"弦腔""弦索腔""小鼓腔""女儿腔"等。丝弦发展历史悠久，关于丝弦的起源没有确切的说法，一般认为是在元人小令、明清俗曲的基础上衍变形成的，至今已有 500 多年的历史。丝弦以石家庄为中心，分为东、西、南、北、中五路，幅员广阔，分布甚广。东路丝弦主要流行于保定献县、高阳一带；西路丝弦流行于井陉西南、山西阳泉一带；南路丝弦流行于邢台一带；北路丝弦流行于山西雁北一带。其中，石家庄地区的被称为"中路丝弦"。丝弦在河北地方剧种中具有较高的地位，有"昆（曲）高（腔）丝（弦）乱（弹）不分家"

＊　本章作者系《石家庄学院学报》编辑部王倩副教授。

和"一昆二高三丝弦"的说法。[①]

丝弦戏的剧目非常丰富，传统剧目有500多出，也从老调、西调、怀调、晋剧、昆曲、京剧、河北梆子等剧种移植过来一些。这些剧目大致可分为两类：一类是反映民间情趣的生活小戏；另一类是反映宫廷生活与斗争的袍带大戏。主要代表剧目有《空印盒》《白罗衫》《小二姐做梦》《赶女婿》《杨家将》《花烛恨》《生死牌》等。小戏的题材多数来源于民间传说和民间故事。如《空印盒》，讲述了明末八府巡按何文秀私访查案的故事。该剧人物关系错综，情节跌宕，富有生活情趣，表演风格淳朴、粗犷。大戏多以历史题材为主，如《黄飞虎反五关》，讲述的是商纣王无道、武成王黄飞虎反出朝歌的故事。

丝弦在发展过程中，从老调、昆曲、京剧、河北梆子等吸收了大量营养，丰富了自身的音乐和表演形式。光绪初年，井陉白花丝弦班与东路丝弦老调进行同台合演。清末民初，丝弦与河北梆子组成了三合班，与京剧、乱弹成为五腔班。在长期的同台演出中，丝弦的音乐和乐器发生变化。丝弦早期的主要伴奏乐器为弦索、月琴、三弦，打击乐器为板鼓、大鼓、碰钟、大铙、大镲、小锣等。后来伴奏乐器发展为板胡、曲笛、笙、"苏家伙"。这体现了石家庄地区各种戏剧的互相融合与影响，促进了丝弦的繁荣与发展。

丝弦最大的艺术特色是它独特的唱腔。丝弦唱腔分"官调、越调"两个系统。官调唱腔旋律优美、活泼明快；越调唱腔多用于叙述剧情，时而激情豪放，时而悠扬婉转。用真声唱字、假声下行、尾腔翻高，是石家庄丝弦特有的唱法，能够达到其他戏曲不能达到的高度。丝弦的另一特色就是念白。念白中运用地方方言、乡间俗语，突出了地方特色，展示了丝弦浓厚的乡土气息。丝弦的表演继承了木偶戏的衣钵。表演以身体动作、面部表情等来刻画人物，运用了木偶戏中刻板和直线条动作，表演手法夸张，表演风格热烈火炽、粗犷豪放。丝弦还擅用动作特技，比如耍牙、耍碗、耍鞭、耍扇等。丝弦的行当分为生、旦、净、丑，生、旦表演细腻，崇尚技巧；花脸动作夸张；丑角诙谐幽默。以花脸、老旦、花旦等行当表演最具特色。

---

① 袁行霈、陈进玉主编：《中国地域文化通览》（河北卷），中华书局2014年版，第366页。

（二）丝弦戏班的发展

清初，丝弦已在石家庄地区流行，各种丝弦班产生。1787年，藁城成立了黄家庄丝弦同乐会，平山县成立下石滩村丝弦班。1860年元氏县赵堡村首创丝弦科班，专业演出并培养丝弦演员。1872年赞皇县、束鹿县相继成立丝弦班和丝弦义和会。民初至1937年，丝弦发展迅速，高邑县、赞皇县、晋县、元氏县、平山县等地均有丝弦社涌现。[①]农村子弟会、同乐会等业余演出团体遍及各地。丝弦早期只有男性演员，即使旦角也是由男演员扮演。这一时期，丝弦有了进一步发展，出现了第一代女艺人，丰富了丝弦的演出形式。在所有丝弦班社中，最著名的是井陉白花丝弦班社。

1868年，井陉白花村的富商高士俊成立了丝弦班社，聘请教师教授丝弦，有艺徒20余名。高士俊本人不会唱戏，但是酷爱丝弦，高价聘请了一批著名的老调、丝弦演员加入班社，不仅使班社的影响日益扩大，而且开了中路丝弦与老调同台的先例。清末，该班以河北梆子唱垫码，以丝弦演正戏，老调以武戏压后，班子改名为"三合班"[②]。后来，高士俊与其义子邱盛旺共同经营管理，于是将班设改名为"高盛班"。民国以后，高盛班实力更加雄厚，吸引了很多丝弦艺术名家前来，如"正定红"刘魁显、"赵州红"何凤祥、"一千红"张老栋、"拼命武生"吕清海、"老西儿丑"程富贵等[③]，20世纪二三十年代已经发展为石家庄一带中路丝弦最有名气的戏剧班社。当时在石门经常演出丝弦的是高盛班须生穆怀旦、花旦青衣张二德、花脸杨金玉、丑角田二皂。[④]高盛班剧目繁多，传统丝弦戏有《金木鱼》《铁冠图》《康熙私访》《罗成降唐》《张良辞朝》《无底洞》《火焰山》《忠报国》等100多出。所有剧目可以连续一个多月不重复，深受群众的喜爱。

（三）近代丝弦由农村到城市的发展

丝弦产生于农村，流行于农村，因此也叫作"农民戏"。最初是由个

---

① 石家庄市文化局编：《河北省石家庄地区文化志》，石家庄市文化局，1995年，第282页。

② 徐佩：《白花丝弦班》，《艺苑漫忆——石家庄文史资料》（第十七辑），石家庄政协文史资料委员会，1997年，第266—267页。

③ 刘砚芳：《北白花的高盛班丝弦戏》，《石家庄文史资料》（第四辑），石家庄政协文史资料委员会，1986年，第173页。

④ 田桂成口述，徐佩记录整理：《旧石门的戏院和戏班》，《艺苑漫忆——石家庄文史资料》（第十七辑），第29页。

人请戏班进行演出，或者是村子举办庙会等节庆活动时请戏班演出。民国初年，随着石家庄城市化进程的发展，丝弦班社开始进入石家庄市演出，但是仍然以农村演出为主。真正将丝弦剧种由农村带入城市是1938年以刘魁显为首创办成立的丝弦"玉顺班"。

刘魁显是石家庄丝弦的著名表演艺术家，被尊称为丝弦剧种的一代宗师、"正定红"。他是石家庄市白佛村人，9岁进入戏班学艺，天赋高且勤奋好学，在青年时代就享有较高的声望。他为了丰富和发展丝弦的唱腔和唱法，把石家庄中路丝弦与东路丝弦、西河大鼓以及木板快书进行了融合发展，使传统丝弦唱出来，"更是腔调清新，悦耳动听，使人听后回味无穷"[①]。刘魁显不仅改造了传统丝弦的唱法，更重要的是他把丝弦从农村发展到城市。1938年，刘魁显和"获鹿红"王振全、琴师奚德义、鼓师卢保群，在石门创办丝弦"玉顺班"。此后，丝弦剧种来到城市扎根，近代丝弦进入了新的发展阶段。为了"玉顺班"和丝弦的生存发展，刘魁显卖掉了自己仅有的一亩半坟地，解决班社的生存问题。他还主动团结其他演员演出，互相取长补短。正是由于刘魁显和玉顺班的不断努力，丝弦来到石家庄市后声望大震，盛极一时，以至出现"不论任何剧种和名角来石家庄，都影响不了老丝弦的上座率"[②]。丝弦由农村转入城市，极大地推进了丝弦的发展，为丝弦剧种的传承和创新创造了条件。

二 河北梆子

河北梆子又称直隶梆子、秦腔、山陕梆子等，是河北省的主要地方剧种，在石家庄地区颇有人气。从河北梆子的别称中，我们可以看出，其最初起源于山西和陕西地区，开始盛行于山西省，后流入河北演化而成。石家庄地区的河北梆子最早形成于清道光年间，道光二十五年（1845），新乐县岸城村黄洛艾首先创办了河北梆子子弟班，这是河北梆子诞生的重要标志。之后，全区各地的河北梆子子弟如雨后春笋般到处出现。如辛集有"海春台"河北梆子班社、"华丰台"河北梆子科班、"山子班"科班、"宝花台"班社；平山县有东黄泥村戏班、南西焦村戏班；无极县有笃新台、

---

① 石家庄市政协文史资料研究委员会编：《石家庄风物志》，编者自刊，1985年，第146页。

② 石家庄市政协文史资料研究委员会编：《石家庄风物志》，第146页。

华春台、阳春台等戏班；赞皇县有同心台、三顺台戏班；行唐县有黄掌头等梆子社；栾城有河北梆子恒茂合科班，石家庄福庆和梆子科班，等等。随着戏班的不断发展，河北梆子成为石家庄地区盛行的主要剧种之一。

新乐县的河北梆子发展历史悠久，是石家庄地区最早创立的河北梆子戏班，为石家庄地区的河北梆子发展作出了贡献。1859 年，新乐县创办了河北梆子科班，历时 6 年，培养演员 45 名。1909 年成立元顺和河北梆子科班，历时 12 年，培养了 137 名艺人。1918 年，新乐县元顺和河北梆子赴北京广和园演出轰动了京城。[①]

福庆和科班是石家庄市区第一所河北梆子科班。它创立于 1935 年，班社有学徒 36 人，其中男学徒 31 人，女学徒 5 人。尽管 30 年代河北梆子在城市的发展趋向衰落，但是福庆和科班仍十分重视对学徒的授艺，科班的教师大部分从外地邀请，先后担任教师的有：金福堂（教京剧老生、铜锤花脸）、王春山（教武生、花脸）、王保才（教戏兼打鼓）、李长虹（教青衣、花旦）、王雨亭（教武功）、何月亭（教武生）、袁立争（教青衣、花旦兼打鼓）、赵殿元（生、旦、净、丑皆教）、周龙山（抄筋斗）、张海（教老生、青衣）、马凤云（教青衣、花旦、老生、老旦）。[②]

河北梆子的唱腔，属板腔体。唱腔高亢激越，善于表现慷慨悲愤的感情。主要板式有慢板、二六板、流水板、尖板、哭板以及各种引板和收板等。河北梆子剧本词句通俗易懂，多为地方口语，富有浓厚的乡土气味。河北梆子分为生、旦、净、丑四行。生行分胡子生、小生、武生。旦行分青衣、花旦、武旦、老旦、彩旦五类。净行分大花脸、二花脸、武花脸、零碎花脸四类。丑行分文丑、武丑两大类。

河北梆子剧目，约有五百余出，传统剧目，多取材于殷周、列国、两汉、三国、隋唐、宋元明清至民初的历史故事。以民间生活为题材的小戏，数量甚少，且不常上演。流传至今的代表性剧目有：《蝴蝶杯》《秦香莲》《辕门斩子》《江东计》《南北和》《打金枝》《杜十娘》《三上轿》《双锁山》《乌玉带》《辛安驿》《花田错》《罚子都》《喜荣归》《赶斋》

---

① 韩书林主编：《新乐县志》，中国对外翻译出版公司 1997 年版，第 532 页。
② 徐佩：《石门第一舞台与科班福庆和》，《艺苑漫忆——石家庄文史资料》（第十七辑），第 25 页。

《打柴得宝》《观阵》《作文》《疯僧扫秦》《春秋配》《二堂舍子》《芦花记》等。

三　乱弹

乱弹是河北的四大古老剧种之一，也是石家庄地区流行广泛的重要的地方戏剧。因流传区域的不同，乱弹大致分为两路，东路乱弹和西路乱弹。石家庄地区流行的是西路乱弹。

西路乱弹是多声腔剧种，包括乱弹、昆腔、扬州调、高腔、罗罗、唢呐二簧和杂曲小调。其唱腔基本保持着清代时期的原有音调，演唱时以乱弹腔为主，有时兼唱昆腔、高腔、扬州调和唢呐二簧等。主要板式有头板、二板、慢板、原板以及不能独立存在的大过桥板式（属过渡性板式）等12种，属板腔体系。乱弹戏的男女声腔均为真声咬字、假声拖腔，十分强调力度。特别是旦角的唱腔除音调较高外，假声时常带"吼"出的喉音，这是西路乱弹的重要特征。乱弹腔的唱法是先摆字后拖腔，待唱完最后一字时旋律立刻翻高延续拖腔，紧接着是乐器（吹管乐器）演奏花过门。过门的伴奏旋律华丽流畅，比演唱的旋律更为俏丽复杂，也是西路乱弹的一大特征。[1]乱弹古风淳朴、粗犷豪放，具有高昂、激越的特点，加之以唢呐伴奏，更适宜表现慷慨悲壮的剧情。

乱弹唱词是上、下句结构，以七字句和十字句为基本句式，戏中的昆腔唱词为长短句句式。乱弹的乐器伴奏丰富，仅开场锣鼓就有九种，其开头，如老一鼓头、老二鼓头、软二鼓头很有特色。文乐伴奏有：大笛、小笛和笙。武乐伴奏有大锣、大镲、皮罗（单皮鼓）、手锣。

西路乱弹的代表剧目有200余种，袍带戏占大多数，如《棋盘会》《銮天带》《走马荐诸葛》《高平关》《全忠孝》《西岐州》《马武取洛阳》等；三小戏有《顶灯》《变羊》《吊山》《游花园》《双凤山》《扒缸》等；神话故事戏剧有《桃花洞》《吴氏下神》《天仙配》《天河配》等；婚嫁丧葬戏有《三皇姑出家》《福禄寿》《封相》《金榜题名》《麒麟送子》等；移植剧目昆曲戏有《金钱豹》《铁公鸡》《倒铜旗》《闹天宫》《三打祝家庄》《宁武关》《界牌关》《清风寨》等。

---

[1]　石家庄市文化局编：《河北省石家庄地区文化志》，第277页。

乱弹戏的行当分为生、旦、净、末、丑五行，后末行由老生代替。生行中又分为老生（白髯）、须生（亦称大生、黑髯）、小生（大小生、二小生、三小生）、武生（大武生、小武生）；旦行中有青衣、花旦、刀马旦、武二旦、彩旦和老旦；净行中又分大花脸，二花脸、三花脸（不指丑行）、摇片子花脸（唱工花脸）、蹦跶花脸（光蹦跶不唱）；丑行中分文丑、武丑、四花脸（主要扮傻子一类角色）。

乱弹的发展和传承主要依靠戏班的发展。清代，高邑、元氏、赞皇、藁城、晋县、赵县、获鹿、正定、无极等县都有乱弹戏班。如晋县周头梨园会、元氏牛房庄槐阳古郡梨园会、藁城北周卦乱弹戏班、高邑贾村乱弹班、赞皇田村庆和班、赞皇许亭泰和班、千根村八成班等。到清末，社班达到60余个。1911—1936年是乱弹发展的鼎盛时期，这一时期的主要班社有：藁城北周卦同乐会、藁城南大章周老太乱弹班、赵县北王村"赵州旦"乱弹班、高邑南岩村田永奎乱弹班、获鹿南隆贵村"母老虎"乱弹班等。

藁城市北周卦乱弹最有名，有"乱弹之乡"之称。在清朝咸丰年间，就组建了北周卦乱弹同乐会。1926年3月25—28日，曾参加获鹿东、西、南三简良12台大戏对唱的圆经大会（庙会）。[①]1929年同乐会一分为二，东片的班名仍为同乐会，西片的班名为义和会。每年的冬、春两季为演出旺季。经常活动在本地及晋县、赵县、宁晋、栾城、元氏、高邑、井陉、获鹿、新乐、无极、束鹿等县，也曾多次在石家庄市区的剧院演出。上演了120余个剧目，主要由《岳飞传》《反五关》《文天祥》《銮天带》《临潼山》《小放牛》等。

四　西调秧歌

西调秧歌俗称大秧歌，是土生土长的地方剧种，流行于河北省中部偏西地区的广大农村，广泛分布于石家庄各县区。由于各地方言不同，西调秧歌经常被冠以当地名称，如平山秧歌、灵寿秧歌、新乐秧歌、正定秧歌等。至今，广大农村仍有在庙会等佳节和农闲时节演唱秧歌的风俗。

西调秧歌属地方小戏，其剧目主要来源于家庭生活、民间故事等，都是些生活琐事、家长里短、打老婆训孩子的逸闻趣事，乡土气息浓郁。西

---

① 藁城市政府地方志办公室：《藁城县志》，河北星海印刷有限公司2007年版，第456页。

调秧歌有"七打、八唱、九松闲""大袄套大衫，外套一坎肩，一唱面对门，二唱打地摊"等演唱特点和演出形式。夸张的艺术表演方式，地方方言的巧妙运用，使得秧歌戏的内容和形式都十分贴近人民生活。因此，西调秧歌的最大特点是通俗。秧歌戏台词通俗易懂，曲牌简单，易学易唱。在唱腔方面，秧歌戏旋律优美流畅，委婉动听，长短不一的唱词和极其浓郁的地方口语，形成了独一无二的艺术特色。乐器伴奏方面，秧歌戏没有文场，一般只有武场乐器，多是打击乐器鼓、锣、旋子、镲。西调秧歌深受广大群众的喜爱，有的秧歌迷看一遍不过瘾，往往走村串庄，追着看秧歌剧团演出，有的甚至十天半月不回家。

早年的秧歌戏，就是一人提大锣，边打边唱。后来增加了钹、小锣，形成三人搭班，遇有婚丧嫁娶，门口演唱。清康熙年间，在其戏剧的影响下，增加了板鼓、服装、道具等，逐步创作了各种曲牌，开始登台演出。石家庄地区最早的西调秧歌戏班，是建于清康熙年间灵寿县万寿村的"秧歌子弟班"。西调秧歌也是灵寿县兴起最早、流布最广、影响最大的一个地方剧种。灵寿县前后建有 50 余个秧歌戏班，常演的剧目有《龙宝寺》《南阳传》《翠屏山》《老龙山》《劈华山》《双锁柜》《下南唐》《山东剑》《红枫传》《大八义》《访昆山》《四劝》《高老庄》《宝莲灯》《审二堂》等 100 多个。[①] 从咸丰年间到 1937 年，是正定秧歌发展的繁荣时期。比较有名的秧歌戏班有 26 个，分布在全县各村。其中北庄、北孙、厢同 3 个业余班社发展为专业班社。北庄秧歌班建立于 1928 年，有演员 34 人。北孙秧歌班在民国初年成为专业班，演员 50 余人。厢同班社也在民国后转为专业班，演员有 40 余人。[②] 藁城秧歌在民国时期风靡一时，当时"秧歌迷"很多。1913 年建立陈村秧歌剧团，是藁城县最出名的剧团。1919 年藁城县培养了秧歌戏的第一个女演员——大灵菊。[③] 平山秧歌流传较早，结合平山方言，形成了独特的艺术特色。常演的剧目有：《田二洪开店》《刘玉兰赶会》《贾金莲拐马》《杨二舍化缘》《孙吉高卖水》《张九成算卦》《莲花庵》《刘

---

① 河北省灵寿县地方志编纂委员会编：《灵寿县志》，新华出版社 1993 年版，第 560—561 页。

② 河北省正定县地方志编纂委员会编：《正定县志》，中国城市出版社 1992 年版，第 673 页。

③ 藁城县市政府地方志办公室：《藁城县志》，第 456 页。

公案》《隆宝寺》《老少换》《全成扫雪》《薛礼还家》《借女吊孝》《小八义》等50多个剧目。① 此外，秧歌戏在井陉县、赞皇县、新乐县等流传较广，各县都有秧歌剧团。

随着石家庄城市经济的发展，秧歌戏逐渐从农村进入城市。20世纪30年代，石家庄市经常演出的有两个秧歌班：一个是以翟宗福、张斌元为班主的专业班，在市里的天泉、海市茶社演出。另一个是季节班，以李四连为班主，演出并不固定。1938年两个班的部分演员合作，形成了同顺秧歌班，后改称为同顺剧社。②

第二节　民间曲艺

石家庄地区的曲艺，品种丰富，流派纷呈。有木板书、渔鼓道情、梅花调、河南坠子、西河大鼓、京东大鼓、单弦、时调、山东快书、评书、故事、数来宝、相声、天津快板等20多种。

一　木板书

木板书是石家庄地区特有的曲种之一，也叫鼓子快、大鼓书、木板大鼓。木板书起源是从西河大鼓中分离出来的，始于深泽县民间曲艺艺人赵洛万（外号大老鸹），相传赵洛万从艺时说唱西河大鼓，后在西河大鼓基础上自创了"木板书"③。木板书的表演形式非常简单，一副木板和一面小鼓，演唱者一边击鼓板，一边说唱，不用其他伴奏。木板书在唱法上去掉了西河大鼓中的拖腔和一些繁杂的花腔，演唱起来更加清脆鲜明、简便流畅，节奏更快，朗朗上口。木板书的唱词通俗易懂，生动形象，曲调简朴有力，高亢奔放。演员说唱采用当地口音，乡土气息浓郁，极具地方特色，在深泽、无极、藁城、辛集、获鹿、灵寿县等广大农村十分流行。民国初年，石家庄城市崛起，木板书流传到市区并获得进一步发展，因此石家庄成为木板书的发源地。进入城市后，木板书加上了三弦伴奏，说唱内容也由以

---

① 平山县地方志编纂委员会：《平山县志》，中国书籍出版社1996年版，第732页。
② 石家庄市文化局：《石家庄地区文化志》，第294页。
③ 石家庄市文化局：《石家庄地区文化志》，第317页。

前的长篇大书增加了中、短篇曲目小段，演出的形式和内容进一步丰富。木板书的传统曲目有：《施公案》《刘公案》《包公案》《小八义》《七奇案》《绣鞋记》《九义十八侠》《大北宋》《三下南唐》《杨宗英下山》《大闹天宫》等。

木板书在石家庄流传很广。木板书的创始人深泽县民间曲艺艺人赵洛万，自定为"清"门大老鸹派系，依"万红凤瑞田，福贵友余生"十字排辈，收徒传艺，将木板书传承广大。[①] 其中王振明、王振福、王振芳、韩凤元、申瑞海、申瑞萍、周瑞臣等均为名家，享誉河北、京、津及东北各地。赵洛万的拿手书目为《归德府》《姜公案》《丝绒计》等中篇书和《小姑贤》《朱买臣休妻》《吕蒙正赶斋》《吕蒙正教学》《白猿偷桃》《攀亲戚》等小段。藁城县的木板书于 1910 年前后传入，县内曾出现木板书说唱班 30 余个，艺人 30 余名。[②] 藁城县著名曲艺艺人申成合功底深厚、书路宽，对木板书有较高的造诣，擅长演出的书目有《空棺记》《正定府》《红枫传》《山东鉴》等，在群众中很有影响。[③] 随着木板书的流行，1918 年辛集的新乐戏园还出现了专门售票演出的说书场，称为"梨园"，可见木板书在当地受欢迎的程度。民初以后，各种曲艺曲种涌入石家庄，南花园逐渐成为曲艺演出的中心，申成合就经常在南花园进行木板书表演。

二 渔鼓道情

渔鼓道情，又称渔鼓、道情，又名元氏道情，说唱曲艺的一种，属元氏特有曲种。渔鼓是一种板腔体曲艺形式，起源于清朝乾隆晚期，距今约 200 年的历史。早期以道教故事为题材，后题材逐渐发展变化。清代乾隆年间，南方一道士来元氏收徒学艺，从此渔鼓得以相传。在其发展过程中，不断汲取当地民歌小调的营养和精华，逐步发展演变成一个节奏明快，曲调舒畅，极具浓郁乡土气息的独特曲种，是全国 26 个曲种之一。

渔鼓道情的表演形式，有单人、双人及群唱三种形式。单人演唱时，一人怀抱渔鼓，手持简板，右手指击渔鼓来伴奏。双人演唱时，两人分别

---

① 石家庄市文化局：《石家庄地区文化志》，第 317 页。
② 藁城县市政府地方志办公室：《藁城县志》，第 458 页。
③ 石家庄市政协文史资料研究委员会编：《石家庄风物志》，第 151 页。

击简板和渔鼓，或合唱或对口唱。除个别加三弦伴奏外，一般只用渔鼓、简板伴奏。渔鼓道情唱腔苍劲有力、淳朴憨厚。其特点是吐字清楚，通俗易懂，既善于交流感情，又善于叙事达意。其唱词更是具有浓郁的乡土气息，独具风格，自成体系。①

渔鼓艺人非常重视宗系辈分，以"禄、尧、启、进、金、春、善、吉、阵、伦……"顺延排列。在第六代"春"字辈期间，元氏县渔鼓道情发展达到了全盛时期，当时有著名艺人周春风、张春太等。对石家庄地区渔鼓道情的发展贡献最大、产生深远影响的是赵县的张春太。民国以后，他在赵县、元氏、高邑、赞皇、藁城及石家庄市等地说唱传艺，收徒传艺七八十人。②

渔鼓道情的传统曲目多是长篇书目，开书前先说一两段书帽。后不断增加一些新的书目，有了反映现实生活的中、短篇书目。传统书目主要有《刘公案》《双锁柜》《打蛮船》《真定府》《王其卖豆腐》等几十部，新书有《兄妹开荒》《王秀鸾》《渔民恨》等。

三　西河大鼓

西河大鼓曾名"梅花调""犁铧片"等，流行于辛集、晋县、赵县等地，是石家庄地区较古老的曲艺形式。道光年间，河北高阳的马三锋等在木板大鼓和弦子书的基础上，吸收戏曲、民歌和民间商贩叫卖声加以改进，并将伴奏用的小三弦改为大三弦，将木板改为两扇铜板，同时在唱腔、唱法上作了改进与创新，奠定了西河大鼓的音乐基础。1920年正式定名为"西河大鼓"。西河大鼓的唱腔音乐属于板腔休，唱腔朴实、流畅优美劲听，板式齐全，表现力和适应力都很强。西河大鼓为两人表演：一人站在中心，以演唱为主，右手击鼓，左手击铜板；另一人坐在一侧，以伴奏为主，怀抱三弦弹奏。表演时说唱结合，唱词多为七字句和十字句，基本曲调有头板、二板、三板等。西河大鼓的书目多是中、长篇书目，如《杨家将》《呼家将》《太原府》《薛刚反唐》《三全镇》等数十部。

清末西河大鼓传入晋县，当时的主要艺人有王殿邦及弟子马英奇、彭英福等。西河大鼓是辛集市最为流行的曲种。辛集的西河大鼓发展迅速，

---

① 李荣辰主编：《元氏县志》，中国和平出版社1995年版，第377页。

② 石家庄市文化局：《石家庄地区文化志》，第317页。

而且曲艺艺人多，被分为两个流派：一派是以柳科村的穆四肥、穆恒圈、陈国生、郑顺来为代表；一派是以吴家庄等村的冯兆祥、左九珍、宋立占、王西峰为代表。其中以河庄乡的艺人最多，因此辛集的河庄乡素有"曲艺之乡"的美称。由此可见，西河大鼓在石家庄地区的流行和传承。

第三节　民间舞蹈

石家庄地区民间舞蹈由来已久，具有载歌载舞和广泛使用道具的特点，深受广大群众喜爱。据调查统计，石家庄地区有舞蹈形式77种，其中秧歌类30种，道具类22种，技艺类14种，鼓类10种，还有属于面具类的舞蹈。舞蹈形式和活动可谓丰富多彩，有拉花、渔家乐、官伞、战鼓、太平车、背哥、抬花杠、高跷马、扭股车等，具有各自的地方特色。

一　井陉拉花

井陉拉花源于民间节日、庙会、庆典、拜神之时的街头广场花会，产生并流传于井陉县内，是当地特有的一种民间舞蹈形式，至今已有数百年的历史，素有"井陉拉花遍地扭"的说法。可见，拉花在井陉县内十分盛行和普及，为广大群众所喜闻乐见。

关于井陉拉花的起源，一种说法是其起源于元朝。元兵残酷镇压和统治人民，为了男逃兵患，女逃奸淫，井陉当地的青年男女相依为命，化装成说书、卖艺之人背井离乡、四处逃亡，在逃荒的过程中形成了拉花这一形式，来表现悲惨境况。另一种说法是，拉花起源于农村的货郎交易。货郎到山村卖货，男女青年以买针线为名，相约一起来尽情歌舞，从而形成了拉花的表演形式。[①]

拉花在井陉各村表演都有其自身特点，艺人们的技艺绝活各有不同，风格多样，流派众多。从派别上可分为南正拉花、庄旺拉花、南固底拉花、吴家垴拉花、南平望拉花等。从表演形式上，拉花又可分为文拉花、武拉花、丑拉花、俊拉花、戏拉花等。文拉花以南正拉花派为代表，表演形式文雅、端庄，柔中带刚；武拉花以南平望拉花派为代表，表演动作幅度大，

---

① 《井陉县志》编纂委员会：《井陉县志》，河北人民出版社1986年版，第485页。

像是武术；丑拉花以吴家拉花派为代表，动作滑稽、幽默风趣；俊拉花以庄旺拉花派为代表，扮相俊美、动作妩媚；戏拉花以南固底拉花派为代表，表演风格是古装戏剧打扮，同时有脚蹬木跷的技艺绝活。拉花从情绪上，还可以分为悲拉花和喜拉花两大类。悲拉花表现悲伤凄凉的情绪，如《走西口》《下关东》《盼五更》；喜拉花表现喜悦欢乐的氛围，如《卖绒线》《闹元宵》《居家乐》等。①

井陉拉花属于秧歌范畴，但有其显著的自身艺术特色。拉花的舞蹈动作有着浓郁的乡土气息，以"拧肩""扭臂""翻腕""吸腿""撇脚"等动作为主，表现出井陉山区山高路陡难行走的特点。基本规律就是突出一个"扭"字，主要活动部位在肩膀、胳臂、腰、腿、脚上。扭的时候要上下协调，节奏准确，男女配合默契。拉花的舞蹈动作刚柔并济，既有刚劲、挺拔、奔放的动作，又有妩媚、文雅、稳重的舞步。

拉花的音乐属于独立乐种，既有民歌、民间戏曲的音调，又有寺庙和宫廷音乐的色彩。使用的乐器以管乐和打击乐器为主，有笙、笛、大管、小管、云锣、手鼓、小钹等。乐曲有《腊梅花》《小二番》《万年欢》《雁南飞》《相思谱》等数十首。其音乐古朴典雅、爽朗活泼，清心悦耳，节奏鲜明，旋律庄重稳健、情真意切。

拉花的演员人数因流派不同，有三男三女六人，五男五女十人，六男三女九人等。拉花的道具有多种，伞、扇、鼓、背包、霸王鞭、花瓶、瓦等。每种道具都象征不同的含义。伞是幸福的象征和寓意，是人们寻找吉祥的向导。背包表明里面是衣物、盘缠，表示要远行；四块瓦代表着春、夏、秋、冬，象征着四季平安；霸王鞭是护身的武器；花瓶则表示锦绣前程和幸福美好的生活。井陉拉花流传至今，已经被列为国家级非物质文化遗产。

二　藁城战鼓

藁城战鼓在藁城县内十分流行，是一种以大鼓、大铙、锣镲为伴奏、以钹为舞具的男性群体广场艺术。其舞蹈动作吸收采纳了许多武术动作，矫健稳重、刚柔并济，素有"武林战鼓"的美称。

---

① 梁运连：《山乡舞蹈艺术——井陉拉花》，《艺苑漫忆——石家庄文史资料》（第十七辑），第179页。

藁城战鼓源于祭祀，产生于明万历十年（1582）。以前，寺庙极多，庙会频繁，庙会祭祀活动都要击鼓舞蹈，战鼓是必不可少的表演项目。春节更是战鼓最活跃时期。除夕之夜，人们有"熬五更"的习俗，村村敲起大鼓，通夜不停。这一夜，只要听到有鼓声，本村便不能停止敲击，以防驱邪不尽，反招灾祸，直到听不到鼓声，各家鞭炮齐鸣，方可停止。初一开始在本村表演。初五之后，村与村之间相邀互访表演，直到农历二月二为止。

战鼓演出形式分为"走队"和"扎场"。走队通常是会头举旗在前，鼓钹居中，大鼓车压后。车上击鼓者在鼓后，居于四角，大钹分立左右，边行进边擂鼓舞钹。行进一段路程，停下来做扎场表演。扎场有多种形式。一种是舞饶者站立成一圈，大鼓、大钹在圈外，舞者相对而舞，大鼓、大钹敲击助威。另一种是舞者站成二队或四队，大鼓、大钹站在一端，此时的舞动整齐、统一。再一种是大鼓、大锣在中央，舞钹者分四面或八方，在大鼓声中，以各种姿态敲击、舞蹈。还有一种水平很高的表演，舞者站立在四个方位，相距 20 米。舞动起来不时将钹向对方抛去，又相互接住，叫作"撇钹"。此时，大钹在空中似金盘飞舞，相当壮观。

战鼓表演者一律扮成武士。以舞具和乐器分别命名为：跋手、鼓手和钹手，身穿改良夸衣彩裤，足蹬虎头战靴，头裹红巾。唯拔手头上插一面旗。战鼓套路有"大添油""二添捆""大得胜""小得胜""十面埋伏""猴钻圈""霸王一条鞭"等。藁城战鼓动作幅度大，力度强，舞钹队员讲究跳跃、翻滚、闪、展、挪、腾，形成了"龙腾虎跃""铺天盖地"的气势和独特的表演风格。其舞姿剽悍壮烈，声震魂魄，具有浓郁的燕赵古风。民国初年，藁城有鼓会 60 多个，主要分布在藁南各乡村。

三 常山战鼓

常山战鼓是正定民间表演艺术的优秀代表，其发展历史悠久，早在战国时期已具雏形，至明代已盛行于民间并流传至今。石家庄市正定县是历史上"常山郡"所在地，故称其为"常山战鼓"。

常山战鼓是正定鼓文化和舞文化的重要遗存，是由鼓、大钹、中钹、小钹、小锣等打击乐器组合而成的一种民间锣鼓，主要用于广场表演。其编制小则几十人，大至几百人不等，套路多样，曲牌繁多，共有 9 系 72 套之多。主要曲目有《大传帐》《大西鼓》《小西鼓》《幽州花园》《大得胜》

《猴爬杆》《鸡上架》《二跺脚》《白鼓点将》《阵台点将》《霸王鞭》等。

常山战鼓的表演形式为边击乐边舞蹈。表演时，表演者身穿三国时期的军装，数十名甚至几百名鼓手各挎一鼓，站成一定的队形，击打乐器伴奏。鼓手手执双槌，时而敲打鼓面，时而敲打鼓沿，鼓点密、节奏快，变化多样，听起来振奋人心。在击打乐器的同时，配以"翻打""花击""出手""挽花""蹦跳"等动作。表演起来，鼓乐时而如雷霆万钧、天惊地动；时而如小溪流水，欢快清脆；鼓手腾挪跳跃，鼓槌上下翻飞，彩绸翩翩飘舞，让人目不暇接；队列整齐、舞姿优美、气势恢宏，让人精神为之振奋。

四　晋州官伞

晋州"官伞"是石家庄特别是晋州地区民间花会别具一格的表演节目，它是由古代官吏的仪仗演变而来的。古代封建统治者为了炫耀其权势和威严，出行时设有专用的仪仗队，里面有打罗伞的。后来官伞传入晋州民间，民间在庆寿、贺喜时，送上绣有"老寿星""松鹤图"图案的伞，象征吉祥如意；丧事时，送上绣有阴阳富贵等图案的伞，表示祈福驱邪；结婚送上表示喜庆的伞等。清代，出现了众多耍"官伞"的专门戏班，遇到村里办喜事、庆寿时，举着伞载歌载舞来庆祝，以此卖艺求生。在不断发展过程中，出现了较为复杂和优美的舞蹈动作，逐渐发展为一种民间艺术。"官伞"现成为城乡民间花会的表演节目，多在元宵节表演。

官伞的舞队是由舞组组成，舞组之间松散随意的联合。每队所含舞组数无定规，舞组人数不等，有二人组、三人组。二人组为一男一女，男执伞，女左手舞绢，右手挥扇。三人组为一男二女，成为一伞二扇。表演规模较大，往往由几十个舞组组成一个表演队处，场面蔚为大观。表演时没有统一队形，表演上无固定程式。表演的服装，一般是男角为清代官吏装，上身穿长袍、马褂，头戴凉帽，腰系褡包。女角色装扮成戏曲的小旦，也有的扮成青年男女、老头老婆，还有的扮成和尚道士。

官伞表演的基本动作是�、拧、夹、转四类动作。"蹂"是指腿与脚的步伐，每前进一步都是动力腿的脚跟落地，然后立即将重心转向脚掌，随即利用头、腰和腿的力量，使脚掌向外一蹂；"拧"的动作是指蹂动后，主力腿变为动力腿并吸腿，双腿夹紧，动力腿膝盖朝外拧，以腰为轴，上身保持不动，从而形成腿、腰、上身的反向拧动；"夹"是一个动作过程，有承上启下的作用，是指吸起的动力腿落地后，双腿夹紧，双脚并步站立，膝盖绷直；"转"是指肩部的动作，特点是双肩反向转动。这些基本动作相辅相成，有机协调，形成了和谐完美的艺术统一，也是晋州官伞的独特艺术风格。

官伞的音乐表现分为声乐和器乐两个部分，其中器乐是最主要的。表演所用的乐器有唢呐、堂鼓、大锣、小锣、水锣、小镲等，演奏时一般需要6—7人，这是官伞最重要的音乐形式。主要曲目有《大摆队》《将军令》《丰收乐》《小二番》等。表演时，先由锣鼓打击场点，会头出场自报村名、会名，演员念白叫板，接着乐队伴奏开始，进行舞蹈表演。晋州"官伞"已被列入河北省非物质文化遗产名录。

五　渔家乐

渔家乐是广泛流传于平山、井陉一带的一种别具特色的舞蹈表演形式。表现的是打渔人家欢度春节、庆祝丰收的景象。平山地处山区，没有渔民。因此，渔家乐这种舞蹈形式是由外地人传入的。根据老艺人传说，明末清初，有人到江南做买卖，看到当地人逢年过节挑着花篮，手执彩扇，边舞边唱，很是动人，于是请人传授并带回家乡。渔家乐不断流传发展，形成了"山人唱渔歌"的特有民间艺术。平山渔家乐有9个人物角色，1个渔翁，4个小生和4个小旦。表演形式分为"行会"和"打场"。"行会"时，会首持蓝旗引路，乐在前，舞者居中，文乐压后。舞者的前后，各有一人用梆子击打节奏。舞者边走边舞，不断变化各种队形，时而单行成一纵队，时而变成两队并列，时而又穿插变换位置，男女对舞。常用队形有"大斜排""一条线""二龙出水""剪子股""蛇蜕皮""大雁双飞""大团圆"等。舞蹈动作舒展流畅。小生、小旦基本步法为跟步，渔翁的基本步法为大"八字步"半蹲。①

井陉渔家乐也是9人表演。最前面是一对中年妇女，一手提花篮，一首执花扇；中间是两个姑娘，都挑着花盆；第三对是两名十八九岁的小伙子，手持钓鱼竿，肩上背着大鱼；第四对是两个八九岁的孩童，都背着花瓶；最后一位是一个老渔翁，挑着一个大乌龟。整个舞蹈表现出欢乐喜庆的渔

① 平山县地方志编纂委员会：《平山县志》，第736页。

家生活。井陉渔家乐大致上可以分为两种，一种为女角脚踩寸跷的渔家乐，演员踩跷的姿态摇摇摆摆。另一种是女角不踩跷的，跳起来稳重潇洒，舒展大方。[①]

渔家乐的音乐非常丰富，由管弦乐、打击乐和歌曲三部分组成，主要曲牌有《大开门》《八板》《雁南飞》，伴唱的歌曲有《渔民乐陶然》《十二月调》《大四景》《小四景》等。

第四节　工艺美术

一　藁城宫灯

藁城的宫灯举世闻名，据说天安门城楼上悬挂的巨型灯笼就是藁城宫灯。藁城宫灯起源于东汉，是由古人当时常有的纱罩灯演变而来。清乾隆皇帝南巡路过藁城，恰逢正月十五，乾隆看到这里的百姓扎做的灯笼如此精美绝伦，不禁龙颜大悦，命人精选数盏带回宫中，于是藁城的灯笼便有了"宫灯"的美誉。

二　无极剪纸

中国剪纸艺术源远流长、内涵深刻、寓意丰富，在民间艺术中占有重要的地位。它是我国人民通过劳动和生活实践创造出来的一种具有浓郁乡土气息的民间艺术，是中华民族珍贵的文化遗产，也是我国最具特色、最普及的民间传统艺术形式之一。无极县是远近闻名的剪纸之乡。无极县剪纸以形式多样、造型丰富、题材广泛、古朴大方、纯真完美、独具一格的艺术特色，在河北民间艺术中独树一帜，也成为中国剪纸艺术的重要组成部分。无极剪纸艺术起源较早，历史悠久。无极地区的人们很早就有节庆之日在窗纸上贴窗花的习俗。古代妇女爱好刺绣，大至门帘帐沿、被服枕套，小至镜袱香囊、绢帕手袋，都以绣花为美。艺人凭着心灵手巧，剪出生动活泼、寓意吉祥的各种图案，粘贴在布料上进行刺绣。这便是剪纸最初的形态，也是剪纸艺术的精华和灵魂所在。因此当地民

---

① 政协石家庄市委员会编著：《石家庄历史文化精华》，中国对外翻译出版公司1997年版，第416页。

间又称剪纸为"剪花样子"。这些"花样子"是中国妇女千百年来形成和总结的艺术精髓所在。

明末清初，无极剪纸发展到了兴盛时期。每逢节日、婚礼，人们都用剪纸这种朴实的艺术形态表达情感。东侯坊、南侯坊、北侯坊等村的家庭妇女都爱好剪纸，她们把剪纸作品贴在窗户和走马灯上互相观赏，逐渐在全县范围内形成了剪灯花、贴窗花的习俗。清咸丰年间，全县各村都出现了灯会，家家户户不仅是把灯笼挂在门筒内，而且把灯笼用各种花样的剪纸图案（人物、花鸟、神话传说、鱼虫等）加以装饰。在正月十五这一天，选一些最好的花灯，组成少则近百人、多则几百人浩浩荡荡的花灯队伍，走村串巷进行表演。人们观赏的不仅仅是花灯，更重要的是观灯花，谁家的灯花剪得好，就会受到村人的赞赏和尊崇。闹灯会的习俗吸引了众多的民间剪纸艺人参与，他们借鉴灯花的形式，吸收山西和杨柳青年画的艺术特点，经过长期的创作实践逐渐形成了一种独立的剪纸艺术。无极剪纸经过以李荣姐、杨素苗为代表的一大批民间艺人的不断改进和完善，在构图、造型和色彩上形成了自己独特的艺术风格，体现出鲜明的地域特色，无极剪纸由此获得更大发展进入成熟期。

李荣姐（1853—1926），无极县东侯坊村人，早期剪纸艺术家，以灯花作品最受欢迎。她8岁时剪纸就小有名气，其丈夫杨拉造能写会画，对李荣姐的剪纸有很大启发与帮助，使其剪纸艺术发展到了一个很高的层次。李荣姐一生对无极剪纸作出了突出贡献，逐步形成无极剪纸独特的艺术风格，影响深远。但由于年代久远，她的作品没能留下更多，现仅存一件作品《蝈蝈白菜》。

杨素苗（1908—2000），无极县柴城村人，李荣姐的传人，从6岁开始就跟随母亲学剪纸。随着年龄的增长，她的剪纸艺术也不断提高。经过几十年的锤炼，杨素苗的剪纸艺术在河北乃至在全国广为人知。杨素苗的剪纸取材广泛，内容丰富，不拘泥于现实，善于从各类画种中汲取营养。其风格朴实大方、粗细结合、刚柔相济、诗韵优美，浑厚之中见洒脱，细腻之中见豪放，展示了极高的艺术魅力，富有强烈的韵律感，观后给人以美的享受和无限的回味。她一生中创作了许多件作品。如《鸳鸯戏水》《八仙》《仙女下凡》《春》《夏》《秋》《冬》《螳螂》《桃花盛开》等。

无极剪纸主要以宣纸为原料，为单色剪纸。剪纸主要工具有剪刀和刻刀两种，因剪刀剪受工具和材料的限制，所以现在的剪纸多用刀刻。刀刻剪纸还需要特制的石蜡或橡皮泥底版，制作工艺极其讲究。刻刀是一种特制的刀具，有长、尖、圆、方、三角、月牙等不同形状的刀具十几种。根据图案的不同，利用不同形状的刀具来刻制。无极县具有地方特色的"色纸"就是利用这种刻刀刻制后，再用各种颜料灌点而成。无极剪纸风格表现为题材多样、造型丰富，取材于生活，用生活去创作艺术，用艺术去表达情感。其中的人物系列个性鲜明、花鸟系列栩栩如生、民俗系列更是到处透着原汁原味的乡土气息。作品大多文图并茂，妙趣横生，在继承传统风格的同时又被赋予时代特色。

无极剪纸在冀中民间艺术中占有重要的地位，是冀中民间艺术中近千年的遗存，生活气息浓郁，散发着一种浓浓的冀中风味，同时对丰富人民群众的文化生活，弘扬民族文化传统，提高人民的审美素质，促进社会全面发展，构建和谐社会将发挥积极的作用。

第 九 章

清末民初的风俗文化 *

民俗，"是人民大众创造、享用和传承的生活文化"。同时，民俗学者也提示我们：民俗研究的范围并不是漫无边际的，它针对的是那些具有集体性、传承性、模式性的中下层民间文化的一部分。[①] 借用民俗学研究者的"文化分层"的表述，历史学介入民俗文化（民间文化、大众文化）领域则标志着历史学学术取向的重大变化，即开始变为"自下而上"的历史学。[②] 这不仅仅是观察视角、学术旨趣、研究范式的选择问题，它昭示着思维、逻辑的深层次的革命性的突破。更为可贵的是，民俗文化是连接传统和现代的纽带，与每一个社会成员息息相关，是文化中最生动、具体，又最具活力、影响力的一个部分。近代以来，中国学者关注民俗者始于行唐人尚秉和，所著《历代社会风俗事物考》四十四卷，旁征博引，事无巨细，开移风易俗之先声。

第一节　生产风俗

物质生产是人类个体赖以生存的基础，是文化最初的载体，同时也是文化产生的条件和源头，一切文化都需要依附在人类的生存之上，依附在人类改造自然、维系生存的活动之中，才能够传承和发展。况且，石家庄地区所在的直隶省（今河北省）是"北方传统农业生产技术的重要发源

---

* 本章作者系石家庄学院历史文化学院袁丙澍博士。

① 钟敬文主编：《民俗学概论》（第二版），高等教育出版社 2010 年版，第 5 页。

② 详见赵世瑜《狂欢与日常：明清以来的庙会与民间社会》，《叙说》，生活·读书·新知三联书店 2002 年版。

地"①。华夏文化，是以农耕文化为主要内容的。虽然在其漫长的发展过程中又融合了游牧民族之文化，但传统社会中重视农业的思想却从来没有改变过，也因此形成了完备的思想、制度、技术体系，自然也为研究中国传统社会的生产、生活提供了丰富的资料。从自然地理条件来看，石家庄地区主要分为西部太行山麓的山地、丘陵地貌，包括平山、赞皇两县，及行唐、灵寿、元氏等县的部分区域；其余部分则多为平原地貌。平原地区的农家基本上要辛苦劳作以糊口度日，山区的生活则更艰难，同治年间灵寿县有记载，"邑多硗确沮洳，故未能倍常稼。山居者多业薪，负籯市中，往返须二日，获只百钱，然无敢缓于输将者"②。

一　农业生产工具

中国农业生产工具发展的历史，伴随人类出现至传统社会的末期，经历了起源、初步发展、快速发展、奠定基础、巩固扩展、基本定型、承前启后，至明清时发展处于停滞状态。③这里所说的停滞、衰退，更多的是着眼于封建制度对农业生产的束缚而言，究其原因，封建制度内部不能够变革束缚生产力发展的生产关系。事实上，以明清时期与之前的各历史时期比较而言，由于"经世致用"思潮的兴起，明清时期形成了促进农学发展的"微观"气候，使这一时期比以往更重视农学研究，也因此而产生了众多的成果，"这个时代的农书竟达 600 余种，实在是空前之举"④，从积极的层面看，说明清时期是中国古代农学发展的复兴时期亦不为过，但体现在农具革新方面可数的成果并不多，至 20 世纪二三十年代还多使用传统农具耕作。农业生产一般有耕、种、灌、收、运等环节，所用传统农具大体如下。

（一）耕整农具

1.犁。犁是用于翻开土地、开出沟槽的农具。一般认为是由原始农具

---

① 河北省地方志编纂委员会编：《农业志》，《河北省志》（第16卷），中国农业出版社1995年版，第4页。

② （清）陆陇其原本，刘赓年续纂修：（同治）《灵寿县志》，《中国地方志集成·河北府县志辑》（第五册），上海书店出版社2006年版，第21页上。

③ 详见周昕《中国农具通史》，山东科学技术出版社2010年版，第817页。

④ 周昕：《中国农具通史》，第698页。

耒耜演变而来。现代考古发现的犁（犁头的部分），最早为石制，至商代开始出现青铜制，春秋开始出现铁制。在整体结构上，主要经历了由直辕犁发展至曲辕犁的变化，至唐末宋初基本定型。石家庄赵陵铺曾发掘出西汉时期的铁铧。另据史料载，唐初贞观年间石家庄地区即有制作曲辕犁的记录，用的是"桑木曲枝"[①]。至近代，石家庄地区多使用木制的曲辕犁，唯其造价低廉，间或有铁犁。

2. 耢。俗称耢子，山区有称耩子。[②] 耢用于开沟、翻地，畜力牵引。与犁相比更加轻便，唯其翻土深度不如传统木犁，只能"半翻土"。

3. 耙。耙用于犁耕后碎土、平整土地，畜力牵引。从形制上，有"一"字形、"人"字形、方形等。又有木齿、铁齿之分，本地区有将木齿耙称为"木盖"者。[③]

4. 耢。古称耱，又称盖，本地习惯称盖，或擦子。耢用于土地耙耕后，进一步磨碎土块、平整地面，畜力牵引。与耙相比无齿，由横木框及盖条组成，盖条则由荆条、树枝编成，固定在横木框上。

5. 刮板。刮板用于刮平土地、推集田土或谷物，人力、畜力牵引均可。

6. 杷。本地称铁杷、铁杷子、铁扒，或钉杷，有齿形状如梳。杷多用于菜畦、大田边边角角的碎土平地，或搂禾草。人力农具。

7. 铲。又称锹、锨。铲用于手工掘土整地，或收集、扬撒谷物。有铁制、木制两种。人力农具。

8. 铁搭。形状像耙而齿较疏，有二齿、三齿、四齿不等。本地习惯称齿镐，以齿数称呼，如三齿、四齿。铁搭用于翻整土地或刨、捣农家肥。

9. 镢。本地习惯称镢头、镐、镐头。镢用于刨土、开荒、挖株、碎土，又有条镐、板镐、牙镐之分。条镐多用于山区县，刃窄而厚，可防止碎石伤刃，俗称山镢头。板镐多用于平原县，刃宽而利，便于切断草根。牙镐多用于丘陵地带，刃部两分，状如利齿，兼备条镐、板镐的功能。

10. 櫌。本地俗称大榔头，也有称狼锤者。櫌用于敲碎块状土壤或农家肥。

---

① （唐）张鷟撰，赵守俨点校：《朝野佥载》，《唐宋史料笔记丛刊》，中华书局1979年版，第1页。

② 《灵寿县志》，新华出版社1993年版，第160页。

③ 《灵寿县志》，新华出版社1993年版，第160页。

（二）耕种工具

1.耧车。也称耧犁，本地习惯称木耧。耧车用于开沟、播种。形制有独腿、两脚、三脚、四脚之分。畜力牵引，种子由中空的耧脚散播于田地。自汉代发明后，一直使用至近代。

2.瓠种器。也称点葫芦，本地俗称葫芦头。瓠种器用于人工播种。

3.砘车。也称挞，本地俗称砘子。砘车用于播种后将田土压实，使之与种子紧密接触，以利于发芽。形制上有窄播幅双轮式和宽播幅碌碡式。

（三）中耕工具

1.锄。也称耰锄，形制分大小，大锄用于刨土、耪茬、灭草；小锄用于除草、松土或间苗。长柄人力农具。

2.耨。也称镈，本地俗称菜耨锄、耨子。耨用于人工除草。短柄手锄。

3.钩锄。本地俗称抓钩、划拉子。钩锄用于春季麦田破土锄或雨涝地湿时划地亮墒。①

4.耧锄。也称劐子。耧锄用于旱地中耕，畜力牵引。

5.独杆耠子。一种简易灵巧的耠子，用于耕耕兼封土灭草。小型畜力牵引。②

6.镫锄。形似马镫。镫锄用于中耕除草，比一般的锄头少两刃角，不易伤及禾苗的根部。③

（四）灌溉器具

1.戽斗。本地俗称柳罐、栲栳、泼斗。戽斗用于人力提水。其形制如斗，有柳条编制、木制，近代后也有铁皮制。斗侧系两条长绳，由两人共同操作，将低处河道或池塘中的水提到高处。

2.桔槔。本地俗称挑杆、吊杆、扒杆。桔槔使用杠杆原理提取浅井井水或河塘之水，人力提水工具。

3.辘轳。用于提取井水。采用绞车原理，人力提水工具。近代以来，掘井灌溉成为石家庄地区的主要方式，相关的记录很多，如光绪初，日本

① 河北省地方志编纂委员会编：《风俗志》，《河北省志》（第88卷），河北人民出版社2013年版，第12页。

② 《灵寿县志》，新华出版社1993年版，第161页。

③ 《正定县志》，中国城市出版社1992年版，第250页。

人竹添进一郎随日本公使进京。1876 年，他与好友同行赴蜀，历时四个多月，辑沿途所见所闻著有《栈云峡雨日记》。其中就有对该地区广泛使用辘轳汲井水灌溉的记录，"正定以西，田间往往凿井，深至六七丈。其引水有辘轳、有驴车，以补雨泽之乏"①。正定周围地区近代多植棉，对灌溉水源的要求相对较高，这是该地区水井密布的主要原因。（民国）《重修无极县志》也有记载，其县"西南多沃壤，民稍裕，故凿井浇地，多能为之"②。

4. 水车。传统人畜力大型连续取水农具，属于"比较奢侈和昂贵的工具"③，据史料记载，光绪年间"近用水车灌田法，岁收较厚，然劳费颇甚，所入之余利适足相偿"④，可见虽然水车灌溉的功效显著，但由于造价高昂，也不是一般农家能置办得起的。从其取水水源分为水车（一般指从河塘取水）、井车两种。从其运转方式可分为，人推、手摇、脚踏、畜拉等多种，在直隶地区也有少量使用自然力（风力、水力）。水车，古称龙骨车，也称翻车，本地也俗称八卦水车。临河塘搭建木架，以水槽连接水源，一人、多人踏动拐木，或用畜力拉动，即可连续从低处取水灌溉。井车，改水车的斜向取水为竖向取水，唐代就已出现，清道光朝曾颁谕旨推广制造。近代以来，直隶地区大力推行掘井灌溉，井车的使用日渐增多。华北早期的井车多为鸳鸯罐，即由双柄辘轳及两个取水罐组成，人力摇动，一上一下，循环往复。其发展成人力活链井车，也称筒（井）车，由摇把、唧筒、皮塞、链条、导水槽等组成，人力摇动，则水流不已。还有以畜力替代人力的，使得井车灌溉土地的数量大大增加。在石家庄地区，井车的使用极大地提高了生产效率。光绪年间，正定"凿井，以水车灌田，故其收常倍"⑤。另据记载，清末民初藁城县使用井车用以改善民生，取得了极大的成效，

---

① ［日］竹添进一郎：《栈云峡雨日记》，《历代日记丛钞》（第 90 册），第 392 页。

② 耿之光等修，王重民等纂：（民国）《重修无极县志》，《中国地方志集成·河北府县志辑》（第八册），上海书店出版社 2006 年版，第 380 页上。

③ 李金铮：《延续与渐变——近代冀中定县农业生产及其动力》，《历史研究》2015 年第 3 期，第 97 页。

④ （清）孙传栻修，王景美等纂：（光绪）《直隶赵州志》，《中国地方志集成·河北府县志辑》（第六册），上海书店出版社 2006 年版，第 341 页下。

⑤ （清）庆之金、贾孝彰修，赵文濂纂：（光绪）《正定县志》，《中国地方志集成·河北府县志辑》（第三册），上海书店出版社 2006 年版，第 278 页下。

"吾邑（藁城县）地面平坦，水脉肤浅，民多掘井用水车灌溉，故农产恒丰，人民富庶。当数十年前，邑人罕知灌溉之利，而间有用辘轳者，其法粗笨，劳力多而收效颇微。近年以来，人智进步，一遭天旱之际，无不以掘井制水车为务，虽雨泽稀少，而五谷犹登，人民不致大困。民国九年（1920），直隶大旱，流离失所者不可胜计。而吾邑宴然如故，水车之力也"①。此言不虚，时人所作的乡村调查也证实了水车（井车）的方便高效，"每架水车一日可灌田3亩，是辘轳灌田的3倍"②。

（五）收获农具

1.镰。本地俗称镰刀，人力收割禾谷的工具。根据功能、用途的不同又分为割镰、粟鉴、铩镰等。割镰，新月形刀刃，短柄手镰，用于麦、稻、谷、豆等低矮细秆作物收割的称麦镰；用于收割高秆粗壮的作物的称草镰，刀刃比麦镰长且厚。粟鉴，俗称爪镰、爪刀子、割刀子，呈半月形或方形，比手掌略小，镰片上固定有指套（绳、革制）以系于掌心，用于收割谷物的穗头时刀刃向内；用于收获高粱穗时刀刃向外。铩镰，也称钐镰，刃稍弯似直刀，长柄双手镰，左右摆荡，双手随时翻转刀刃，用于收割大面积的麦禾、草莱。

2.镐。前文已经述及，这里不再赘述。长柄镐，用于收获地下的块茎类作物，如土豆、红薯等；短柄镐，用于收获玉米、高粱等高秆作物的秸秆。

3.连枷。也称枷，本地亦俗称连杖。用于谷物脱粒。由长柄、环轴和枷板组成，使用时双手持长柄甩动连枷板旋转拍击谷穗使之脱粒。

4.碌碡。长圆柱形石制农具，躺放于地面，畜力拉动以其自身重量滚压使谷物脱粒，效率高于人工拍打。碌碡也可用于平整田地、压碎土块等耕地环节。

5.飏扇。也叫风车、风扇车，本地俗称扇车。用于清除谷物中的谷壳、糠秕、草屑等杂物的农具。人力摇动手柄，带动扇车内部的风扇转动，谷物通过出风口上方的木漏斗下落的过程中，以风力吹去谷粒中的各种

---

① 林翰儒：《藁城乡土地理》，《中国方志丛书·华北地方》，台北：成文出版社1968年版，第106页。

② 《民国十九年河北定县井泉调查表》《民国二十年河北无极县井泉调查表》，《冀西井泉调查记》，中国华洋义赈救灾总会丛刊乙种50号，1932年。转引自李金铮《延续与渐变——近代冀中定县农业生产及其动力》，《历史研究》2015年第3期，第97页。

杂物。

其他如木锨、木杈、笸箩、耙子等相对使用简单的农具这里不再介绍。

（六）粮食加工工具

1. 磨。近代多用石磨粉碎谷物，加工面粉。石磨由上下两片圆形厚石片组成，两石片的接触面刻有齿纹，以人力或畜力牵引上部石片转动，通过相对运动及石片自身重量碾碎谷物，获取面粉。据文献记载，早期石磨的齿纹是枣核形的小窝，自汉代演变成由中心向外的放射状条纹。

2. 辊碾。俗称碾子。用于稻谷脱壳，获取净米。将圆柱体的石辊横置，一段固定于碾盘的中心，一段安装推杆，用人力或畜力牵引往复旋转，以石辊自身重量碾去稻壳。

二　农谚与生产

所谓"谚"，汉代许慎的《说文解字》，释其为"传言也"。南北朝时庾俨默释为"传世常言"。宋代学者释为"俗语俗论"。而清代段玉裁则以为是"前代故训"①。由此可知，谚语的来源是先人（前代）流传下来的。那么，谚语的内容都是什么？显然，"常言"或"俗语俗论"皆不如段玉裁概括的准确，段氏谓之"训"。所谓"训"，《说文》释为"说教"；《洪武正韵》释为"诲"，教导、明示；《字汇》释为"导"，教导的意思。因此，所谓谚语就是指经前人总结而流传下来的具有指导、教导作用的一类语句。"俗语"则恰恰说明了谚语的外在特征，即民间流传、生动形象、凝练概括、简单直白。而历代统治阶级都将其提升至"礼俗"的高度，通过有意识地利用、宣传、引导，成为其巩固统治的重要手段。所以，谚语虽小，其蕴含的文化意义不可谓不大。农业谚语，即农谚，既是前人对农业生产经验的总结，也早已内化为中国普通百姓的日常生活、劳作的规范。

石家庄地区流传的农谚内容非常丰富且多姿多彩。②

---

① （清）段玉裁：《说文解字注》，上海古籍出版社1981年版，第95页上。

② 农谚的内容主要参考的是中国民间文学集成全国编辑委员会等编：《中国谚语集成·河北卷》，中国社会科学出版社1992年版；河北省获鹿县三套集成办公室编：《获鹿民间故事歌谣谚语卷》，石家庄：编者刊，1988年；清末民初各地方志及乡土志等。谚语后标注的地区只是一般性的提示仅供参考，并不表示其他地区没有类似的说法。

（一）倡导勤劳

1.要吃大米白面，经常地里矻串①。（赞皇）

2.筋骨不觉疼，秋来没收成。（行唐）

3.人哄地一天，地哄②人一年。（赞皇）

4.深耕细耙，不收说啥？（获鹿）

5.只要功夫深，黄土变成金。（获鹿）

6.懒汉不忘秋耕地，懒婆不忘伏纳底。（获鹿）

7.人误地一时，地误人一年。（获鹿）

8.地是刮金板，人勤地不懒。（获鹿）

9.深耕加一寸，顶上一茬粪。（获鹿）

10.生土变熟土，莫怕下功夫。（获鹿）

（二）遵守农时

1.宁在节气前，不在节气后（行唐）。

2.白露早，寒露迟，秋分种麦正当时。（获鹿）

3.枣芽发，种棉花。（获鹿）

4.头伏萝卜二伏菜，三伏有雨种荞麦。（获鹿）

5.杨穗甩，种大麦。（获鹿）

6.栽蒜不出九，出九长独头。（获鹿）

7.山芋不怕羞，一直栽到秋。（获鹿）

8.立了秋，棉尖一起揪。（获鹿）

9.谷雨麦怀胎。（获鹿）

10.芒种见麦茬，前晌不拔后晌拔。（获鹿）

11.七月十五见新花，棉花陆续笑哈哈。（获鹿）

12.立春一到，农人起跳。（获鹿）

13.惊蛰一犁土，春分地气通。（获鹿）

14.雷打惊蛰前，高山好种田。（井陉）

15.雨洒清明好年景。（平山）

16.雨下清明，狗吃蒸饼。（平山）

---

① 矻串，当地方言，勤走动。

② 哄，骗的意思。

17. 清明多栽树，谷雨多种田。（行唐）

18. 三月清明不可早，三月清明不可晚。（获鹿）

19. 谷雨种山坡，立夏种河湾。（行唐）

20. 立夏甩麦芒，农活开始忙。（新乐）

21. 立秋天渐凉，处暑谷渐黄。（灵寿）

22. 立秋拿住手，还打三五斗。（井陉）

23. 过了白露节，磨镰当晌歇。（行唐）

24. 秋分是麦节，紧种不可歇。（新乐）

25. 小雪满天雪，来岁必丰年。（新乐）

26. 夏至不种高山黍，平地还有十天谷。（井陉）

27. 秋分麦入土。（获鹿）

28. 三伏不种菜，立冬不种麦。（井陉）

29. 四月芒种光沓沓，五月芒种刚见茬。①（赞皇）

30. 小暑不定黍，种了白受苦。（行唐）

31. 小暑不种大黍，大暑不种小黍。（井陉）

32. 立秋处暑八月天，收黍拔麻莫迟延。（获鹿）

33. 夏至种黄豆，一天一夜扣榔头。（赵县）

34. 立秋种荞麦。（获鹿）

35. 立秋撒荞麦，一去不回来。（赞皇）

36. 夏至种芝麻，披头一朵花。（井陉）

37. 大寒小寒，果树修完。（元氏）

38. 立秋打花椒，立冬打黑枣。（平山）

39. 冬至天气晴，来年果满林。（平山）

40. 霜降不出葱，越长心越空。（获鹿）

41. 处暑拔麻种老瓜。（赵县）

42. 白露不秀，寒露不收。（平山）

43. 小满的高粱，芒种的谷，立夏种上玉蜀黍。（平山）

（三）自然气候

1. 六月不起尘，起尘饿死人。（获鹿）

---

① 指节气对小麦生长的影响。

2. 春冷麦不收。（井陉）

3. 春寒薄收麦。（平山）

4. 有钱难买秋后热。（栾城）

5. 六月初一龙掉泪，新米就比旧米贵。（行唐）

6. 六月六日阴，黄芋贵如金。（行唐）

7. 秋雨淋，谷返青。（井陉）

8. 头场冬雪苫瓦片，来年不收落一半。（获鹿）

9. 三月风，四月雨，麦子黄疸谷子秕。（获鹿）

10. 三月雷，麦堆堆。（新乐）

11. 正月十五雪打灯，来年准有好收成。（灵寿）

12. 收黍不收黍，全看正月二十五①。（平山）

13. 收花不收花，单看正月二十八②。（平山）

14. 三月三，茄瓜葫芦一起腌。（赞皇）

15. 七月七，吃新米。（行唐）

16. 七月八月地如筛。（获鹿）

17. 七月十五看花红，八月十五定年景。（新乐）

18. 七月十五见新花，八月十五大把抓。（平山）

19. 燕子来，花儿开；燕子走，收了秋。（行唐）

20. 杏花放，播种忙。（正定）

21. 九月九阴，一冬温；九月九晴，一冬冷。（获鹿）

22. 九里没风，伏里没雨。（获鹿）

23. 春寒不收麦。（获鹿）

24. 三月有雨，伏里旱。（获鹿）

25. 五月田，早种一宿高一拳。（平山）

26. 榆钱落地，开始种地。（行唐）

27. 过伏不种秋，种秋也不收。（井陉）

28. 杨絮甩，种大麦；杨絮落，栽山药。（获鹿）

29. 二月二，水流沟，大麦小麦一齐收。（获鹿）

---

① 当地民间认为正月二十五天气晴朗，有利于黍子的生长。

② 花，指棉花。当地民间认为正月二十八天气晴朗，有利于棉花的生长。

30. 云彩向东一阵风，云彩向西骑着白马送蓑衣；云彩向南水上船，云彩向北一阵黑。（平山）

31. 八月初一下一阵，旱到来年五月尽。（平山）

32. 麦子不得九月节，就怕来年二月雪。①（平山）

33. 有钱难买五月旱，六月连阴吃饱饭。（平山）

34. 伏天锄破皮，抵住秋后耕一犁。（井陉）

35. 二伏有雨多种菜，三伏有雨多种麦。（井陉）

（四）肥水管理

1. 地里没粪瞎胡混，圈里没水瞎胡鬼。（获鹿）

2. 鸟靠枝，鱼靠河，庄稼长好靠肥多。（元氏）

3. 马粪热，牛粪冷，羊粪能顶两年用。（获鹿）

4. 一车渣肥，一车银。（平山）

5. 熏荒灌青，粮食满瓮。（井陉）

6. 粪捣三遍，不打自烂。（平山）

7. 粪大水勤，不用问人。（获鹿）

8. 深耕不浇水，变成吊死鬼。（井陉）

9. 晴天不开沟，雨水遍地流。（平山）

10. 东跑西跑，不如拾粪割草；东游西转，不如积肥垫圈。（获鹿）

11. 天旱莫忘锄田，雨后莫忘浇园。（获鹿）

12. 有粪无土别种麦，有土无粪别种菜。（平山）

13. 猪是传家宝，种地离不了。（获鹿）

14. 寸麦不怕尺水，尺麦但怕寸水。（获鹿）

15. 麦浇小，谷浇老，豆子浇花不浇角。（行唐）

16. 玉米不早浇，早浇不发苗。（灵寿）

17. 豆角豆角，无角别浇。（藁城）

（五）日常生产

1. 三个坡坡，不如一个窝窝②。（平山）

2. 好地三年有一丢，赖地三年有一收。（平山）

---

① 九月节指寒露。意指冬小麦播种不能过早，防止来年发芽早遭雪、霜冻。

② 坡坡、窝窝指田地是山坡地还是低洼地。

3. 沙压碱，端金碗。（藁城）

4. 碱地多上河坑土，一亩能顶好几亩。（藁城）

5. 宁舍一碗金，不舍一碗种。（井陉）

6. 种子选不好，不久都是草。（井陉）

7. 人有人道，河有河道，种地也有老一套。（行唐）

8. 种地怕三边，沟边、井边、坟边。（平山）

9. 稀不了的横头①，密不了的边。（平山）

10. 担担看走，推车看扭。（井陉）

11. 耕地看砣头，耙地看牛头，种地看耧头。（井陉）

12. 勾镰敞斧歪脖锄②。（赞皇）

13. 田不耕，草要生。（灵寿）

14. 耕耙三遍如上水，碌碡底下出潮气。（井陉）

15. 耕得深、耙得烂，一把泥土一碗饭。（行唐）

16. 耕地不求细，瞎叫牛费力。（平山）

17. 春耕一分忙，秋后多打粮。（井陉）

18. 春天砸个坷垃，秋后吃个疙瘩。（井陉）

19. 种地无巧，一年一倒。③（平山）

20. 秋天弯弯腰，赛过冬天转三遭。（获鹿）

21. 精耕细堡，耕暄耙实。（获鹿）

22. 虫不早治，如云食日。（灵寿）

23. 生土变熟土，莫怕下功夫。（获鹿）

24. 冬耕深又早，晒土庄稼好。（获鹿）

25. 耕田过冬，虫死土松。（获鹿）

26. 冬天清除田边草，来年肥多害虫少。（获鹿）

27. 抢秋夺麦急打场。（行唐）

28. 麦子夹生割，谷子要熟透。（平山）

29. 稀苗大小留，密苗敢下手，不稀不稠大的丢。（获鹿）

---

① 横头指大田的两头需要横着种，故称横头。

② 指镰刀行状勾些好用，斧头刃的角度张开些好用，锄钩和锄板角度偏一些好用。见《中国谚语集成·河北卷》，第663页。

③ 倒，指倒茬。

30. 地里庄稼场里柴，入囤才敢说发财。（平山）

31. 谷收一时，麦收一晌。（井陉）

32. 干锄谷子湿锄麻，不干不湿锄棉花。（井陉）

33. 一臂三棵苗。[①]（井陉）

34. 棉怕红黑。[②]（井陉）

35. 重茬麻，不用拔。[③]（平山）

36. 干搂小黍湿搂豆，撲凉撲淋搂小豆。[④]（井陉）

37. 耕三耙六锄八遍。（井陉）

（六）各种物产

1. 谷茬不种麦。（井陉）

2. 麦苗不怕草，就怕坷垃咬。（井陉）

3. 浇麦不要晚，还得二水赶。（井陉）

4. 二指浅，四指深，麦种三指正当心。[⑤]（获鹿）

5. 想吃面，泥里陷。[⑥]（井陉）

6. 小雪大雪雪花飞，来年小麦堆成堆。（新乐）

7. 春旱不收麦，秋旱不收菜。（平山）

8. 麦锄三遍平了沟，豆锄四遍鼓溜溜。（无极）

9. 烂豆子，收麦子；烂麦子，收豆子。（井陉）

10. 卡脖旱，准减产。[⑦]（井陉）

11. 玉米地里卧下鸡，也不稠来也不稀。（行唐）

12. 谷子全身都是宝，人吃米，马吃草；糠是猪的好饲料，剩下谷茬当柴烧。（行唐）

13. 椿树蓬，头谷种；桐树开，玉米埋。（井陉）

14. 稀谷秀大穗，不如稠谷打得多。（获鹿）

---

① 指种红薯时的株距。《中国谚语集成·河北卷》，第 734 页。

② 红黑指红蜘蛛和蚜虫等虫害。

③ 指重茬种芝麻收成不会好。

④ 当地方言，搂指用大锄，用小锄谓之锄，撲凉撲淋是指下小雨。

⑤ 二、三、四指是说下种的深度，即人手掌二指、三指、四指并列的宽度。

⑥ 泥里陷，指种麦不怕地湿雨多。《中国谚语集成·河北卷》，第 700 页。

⑦ 掐脖旱，指玉米扬花时缺雨。《中国谚语集成·河北卷》，第 710 页。

15. 好谷不见穗。（平山）

16. 谷子晚倒吃米，高粱晚倒吃糠。（平山）

17. 谷回青，一把糠；麦回青，打满仓。（灵寿）

18. 麦子上了场，只管种高粱。（元氏）

19. 稠倒高粱稀倒谷。（平山）

20. 六月二十三，高粱红了脸。（行唐）

21. 穞黍晚麦，十年九坏。（平山）

22. 穞黍不可夸，晚麦不回家。（井陉）

23. 干拉黍子湿拉花，不干不湿拉芝麻。（灵寿）

24. 豆搭豆，拉拉溜。① （井陉）

25. 大豆重茬火龙秧，谷子迎花苗心荒。（行唐）

26. 杨絮落，栽山药。（井陉）

27. 四月栽薯重十斤，六月栽薯一把根。（行唐）

28. 一年不收二麦。② （平山）

29. 棉收旱地。（井陉）

30. 赖地种豆，好地种棉。（井陉）

31. 涝地豆子旱地棉。（井陉）

32. 枣芽发，种棉花。（平山）

33. 棉花入了伏，三天两头锄。（井陉）

34. 摘不净的棉花，磕不尽的芝麻。（平山）

35. 芝麻听脚响，这边锄那边长。（行唐）

36. 沙土花生黏土麦。（平山）

37. 树不修，果不收。（赵县）

38. 疏果不如疏花，疏花不如疏芽。（获鹿）

39. 要想果树好，林地勤除草。（灵寿）

40. 每年三月三，杏花开满山。（获鹿）

41. 桃饱人李伤人，杏子吃多胀死人。（赞皇）

---

① 指用耧斗种豆时，耧眼流出的豆子一个接一个，其株距正好。《中国谚语集成·河北卷》，第 726 页。

② 二麦指小麦和荞麦。《中国谚语集成·河北卷》，第 730 页。

42. 烂梨不烂味。（赞皇）

43. 枣树用锯拉，疯病可少发。（井陉）

44. 涝收柿子旱收枣。（井陉）

45. 九月九，剪石榴。（元氏）

46. 桑葚樱桃，卖个时候。（平山）

47. 花椒种子不过夏。（赞皇）

48. 歪瓜疙瘩梨。① （赵县）

49. 一亩园，十亩田，精耕细作土变钱。② （获鹿）

50. 停水畦子好吃菜，跑水畦子浇园快。③ （平山）

51. 开花不灌，减产一半。④ （深泽）

52. 要想萝卜大，五月把种下。（元氏）

53. 八月葱、十月空，十月上满茎。（井陉）

54. 要吃葱，深深封；要吃蒜，泥里陷。（获鹿）

55. 暑伏栽大葱，立秋种蔓菁。（行唐）

56. 韭菜地里释鸡粪，坏根烂茎不用问。（束鹿）

57. 韭菜释鸡粪，味鲜长得嫩。（获鹿）

58. 蒜见蒜，烂个遍。（赞皇）

59. 早栽茄子晚栽瓜，趁天中午压北瓜。（平山）

60. 茄子释上炕洞土，十个就有九个苦。（灵寿）

61. 豆角无花难结果。（平山）

62. 茴香不沾五月土，夏至不种高粱黍。（赵县）

63. 恼燥茄子浮皮蒜，想吃辣椒泥里陷。（晋县）

64. 桃花开，好种瓜。（获鹿）

65. 正月黄瓜赛金条，六月黄瓜如鸡毛。（晋县）

66. 沙地种西瓜，生地种棉花。（灵寿）

67. 早丝瓜，晚黄瓜。（无极）

---

① 指长大不周正的瓜果，口感、甜度更好。

② 园，指菜园。意指种菜的收入超过种粮食。当地也有"家种一分田，顶种十亩田"之说。

③ 是指菜畦平整，流水平稳，才能浇透，利于蔬菜生长；若畦头高，畦尾低，水流快，不存水，浇不透，会使蔬菜缺水减收。《中国谚语集成·河北卷》，第757页。

④ 指种蔬菜。

68. 黄瓜畦，淹死鱼①。（晋县）

69. 要想吃北瓜，浇水勤打权。（平山）

70. 北瓜怕长疯。（平山）

三　主要物产

石家庄境内自西向东，地貌由山地、丘陵向平原过渡，概括而言，山区县相对贫困，如井陉、平山等；平原县相对富裕，如藁城、束鹿等。至民国时期，井陉县尚特产煤，但"经营者全属外人，于邑民生计，无大裨益"，"全境居民十九以耕作为业，旱荒固束手待毙，丰稔亦仅足糊口，天然苦况实冠全省。境内所产粮食不符所需，大宗仰给山西。且本县除东北一隅外，产棉地方甚少，邑民所需棉花、布匹亦须仰给于邑东诸县"。②若说井陉县贫苦"冠绝全省""煤矿之利全属外人"，固然有些夸张，但总体贫苦的状况大体不错，与平原县的说法对比一下可以看得更清楚。束鹿县辛集镇的皮革加工历来有名，商贸活动的繁荣对当地的带动作用也是明显的，状况也不过是"天然物产皆他郡所同有，无特产。即常产，除植物外亦无大宗。虽多常产，可获利者甚少"③。即使是自称"土田肥美，人民殷富"的藁城县，其所依赖的是"农产品甚丰。滹沱河之南，多植棉花；滹沱河之北，多艺五谷，而甘薯、花生亦为出产之大宗"④。可见，贫富之间的差别不在于特产品种的多寡，而主要是常产的产量高低决定的。事实上，明清以来该地区主要农产品的种类就没有大的变化，也都是一些北方常见的物种，依据其在本地区的重要性、广泛性和常见性，大致介绍如下。

（一）粮食

至清末民初，石家庄地区的粮食作物仍以传统的"五谷"为主，最重要的变化体现在农业生产的观念上，时人曾描述这种变化，"中国自古重农……凡有国者无不视农为立国之本。吾县土壤膏泽，民性淳朴、耐劳，故最宜于农。惜农民顽愚少学，拘守成法……果认真讲求改良之道，如农

---

① 指黄瓜生长需要大量水分，瓜畦常有水。《中国谚语集成・河北卷》，第 769 页。

② 王用舟等修，傅汝凤等纂：（民国）《井陉县志》，台北：成文出版社 1968 年版，第 273 页。

③ （清）李中桂等纂：（光绪）《束鹿县志》，台北：成文出版社 1968 年版，第 135 页。

④ 林翰儒等纂：（民国）《藁城县乡土地理》，台北：成文出版社 1968 年版，第 22 页。

田之保护、病灾之治疗、害虫之驱除，以及辨土壤、制肥料、排水灌溉、种植盖藏诸法，无不在研求之例"①。虽然将中国传统农业生产的没落归咎于"农民顽愚少学，拘守成法"的认识有所偏颇，但开始追寻"改良之道"的认识还是显示出近代西学冲击下的观念进步，自留日学生讲求农学而成为直隶农业近代化之滥觞，至此初见成效而已。在实际生产中，"糊口"的压力仍远远大于"求富"的追求。以藁城县为例，至20世纪30年代，全县"农产以棉花、粟、麦、高粱、大豆为大宗。总计全境垦殖之田七千余顷，棉花占百分之二十，年产千余万斤；粟占百分之二十，年产二千余万斤；麦占百分之十三，年产千余万斤；高粱占百分之七，年产五六百万斤；大豆占百分之十，年产千万斤。次则甘薯、落花生亦为本县主要农产"②。藁城县素称"富足"，其所依赖者也都是五谷、甘薯、棉花、花生等农产品，其他诸县可想而知，所差的不过是土壤、水利、耕地面积等外部条件而已。明清时期，石家庄地区的主要粮食作物如下。

1.粟。俗称谷子，在方志等文献中亦有沿袭传统称为"梁"，去壳后称为小米。粟是河北最古老的主粮，在邯郸武安磁山文化遗址发掘出距今约7300多年前的炭化粟粒，直至民国都是该地区的主要粮食作物，也是石家庄地区全疆域的粮食作物。当地俗谚称："谷子全身都是宝，人吃米，马吃草；糠是猪的好饲料，剩下谷茬当柴烧"，其实远不止于此，秸秆除当耕畜饲料、燃料外，也是建筑时打土坯的重要材料；谷糠是农家养鸡的饲料；即使是打场时扬弃的谷秕子，农家也会拿来填充枕头。由此可见，谷子对农家生活的重要性。

2.小麦。俗称麦子，也别称为䅟麦③。河北地区种植小麦的时间要晚于种植粟，有四五千年的历史。石家庄地区有冬小麦和春小麦两种，以种植冬小麦为主。本地习惯一般冬小麦称麦子，而春小麦则称春麦。由于生产条件、品种所限，小麦的产量不高，因此，小麦面粉被称为白面，视为

① 林翰儒等纂：（民国）《藁城县乡土地理》，第35页。

② 王炳熙等修，于箴等纂：（民国）《续修藁城县志》，《中国地方志集成·河北府县志辑》（第6册），上海书店出版社2006年版，第215页上。

③ 大麦、小麦均有别名为䅟麦。详见孙书安《中国博物别名大辞典》，北京出版社2000年版，第43页。（民国）《重修无极县志》，《物产志》中有䅟麦的称呼，但与大麦、小麦、春麦等并列，不能确知所指为何。

较为珍贵的细粮，至清末民初时期都不是一般阶层的主要口粮。后来随着
生产力水平的提高，小麦才成为中国人最为依赖的粮食作物。

3.黍稷。黍稷为同类的两个品种，脱壳后被称作黄米，米粒比小米略大。
加工为食物成品后，米的口感黏者为黍，不黏者为稷。黍稷作为最早被华
夏原始先民驯化、栽培的粮食物种，其文化象征意义是重大而丰富的，例如，
中国传统文化中用于指代国家的"江山社稷"一词中，"社稷"就是原始
先民集体劳作具体场景的再现，它既体现了华夏"农耕文化"的物质基础，
也指明了传统"重农"政治的源头。1973年，对藁城台西商代遗址的发掘
中即发现有黍①，证明它是石家庄地区的古老粮食作物之一。至晚清时期，
黍稷并非石家庄地区的主要日常口粮，而是作为杂粮出现在人们的生活中。

4.高粱。又称蜀黍、蜀秫，原产于中国。因为它的子实像粟（古代又
称粱），但植株更为高大，所以被称为"高粱"。1955年，石家庄市市
庄村发掘出战国时期古文化遗址，内有两堆已炭化的高粱，证明了该地区
种植高粱已有2200年以上的历史。②至清代，高粱成为河北地区的主要粮
食作物之一，也是该地区一般阶层的日常主食之一。

5.玉米。又称玉蜀黍，俗称棒子、包（苞）谷、苞米。一般认为，玉
米原产于南美洲，传入中国只有400多年的历史，因其适应性强、产量高，
而得到广泛的传播。清代河北地区玉米的种植发展迅速，至清末民初成为
本地区主要日常口粮之一。

6.豆类。石家庄地区种植的豆类以大豆为主，又称黄豆。中国种植大
豆的历史悠久，后来又发展出成熟的豆类加工工艺，使豆制品成为中国百
姓摄取蛋白质的主要来源。另外，大豆还被广泛地应用于酿造、榨油等方面。
其他杂豆作物还包括青豆、绿豆、黑豆、豇豆、小豆、豌豆、白豆、蚕豆等。
豆类的种植面积虽小，却是一般百姓不可或缺的重要作物。需要注意的是，
在我国传统的农业生产中豆类是被当作"谷物"来看待，也就是豆类被视
作粮食作物的。

7.荞麦。又称棱子。荞麦也是河北地区的古老粮食作物之一。因其耐

---

① 河北省地方志编纂委员会编：《农业志》，《河北省志》（第16卷），第190页。

② 政协石家庄市委员会编：《石家庄历史文化精华》，中国对外翻译出版公司1997年版，
第107页。

旱、耐贫瘠、易管理，所以多在石家庄地区的山区、丘陵地带种植，亦是此类地区的主要粮食作物之一，后逐渐被其他高产作物代替。至清末民初时，成为主要的杂粮品种之一。

8.甘薯。也称番薯、红薯、白薯。我国的甘薯来源有两个：一种是我国原产的，古名也被称为"山藷"；另一种来自美洲，被称为"番薯"，自乾隆年间始传入河北地区，至清末民初已经在石家庄地区广泛种植。清末民初，我国大部地区种植的都是来自美洲的品种。

（二）蔬菜

1.白菜。又称菘、菘菜，俗称大白菜。原产于中国华北地区。最早的品种是由具有辛辣气味、肉质根的野生植物驯化而来。至秦汉时期才出现与近代口感接近的"菘菜"。随着种植范围、面积的扩大而成为北方地区越冬的主要储存蔬菜品种，主要有窖藏、腌渍等储存方式，时至今日也是如此。白菜富含营养，物美价廉，有"百菜之王"的美誉。

2.蔓菁。也称芜菁、大头菜等，其幼苗俗称鸡毛菜。我国也有其原生的野生品种。从植物学的分类来看，蔓菁与白菜同属十字花科芸薹属，只不过在漫长的进化、选择中，形成了不同的方向而已，白菜食叶，而蔓菁食根。蔓菁与白菜一样，被人类利用的历史非常久远。蔓菁因其地域适应性强、抗病虫害、受季节限制少等特点，在石家庄地区广泛种植，无论平原县，抑或山区、丘陵县都有种植。是清季及民国时期，石家庄地区的主要代粮、蔬菜品种。例如，（民国）《井陉县志》载，蔓菁是当地越冬的主要蔬菜，生的不耐久放，因此需煮熟晾干。

3.菠菜。又称赤根菜。原产波斯，据记载，唐初经由尼泊尔传入我国。至清末民初时已成为石家庄地区的主要蔬菜品种之一。

4.莙荙。也称厚皮菜、牛皮菜，本地只称为莙荙菜。属荙菜（甜菜属）之一种，原产于地中海、里海沿岸。后发展为饲料用和生菜用两种，后者即莙荙菜。据记载唐代以前就已传入中国。清末民初，石家庄地区广泛种植莙荙菜，是该地区的主要蔬菜品种之一。

5.茄子。我国栽种茄子的历史久远，野生茄属植物在南方地区分布广泛。从其外形来分，有长形和圆形；外皮有紫色、青色和白色之分。清末民初时期，茄子也是石家庄地区普遍种植的大众蔬菜之一。

6.莴苣。也称蒿苣。一般认为不是中国原生作物，有文字记载大约在隋代传入中原地区。在野生物钟的驯化过程中，形成不同的品种。东西方的选择倾向也大有不同，东方重肉质茎，培植出莴苣笋（青笋、莴笋）；西方重叶，培植出生菜（如球叶莴苣）。清末民初时期，莴苣也是石家庄地区常见的蔬菜品种之一。

7. 萝卜。古名称莱菔、土酥、萝菔。萝卜原产地在东方，也是我国种植历史悠久的蔬菜物种之一，且常见品种很多。在石家庄地区最常见食用的是大白萝卜。因其水分大，而不易储存，常见的收藏方法有干制、腌渍等。清末民初时期，胡萝卜也成为常见的蔬菜品种。

8. 芹菜。芹菜的原产地在中国，其栽培的历史也非常久远。因其生长的环境不同，分为水芹和旱芹，北方多为旱芹，一般所说的芹菜，即指旱芹。根据清末民初的地方志记载，芹菜是该时期石家庄地区的主要蔬菜品种之一。

9. 瓜菜类。瓜菜类蔬菜是石家庄地区重要的蔬菜品种。其中栽培历史最悠久的要属葫芦，也称瓠子、匏瓜。我国古代，葫芦的应用广泛，既可以在嫩时用作蔬菜，也可以在成熟后被制作成生活、生产和娱乐器具，例如，水瓢、酒器、瓠种器（手工播种工具）、乐器等。其他常见的还包括黄瓜（本地也称王瓜）、冬瓜、南瓜、西瓜、北瓜、甜瓜、丝瓜、菜瓜、苦瓜、搅瓜等，有的是蔬菜，有的是水果，还有的可以代粮，是该地区重要的物种。

10. 辛香类。清末民初时期，石家庄地区常见的辛香类植物有：辣椒（也称番椒、辣茄）、花椒（也称秦椒）、韭菜、葱、蒜、芫荽、香椿等。

11. 野菜类。除上述种植蔬菜外，各种野菜也是百姓餐桌常见的佐餐食品，包括马齿苋、荠菜、甘露子、蕨菜、薇菜、曲曲菜（荼、苦菜）等。

（三）经济类作物

1. 棉花。棉花是近代直隶省的重要经济作物，石家庄地区的赵州、正定、获鹿、栾城、行唐、藁城、晋州、无极、深泽等各县均以产棉著称。1914年，在正定建立了中国第一棉业试验场，由此可见该地区棉业之发达。其他情况前文多有述及，这里不再赘述。总之，棉花是该地区最重要的经济作物。

2. 油料作物。主要包括大豆、芝麻、花生等。芝麻，也称脂麻、胡麻。一般认为是外来物种，但亦有学者认为是我国的原生植物。不论如何，我国种植芝麻的历史极其悠久，是我国主要的油料作物之一。至晚清时期，随着花生（也称落花生）种植技术、品种的改进，产量大大提高，超越大豆、芝麻成为最重要的油料作物。

3. 林木。据道光朝至民国年间的地方志、乡土志等记载，石家庄地区的主要林木品种有：松树、柏树、桧树、槐树、椿树、樗树（臭椿）、桑树、拓树、榆树、桐树、梓树、楸树、杨树、柳树、杞树、楮树、柽树（三春柳）、冬青、杜树（甘棠）、竹子、荆、棘、皂角、枣树、椴树、橡树、槲树、德国槐、栎木、漆树、檀树等。

4. 水果。水果类主要物产有：桃、李、杏、梨、杜梨、柿子、枣、胡桃（核桃）、樱桃、栗子、奈（奈李）、沙果、苹果、羊枣（黑枣）、酸枣、葡萄、石榴、文冠果（文官果）、无花果、棠梨、菱角、茨菰（慈姑）、槟子、红花果、梅子、桑葚、花红（文林果）等。

5. 植物药材。植物类药材主要有：艾草、白芥子、薄荷、萆薢（草薢）、苍耳子、车前子、赤白芍、茺蔚子、地肤子、地黄、茯苓、枸杞子、瓜蒌、红花、藿香、鸡冠子、蒺藜、金银花、荆芥、莱菔子、蒲公英、牵牛子、瞿麦、山药、天花粉、菟丝子、夏枯草、香附、小茴香、芎、茵陈（茵蔯）、皂角、紫花地丁、紫苏、苍术、半夏、益母草、防风、贝母、葶苈（苦葶苈）、知母、远志、甘葛、木瓜、苦参、款冬花、桑白皮、郁李仁、楮实、地骨皮、草麻子、麦门冬、木贼、水萍、山豆根、槐花槐角、侧柏叶、樗白皮、白丁香、大蓟、小蓟（千针草、青刺蓟）、芍药、升麻、柴胡、葛根、天麻、紫草、稀莶草、山茱萸、桔梗、黄芩、蓖麻子等。

总的来看，晚清石家庄地区的农业生产条件（气候、土壤、水利、作物数量等）并不算十分恶劣，囿于品种、技术等客观条件而表现为生产力水平低下，自然也会表现为抵御自然灾害的能力低下，这也是清末国家衰败与民生困顿相互作用的结果。同时，这也是考察近代石家庄文化的物质基础和客观依据。

第二节　生活风俗

一　衣着

有清一代皆沿袭男耕女织的传统生产方式，日常制衣所需之布料也是自耕自织的产物，"衣者，率皆本地所出之棉，男耕女织终岁勤劳。常见农民自顶至踵，所用衣袜鞋带皆由自力织成者"①。至清末民初，始有土布、洋布之分，土布即自家纺织的布匹，而所谓洋布则分高阳布和舶来品两种。以高邑县为例，每年本地消耗的洋布大约是土布的十分之一，由此可见，一般农家制衣还是以传统土布为主。洋布的消费群体以"商学各界为多"。其他，如丝织、毛织的布料所用更少，每岁消耗的大约为洋布的百分之一、土布的千分之一而已，即使对富有之家而言也是"非有婚嫁概不多见"。至民国年间，高阳布以其物美价廉而受到一般民众的喜爱，其销量也超过了土布。而"洋布（舶来品）与一切丝织品，惟大商富绅间用之。其用西式毛织品者寥如晨星"的情况发生了改变，"近年来，城市绅商衣饰酷爱时髦，驯至乡曲小康之家亦多竞相仿效。往往年甫弱冠，辄翩翩然夏葛而冬裘焉"②。

　　一般农家拘于条件所限，穿衣习惯是"冬则用厚絮棉衣一袭，不着长袍、短褂；夏则衣紫花单衣，只着布鞋，不着袜"，"单衣时常洗濯，棉袄衣则每年拆洗一次，洗后反面用之"。可见，一般农家置办的个人衣物并不多，则款式也很有限，有钱人家衣物的款式则多一些。晚清时常见的衣物款式如下。

　　（一）男性衣着

　　1.袍服。也称长袍、长衫。衣长至脚面，衣袖至手，小直圆领，右衽。有单、夹、棉两种，单多浅色，棉多深色。下摆有开衩、无衩之分，四衩袍为皇族宗室专用；二衩袍则为官吏所用；平民百姓则穿着无衩袍。

　　2.褂服。外衣，有长短之分。长褂，衣长至膝，两袖紧窄，通常为圆领对襟，使用时罩在袍服之外。有单、夹、棉、皮等形制。短褂，也称单褂、汗衫、布衫。有大襟、对襟两种，是普通百姓的夏季常服。老年人穿大襟，青、黑色为主；青年人穿对襟，白、紫色为多。

　　3.袄。衣长至臀部，袖长至手，立领对襟，有夹、棉、皮等形制。夹袄为春秋季常服，棉袄为冬季御寒穿着。

　　4.裤。下衣，俗称掩裆裤、缅裆裤。裤长至脚面，裤腰肥大，在腰部

　　① 王自尊修，李林奎等纂：（民国）《元氏县志》，《中国地方志集成·河北府县志辑》（第九册），上海书店出版社 2006 年版，第 369 页上。
　　② 刘东藩等修，王召棠等纂：（民国）《晋县志料》，《中国地方志丛书·华北地方》，台北：成文出版社 1974 年版，第 111 页。

打折后用带子系住，裤脚用绑腿扎起来。有单、夹、棉等形制。

5.套裤。也称衩裤。没有裤腰，只有两条裤腿，穿着时用带子系在腰间。有夹、棉等形制，方便百姓从事体力劳动。

6.鞋袜。民国以前，鞋袜多为布制。鞋底用糨糊把碎布层层黏合，晾干再以麻绳穿纳密缝，号称千层底，再线纳鞋帮。常见的款式是"双脸鞋"，鞋面前部平缀两道皮脸，后跟立缀一道皮脸，求其结实耐穿，鞋底平直，双脚可互穿。袜子，用双层土布做筒，多层碎布做底，袜底、后跟用双线稠纳，式样笨重。

（二）女性衣着

1.衫。单衣，传承自明代，清代制式无大变化。以团衫最为常见，长衣，交领右衽，衣身宽松，衣袖宽博，普通百姓多以土布制作。

2.袄。有长、短之分，长袄下摆盖膝，短袄至臀。有夹、棉等形制。另有大襟、对襟、宽袖、窄袖之分。

3.裤。清代男女裤子同式。宽腿大裆，另上五六寸宽的裤腰。女性也穿套裤。

4.裙。也与明代的款式差别不大，咸同之际开始流行百褶裙。从事劳作的普通妇女，一般多穿粗布短裙。

5.鞋袜。袜子的款式与男性同。唯独汉族女子缠足，鞋的形状为弓形，故俗称弓鞋。老年妇女多穿素色鞋，青年女子则鞋帮绣花，鞋面采用鲜艳颜色。

石家庄地区农家的服装鞋袜，通常为土布制作，多追求结实耐用，尤其是山区县，例如，井陉县俗语有"井陉尽山沟，山沟尽石头，去时穿新鞋，回来手提搂"，可见农家对服装鞋袜的基本要求，款式则以保暖舒适的实用性为主，美观性是次要的选择。

（三）儿童衣着

儿童衣物的材质多为土布。

1.小袄。婴儿衣着，会特别选择较为柔软的旧布来缝制，以保护婴儿的肌肤。衣袖长过婴儿的手，防止婴儿抓伤自己。不装衣扣，以细布带系结。

2.肚兜。幼儿夏季衣着，方形，使用时以细布带系于幼儿的颈部、腰部，既保护幼儿腹部不致着凉，又能达到散热避暑的目的。一般农家，女孩夏天必须穿肚兜，男孩则多不着衣物，光着身子。

3.开裆裤。幼儿衣着，有单、夹、棉之分，裤子裆部不缝合，呈开放状态故名。自幼儿学习走路开始即穿着开裆裤，春秋季穿单，冬季穿棉。俗谚有"露七不露八"之说，即指幼儿至七八岁开始就不再穿开裆裤，而改穿与成人一样款式的缅裆裤。

4.屁股帘。冬季最为常用，与开裆裤配套使用，以细布带系于幼儿腰部，用以遮挡幼儿裸露的臀部而达到保暖的效果。

二 饮食

石家庄地区的日常饮食多为一日三餐，西部山区贫困县则在农忙时一日三餐，而农闲时一日两餐。主、副食均以当地大宗出产的作物为主，主食包括小米、玉米、高粱，间或辅以豆类、黍稷、荞麦、甘薯等杂粮，稻、小麦在晚清民初普通百姓日常饮食中所占比例极低。一般农家主食的制作以"粗粮细做"为特点。蔬菜包括白菜、菠菜、萝卜、蔓菁、莙荙菜、茄子、莴苣，以及各种瓜菜类，但冬、春两季蔬菜较为匮乏，主要依靠白菜、各种腌渍、晾干的储存的蔬菜。主要的日常主副食品种有以下几种。

1.窝头。蒸制食品，原料多为玉米面（棒子面），也有用高粱面、小米面制作的。以水和面，团成圆锥形，底部中间留空，上锅蒸熟。

2.饼子。做法有蒸、烙两种。蒸饼子，原料有玉米面；黍子面；豆渣混合玉米面或高粱面（豆渣饼）；玉米面掺黍子面以柿子和面（柿子饼）；枣面和水做馅以玉米面做皮（包甜饼）；玉米面或玉米、红薯混合面掺入萝卜丝、榆钱等（菜饼子），无论以哪种面为原料，和面后均拍成或捏成手掌形的厚饼状，上锅蒸熟。烙制的饼子也成为贴饼子，原料有玉米面、小米面、高粱面、红薯面、谷糠面等，玉米面和小米面需用热水和面，俗称饧面，拍成手掌大小的厚饼状，趁热贴于熬粥、煮面汤的铁锅内侧上沿，加锅盖，待粥、汤熬好则饼子也同时烙熟。以高粱面、红薯面、谷糠面做贴饼子，除不用饧面外，其他步骤都一样。贴饼子一面软糯，一面焦香，十分可口。

3.菜团子。蒸制食品。以玉米面掺黍子面或高粱面和水做面皮，以时令蔬菜、野菜、发制好的干菜等调制馅料，包成团形，上锅蒸熟。

4.苦累。各地发音多有不同，也称块垒、苦力、魂磊、苦㧟等，深泽县称蒸疙瘩，井陉县称挠挠。玉米面或莜麦面，拌入洗净、切好的蔬菜段、野菜、榆钱、槐花，加少量水搅拌均匀，让面粉充分包裹蔬菜，水量以手攥面团能散开为适合，上锅蒸熟，佐以醋蒜汁。

5.抿絮。也称抿蝌蚪、抿坷斗、抿尖，以玉米面、豆面混合面为原料，加水和成软面，用抿床将面抿于开水锅内，煮熟，佐以卤汁。

6.饸饹。也称河漏、和乐、饸落（音lào），以莜麦面、荞麦面、红薯面掺入榆皮面，加水和成面团，取适量大小的面团放入架于锅上的饸饹床，直接挤压入开水锅，煮熟，佐以卤汁。无极县的荞麦饸饹特别有名，除作为日常饮食外，饸饹在各种年节、婚嫁、庆祝活动中是必不可少的美食。其制作工艺已于2012年被列入省级非物质文化遗产名录。

7.粥汤类。粥类有小米粥、大米粥、茶面粥，最常见的是玉米面粥。各种粥类也可以掺入红薯、北瓜同煮，香甜可口。汤类则分为米汤和面汤，面汤有面条汤、挂面汤、疙瘩汤；米汤则是将捞饭剩下的米汤中加入瓜菜熬成饭汤。例如，井陉一带有咸饭，其做法是"开水后煮菜（夏秋北瓜，冬季萝卜，春季萝卜片或瓜片等），稍煮后下米加盐，待米快熟时，下些杂面条或撒些玉茭面（玉米面），滚两滚即出熟。特别是秋收季节，用北瓜、豆角、蔓菁做滚汤的，或者配殿嫩玉茭豆，味道鲜美异常，就着窝窝头吃，十分可口"[①]。石家庄地区还有一种叫"鲤鱼钻沙"的饭食与"井陉咸饭"类似，是"将面条下到小米粥里同煮，将熟时加一点盐"[②]。

8.豆制品。石家庄地区豆类品种较多，豆制品的种类也很丰富，有豆腐、豆皮、豆腐丝，几乎每个村镇都有专门的豆腐坊。农家最常食用的是豆腐，以黄豆加工的最佳。农家想要吃豆制品，多用自家出产的豆子换取，而非直接花钱购买，这是传统社会最常见的农家获取豆制品的方式。

9.腌渍类蔬菜。石家庄地区的蔬菜资源尚称丰富，农家主要获得蔬菜的方式就是自家种植和采集野菜，品种前文已有介绍，这里不再赘述。但获取新鲜蔬菜受到季节的限制，夏秋季容易，而冬春季则主要依靠储存的越冬蔬菜度日。储存的方式有窖藏、干制和腌渍，窖藏的蔬菜包括白菜、葱蒜等；干制的品种也很丰富，多在秋季蔬菜盛产的时期，将所需储存的蔬菜凉制成干即可较长期保存；腌渍的咸菜则以萝卜、蒜为主。腌制的也

---

① 《井陉县志》编纂委员会编：《井陉县志》，河北人民出版社1986年版，第610页。
② 河北省地方志编纂委员会编：《风俗志》，《河北省志》（第88卷），第134页。

不仅限于蔬菜，本地也有将年猪肉过油炸后，涂抹盐，然后以猪油封于小坛内以延长储存时间的习惯，俗称腌肉。

综上所述，直至民国时期石家庄地区百姓日常饮食的情形大约是这样的：

（民国）《高邑县志》载："一日三餐所需多高粱、小米与豆类，佐以蔬菜，间有杂以糠秕者。"①

《平山县志料集》载："普通所食以五谷为主，而农家常食为谷米、玉荬等，遇有宾客、婚丧以稻米、麦粉为上品，佐以豆粉、豆腐、时菜，间有用肉者。"②

《晋县志料》载："食以小米及玉蜀黍为大宗，鲜有食高粱米者。白面则以产量日少，乡曲农家惟待客及遇年节始偶一用之。其能间一两日食杂面一次者（即绿豆或红豆面）即为上等饭食。菜蔬以咸菜（即菜根）为主，夏则佐以茄子，冬则佐以白菜（即菘），肉味亦惟遇年节及庆贺始□用之。平时日三餐，冬日则减为两餐，习以为常。"③

事实上，石家庄的饮食文化的内容远非只是上述的内容，各类文献记载中呈现了大量的面食、菜肴、宴席、特色小吃，甚至名厨等，但所有这些内容与一般百姓、农家的日常生活无涉，也构不成他们的生活常态，所以不再花篇幅予以介绍。

三　家族

毫无疑问，中国传统社会中家庭既承担着延续、繁衍的任务，也是生产劳作的单位，因此很多的生活习俗都是围绕着家庭、家族、宗族展开的。

（一）祭祀

一般人家经常性的祭祀活动对象多为天地、神灵、祖先等，祭拜的地点或庙坛或家里。关于庙坛的介绍会放在本章第四节专门叙述，这里只讨

---

① 张权本修，李涌泉纂：（民国）《高邑县志》，《中国地方志集成·河北府县志辑》（第七册），上海书店出版社2006年版，第59页下。
② 金润璧修，张林等编：《平山县志料集》，台北：成文出版有限公司1976年版，第98页。
③ 刘东藩等修，王召棠等纂：（民国）《晋县志料》，《中国地方志丛书·华北地方》，第111—112页。

论发生在家里的日常祭拜活动。家庭祭祀风俗的本意无非"报本追远"①，祭礼"不外祭神与祭祖二者"②。

1. 祭天地、神灵。家庭中祭拜的天地、神灵多与家庭生活息息相关。

祭天地。正定县就有每年正月初一"夙拜天地、祖宗"③。栾城祭拜天地的时间则在拂晓，"五鼓祭天地、拜祖先"④。还有悬羽于杆，谓之"占风"。这在华北地区都是常见的习俗。

祭神灵。家庭祭祀活动祭拜的神灵，也称"家神"。所谓家神，简单来说就是在家中供奉的，用以保护家庭日常生活及活动的神灵，以区别供奉于公共庙坛的神祇。这种祭祀活动起源久远，最早见于《周礼》，有"五祀"的说法，即门神、户神、行神或井神、灶神、中霤神（土地）。事实上，各地多有此习俗，随着社会的发展，家神也包括了祖先。行唐县有正月初一"拜神祀祖"⑤。晋县也有此习俗，但更为隆重一些，"阖家早起，焚香烛，陈筵豆，放纸炮，祭众神（木主在内）"⑥。除正月初一的祭拜活动外，各地家庭内祭祀神灵的对象还包括灶神、门神、仓神、穷神、井神、厕神等。例如，祭灶的习俗广为流传，一般是腊月二十三"祭灶神"，除夕"焚香烛，迎众神"⑦。祭祖先在家中的活动也与初一祭神的活动一同进行，这是因为，一般人家多无家祠，"多奉主于寝室"⑧，也就是将祖先的牌位供奉于寝室，祖先也就自然地成为"家神"的成员。例如，赵县即"四时祀先，无家庙

①　（清）王涤心修，郭程先纂：（咸丰）《平山县志》，《中国地方志集成·河北府县志辑》（第十册），上海书店出版社2006年版，第31页下。

②　王自尊修，李林奎等纂：（民国）《元氏县志》，第371页上。

③　（清）庆之金、贾孝彰修，赵文濂纂：（光绪）《正定县志》，第277页下。

④　（清）陈詠修，张惇德纂：（同治）《栾城县志》，《中国地方志集成·河北府县志辑》（第九册），上海书店出版社2006年版，第553页下。

⑤　（清）崔苓瑞纂修：（同治）《续修行唐县新志》，《中国地方志集成·河北府县志辑》（第四册），上海书店出版社2006年版，第539页上。

⑥　孟昭章修，李翰如纂：（民国）《晋县志》，《中国地方志集成·河北府县志辑》（第五册），上海书店出版社2006年版，第515页上。

⑦　孟昭章修，李翰如纂：（民国）《晋县志》，《中国地方志集成·河北府县志辑》（第五册），第515页下。

⑧　（清）崔苓瑞纂修：（同治）《续修行唐县新志》，《中国地方志集成·河北府县志辑》（第四册），第539页上。

祭于寝，列历代神主，或画祖考像于轴悬之”[①]。

对祭祀天地、神灵个别地区也有一些特殊的风俗。例如，晋县就有“男不圆月，女不祭灶”的传统。“圆月”指的是八月十五（中秋节），古人中秋设供拜月。虽说“月有阴晴圆缺，此事古难全”，凡月圆之夜皆可祭拜月神，但八月十五无疑是一年中最重要的一次，祭拜活动均由女子来完成。而腊月二十三的祭灶，女子则不许参与，为了让灶神“上天言好事”，安排糖瓜等祭拜的活动必须由男子来完成。

2.祭祖先。除正月初一祭祀家神时，已经包含了祭祀祖先外，还需要进行“墓祭”，一般是在“家祭”完成，相互拜年，吃完早饭后“上坟祭扫”[②]。这个习俗各地多有。其他进行“墓祭”的时间还包括忌日；清明节，男女祭墓，增冢土，以申春露之感。也有男女祭墓时“皆插柳枝，挈酒脯、楮钱”[③]；中元节，七月十五，也称鬼节。祭墓，以申秋霜之感。新乐县的习俗稍显特别，“携榼扫墓，以麻谷数茎挂陇上，谓之送麻谷”[④]，所谓“榼”，指酒具，也泛指盒一类的器物，这里指贡品一类的东西；十月初一，也称下元节。祭墓，天气渐凉，多焚纸衣，也称“送寒衣”。春夏秋冬，四时祀先，也是各地都有的习俗。

（二）婚丧

婚丧嫁娶是家庭生活的重大事件，一般人家虽不致大操大办，因条件所限程序尽量简化，例如，“贫家所需仪节，各称有无”[⑤]，但基本的流程还是尽量依据传统营造着婚礼喜庆、葬礼肃穆的氛围。

1.婚礼。晚清至民初的婚礼依旧保持着“父母之命、媒妁之言”的传统。基本程序如下。

提亲。男方委托媒人（也称冰人）向女方提亲，若女方同意议婚，则“各

---

① 丁世良、赵放主编：《中国地方志民俗资料汇编·华北卷》，书目文献出版社1989年版，第111页。

② 王炳熙等修，于箴等纂：（民国）《续修藁城县志》，《中国地方志集成·河北府县志辑》（第六册），上海书店出版社2006年版，第215页下。

③ （清）雷鹤鸣修，赵文濂纂：（光绪）《重修新乐县志》，《中国地方志集成·河北府县志辑》（第八册），上海书店出版社2006年版，第257页上。

④ （清）雷鹤鸣修，赵文濂纂：（光绪）《重修新乐县志》，《中国地方志集成·河北府县志辑》（第八册），第257页上。

⑤ （清）雷鹤鸣修，赵文濂纂：（光绪）《重修新乐县志》，第257页下。

书子女之尊亲姓字互换，曰小柬，亦曰允帖"①。

问名。俗称"合八字"。"各书男女之生年月日及时互换之，曰大柬。"合八字，一看属相；二看年龄；三看命相。属相、年龄相克的说法各地多有不同，总之要提前看好两人的八字是否相合，是否与家长相合，若有犯克则议婚终止。

定亲。定亲时要进行换帖仪式。择吉日，男方委托媒人向女方递交男子的庚帖及订婚信物，女方收下后也要将女子的庚帖、礼品回赠男方。光绪时期，赵县亦有不重彩礼、陪嫁的风俗，"聘仪奁具丰约不同，各称其家"②。

聘礼。也称彩礼，即双方事先约定的男方为迎娶女方所付出的财物。数目多寡不定，以无极县为例，"尚从省俭。中人之家，仪币十余金而已"③。

婚礼筹备。男方选定吉日作为婚期，通过媒人通知女方。自家开始准备婚礼、宴会、新房等事项，并提前通知亲朋好友婚期。女方接到通知后，开始准备陪送嫁妆（也称奁产）。嫁妆与聘礼一样，数量多寡不定，由双方议定为准。同样在无极县，"女家致回奁，然贫不能具者则略焉"，一般的妆奁"不过布素"而已。④

催妆。婚礼前一天，男方将装有肉、面、馒头的食盒送到女家，称催妆。女方亦回礼交送礼者带回，表示无悔婚之意。当天，女方要将准备好的嫁妆送到男家。

迎亲。一般的风俗是新郎亲自带领迎亲的队伍按照约定的吉时到女家迎娶新娘。女家略作招待，则以送亲队伍相随返回男家。来去之间以不同道路往返，取其吉祥之意"不走回头路"。到达男家后，经过下轿、进门、拜堂、入洞房等环节，婚礼即宣告结束，开始大宴宾客。各个环节或简或繁，均取其热闹、红火、吉祥、辟邪的好彩头。参与的宾客也要依据主家的要

---

① 王自尊修，李林奎等纂：（民国）《元氏县志》，《中国地方志集成·河北府县志辑》（第九册），第371页上。

② （清）孙传栻修，王景美等纂：（光绪）《直隶赵州志》，《中国地方志集成·河北府县志辑》（第六册），第340页上。

③ 耿之光等修，王重民等纂：（民国）《重修无极县志》，《中国地方志集成·河北府县志辑》（第八册），第380页下。

④ 耿之光等修，王重民等纂：（民国）《重修无极县志》，《中国地方志集成·河北府县志辑》（第八册），第380页下。

求有相冲者需回避。在不同时期,新郎亲迎的风俗也有变化。例如,光绪年间,正定县就有"婚礼多不亲迎"[①]的习俗。民国年间,元氏县还流行"就亲""趁亲""近年,以亲迎路远,奉不亲迎。由娘家送女至者十居八九,名曰就亲,亦曰趁亲"[②]。

回门。新婚第二天,新娘要拜见夫家长,随后要祭拜祖先。然后新人带上礼品回娘家。回门的日期各地多有不同,也有第三天才回门的。

2.葬礼。河北有厚葬的习俗,葬礼礼俗也极其繁复,总的也是根据家庭的财力状况而定。仪式的主要流程大体如下。

送终。即在老人弥留之际,子女都围绕在身边,尽量使老人获得最大的安慰。断气后,如未瞑目,用手拂之使闭眼,谓之送终。老人去世后,子女第一时间为之招魂,即呼喊、召唤死者,期寄死者能够复活,以示不舍之意。

小殓。传统上,在老人弥留之际就需要为其擦拭、穿寿衣。一则是关节尚未僵硬,方便穿脱衣物。二则有说法是人死后穿上的衣物是不能被带到阴间的。穿好装裹衣物后,摆放在灵床上等候其咽气,谓之挺丧。挺丧时,要防诈尸,因此多用麻绳困住死者脚踝处。死者咽气时,要在其口中放置"饭含",或玉或制钱,也有放一口饭的,取不让死者"空口离去"之意。双手中也要放置"打狗棍"或"打狗饼"。全部安排好后,死者面部要以白布或纸巾遮盖,身上盖以苫单。苫单,也叫衾单,是葬礼上的专用称呼,无论是单还是棉,均不许称作被,忌讳其谐音"背",习惯上以为不吉。全部完成后,即在第一时间入殓,规矩是"白天去世,太阳落山前入殓""夜晚去世,太阳出来前入殓"。入殓,即将尸体移入棺材。在移尸前,棺材内部要做预先的布置,即铺垫"镇物",包括谷草、五谷、柏木、炭灰、生铁、乱丝(马尾箩底)、木炭、朱砂、神曲(药材名,亦可用酒曲子代替)、雄黄、七颗红枣(寓意早托生)、七枚制钱(俗称垫背钱)、七条黄纸、七条白纸(合称阴阳纸)。移尸前,棺材下面倒放两个长木凳。尸体移入棺材后,将倒放的木凳立起来。棺材摆放在堂屋中,等待生者吊唁。

---

① (清)庆之金、贾孝彰修,赵文濂纂:(光绪)《正定县志》,《中国地方志集成·河北府县志辑》(第三册),第277页下。

② 王自尊修,李林奎等纂:(民国)《元氏县志》,《中国地方志集成·河北府县志辑》(第九册),第371页上。

成服。即孝子、孝女穿戴孝服。根据与死者关系的远近，穿戴不同等级的孝服，从重到轻依次为：斩缞、齐缞、大功、小功、缌麻，亦即所谓"五服"。服饰均按照丧礼规制，此处不再赘述。女婿都是戴轻孝，一般系根白腰带或在肩上搭块白布即可。

报庙。全部安排妥当后，孝子孝女要在棺前烧头道纸，放悲声以示哀痛。纸，即纸钱，烧纸钱意思是花钱为死者买平安。烧完头道纸之后，子女要到村中的土地庙、五道庙或者十字街处烧纸，意思是死者向土地、五道爷报到。报庙以早、中、晚各一次，直至出殡为止。孝子、孝女按齿序排队，来去均有鼓乐引导。

报丧。即指主家向亲朋好友、街坊邻居报告亲人的死讯，以及丧事安排，方便亲友吊唁。丧事安排好后，要第一时间报告死讯。主家会放三声炮，同村亲友、相邻即刻会知道同村有人去世，外地的亲友则要逐一通知，亲友接报后也会第一时间赶来吊唁死者。

吊唁。也称吊孝，是整个丧事的重要环节，停灵时间各地有所不同，一般三、五、七天不等，整个期间孝子、孝女昼夜守灵，陪伴死者最后一程。吊孝者会带有奠仪，多为礼金、纸钱、香烛、挽幛等。来吊唁者，也有一定的顺序，如停灵三天，则乡邻在第二天吊唁，亲戚则在第三天上午，即出殡当天的上午来吊唁。吊唁者依照与死者的关系行礼，孝子孝女则一概磕头回礼。

发丧。出殡前一晚，孝子孝女要在土地庙或五道庙焚烧纸钱、车马，俗称送盘缠。出殡，又称起丧。整个仪式的道具包括招魂幡、灵牌、哭丧棒、老盆和献食罐。程序包括移棺、送灵、摔盆、撒路钱和下葬。起灵前，用预先准备的祭品祭拜死者，意为死者最后一次享用食物，孝子每人磕三个头，将供品放入罐中，以彩纸、彩线封口，即为献食罐。起灵后，孝子摔老盆，送葬队伍即开始按预定好的路线走向墓地。送葬队伍的顺序是，吹鼓手引路，纸扎仪仗跟随，孝子队列，灵柩，最后由女眷乘车跟随。

下葬。墓穴开挖一般在出殡的当天上午，具体时间则由阴阳先生决定，位置依照家族的坟谱而定。棺材放入墓穴，由孝子、孝女摆正。长明灯放在棺材前，遗饭罐放在棺材上，孝子先填三锹土，众人再填土掩埋。乡邻填土时，孝子要顺时针、孝女要逆时针绕墓穴三圈，边跑边哭。然后，跪等乡邻堆土成坟，完成则叩拜起身回家，不能回头看。

圆坟。出殡后第三天，孝子、孝女及亲眷，再次携供品在墓地祭拜。孝子象征性地往坟堆上填土，将封土修整成圆形。

过七。从死者去世之日算起，每隔七天，孝子就上一次坟，烧一次纸，也称烧七，共需烧七次。

百天。在死者去世的第一百天，孝子需要烧一次纸，俗称烧百天纸，也叫百日祭。至此，整个葬礼的流程基本完成。家属开始守孝。

在死者去世一周年时，再次烧纸祭拜，俗称周年。以后则逢年节、祭日祭拜。

（三）家风与家训

从现有保留下来的家训、家规的资料看来，文本材料多与一般人家——尤其是农家无涉，因为他们既不识字，也没有那么多规矩要讲，其实不然。第一，中国知识分子讲究"耕读传家"的不在少数，在没有踏入仕途之前，生活方式、内容、环境与邻里农家大体无异，所得到的人生经验、生活感悟相仿，因此树立的价值观也必然近似，那么文本材料的代表性还是足够的。第二，从事体力劳动的农民虽不能识文断字，但对生活的感悟、自然的理解也不见得比知识分子少，因此俗语有云"世事洞明皆学问，人情练达即文章"。农家的生活智慧虽不能诉诸文字，但历代口耳相传、言传身教的生存之道也如汗牛充栋一般，从民间广为流传的谚语、俚语、故事中就可以看到这一点。第三，二者之间也绝不是壁垒森严，而是相互影响、相互成全，农民从知识分子那里得到了深刻，而知识分子从农民那里得到了广博；知识分子对家风、家训的文字化总结，时刻熏陶着左邻右舍、街坊四邻。而乡野村夫的智慧火花也滋养着缙绅文人们的世界。从文化层面来看，这是中国传统农村社会最具活力、最常见的画面。

1. 庶民的家风。对于庶民的家风、家训也并非无迹可寻，大量地方志文献中对于民风的概括性总结已经给出了农家家风的基本内容。

孝顺。前文已经谈到了岁时节令中对祖先的祭祀活动，以及丧葬习俗中对死者的厚葬，无不体现着"追远慎终"的思想观念，这也体现出对祖先的"敬与孝"。而日常生活中，孝顺、尊敬父母、长辈更是家风最重要的体现，也是社会评价子女的重要标准。所谓"百善孝为先"，通过生活中一次次的问候、服侍，慢慢地灌输到下一代的思想和行为之中。

勤劳。这是农耕社会最重要的生存智慧之一。俗语说"地是刮金板，人勤地不懒"，男耕女织的传统生产方式，生产效率低下，再加上自然条件的限制，终日奔忙也仅能糊口而已，遇到自然灾害更是无以为继。因此，勤劳是自原始先民传承下来的宝贵经验。（同治）《续修行唐县志》载该县民风，"专务耕织，供赋养家皆仰于此"①。赵县的民风则是"终岁勤动，田畴开辟。耕稼纺绩，比屋皆然。老幼鲜惰窳，胼胝无虚日"②。栾城则"男女勤纺纤，共操作"③。正定则"老妪弱息不废女红"④。可见各地皆如此。山区的生活则更为艰苦，如前文所述，以砍柴为生的农家，出售薪柴，往返城镇需两日，所获不过百钱，却日日不敢停歇。

节俭。农耕所获无多，非孜孜营求无以糊口。即使风调雨顺之年，非节俭无以蓄积而度来日之饥荒。例如，（光绪）《续修赞皇县志》载，"尚朴实，务俭啬。即绅耆故家，非礼服不用帛，非婚嫁大事不用酒肉。庶民，短衣粝食，夙夜勤动，遇丰年亦度如欠岁"⑤。因此，节俭就成了中国社会的普遍价值观念，近乎生存的本能。（咸丰）《深泽县志》记载该县的民风，"俗尚俭约，衣食惟蔬布。即荐绅家，亦无侈靡绮丽之风。虽中征终习书香，故庠士兼耕读"⑥。文人在登上仕途前，也是多"兼耕读"。（民国）《高邑县志》亦称其民"习性勤俭"⑦。可见，节俭的习俗是社会共同的风气。

朴实。"一分耕耘，一分收获"思想的熏染，使庶民阶层多质朴、实在的性格特点。所以，（咸丰）《平山县志》形容其民"民俗淳朴，

---

① （清）崔荟瑞纂修：（同治）《续修行唐县新志》，《中国地方志集成·河北府县志辑》（第四册），第539页上。

② （清）孙传栻修，王景美等纂：（光绪）《直隶赵州志》，《中国地方志集成·河北府县志辑》（第六册），第340页上。

③ （清）陈詠修，张惇德纂：（同治）《栾城县志》，《中国地方志集成·河北府县志辑》（第九册），第553页下。

④ （清）庆之金、贾孝彰修，赵文濂纂：（光绪）《正定县志》，《中国地方志集成·河北府县志辑》（第三册），第277页下。

⑤ （清）史赓云等修，赵万泰等纂：（光绪）《续修赞皇县志》，《中国地方志集成·河北府县志辑》（第九册），上海书店出版社2006年版，第180页下。

⑥ （清）张衍寿修，王肇晋纂：（咸丰）《深泽县志》，《中国地方志集成·河北府县志辑》（第七册），第422页下。

⑦ 张权本修，李涌泉纂：（民国）《高邑县志》，《中国地方志集成·河北府县志辑》（第七册），第59页下。

不喜浮华"①。再加上，自古燕赵之地"多慷慨悲歌之士"，所谓慷慨，除志气昂扬外，还有待人大方的意思。如（咸丰）《平山县志》载，"村居者尤憨愚，处己以俭，待人以丰"②。所谓"憨愚"，无非农家的淳朴而已。因此，待客以厚，自家却俭，也应该算是"风俗淳美"的表现。

乐天。中国民间百姓虽常年劳作，辛苦异常，但只要有机会就会苦中作乐。正月十五观灯、八月十五阖家团圆、重阳登高、清明踏青等节日活动自不必说。其他还有大量的各地庙会活动，一则买卖，二则游乐，其频率远远高于那些年度性的娱乐活动。例如，（咸丰）《深泽县志》载"民俗终岁勤苦，间以庙会为乐，演戏招亲"③。正定县则"庙会则丝竹旗亭，老少征逐，妇女尤甚"④。围绕庙会的娱乐活动将在后面有专门论述，此处不再赘言。

总之，正如（民国）《高邑县志》所载的，"居民多耕读相兼，勤作苦，俭用度。务实践，不尚文采，以故见闻不广，失之固陋。而敦谨朴讷，犹存敦庞忠厚之风"⑤。孝顺、勤劳、节俭、朴实和乐天等民风，既是全体社会成员需要遵守的规范，也是由一个个的社会细胞——家庭的家风汇聚的总和。

2. 文人的家训。民国年间铅印本《鹿泉文献》载有鹿泉（获鹿县）魏子敬家训十条，现照录如下，则清末民初文人家训的内容和思想可得其大概。

鹿泉魏子敬家训

民国十三年春和月，余从戎江西，念汝兄弟均在弱冠，血气方刚，

---

①　（清）王涤心修，郭程先纂：（咸丰）《平山县志》，《中国地方志集成·河北府县志辑》（第十册），第31页下。

②　（清）王涤心修，郭程先纂：（咸丰）《平山县志》，《中国地方志集成·河北府县志辑》（第十册），第31页上。

③　（清）张衍寿修，王肇晋纂：（咸丰）《深泽县志》，《中国地方志集成·河北府县志辑》（第七册），第422页下。

④　（清）庆之金、贾孝彰修，赵文濂纂：（光绪）《正定县志》，《中国地方志集成·河北府县志辑》（第三册），第277页下。

⑤　张权本修，李涌泉纂：（民国）《高邑县志》，《中国地方志集成·河北府县志辑》（第七册），第60页下。

性质未定，既未能亲施教训，复不能提命规责，是任汝等染苍则苍，染黄则黄也。岂不大可惧哉。谨奉汝祖母大人纶谕，恭作家训十条，为汝等言行之导范，循而行之，可以为孝子，为英士，成名立业，皆在其中矣。谚曰：才大志小则成，志大才疏则崩。汝兄弟二人，资质中下，良儿拘执，恭儿放侈，才既不足，志何敢言？望汝等应循才小志小之良箴，谨慎勿躁。余即欣慰矣。

孝养父母

盖父母生我掬我，顾我抚我教我以成人，以家室拳拳挚挚，惟恐饥寒，遗以金帛，授以田园，天高地厚，莫能与之比恩矣。告尔子孙，孝之敬之，体其心而奉养之，承其色而安慰之，勿屡危而系其念，勿阋墙而伤其心，彩衣相戏，随欲承欢，方不负山厚海深之恩也。

友于兄弟

盖兄弟为骨肉之亲，同受父母之育，相扶相维，饥寒同处。至于成人共孝父母，其亲其近，无有与之比伦者矣。告尔兄弟，友之恭之，相尊相让，上体父母爱子之心，中娱兄弟同根之乐，下表儿孙德风之和，外增宗族仁里之睦。勿操戈以贻乡里之羞，勿争产而乖友于之义。紫荆兆瑞，贻及孙谋，方不负同根棠棣之爱也。

夫妇恭顺

盖夫妇为宗嗣之垂，亦为立家之计。内主中馈，以事翁姑，相夫教子，以维家政，此坤道之职也。外经家计，以和九族。刑妻训子，齐家修己，此乾道之责也。各守其职，慰念相欣，和协水乳，莫能与之争密矣。告尔夫妇，相规相劝，永昌其家，上体父母成育之恩，下表儿孙顺恭之鉴，勿牝鸡之司晨，为家之索。勿离间其骨肉，祸启于中门。于于始终，欸欸如宾，治家教子，永乐天伦。

妯娌雍穆

盖妯娌具五伦朋友之义，兼夫主骨肉之亲，孝翁姑以及尊长，顺夫主以恭伯叔，相体相谅，勤苦争先，不谮不毁，相忍相怜，推诚与敬，家道永全。告尔妯娌，敬念兹言。

勤俭知礼为兴家之本

盖入其家，男司其事，女守其职，老幼欢喜，勤而不息，出禀入告，整洁静肃，此兴家之兆也。若男则优游，以赌以闲。女则怠惰，以嬉以眠，院落污秽，司业荒诞，败家羞祖，不日之间。告尔子孙，勿怠荒，敬老怜幼，循循处乡，让而不争，吃亏祚昌，克己厚人。治家先治其室，欲使子孝莫如先孝其亲，一家知礼，全在一人，感而养之，兄弟洽伦，俭而施之，富足心欣，各精其业，勿怠乃勤，各循其礼其乐闾闾。

和睦乡里

在乡序齿，首重尊长之义。慈祥用礼，尤尚抚幼之仁。鳏寡孤独，矜怜以慰其心。老弱病贫，朗恤以释其愆。婚丧事故，相助以争其先。借贷财具，济急而不吝。学吃亏勿占偏宜。师忍让不较口论。勿多言以起是非之戒，霁易色以解纠纷之怨。富而好礼，周急以种德。贫而乐道，安分以清勤。当晦德而养人，勿恃能而服众。拳拳恳恳，礼接乡党之情。雍雍落落，勿记睚眦之怨。虽愤怒勿出詈言，当情急最忌持物。委曲（屈）万分，可允父老之请。投我一芥，勿忘报琼之心。循义守礼，和以将之，敬老怜贫，仁以相之。告尔兄弟，钦兹念兹，守让抱德，福祸荷之。

敬信朋友

朋友以信，审始慎终。义洽诚感，侠骨英风。睹芝兰，喈吟君子之性；观松柏，感慨古人之心。管鲍重义，何分你我之财。桃园矢盟，已昭生死之誓。患难与共，勿令子长兴嗟。富贵勿忘，当使蹇叔待聘。道义胥警，金石可断。清高是相，手足无逾。宁碎琴而不弹，勿疑书而掷戟。光明磊落，无间可质鬼神。浩气精诚，正义可参天地。久敬以推诚，履礼而隆义。得兼善，协公而忌私。大立德，昭仪而亮节。语曰：朋友有信。易曰：同心断金。琴心剑胆，竹节松筠。乾坤参我，不当如是乎？告尔兄弟，慎择交情，一言之义，勿渝始终。

忠勤职守

天地立我，赋我以仁。推物及己，各有司存。或农工以生作，精勤斯善。或任仕宦以从公，忠恳是馨。勿见异以思迁，当恒毅以致绩。勿越级以猎进，当积劳以兆通。勿贪义外之财，败厥令德，当忠分内之事，期久休荣。勤则业精，俭则家裕，有志者何患无成？忠则事集，诚则格物，宏毅士定卜荣名。勤勤恳恳，允中允明，耿耿侃侃，惟廉惟贞。宁服从懿范来哲，勿争夺万阶于躬。当思民力维艰，勉减冗费。若愿财需恒足，生众用微。惜民隐而致福，勤于事而奏功。告尔兄弟，尽思尽忠，锡尔多祜，惟德是宗。

品操

心不怍物，行不苟亏，存诚怀恕，陋室无欺。人而若此，品斯立矣。志不物迁，气不威夺，载忠载信，乾道不息。持而恒之，操守确焉。挹幽芬，抱亮节，澹泊不见之清。蕴经纶，负宏毅。捆欹济世之志。或种德虽造次不瑕其品，或施仁即重金不易其操。劳谦尊逊，乃英贤之度。贫乐富礼，为明达之怀。生死即不克违，何劳贵贱之虑？进退乃为乐道，岂罹宠辱之惊？乐则行之，忧则违之，子文之无无愠高矣。得之则喜，失之则尤，殷浩之书空鄙哉。是以君子孝其亲，而忠其事，遵其道，不计其功。愚者惜身，而怠其职，违其礼，而期其禄。勿卑小官，而求龌龊之贵。宁守清贫，不贪义外之财。饿死不作贼，洵属浩然正气。农商为义利，亦云时哉权衡。和薰雅韵，当为正俗之清仪。荡俭荒嬉，勿作伤风之万蠹。介耿介侃，和之以礼；至大至刚，权之以衡。其为品也，宁直。其为操也，宁忠。温良恭俭让，其品操之至欤。告尔兄弟，书绅服膺，立身行己，兹道钦从。

妇女天职歌

尝闻大家女，举止要端详。存心尚忠厚，言语勿荒唐。恭顺丈夫意，敬养翁姑堂。鲜衣尽人服，美食尽人尝。不学懒与惰，作事争先往。不学欺与瞒，待人惟善良。爱弟以友于，事嫂要和光。不说是与非，不怨苦与忙。但知勤夫读，学成名且扬。但知教子严，立志要刚强。常习俭与勤，家道富而康。常习礼与节，子孙守纪纲。处家要和睦，忍让有荣芳。处乡要仁惠，积德子孙昌。三姑六婆话，不可信与禳。四书列传语，学得即馨香。母为子之仪，母正子端方。母为媳之表，母顺媳贤良。勿离间骨肉，勿祸起萧墙。种德福益滋，作善降百祥。

以上训词，尔等谨遵，为子不孝，非吾子孙。兄弟不和，逐出祖坟。夫妇乖谬，妯娌相谮，乱家败德，赶出吾门。不治产业，不讲礼伦，贤者规之，智者劝之。过如不改，众议逐之，逐之不得，家训呈官，贤明邑宰，为吾绳焉。

该份文献现藏于石家庄市图书馆。鹿泉魏家为当地世家大族，其家训被收录于《鹿泉文献》刊印，无非是想起到示范效果。尤其是该家训文字通俗易懂，朗朗上口，更是便于传播。其十条内容，虽然并未超越儒家"五常之道"的范畴，但却将之具体化，包括家庭内部、邻里之间、道德操守等诸多方面，涵盖了所有家庭成员日常生活的一切规范，而且一旦违反家训的后果是严重的，轻则逐出家门，重则送官府治罪，也充分体现了家训的严肃性。

第三节　社会风俗

自鸦片战争以来，中国社会受西方文化的强力冲击，即所谓"数千年未有之大变局"，尤其是清末民初，一般民众对西学新知有了进一步认识，文化精英开始推动思想启蒙之际，社会风俗究竟发生了怎样的变化？据民国时期记载，"近随向外就学者多，风气少变，然普通民众仍不改旧日遗风"[1]。这个简短的记述给出了三个提示：第一，留学生群体对社会风气的开新起到了推动作用。第二，社会风俗有变化，但不大。从前几章的论述中可以清楚看到变化最大的领域，例如教育，新式学堂的建立；学习内容的转变，实学、农学的兴起。另外，办工厂、开矿山、修铁路、引进良种等改变着人们的生产方式；火车、轮船、洋布、饮食等改变着人们的生活方式；攘夷—师夷、立宪变法、革命风潮，甚至基督教在中国的传播都冲击着人们的思维方式。所谓"移风易俗"的变化是明显的，"戒缠足""戒烟"运动方兴未艾；鼎新革故，断发易服，推行西历，似乎与"风气少变"的记述南辕北辙。事实上，文化传统对人们生活的影响，深入日常社会生活的所有层面，行为改变较易，观念改变则极难，这就是所谓的文化流变的"滞后性"。尤其是对华夏文明这种传承悠久的文化系统而言，其内核是极其"坚固"的，要想改变绝非一时之功。第三，普通民众仍沿着传统的惯性在生活。一方面是"滞后性"使然；另一方面也是由文化传播的——"中心—边缘"特点决定的。前面已经论及，清代以降，石家庄地区都不是处于文化的中心区域，属于被输入的从属地位，其社会风气的变化自然也不能与中心区域相提并论。因此，清末民初时期，石家庄地区的社会风俗大体如下。

---

① 金润壁修，张林等编：《平山县志料集》，第98页。

一　岁时节令

正月初一日，俗称"元旦"，夙兴（俗称起五更）焚香、燃爆竹，陈笾豆，祭神祀先。依轮序拜尊长，食饺饵。拜毕，出门拜同族尊长，戚里族友，交相贺岁。出村祭墓。

初二、三日，甥至舅家，拜年。（民国）《晋县志》。

初五日，俗称"五穷日""破五"，晨放纸炮，称"送穷或崩穷"，驱赶穷神之意。打扫堂宇，俗称除秽土，委土门外，称"送五穷"。习惯不串门，避免带来穷气、晦气。男女兴工粗饭。

初六、七日，婿至岳家，拜年。（民国）《晋县志》。

初十日，儿童收敛敝帚等物，门外焚烧，俗称"烤十字火"，可却百病。（民国）《藁城县志》。

也有称"十子日"，是日，不动碓碾，恐伤岁稼。（光绪）《元氏县志》。

十二日（或十六日），悬灯后，妇孺游街，谓之"散百病"。（民国）《晋县志》。

另有，妇女出聚门首，谓之"躲鼠"，不然恐啮衣物。（民国）《元氏县志》。

十五日，上元节，俗称元宵节，燃灯祭神。陈脯醯，设饼炙，为小灯数百盏，燎于中庭。市井箫鼓喧阗，火树银花，游人往来，至夜不辍。

或各以意象作诙言隐语相弹射，谓之"灯谜"。（光绪）《正定县志》。

也有地方这天有"送神"的习俗，礼仪与元旦（初一）同。（民国）《晋县志》。

清末民初，石家庄地区这一天的食俗是"十五饺子十六菜（熬大锅菜）"，当时并无吃元宵的习俗。元宵是舶来品，至20世纪40年代之后，地方志中才有吃元宵的记录。

十六日，结伴游山水、寺观庙宇，走马斗鸡，蹴鞠玩钱，日旴始散，谓之"散百病""走百病""祛百病"。

夜半，用杵遍杵宅院，谓之"捣虚耗"。是日治酒宴亲，放花炮，庆元宵。（光绪）《元氏县志》。

十五、十六两夜，烤柏枝火，围烘取暖，俗称"烤柏龄火""烤百林火"，谓能"除百病"，取意百龄。（民国）《藁城县志》、（民国）《高邑县志》。

十七、十八两日，妇女仍不事针绣，俗称"七蝎子""八蚰蜒"，盖妇女之禁忌。（民国）《高邑县志》。

二十日，用灰画窖，置五谷于中，压以砖石，明晨收入仓中，谓之"小添仓"。（民国）《元氏县志》。

高邑县除了上述步骤外，还需要祀仓神，曰"小填仓"。（民国）《高邑县志》。

二十五日，做法同二十日，谓之"老添仓"。（光绪）《元氏县志》。

蒸面团祭仓，曰"老填仓"。填仓后，始开仓取谷。（民国）《高邑县志》。

为"填仓日"，以阴晴占岁事。（光绪）《正定县志》。

立春，设春盘、春饼，曰"尝春"。

二月初二日，俗称"龙抬头"。煎油糍，熏百虫。以灰撒地，自井灶至卧室，谓之"引龙"。

用面汁作煎饼，谓可熏虫。前一夕，用灰缕墙根以避蝎毒。（民国）《晋县志》。

用面汁作煎饼；用黄米面包枣，以油煎之，名曰"煎糕"。男女休工一二日。（民国）《藁城县志》。

高邑县的风俗与众不同。晨不汲水，食面条，曰"挑龙头"。以灰洒墙根，咒曰"二月二，围墙根，蝎子、蚰蜒不上身"。晚以纸钱并神灯残余之油捻，焚于门外，曰"送蝎子、蚰蜒"，则小儿女之所为也。（民国）《高邑县志》。

元氏县则，用灰画屋垣，晨以杖击屋梁，禁五毒虫。（光绪）《元氏县志》。蝎子、蚰蜒都是北方常见的毒虫，因此驱虫的习俗很多，也可见农家生活的常态。

深泽县则有二月二酿醋的习俗，煮秫为糜，曲为醋质，曰"醋醪"。（同治）《深泽县志》。

春分，有开始酿酒的习俗。（民国）《赵州志》。

三月，清明，男女皆插柳枝，挈脯醴、楮钱，祀先陇。

谷雨，贴谷雨"禁蝎帖"。（光绪）《获鹿县志》、（民国）《赵州志》。

是月，庭院设秋千戏。

四月初八日，戴槐芽，以祛眼病。

十五，夜中，特量砖影长短，验岁丰凶。（民国）《晋县志》。

立夏，祭雹神防灾。（民国）《晋县志》。

五月初五日，俗称"端午节"，门悬蒲、艾，佩朱符。小儿彩缕系臂，为"续命缕""百岁索"。亲友以角黍相馈遗、请客，谓之"解粽"。

也有将艾叶戴在头上的地方。(民国)《晋县志》、(民国)《藁城县志》、(光绪)《元氏县志》。

六月初六日，晒衣服。曝衣中庭，云可避蠹。士则取书画晒之。

有地方选在这天，造曲。所谓曲，是指酒曲。(民国)《晋县志》、(民国)《藁城县志》、(民国)《赵州志》。

伏日，造酱。伏日，这里指初伏的第一天，农家开始制作酱。(民国)《晋县志》、(民国)《藁城县志》。

还有，以壶浆奠先墓。(光绪)《正定县志》、(民国)《赵州志》。

七月初七日，俗称"七夕"，为牛郎织女鹊桥相会之期，陈瓜果祀天孙，士女穿针乞巧。

也有地方选在这一天晾晒衣物的。(民国)《赵州志》。

十五日，俗称"中元节"，亦称"鬼节"，携盒扫墓，以麻谷数篮挂陇上，谓之"送麻谷"。

也有地方放河灯。(民国)《藁城县志》。

还有选在这天祀谷神的。(民国)《赵州志》。

八月十五日，俗称"中秋节"，俗夜祭月。亲友以果肴、月饼相馈遗，月下宴饮，夜分始罢。

九月初九日，俗称"重阳节"，制花糕，携菊酒出郊野炊，曰"登高"。能有此闲情逸致的多是士人。

十月初一日，剪彩衣(彩纸做的纸衣)焚于墓侧，谓之"送寒衣""献寒衣"。

十二月初八日，俗称"腊八"，民间习俗多喝腊八粥。杂诸果于米、豆煮粥，谓之"腊八粥"。

还有出嫁的女儿在这天回娘家看望父母的习俗，曰"归宁"。(光绪)《获鹿县志》。

二十三日，扫舍宇，饴糖"祀灶"。人家多于是日换门符，曰"交年"。

二十四日，夜，糖饼"祀灶"。(光绪)《获鹿县志》。

三十日，俗称"除夕"，男女守岁，灯烛竟夕，爆竹庭中以被不祥。

也有选在这一天易门神的。(民国)《元氏县志》。

也有，撒芝麻秸于地，曰"跳岁""踏百岁"。(民国)《晋县志》、

（民国）《藁城县志》。

自二十三至除夕，民间竞相婚娶，鼓吹不绝，相塞于途。

以上的岁时节令，富裕的家庭多操办，而贫苦的人家则尽力而已。例如，民间以赏花灯为乐的"元宵节"，有很多地方都有"贫不张灯"[①]的习俗，可见即使节日点灯的灯油等虚耗，贫苦农家亦承受不起。而以民俗制止这种浪费的行为，也说明了民生之困苦。行唐县也有记载，"端午、中秋、重阳、冬至，在绅士之家尚有馈遗，贫民不能具者多矣"[②]。若遇到不好的年景，则富裕人家的节日活动也需克制，灵寿县在同治年间即是如此，"端午、中秋、重阳、冬至，在昔绅士之家例有馈送、宴乐，今频年荒歉，谋生维艰，其事亦久废矣"[③]。

二　称谓

清末民初时期，石家庄地区的血缘、姻亲间的称谓如下：

曾祖父：称老爷爷或太爷。

曾祖母：称老奶奶，或姥姥（láo láo）。

祖父：称爷爷。

祖母：称奶奶。

父亲：称爹。

母亲：称娘，个别地区称娘（nià）。

伯父：称伯伯（bái bai）。若多人，则冠以排行，大伯、二伯等。

伯母：称大大，或大娘。若多人，同样冠以伯伯的排行。

叔父：称叔叔。冠以排行。二叔、三叔等。

叔母：称婶婶、婶子。同样冠以叔叔的排行。

义父：称老伯，或干爹。

义母：称干娘。

①　（清）陆陇其原本，刘廗年续纂修：（同治）《灵寿县志》，《中国地方志集成·河北府县志辑》（第五册），第15页上。

②　（清）崔苓瑞纂修：（同治）《续修行唐县新志》，《中国地方志集成·河北府县志辑》（第四册），第539页上。

③　（清）陆陇其原本，刘廗年续纂修：（同治）《灵寿县志》，《中国地方志集成·河北府县志辑》（第五册），第15页上。

公公：称爹。

婆婆：称娘。

外祖父：称姥爷。

外祖母：称姥姥，或姥娘。

舅父：称舅。冠以排行，大舅、二舅等。

舅母：称妗子，冠以舅舅的排行。

姑母：称姑姑。冠以排行，大姑、二姑。

姑夫：称姑夫。冠以姑姑的排行，大姑父、二姑夫。

姨母：称姨、姨姨。冠以排行，大姨、二姨等。

姨夫：称姨夫。冠以姨姨的排行，大姨夫、二姨夫等。

兄：称哥、哥哥。冠以排行，大哥、二哥等。

嫂：称嫂、嫂子。冠以哥哥的排行，大嫂、二嫂等。

弟：称兄弟、弟弟。可以直呼其名，或者冠以排行，二弟、三弟等。

弟媳：称弟妹。冠以弟弟排行，二弟妹、三弟妹等。

姐：称姐，冠以排行，大姐、二姐等。

姐夫：称姐夫，冠以姐姐的排行，大姐夫、二姐夫等。

公爹：称公公，面称爹。

婆婆：称婆婆，面称娘。

儿媳：称名，或小名。

夫兄：称大伯子，面称哥，冠以排行，大哥、二哥等。

夫弟：称小叔子，面称弟，冠以排行，二弟、三弟等，或称名。

夫姐：称大姑子，面称姐，冠以排行，大姐、二姐等。

夫妹：称小姑子，面称妹，冠以排行，二妹、三妹等，或称名。

夫伯：称大公公，面称伯，冠以排行，大伯、二伯等。

夫伯母：称大婆婆，面称大娘，冠以伯伯的排行，大大娘、二大娘等。

夫叔：称叔公，面称叔，冠以排行，二叔、三叔等。

夫婶：称婶婆，面称婶，冠以叔叔的排行，二婶、三婶等。

岳父：称老丈人，面称爹。

岳母：称丈母娘，面称娘。

女婿：称女婿，面称名。

内兄：称大舅子，面称哥，冠以排行，大哥、二哥等。

内兄妻：称大舅嫂，面称嫂，冠以内兄排行，大嫂、二嫂等。

内弟：称小舅子，面称名。

内弟妻：称弟妹。

妻姐：称大姨子，面称称姐，冠以排行，大姐、二姐等。

妻妹：称小姨子，面称妹，冠以排行，二妹、三妹等，或呼名。

堂兄、表哥：一般冠名字称 ×× 哥。

堂姐、表姐：一般冠名字称 ×× 姐。

堂弟、表弟、堂妹、表妹：直呼其名。

丈夫，俗称"当家的"，多用子女名字后面加"他爹"的方式称呼。

妻子，称老婆，多用子女名字后面加"他娘"的方式称呼。

姐妹的丈夫之间称连襟，俗称挑担。

弟兄的妻子之间合称妯娌。彼此间按男方带排行称呼。也有互称姐妹的。

母亲的姑姑、姑父：称姑姥姥、姑姥爷。

父亲的姑姑、姑父：称老姑、老姑父。

父亲的舅舅、舅母：称舅爷、老舅。

母亲的舅舅、舅母：称舅姥爷、舅姥姥。

母亲的姨姨、姨父：称姨姥姥（老姨）、姨姥爷。

三　游艺

一般农家终日奔忙，个人的出游、娱乐活动很少，士绅人家要多一些但也很有限。主要分为两大类：第一，岁时节令，主要是农闲时的休闲娱乐活动。第二，以民间信仰为主题的各种祭祀、祝祷活动，或庙会。后一类活动将放在下一节专门讨论，这里只描述前一类的情况。清末民初时期，农家的个人游艺活动如下。

正月，拜年走亲戚、串门。男人们喝酒、赌博、荡秋千；女人们，聊天、打纸牌、看热闹；男孩子放炮、撞拐、捉迷藏；女孩子踢毽、跳绳、过家家，各有各的乐。十五日，也称"上元节""元宵节"，逛灯会、猜灯谜。十六日，结伴游山水、寺观、登城墙、走桥，称"散百病"。

三月，清明。扫墓，以申春露之感。民间有簪柳、踏青、荡秋千的习俗。

五月初五，端午节，捉青蛙做"蛤蟆墨"。捉来"三道眉"的青蛙，将墨块塞入青蛙肚子，用绳绑在门楣上晾干，取出墨备用，土方可治"疖腮"。

摘嫩柳芽晾干，可当茶饮。

六月六，已婚的女子回娘家，探望父母，也称"姑姑节"。

七月初七日，乞巧节，亲朋、邻里间姑娘和年轻媳妇聚会活动。十五日，扫墓，以申秋霜之感。

八月十五日，中秋节。阖家团聚的节日，外出者要归家。走亲访友互赠月饼。

九月初九日，重阳节，俗有赏菊、野炊、登高的传统，一般以士人为主。

十月初一日，扫墓，送寒衣。

十二月，赶集置办年货；扫房、磨面、做豆腐。

除夕，守岁，放鞭炮。

综合上述，一般农家的游艺活动主要集中在冬日过年期间和依托扫墓的活动，年轻人或孩子的游戏活动更多一些，而成年人，尤其是妇女的娱乐活动非常有限。

第四节 信仰风俗

《左传》曰："国之大事，在祀与戎"，这几乎是每一个饱受华夏文化熏陶的人对中华传统风俗认识的起点。"祀"是常态，"戎"则偶然。祭祀活动被纳入"宗法等级制度"，就标志着其成为国家政治制度的重要内容，成为教化普通民众的重要手段。随着历史的发展进一步将祭祀活动规范为"正祀""杂祀"和"淫祀"。所谓"正祀"，就是指统治阶级倡导的、必须崇拜的活动；"杂祀"，是指统治阶级不提倡，但允许的崇拜活动；而"淫祀"，最早是指不符合"礼制"，超越身份等级的崇拜活动，宋代之后则指统治阶级禁止的崇拜活动。而"正是这些所谓的淫祀，构成了民间信仰活动的主体"[①]。民间信仰的发展至明代中期以后，"统治者对社会的政治控制相对松懈，社会文化风气发生剧变，民间宗教和民间信仰活动便空前繁荣起来"[②]。而北方的民间信仰活动相较于南方而言，"特

---

① 赵世瑜：《狂欢与日常：明清以来的庙会与民间社会》，生活·读书·新知三联书店2002年版，第60页。

② 赵世瑜：《狂欢与日常：明清以来的庙会与民间社会》，第19页。

别是华北地区，民间信仰受官方意识形态影响较大，地方文化传统的独立性没有那么强，因此表现出来一种相对正统化和单一化的特点"①。换言之，华北地区的民间信仰表现得更为保守。

本节所讨论的中国民间社会的信仰风俗，即普通百姓的神灵崇拜，以及围绕这些神灵崇拜而进行的各种活动。民间信仰与民间宗教是有一定区别的。第一，民间信仰通常是官方许可的（包括默许的），甚至有部分活动是官方主导并参与的；民间宗教通常是被禁止的。第二，民间信仰往往没有组织系统、教义和特定的戒律；民间宗教则是有组织系统的、有各自教义的。第三，民间信仰是人们日常生活的组成部分；民间宗教往往被官方视为邪教和异端。第四，民间信仰的社会基础更为广大；而民间宗教由于被禁止，因此它的隐秘性也限制了它的社会基础的扩大与蔓延。②

民间社会的范畴。本书所指的民间，即与庙堂相对的，"一个普通民众（'民'）生活和活动于其中的巨大世界"③。简言之普通民众生活的社会。

民间信仰的功能。在功能上，民间信仰与民间宗教具有一致性，即"精神层次上的慰藉功能和行为层次上的实用功能"④，由于民间信仰无组织性、无教义的特性，使民间信仰更加自由，甚至随意。当然，这种所谓的随意性，仅指思想上对多神崇拜选择的自由与随意，而并非在仪式、活动中的行为的随便或无禁忌。因此有学者指出"它们（民间信仰）的功能表现就是具有更明显的实用性"⑤。当然，民间信仰所依托的神灵崇拜，最突出的功能"集中的解救苦难"上，这一功能对个人而言也具有精神与物质的双重诉求。而围绕神灵崇拜的"庙会及其他祭神仪式活动，表现山商业贸易、休闲娱乐以及社区整合等使用功能"⑥。

关于民间信仰的研究之所以重要，是源于它是普通民众日常生活中不可或缺的一个部分，并且"它们已经构成中国人的风俗习惯，融入其思维

---

① 赵世瑜：《狂欢与日常：明清以来的庙会与民间社会》，第63页。

② 关于民间宗教与民间信仰，请参见赵世瑜《狂欢与日常：明清以来的庙会与民间社会》，第13页。

③ 有关概念的辨析详见梁治平《"民间"、"民间社会"和CIVIL SOCIETY——CIVIL SOCIETY概念再检讨》，《云南大学学报》（社会科学版）2003年第1期，第56—68页。

④ 程歗：《晚清乡土意识》，中国人民大学出版社1990年版，第254页。

⑤ 赵世瑜：《狂欢与日常：明清以来的庙会与民间社会》，第37页。

⑥ 赵世瑜：《狂欢与日常：明清以来的庙会与民间社会》，第38页。

方式与行为方式，是传统文化的重要组成部分"①。晚清以来，民间信仰活动的活跃程度依然很高，其动力来自内外两个方面：一方面是商贸、娱乐的实际需要；另一方面也源自中国底层社会对西方基督教文化的对抗。②中国民间多神信仰虽然具有"兼容并蓄"特性，但遇到强烈"排他"的基督教文化时，双方的冲突在所难免。换言之，晚清以来的中西文化冲突是一场零和游戏，这样不但解释了晚清"教案频仍"的社会原因，也能在解释上给与新的视角。即中国社会在近代化的过程中是选择性地接受西方文化的，例如前文所讨论的"器物—制度—思想"的层层递进，但进入双方大众文化的核心部分，却存在"一神"与"多神"的根本对立，且这种对立是不可调和的，尤其是普通民众的利益因此而受损时。因此，对于明清以来中西文化的冲突，就不是"迷信""盲目排外"等所能一言以蔽之的。

清末民初，石家庄地区的民间信仰活动大体有以下几个方面。

一 农事祭祀活动

与农事相关的祭祀活动历史悠久，且内容丰富。由于统治阶级对农事的重视，所以与之相关的祭祀活动也多归于正祀。

表 9-1　　　　　咸丰朝至民初石家庄地区各县农事祭祀活动场一览表

序号	县名	数量	场　所	资料来源
	高邑县	10	先农坛、社稷坛、风云雷雨坛、历坛、城隍庙、土地祠、八蜡庙、刘猛将军庙、龙王庙、马神庙	（民国）《高邑县志》
	藁城县	5	社稷坛、城隍庙、龙王庙、八蜡庙、河神庙、马王庙	（光绪）《藁城县志续补》
	行唐县	10	社稷坛、风云雷雨坛、先农坛、历坛、城隍庙、马神庙、龙神庙、八蜡庙、刘猛将军庙、土地庙	（同治）《续修行唐县新志》

---

① 赵世瑜：《狂欢与日常：明清以来的庙会与民间社会》，第 147 页。
② 详见赵世瑜《寺庙宫观与明清中西文化冲突》，《狂欢与日常：明清以来的庙会与民间社会》，第 145—161 页。

序号	县名	数量	场　所	资料来源
	获鹿县	9	社稷坛、风云雷雨山川坛、先农坛、历坛、城隍庙、马神庙、龙王庙、八蜡庙（刘猛将军）、土地庙	（光绪）《获鹿县志》
	晋县	9	社稷坛、先农坛、风云雷雨山川坛、历坛、城隍庙、八蜡庙、马神祠、土地神祠、河神祠	（民国）《晋县志》（民国十六年）
	井陉县	10	社稷坛、风雪雷雨山川城隍坛、先农坛、历坛、城隍庙、土地祠、后土祠、龙王庙、马王庙、八蜡庙（刘猛将军附庙内）	（民国）《井陉县志》
	灵寿县	4	社稷坛、风云雷雨山川城隍坛、历坛、城隍庙	（同治）《灵寿县志》
	栾城县	11	社稷坛、风云雷雨山川坛、先农坛、历坛、城隍庙、八蜡庙、刘猛将军庙、龙王庙、滹沱河神庙、土地祠、马神庙	（同治）《栾城县志》
	平山县	10	社稷坛、风云雷雨坛、先农坛、历坛、城隍庙、八蜡神庙、龙王庙、土地祠、马神庙、牛王庙	（咸丰）《平山县志》
	深泽县	10	社稷坛、风云雷雨坛、先农坛、历坛、城隍庙、马神庙、龙神庙、八蜡庙、刘猛将军庙、土地庙	（同治）《深泽县志》
	束鹿县	8	社稷坛、风云雷雨山川坛、先农坛、历坛、城隍庙、马神庙、刘猛将军庙、土地祠	（咸丰）《深泽县志》
	无极县	4	社稷坛、风云雷雨山川坛、历坛、城隍	（光绪）《无极县志》
	新乐县	9	社稷坛、风云雷雨坛、先农坛、历坛、城隍庙、马神庙、土地祠、龙姥庙、龙王庙	（光绪）《重修新乐县志》
	元氏县	10	社稷坛、山川风云雷雨坛、先农坛、历坛、城隍庙、八蜡庙、刘猛将军庙、马神庙、龙王庙、土地祠	（光绪）《元氏县志》

续表

序号	县名	数量	场 所	资料来源
	赞皇县	4	城隍庙、土地祠、八蜡庙、马神庙	（光绪）《重修赞皇县志》
	赵县	10	社稷坛、风云雷雨山川坛、先农坛、历坛、城隍庙、八蜡庙、刘猛将军庙、火龙庙、龙神庙、洨水河神庙	（光绪）《直隶赵州志》
	正定县	13	社稷坛、八蜡祠、风云雷雨山川坛、历坛、先农坛、城隍庙（府、县各一）河神庙、龙王堂、水母庙、龙母行宫、土地祠、马神庙	（光绪）《正定县志》
合计	17	146		

由上述一览表可知，与农事相关的祭祀活动场所成为县治所在城镇的"标配"，但早已突破了早期"等级制度"的限制。例如，早期先农坛、社稷坛等"只存在于京城"，至晚清民初时期已经遍布于各县治所在的市镇。并且，正祀体系中的先农、社稷、风云雷雨山川及历坛等的祭祀活动早已衰微，而土地、八腊、刘猛将军、龙王庙、马神庙等祭祀活动却长盛不衰。

土地庙（土地祠），祭土地神。土地神的起源相当久远，是古代的"社神"。所谓"社"，最早写作"土"，后来加上"示"字旁，《周礼·春官》有"大示""土示"和"地示"等，即表示祭祀土地之神的意思。尚秉和《历代社会风俗事物考》载，"《礼·祭义》：王为群姓立社（如北平先农坛）曰太社。王自为立社（如中央公园社稷坛）曰王社。诸侯为百姓立社曰国社，自立社为侯社。大夫以下成群立社曰置社。注：社，所以祭后土先农也"[1]。

八蜡庙，供奉的是与古代农业社会生活相关的八种神灵，即先穑、司啬、农、邮表畷、猫虎、坊、水庸、昆虫。先穑，是神农炎帝；司啬，是后稷；农，是古代田官之神；邮表畷，是创建田间庐舍、开道路、划

---

[1] 尚秉和著，母庚才、刘瑞玲点校：《历代社会风俗事物考》，中国书店 2001 年版，第 203 页。

疆界的神；猫食田鼠保护田禾，虎食野兽保护农人；坊，是指堤防；水庸，指水沟，能用于灌溉、排涝增产增收；昆虫，指避免虫害。民间八蜡庙多有附祭刘猛将军的，关于其来源各地传说不一，但都肯定其灭蝗、驱蝗的功绩，称其为"虫王"，因而祭祀以达到避免虫害的诉求。（光绪）《重修赞皇县志》载："七月七日，俗传刘猛将军诞辰。是日，人民以五色小帜植木箱上，用长竿两人肩荷，后有旗鼓、百戏，穿街过巷，已至神前焚楮帛祈无蝗蝻。"[①]其他如龙王庙（龙母庙、河神庙、水神庙）、马神庙等都是农事祭祀活动的主要场所。

有一些农事祝祷活动可以在家庭的庭院开展，例如填仓节。填仓节，也称添仓节、天仓节。复杂一点的，正月二十"小填仓"，正月二十五"大填仓"。简单一点的就单在正月二十五。完整的程序分为画囤、添粮、祭仓、卜年景等四个环节。画囤，把细净的草木灰盛在簸箕里，一手端灰一手执木棍敲打簸箕，用细灰在地上画一个圆圈，每个圆圈代表一个粮仓。仓中央画十字，代表粮仓顶。圆圈外画梯子，表示粮仓高大。画囤要在日出前完成，迟则不灵。添粮，在画好的粮仓中心的十字处，摆放麦、豆、谷等五谷杂粮，也有在五谷外放些杂面条的，然后用砖石压好。祭仓，吃节饭，摆供祭仓。石家庄地区有"天仓，天仓，小米干饭杂面汤"的食俗。供品摆在粮仓或盛放粮食的房间内，祭神仓。高邑县还有"蒸面团祭仓"的习俗，当地称为"仓蛋"，是由五种粮食面制成，大的全家分食，小的由新婚媳妇放在粮囤或粮缸里。卜年景，石家庄地区各县多以当天的天气阴晴来占卜年景的好坏，即"以阴晴占岁时"的风俗。

二 村落信仰与崇拜

农家生活的活动范围并不大，通常以临近的市集为限，这就要求村落的功能要尽可能满足村民的生活需求。在民间信仰的层面上，村落中各类庙宇的分布是一项重要的指标，它不但显示出民间信仰的丰富，还能观察到民间信仰与普通民众日常生活结合的紧密程度。

---

① （清）史赓云等修，赵万泰等纂：（光绪）《续修赞皇县志》，《中国地方志集成·河北府县志辑》（第九册），第180页下—第181页上。

表 9-2 　　　　　　　　光绪年间获鹿县村落庙宇数量一览表

序号	村名	庙宇数	归属社
	城内	8	
	东关	16	
	南关	0	
	西关	12	
	顺城关	11	
	海山岭	3	
	十里铺	2	
	高家庄	6	
	大毕村	6	
	小毕村	6	
	薛家庄	5	
	石井	10	在城社，领村 17
	山后张家庄	3	
	山后封家庄	11	
	黄岩	3	
	栈道	10	
	东、西土门	9	
	郄家庄	6	
	白家窑	5	
	胡申铺	11	
	西杨家庄	11	
	西薛家庄	7	
	北许营	6	
	闫同	5	
	北胡家庄	6	
	屯头	4	毕村社，领村 13
	北李村	10	
	岸下小毕	10	

序号	村名	庙宇数	归属社
	百尺杆	5	
	孟家庄	3	
	灰壁	8	
	邓村	9	毕村社，领村 13
	郑村	8	
	北秦家庄（秦家庄）	6	
	东毗	7	
	张家庄	6	
	杜家庄	9	
	李家庄	8	
	郑家庄	8	
	聂家庄	4	
	武家庄	7	
	小梁家庄	3	
	水峪	8	
	符家庄	9	
	神侯	6	
	方台	10	郑家庄社，领村 20
	横山	10	
	上庄	13	
	张营	9	
	南郭村	8	
	西王村	7	
	大谭村	10	
	小谭村	7	
	甏村	6	
	台头	6	
	石桥	7	
	孔寨	6	留营社，领村 20
	于底（小于底）	8	

续表

序号	村名	庙宇数	归属社
	北郭村	10	
	西简良	7	
	南简良	7	
	东简良	8	
	留营（南留营）	12	
	东、西三庄	14	
	西李村	8	
	西焦	5	
	北焦	6	留营社，领村20
	东钟家庄	6	
	柏林庄	8	
	党家庄	6	
	高柱	4	
	市庄	5	
	元家营	5	
	石家庄	6	
	东焦	6	
	北杜村	8	
	西岗头	6	
	南杜村	7	
	小张庄	1	
	东良相	8	
	城角庄	7	
	镇头	9	镇头社，领村24
	小杨家庄	7	
	玉村	4	
	西三教	13	
	东三教	9	
	五里庄	10	

续表

序号	村名	庙宇数	归属社
	东李村	6	
	休门	6	
	北栗村	5	
	东北栗村	4	
	元村	6	
	十里尹村	5	
	范谭村	6	镇头社，领村 24
	东岗头	4	
	塔谈村	11	
	花园	6	
	孔家庄	2	
	槐底	5	
	庄窠	7	
	谷家庄	3	
	小李家庄	2	
	洞清	3	
	韩家庄	8	
	钟家庄	6	
	岭底	5	
	北同冶	10	
	南同冶	11	任村社，领村 16
	西同冶	5	
	任村	7	
	北寨	4	
	南寨	5	
	上寨	6	
	南梁家庄	2	
	常河	1	

续表

序号	村名	庙宇数	归属社
	北甘子	8	
	南甘子	8	
	西龙贵	11	
	山下尹村	13	甘子社，领村7
	南平同	4	
	山南张家庄	2	
	南张家庄	6	
	南庄	8	
	小宋娄	7	
	大宋娄	9	永壁社，领村5
	西良相	7	
	永壁	10	
	北降壁	9	
	南降壁	6	
	耿家庄	3	
	莲花营	6	
	冈上	6	
	南李庄	7	
	南龙贵	9	
	宫家庄	3	
	良政	6	龙贵社，领村16
	高迁	12	
	寺家庄	13	
	寺家庄营	9	
	东平同	9	
	东尹村	10	
	毡袜屯	5	
	牛家庄	2	

序号	村名	庙宇数	归属社
	孙村	6	
	塔冢	11	
	刘村	9	
	南栗村	8	
	赵卜口	6	
	东王村	7	
	方璧	7	
	南焦	4	
	尖领	6	
	南王村	7	
	小马村	7	
	魏同	6	塔冢社，领村 24
	宋村	8	
	方村	9	
	贾村	12	
	邵家庄	3	
	东许营	8	
	东羊市	7	
	西羊市	10	
	西荆壁	6	
	荆壁铺	6	
	东荆壁	8	
	北郄马	6	
	南郄马	11	
	北故城	7	
	同阁	8	德政坊社，领村 3
	南胡庄	8	

续表

序号	村名	庙宇数	归属社
	双庙	6	名邱社，领村4
	曲寨	7	
	南故城	6	
	孟同	9	
	南海山	10	方台社，领村10
	北海山	6	
	南、北新城	16	
	康家庄	11	
	岳村	10	
	马村	5	
	大安舍	5	
	小安舍	6	
	田家庄	1	
	赵陵铺	9	
	大车行	11	同冶社，领村2
	小车行	5	
	南杨家庄	7	太平社，领村5
	北故邑	5	
	南故邑	8	
	西郭庄	3	
	东郭庄	3	
	马庄	8	新安社，领村5
	徐家庄	7	
	邵营	5	
	城东桥	10	
	霍寨	10	
合计	196	1384	平均7.06

　　资料来源：（清）俞锡纲修，曹镳纂：（光绪）《获鹿县志》，《中国地方志集成·河北府县志辑》（第四册），上海书店出版社2006年版，第56—83页。

（光绪）《获鹿县志》载，城内、各城关及191个村，有庙宇1384座，平均每个村的庙宇达到7座。而（同治）《栾城县志》的记载似乎与获鹿县大相径庭。

表9-3　　　　　同治年间栾城县村落庙宇一览表

序号	村名	庙宇数	备注
	东大街	10	文庙、城隍庙、关帝庙、三义庙、汉顺平侯庙、二贤祠、柯公祠、刘公祠、瓮城关帝庙、龙王庙
	西大街	8	关帝阁、关帝庙、马王庙、土地祠、五道庙、观音堂、极果寺、真武庙
	东关	1	三元阁
	南关	3	关帝阁、观音阁、泰山圣母庙
	西关	2	大慈庵、三义庙
	北关	7	关帝庙、火神庙、观音阁、真武阁、泰山圣母庙、白衣庵、唐公祠
	高家庄	0	
	聂家庄	0	
	东马家庄	0	
	范台村	2	玉皇庙、红漆寺
	张村	0	
	新李庄	0	
	北屯	0	
	夏凉村	0	
	王宫村	0	
	小任家庄	0	
	田家庄	1	东岳庙（田家庄、高家庄、小任家庄共管）
	东柴村	0	
	北石碑村	1	石佛寺
	南石碑村	0	
	柳林屯	2	法云寺、甘露庵
	温家庄	0	

续表

序号	村名	庙宇数	备　注
	南屯	0	
	固意村	1	崇国寺
	冯家衕衕	0	
	寺下村	1	善众寺（又名台头寺）
	狄李庄	0	
	大周村	0	
	小周村	0	
	东牛村	0	
	大任家庄	0	
	圪塔头村	0	
	城郎村	1	普照寺
	北长村	0	
	董家庄	0	
	康家庄	0	
	白佛赵村	1	白佛寺
	乔李庄	0	
	孙阳村	0	
	端固庄	0	
	宋北村	1	兴台寺
	榆林道	0	
	孟家园	0	
	南五里铺	2	龙王庙、梁公生祠
	南十里铺	0	
	南韩家庄	0	
	榆林村	0	
	南李村	0	
	西宫村	0	
	南宫村	0	
	吴郭村	1	三皇庙

续表

序号	村名	庙宇数	备 注
	西郭村	0	
	前牛村	1	八蜡庙（又名宣圣庙）
	后牛村	0	
	岳家庄	0	
	赵李庄	2	八蜡庙、河神庙
	南柴村	0	
	胡家寨	0	
	北浪头村	1	五岳四渎庙
	南浪头村	0	
	龙化村	0	
	徐家营	0	
	张家营	0	
	西高邱村	1	牛马神庙
	北高邱村	1	太平寺
	南高邱村	1	禅定寺
	小寺安庄	0	
	北安庄	0	
	西安庄	0	
	南安庄	0	
	前庄	0	
	苏辛庄	0	
	鲁家庄	0	
	柴赵村	0	
	赵家庄	0	
	大孙村	0	
	小孙村	0	
	前小梅村	0	
	后小梅村	0	
	大代梅村	1	志公寺（大、小代梅村共管）

序号	村名	庙宇数	备 注
	小代梅村	0	
	石板桥村	0	
	段家庄	0	
	水磨头村	0	
	龙门村	1	葆真观
	北安乐村	1	崇恩寺
	南安乐村	0	
	周家庄	0	
	西韩家庄	0	
	内营	0	
	焦家庄	0	
	前彪冢村	0	
	后彪冢村	0	
	李家庄	0	
	宋家庄	0	
	王村	0	
	永安村	0	
	梅家村	0	
	陈朝峪	0	
	赵庄	1	兴隆寺
	永固庄	0	
	刘家庄	0	
	西马家庄	0	
	不落营	0	
	张家庄	0	
	西吕村	1	玉皇庙
	沿村	1	大理寺
	河西村	0	
	张家辛庄	0	

序号	村名	庙宇数	备　注
	贾村	0	
	郭家庄	0	
	宿村	0	
	黄家辛庄	0	
	东马房营	1	大宁寺
	西马房营	0	
	吴家辛庄	0	
	西五里铺	0	
	大裴村	0	
	小裴村	1	栾武子庙（大、小裴村、内营、韩家庄、焦家庄共管）
	西董铺	0	
	八里庄	0	
	南赵台村	2	清虚观、玉皇庙
	北赵台村	0	
	北赵台屯	0	
	北陈村	1	胜乐寺（南、北陈村共管）
	南陈村	0	
	北赵村	0	
	南赵村	3	镇海寺、兴隆寺、龙干庙
	王家庄	0	
	苏邱村	0	
	油通村	0	
	东留营	0	
	军家营	0	
	西留营	0	
	段家营	0	
	彭家庄	0	
	窦妪村	1	开元寺
	牛家庄	0	

续表

序号	村名	庙宇数	备　注
	北五里铺	0	
	南留村	0	
	北寺上	2	广胜寺
	大营	0	
	寺北柴村	0	
	冈头村	0	
	孟家庄	0	
	河庄	0	
	南客村	0	
	东客村	0	
	东左村	1	相国寺
	段干村	0	
	信家庄	0	
	乏马铺	2	兴胜寺、龙王庙
	北小辛庄	0	
	冶河铺	0	
	程上村	0	
合计		72	

资料来源：（清）陈詠修，张惇德纂：（同治）《栾城县志》，《中国地方志集成·河北府县志辑》（第九册），上海书店出版社2006年版，第541—552页。

　　直观上看起来栾城县与获鹿县的村落庙宇数量相差悬殊，其实不然，（同治）《栾城县志》记载的庙宇仅仅局限于"正祀"、佛道寺观的范围，并不是村落中实际庙宇的数量。换言之，（光绪）《获鹿县志》所记载的庙宇数量更接近实际情况。例如，县志载石家庄村，庙宇六，分别是龙王庙、关帝庙、五道庙（两座）、老母庙、安宁寺、真武庙。[1]北故邑村，庙宇五，

---

　　① 石家庄市地名办公室编：《1902年石家庄村轮廓示意图》，《石家庄市古今地名图册》，河北人民出版社1986年版，第8页。

分别是关帝庙、老母庙、龙王庙、大悲寺和真武庙。[①] 曲寨村，庙宇七，分别是三官·文昌阁、关帝庙、三霄圣母庙、龙王庙（两座）、五道庙（两座）、东塔西寺、真武庙。[②] 山后张家庄，庙宇三，分别是观音阁、龙王庙和关帝庙。[③] 各村的庙宇数量虽多寡不一，但均与百姓日常生活关系密切。该地区的常见的村落庙宇如下。

关帝庙，也有称关王庙、关羽庙、汉寿亭侯庙等，供奉的是武圣关羽。关帝是对三国名将关羽神化后的尊称，因其忠义神勇，佛教尊为伽蓝神之一，称其为关公、关帝；道教尊为三界伏魔大帝。历代统治者把他作为忠君报国、维护王权的楷模，宋代加封为"壮缪义勇武安英济王"，元代改封"显灵义勇武安英济王"，明代加封为"三界伏魔大神威远震天尊关圣帝君"。民间则把他推崇为驱邪降魔、司命禄、佑科举、庇护百姓、伏旱降雨、解除农忧的万能神。[④]

图9-1　石家庄市振头关帝庙及牌楼

（图片来源：《河北宗教史图集，第 230 页》）

---

　　① 北故邑村志编纂委员会编：《北故邑村志》，鹿泉：鹿泉市史志编纂委员会，2014 年，第 87 页。

　　② 《鹿泉市曲寨村志》编纂委员会编：《鹿泉市曲寨村志》，河北人民出版社 2016 年版，第 159—168 页。

　　③ 山后张庄村志编纂委员会编：《山后张庄村志》，鹿泉：鹿泉市史志编纂委员会，2014 年，第 109—112 页。

　　④ 详见马循《关帝庙》，《中国文化知识读本》，吉林出版集团 2009 年版；《河北省志·风俗志》，第 368 页。

图 9-2　井陉县秦皇古道旁的关羽祠

（图片来源：《河北宗教史图集》，第 256 页）

　　老母庙，供奉的神灵不一，有道家的，也有佛家的。例如，井陉微水村的老母庙供奉的是梨山老母，也称黎山老母、骊山姥、骊山老母、无极老母、无当圣母等。而井陉大梁江村的老母庙供奉的则是观音菩萨。还有不少老母庙供奉的是无生老母，也称无极老母、无极天母、无极圣祖，是明清时期诸多民间宗教的至高神祇。无生老母一般被认为是起源于罗教。罗教，又称罗祖教、无为教或大乘教，其教义以佛教思想为主，杂糅了儒、释、道等的内容。无生老母作为明清时期民间崇拜者极多神祇，她不但被塑造成人类的始祖神，还是保护神、救世主，多以慈祥和蔼的母亲形象出现救人于苦难之中。

　　五道庙，供奉的是五道神。五道神，也被称为五道爷、五道将军等，最早见之于先秦时期"五祀"中的"行祀"，即道路神祇，后与佛教中掌管五道轮回的"五道大神"相融合，而产生了新的神祇"五道神"。五道神为冥界大神，且兼具保护神的功能，其庇佑范围包括出行卜吉、祈请求雨、治病禳灾、镇宅镇墓等。① 由于其职能的日益丰富，与百姓的日常生活结合得愈发紧密，尤其是在丧葬活动中，围绕五道庙（有的地方是城隍庙、土地庙）进行的"报庙"活动是丧俗中的重要环节，其大意是死者脱离阳间的管辖而进入"五道神"的管理范围。中华民族重"祖先崇拜"的传统使"五道神崇拜"成为民间信仰的重要内容。

　　龙王庙，供奉的是以司雨为职责的龙王。龙是华夏文化中虚构的图腾

---

① 详见尹鑫《五道神信仰研究》，山西师范大学硕士论文，2017 年，第 75 页。

形象，为神兽亦为瑞兽，被称作龙神。传说其变化无穷，能行云布雨，保一方平安。后与佛教融合，开始出现龙王的形象。北方地区多旱，农业生产多受其害，因此龙王崇拜也是民间信仰的重要内容，求雨活动时有发生。

真武庙，供奉的是道教真武大帝。真武大帝，也称玄武大帝、荡魔天尊、无量祖师等，最初的形象来自"四灵"中的玄武。因玄武位在北方，所以北方的真武信仰尤其兴盛。玄武本与道家关系不大，至宋代由于官方的推动，逐渐被塑造成人物神，成为道教的重要神祇。玄武本为元冥水神，所以行雨祛旱、镇水厌火是其本职，但随着真武大帝成为北方的最高神，也相应被赋予了保护神、消灾解难、惩恶扬善、荡除邪魔等多种职能，民间的祭祀祝祷活动也日益兴盛。

村庄中的庙宇数量告诉人们，从对农业生产的祈求丰收、驱虫避害、风调雨顺、六畜兴旺，到对生命个体的禳灾解难、传宗接代、生老死葬，再到对邻里群体的排解纠纷、秩序维护，民间信仰已经深入百姓日常生活的所有层面。

三　庙会

北方的民间信仰比较传统，与南方相比呈现出保守、束缚的特征，这也使北方的正祀被赋予了更多的功能。换言之，北方民间崇拜的对象相对集中，但信仰的功能性需求依然存在，只不过向少数神灵身上集中而已。这也变相使祭祀活动受到更为普遍的重视。

表 9-4　　　　　　　　石家庄地区部分传统庙会统计表

活动依托的庙宇	地名	庙会日期
华园寺（姑子庙）	晋县城关	三月十五—十七日
城隍庙	晋县城关	五月十七—十九日
钱粮开柜庙	晋县城关	九月初九—十四日
城隍庙	晋县城关	腊月十五—十七日
老母庙	晋县孔目庄	二月十三—十五日
姑娘庙	晋县周家庄	四月初四—初六日
狐仙洞庙	晋县紫城	九月十五—十七日

续表

活动依托的庙宇	地名	庙会日期
药王庙	深泽县城关	四月二十八—三十日
真武庙	深泽县城关	九月二十五—二十七日
奶奶庙	深泽县铁杆	九月十八—二十三日
龙母庙	无极县城关	四月十一—十三日
城隍庙	无极县城关	五月十五—十七日
北岳庙	无极县城关	十月十六—十八日
兴隆寺	无极县北苏	四月二十五—三十日
火神庙	藁城县城关	四月二十八—五月初一
城隍庙	藁城县城关	五月十五—十九日
关爷庙	藁城县城关	九月十四—十九日
鸿觉寺	藁城县贤庄	二月十六—二十三日
真武庙	藁城县只都	三月初三—初八日
奶奶庙	藁城县南孟	四月十七—二十二日
奶奶庙	藁城县南孟	十月初七—十二日
火神庙	藁城县大慈邑	四月二十三—二十八日
乞巧节	藁城县黄庄	七月初七—十二日
耿王庙	藁城县耿村	四月初三—初八日
关爷庙	藁城县南董	九月二十三—二十八日
玉皇庙	藁城县南董	三月初八—十三日
三官庙	藁城县赵庄	十月十一—十六日
龙牌会	赵县范庄	二月初二—初七日
铁佛寺	赵县秀才营	四月初八—十二日
火神庙	井陉县赵庄岭	正月二十五—二十七日
福庆寺	井陉县苍岩山	三月初一—三十日
王母庙	井陉县威州	三月二十三—二十五日
碧霞元君庙	井陉县雪花山	四月十六—十八日
真武庙	栾城县城关	三月初三—初八日
关帝庙	栾城县北关	五月初一—十三日
唐官庙（知县唐盛）	栾城县北关	九月初三

续表

活动依托的庙宇	地名	庙会日期
老母庙（送子老母庙）	栾城县于底	正月二十五—二十七日
奶奶庙（云霄圣母）	栾城县东羊市	四月十八—二十三日
牛马神庙	栾城县西营	九月初二—初四日
奶奶庙	栾城县窦妪	九月十七—二十二日
龙王庙（高台庙）	栾城县乏马	二月初二日
东岳庙	栾城县高家庄	十月初一—二十八日
老母庙（南海观音庙）	栾城县西宫村	十月初十三—十五日
全神庙	栾城县邵家庄	十月二十五—二十七日
城隍庙	正定县城	五月十七—十九日
龙王堂	正定县曲阳桥	二月二十五—二十七日
龙王堂	正定县曲阳桥	十一月初五—初七日
玄帝庙	正定县吴兴	三月初三—初五日
奶奶庙（圣母庙）	正定县平邱	三月二十七—二十九日
苍岩圣母庙	正定县南化	四月初七—初九日
王母庙	正定县蟠桃	四月十四—十六日
诸福寺	正定县诸福屯	六月初五—初七日
龙王庙	正定县北孙	六月十三—十五日
冰雹会	正定县韩通	九月初一—初三日
城隍庙	新乐县承安铺	正月十七—十九日
火神庙	新乐县承安铺	四月二十八—三十日
天齐庙（东岳庙）	新乐县承安铺	十月二十八—三十日
泰山圣母庙	新乐县化皮	十一月十八—二十日
文殊寺	新乐县化皮	二月十五—十八日
人祖庙（伏羲台）	新乐县何家庄	三月十八—二十日
天齐庙（东岳庙）	新乐县青同	三月二十八—三十日
玉皇庙	高邑县城关	五月二十八—六月初三日
老母庙（送子老母庙）	栾城县于底	正月二十五日
老母庙（送子老母庙）	获鹿县西三庄	正月二十三—二十六日
火神庙	获鹿县孙村	十月二十七—二十九日

续表

活动依托的庙宇	地名	庙会日期
老母庙	获鹿县石家庄	二月十七—二十日
打醮	获鹿县振头	二月初二—初五日
打醮	获鹿县简良	二月十二—十五日
王母祠	平山县王母	三月初二—初六日
水母庙	平山县洪子店	四月初四—初九日
大吾庙	平山县西大吾	四月初八—初十日
龙王庙	行唐县城关	正月十六—十八日
城隍庙	行唐县城关	三月初一—初五日
二郎庙	行唐县城关	三月二十一—二十二日
火神庙	行唐县城关	四月二十八—三十日
关帝庙	行唐县寨里	正月二十五—二十七日
奶奶庙	行唐县范家佐	正月十八—二十日
火神庙	行唐县圪塔头	正月十八—二十日
铃铛寺	行唐县七里峰	正月二十一—二十二日
龙王庙	行唐县南翟营	二月初二
龙王庙	行唐县窦庄	二月初六—初八日
真武庙	行唐县故郡	二月初六—初八日
胡仙洞庙	行唐县南（北窦庄）	二月初六—初八日
奶奶庙	行唐县封家佐	二月初八—初十日
老母庙	行唐县上滋洋	二月初十一—十二日
龙王庙	行唐县颖南	二月十六—十八日
老母庙	行唐县南桥	二月十九—二十一日
老母庙	行唐县固山	二月十九—二十一日
火神庙	行唐县羊柴	二月十二—十四日
老母庙	行唐县南桥	二月十八—二十日
火神庙	行唐县棉花庄	二月十八—二十日
火神庙	行唐县西彩庄	二月二十五—二十七日
牛王庙	行唐县北城寨	二月二十五—二十七日
火神庙	行唐县上连庄	二月二十八—三十日

续表

活动依托的庙宇	地名	庙会日期
龙王庙	行唐县东市庄	三月初六—初八日
药王庙	行唐县侯家庄	三月初十一—十二日
阎王爷庙	行唐县北河	三月初十一—十二日
火神庙	行唐县齐家峪	三月十一—十三日
香阴寺庙	行唐县北协神	三月十五日
太子庙	行唐县南凹	三月十八—二十日
火神庙	行唐县苇园	三月十八—二十日
抬头庙	行唐县西市庄	三月十八—二十日
抬头庙	行唐县西市庄	九月十五—十七日
药王庙	行唐县八里庄	三月二十三—二十五日
药王庙	行唐县李家庄	三月二十三—二十五日
药王庙	行唐县庙上	三月二十三—二十五日
奶奶庙	行唐县贾庄	三月二十五—二十七日
老母庙	行唐县口头	二月十八—二十日
火神庙	行唐县口头	三月二十八—三十日
奶奶庙	行唐县口头	四月十八—二十日
牛王庙	行唐县秦台	四月十五—十七日
奶奶庙	行唐县东寺	四月十八日
奶奶庙	行唐县西玉亭	四月初五—初七日
马王庙	行唐县北龙岗	二月二十五—二十七日
火神庙	行唐县沟北	四月初八—初十日
奶奶庙	行唐县上碑	四月二十二—二十四日
马王庙	行唐县上碑	十月十三日—十五日
地藏寺	行唐县南张吾	四月十五—十七日
老母庙	行唐县北高里	四月十八—二十日
牛王庙	行唐县城寨	二月二十五—二十七日
火神庙	行唐县南壤坝	二月初一—初三日
药王庙	行唐县蹊趣	三月十五—十七日
药王庙	行唐县蹊趣	九月十五—十七日

续表

活动依托的庙宇	地名	庙会日期
塔庙	行唐县东西瓦仁	六月十五—十七日
药王庙	行唐县故郡	十月十五—十七日
大爷庙（药王邳彤）	灵寿县城关	三月二十一——二十六日
城隍庙	灵寿县城关	十月十六—二十一日
奶奶庙	灵寿县陈庄	三月十七—十九日
火神庙	灵寿县慈峪	三月十四—十六日
牲畜庙	灵寿县慈峪	七月十四—十六日
奶奶庙	灵寿县岔头	四月十一——十三日
封龙山庙会	获鹿县南故邑	六月十五—二十三日
大公庙（平北王）	获鹿县乔门沟	六月二十二——二十四日

资料来源：各地方县志、《石家庄民俗文化》《石家庄庙会大全》等。

图 9-3　赵县范庄龙牌会盛况

（图片来源：《河北宗教史图集》，第 299 页）

表 9-4 所搜集的庙会与实际情况相比还相去甚远，"有村即有庙，有庙即有庙会"，应当是清末民初华北地区的普遍现象。再加上，一年之中，庙会可办数次，因此庙会的数量会更多，相差的不过是影响范围的大小而已，一般而言，通衢之地庙会的规模更大与持续时间也会更长。

在进行上述资料统计时，笔者明显感觉到民间信仰相关资料的匮乏。同时，也能明显地感受到，庙会对百姓日常生活的重要性。岳永逸博士指出，"庙会通常都是庙宇建筑、所供神灵、信众（包括神媒和庙会会首）、庙戏及庙市等质素的综合叙事"[①]。从上述的五个方面，民间传统的庙会活动都有着深刻的文化特征：庙宇众多，庙祀构成了民间信仰最主要的组成部分；神灵来源广泛，"神的人化"和"人的神化"的双向互动，拉近了崇拜物与崇拜者的距离；信众呈现全民性的特征；庙戏，既娱神又娱己，是中国社会少有的狂欢活动，是对中国传统社会等级秩序的反动与挑战，也是对社会成员的心理调适；庙市，是对传统集市贸易体系的补充，也反映了中国民间信仰功利性、实用性的一个侧面。[②]

---

① 岳永逸：《村落生活中的庙会传说》，《民族艺术》2003 年第 2 期，第 44 页。
② 详见赵世瑜《狂欢与日常：明清以来的庙会与民间社会》；及岳永逸有关"庙会"研究的系列著作。

参考文献

一 史料

《清实录》，中华书局 1985 年影印本。

中国第一历史档案馆编：《清中前期西洋天主教在华活动档案史料》，中华书局 2003 年版。

"中央研究院"近代史研究所编：《教务教案档》，《中国近代史资料汇编》，"中央研究院"近代史研究所，1974 年。

李书源整理：《筹办夷务始末（同治朝）》，中华书局 2008 年版。

中国第一历史档案馆编：《鸦片战争档案史料》，天津古籍出版社 1992 年版。

河北省地方志编纂委员会：《河北省志》第 68 卷《宗教志》，中国书籍出版社 1995 年版。

河北省地方志编纂委员会：《河北省志》第 16 卷《农业志》，中国农业出版社 1995 年版。

河北省地方志编纂委员会：《河北省志》第 88 卷《风俗志》，河北人民出版社 2013 年版。

中国第一历史档案馆编：《清政府镇压太平天国档案史料》，社会科学文献出版社 1992 年版。

《中国地方志集成·河北府县志辑》，上海书店出版社 2006 年版。

庄建平主编：《近代史资料文库》，上海书店出版社 2009 年版。

（清）方略馆编：《清代方略全书》，北京图书馆出版社 2006 年版。

王美秀主编：《东传福音》，《中国宗教历史文献集成》，黄山书社 2005 年版。

国家档案局明清档案馆编：《义和团档案史料》，中华书局 1959 年版。

《中国方志丛书·华北地方》，成文出版有限公司 1976 年版。

宓汝成编：《中国近代铁路史资料》，中华书局 1963 年版。

赵德馨主编：《张之洞全集》，国家清史编纂委员会：《文献丛刊》，武
　　汉出版社 2008 年版。

"中央研究院" 近代史研究所编：《海防档》，"中央研究院" 近代史研究所，
　　1957 年。

交通部交通史编纂委员会、铁道部交通史编纂委员会：《近代交通史全编》，
　　国家图书馆出版社 2009 年版。

《申报》（影印本），上海书店 1983—1985 年版。

张鹤魂编：《石门新指南》，出版地不详，《石门新报社》，1942 年。

陈佩编：《石门市事情》，《河北省获鹿县及石门市事情》，新民会中央总会，
　　1940 年。

《中外经济周刊》，《全国报刊索引·晚清、民国时期期刊全文数据库》，
　　上海图书馆。

《河北月刊》，《全国报刊索引·晚清、民国时期期刊全文数据库》，上
　　海图书馆。

《教育杂志（天津）》，《全国报刊索引·晚清、民国时期期刊全文数据库》，
　　上海图书馆。

《东方杂志》，《全国报刊索引·晚清、民国时期期刊全文数据库》，上
　　海图书馆。

《获鹿县清代档案》，河北省档案馆馆藏。

《政府公报》（影印本），上海书店 1988 年版。

《政治官报》（影印本），文海出版社 1965 年版。

故宫博物院明清档案部编：《清末筹备立宪档案史料》，中华书局 1979 年版。

李翰如纂修：《晋县乡土志》，中国国家图书馆藏，数字方志。

傅国贤纂修：《晋县志料》，中国国家图书馆藏，数字方志。

（清）佚名纂修：《赵州乡土志》，《乡土志抄稿本选编》（三），线装
　　书局 2002 年版。

（清）曹凤来纂修：（光绪）《无极县续志》，中国国家图书馆藏，数字方志。

（清）严书勋纂修：《获鹿县乡土志》，《乡土志抄稿本选编》（一），
　　线装书局 2002 年版。

（清）胡岳纂修：《光绪元氏县志》，中国国家图书馆藏，数字方志。

（清）秦兆阶纂修：《赞皇县乡土志》，《乡土志抄稿本选编》（二），
　　线装书局 2002 年版。

王用舟纂修：《井陉县志料》，中国国家图书馆藏，数字方志。

李文治编：《中国近代农业史资料（第一辑）（1840—1911）》，生活·读
　　书·新知三联书店 1957 年。

石家庄市纺织工业志编纂委员会编：《石家庄市纺织工业志（1912—
　　1990）》，河北人民出版社 1994 年版。

石家庄地方志编纂委员会编：《石家庄市志》，中国社会出版社 1995 年版。

中国人民政治协商会议河北省石家庄委员会文史资料研究委员会编：《石
　　家庄文史资料》。

日本法政大学大学史资料委员会编，裴敬伟译，李贵连、孙家红校订：《清
　　国留学生法政速成科纪事》，广西师范大学出版社 2015 年版。

《大公报（天津）》（影印本），人民出版社 1982—1983 年版。

贺葆真：《贺葆真日记》，李德龙、俞冰主编：《历代日记丛钞》第 131 册，
　　学苑出版社 2006 年版。

［日］竹添进一郎：《栈云峡雨日记》，李德龙、俞冰主编：《历代日记丛钞》
　　第 90 册，学苑出版社 2006 年版。

顾廷龙、戴逸主编：《李鸿章全集》，安徽教育出版社 2008 年版。

王焕琛编著：《留学教育：中国留学教育史料》，国立编译，1980 年。

陈学恂、田正平编：《留学教育》，《中国近代教育史资料汇编》，上海
　　教育出版社 1991 年版。

房兆楹辑：《清末民初洋学学生题名录初辑》，《中央研究院近代史研究
　　所史料丛刊》，"中央研究院"近代史研究所，1962 年。

郭荣生补校：《日本陆军士官学校中华民国留学生簿》，《近代中国史料
　　丛刊续编》（第三十七辑），文海出版社 1977 年版。

佚名编：《清末各省官自费留日学生姓名表》，《近代中国史料丛刊续编》
　　（第五十辑），文海出版社 1977 年版。

佚名编：《清末民初留日陆军士官学校人名簿》，《近代中国史料丛刊》（第
　　六十七辑），文海出版社 1971 年版。

《清碑传合集》，上海书店 1988 年版。

日本法政大学大学史资料委员会编，裴敬伟译：《清国留学生法政速成科

纪事》，广西师范大学出版社 2015 年版。

［日］田原天南编:《清末民初中国官绅人民录》,《近代中国史料丛刊三编》
　　（793 辑）文海出版有限公司 1996 年版。

清华大学校史研究室编：《清华大学史料选编》（第一卷），清华大学出
　　版社 1991 年版。

北洋大学—天津大学校史编辑室编:《北洋大学—天津大学校史》(第一卷)，
　　天津大学出版社 1990 年版。

璩鑫圭等编:《中国近代教育史资料汇编》，上海人民出版社 1994 年版。

政协怀安县委员会编:《怀安县文史资料·怀安人物志》,内部发行,2000 年。

朱幼瓓等编：《中国近代教育史资料汇编·教育行政及教育团体》，上海
　　教育出版社 1993 年版。

《中华文史资料库》（第 17 卷），中华文史出版社 1995 年版。

《西城区普通教育志》编纂委员会编：《西城区普通教育志》，北京出版
　　社 1998 年版。

《中华文史资料库》（第 17 卷），中华文史出版社 1995 年版。

中国人民政治协商会议高邑县委员会编：《高邑文史资料》（第一辑），
　　中国人民政治协商会议高邑县委员会，1988 年。

骆宝善、刘路生主编：《袁世凯全集》，河南大学出版社 2013 年版。

政协正定县委员会文史资料委员会编：《正定文史资料》（第 2 辑），政
　　协正定县委员会文史资料委员会，1996 年。

石家庄地区地方志编纂委员会编：《石家庄地区志》，文化艺术出版社
　　1994 年版。

中国人民政治协商会议河北滦县委员会编：《滦县文史资料》（第 9 辑），
　　河北人民出版社 2000 年版。

湖南省哲学社会科学研究所校注：《宋教仁日记》，湖南人民出版社 1980
　　年版。

《近代史料笔记丛刊》，中华书局 2009 年版。

《唐宋史料笔记丛刊》，中华书局 1979 年版。

河北省灵寿县地方志编纂委员会编：《灵寿县志》，新华出版社 1993 年版。

河北省正定县地方志编纂委员会编：《正定县志》，中国城市出版社 1992
　　年版。

《井陉县志》编纂委员会编：《井陉县志》，河北人民出版社 1986 年版。

中国民间文学集成全国编辑委员会等编：《中国谚语集成·河北卷》，中国社会科学出版社 1992 年版。

河北省获鹿县三套集成办公室编：《获鹿民间故事歌谣谚语卷》，编者刊，1988 年。

政协石家庄市委员会编：《石家庄历史文化精华》，中国对外翻译出版公司 1997 年版。

金润壁修，张林等编：《平山县志料集》，成文出版有限公司 1976 年版。

丁世良、赵放主编：《中国地方志民俗资料汇编·华北卷》，书目文献出版社，1989 年版。

北故邑村志编纂委员会编：《北故邑村志》，鹿泉市史志编纂委员会，2014 年。

《鹿泉市曲寨村志》编纂委员会编：《鹿泉市曲寨村志》，河北人民出版社 2016 年版。

山后张庄村志编纂委员会编：《山后张庄村志》，鹿泉市史志编纂委员会，2014 年。

河北省赵县志地方编撰委员会：《赵县志》，中国城市出版社 1993 年版。

鹿泉市史志编纂委员会办公室编：《获鹿县志》，中国档案出版社 1998 年版。

正定教育志编纂委员会：《正定教育志》，河北教育出版社 1996 年版。

刘得志主编：《晋州市教育志》，河北人民出版社 2001 年版。

王永德主编：《行唐县志》，中国对外翻译出版公司 1998 年版。

河北省辛集市志编纂委员会编：《辛集市志》，中国书籍出版社 1996 年版。

崔治先主编：《井陉县教育志》，河北人民出版社 1991 年版。

朱有瓛主编：《中国近代学制史料》，华东师范大学出版社 1983 年版。

河北省正定县地方志编纂委员会：《正定县志》，中国城市出版社 1992 年版。

朱文通、王小梅：《河北通史》（民国上卷），河北人民出版社 2000 年版。

河北省高邑县地方志编纂委员会编：《高邑县志》，新华出版社 1993 年版。

河北省赞皇县地方志编纂委员会编：《赞皇县志》，方志出版社 1998 年版。

平山县地方志编纂委员会：《平山县志》，中国书籍出版社 1996 年版。

李荣辰主编：《元氏县志》，中国和平出版社 1995 年版。

刘宗诚主编：《无极县志》，人民出版社 1993 年版。

井陉县志编纂委员会：《井陉县志》，河北人民出版社 1986 年版。

张喜聚主编：《晋县志》，新华出版社 1995 年版。

韩书林主编：《新乐县志》，中国对外翻译出版公司 1997 年版。

赵县教育委员会：《赵县教育志》，河北人民出版社 1991 年版。

栾城县教育局编：《栾城县教育志（1301—1991）》，河北教育出版社，
　　1994 年版。

石家庄市教育志编纂委员会：《石家庄市教育志》，河北教育出版社 1992
　　年版。

栾城县政协文史资料工作委员会：《栾城县文史资料》。

中国人民政治协商会议灵寿县委员会编：《灵寿县文史资料》。

石家庄市文化局编：《河北省石家庄地区文化志》，石家庄市文化局 1995
　　年版。

石家庄市政协文史资料研究委员会编:《石家庄风物志》,编者自刊,1985 年。

二　著作

徐浩、侯建新：《当代西方史学流派》，中国人民大学出版社 1996 年版。

周一良：《中外文化交流史》，河南人民出版社 1987 年版。

张力、刘鋆唐：《中国教案史》，四川社会科学院出版社 1987 年版。

徐宗泽：《中国天主教传教史略》，上海书店 1990 年版。

周燮番：《中国的基督教》，商务印书馆 1997 年版。

郭卫东：《中土基督》，云南人民出版社 2001 年版。

连东、张喜爱：《基督教的传承与变异》，社会科学文献出版社 2012 年版。

陈垣：《陈垣学术论文集》（第 1 集），中华书局 1980 年版。

解成编著：《基督教在华传播系年》（河北卷），天津古籍出版社 2008 年版。

张守常、朱哲芳：《太平天国北伐西征史》，广西人民出版社 1997 年版。

王铁崖：《中外旧约章汇编》，生活·读书·新知三联书店 1957 年版。

朱金甫主编：《清末教案》，《中国近代史资料丛刊续编》，中华书局
　　1996 年版。

［法］荣振华等：《16—20 世纪入华天主教传教士列传》，耿昇译，广西
　　师范大学出版社 2010 年版。

马里千：《中国铁路建筑编年简史（1881—1981）》，中国铁道出版社
　　1983 年版。

陈银崑：《清季民教冲突的量化分析（1860—1899）》，台北商务印书馆 1991 年版。

赵树好：《教案与晚清社会》，中国文联出版社 2001 年版。

［英］赫德：《这些从秦国来——中国问题论集》，叶凤美译，天津古籍出版社 2005 年版。

郭豫明：《捻军史》，上海人民出版社 2001 年版。

林国华：《历史的真相——义和团运动的史实及其再认识》，天津古籍出版社 2002 年版。

方尔庄：《河北通史》（清朝下卷），河北人民出版社 2000 年版。

夏东元：《盛宣怀年谱长编》，上海交通大学出版社 2004 年版。

刘洪升：《燕赵文化史稿》（近代卷二），河北教育出版社 2013 年版。

张京华：《燕赵文化》，辽宁教育出版社 1995 年版。

杜荣泉：《燕赵文化志》，上海人民出版社 1998 年版。

王长华主编：《燕赵文化研究系列丛书》，科学出版社 2009 年版。

石玉新：《石家庄通史》（近现代卷），河北人民出版社 2011 年版。

杨俊科：《石家庄近代史编年》，方志出版社 2004 年版。

戴建兵：《传统府县社会经济环境史料（1912—1949）——以石家庄为中心》，天津古籍出版社 2011 年版。

郑凤杰主编：《石家庄民俗文化》，中国对外翻译出版公司 2000 年版。

李惠民：《近代石家庄城市化研究（1901—1949）》，中华书局 2010 年版。

苑书义、任恒俊、董丛林：《艰难的转轨历程——近代华北经济与社会发展研究》，人民出版社 1997 年版。

余英时：《士与中国文化》，上海人民出版社 2003 年版。

金耀基：《从传统到现代》，中国人民大学出版社 1999 年版。

马克锋：《文化思潮与近代中国》，光明日报出版社 2004 年版。

章清：《清季民国时期的"思想界"——新型传播媒介的浮现与读书人新的生活形态》，社会科学文献出版社 2014 年版。

杨国强：《晚清的士人与世相》，生活·读书·新知三联书店 2008 年版。

［美］芮德菲尔德：《农民社会与文化：人类学对文明的一种诠释》，王莹译，中国社会科学出版社 2013 年版。

董丛林：《河北经济史》（第三卷），人民出版社 2003 年版。

吴汝纶著，施培毅、徐寿凯校点：《吴汝纶全集》，黄山书社 2002 年版。

佚名：《鹿泉文献》，石家庄市图书馆馆藏，民国铅印本。

［澳］骆惠敏编：《清末民初政情内幕》，陈霞飞译，知识出版社 1986 年版。

冯筱才：《在商言商：政治变局中的江浙商人》，上海社会科学院出版社
　　2004 年版。

《陈旭麓文集》，华东师范大学出版社 1997 年版。

李喜所：《近代留学生与中外文化》，天津人民出版社 1992 年版。

尚小明：《留日学生与清末新政》，江西教育出版社 2003 年版。

［日］实藤惠秀：《中国人留学日本史》，谭汝谦、林启彦译，生活·读
　　书·新知三联书店 1983 年版。

［加］许美德等：《中外比较教育史》，朱维铮等译，上海人民出版社，
　　1990 年版。

刘晓琴：《中国近代留英教育史》，南开大学出版社 2005 年版。

周棉：《中国留学生大辞典》，南京大学出版社 1999 年版。

黄福庆：《清末留日学生》，《"中央研究院"近代史研究所专刊》（34），
　　"中央研究院"近代史研究所，2010 年。

王伟：《中国近代留洋法学博士考（1905—1950）》，上海人民出版社
　　2011 年版。

尚小明：《留日学生与清末新政》，江西教育出版社 2003 年版。

林子勋：《中国留学教育史（1847—1975）》，华冈出版公司 1976 年版。

关晓红：《晚清学部研究》，广东教育出版社 2000 年版。

刘志强、张利民主编：《天津史研究论文选辑》（下编），天津古籍出版
　　社 2016 年版。

周邦道：《近代教育先进传略》，中国文化大学出版部 1981 年版。

顾明远主编：《中国教育大系·历代教育名人志》，湖北教育出版社 2015 年版。

张宪文等主编：《中华民国史大辞典》，江苏古籍出版社 2001 年版。

刘国铭主编：《中国国民党百年人物全书》，团结出版社 2005 年版。

张绍祖编：《近代天津教育图志》，天津古籍出版社 2013 年版。

张允侯：《留法勤工俭学运动》，上海人民出版社 1980 年版。

河北省唐山市政协文史资料委员会：《唐山文化的历史脉络》，《唐山文
　　史资料》（第 24 辑），河北省唐山市政协文史资料委员会，2007 年。

李宝德、白凤山主编：《古今迁安》，国际文化出版公司 2001 年版。

刘建军：《你所不识的民国面相——直隶地方议会政治（1912—1928）》，广西师范大学出版社 2009 年版。

张朋园：《中国民主政治的困境：1909—1949 晚清以来历届议会选举述论》，吉林出版集团有限责任公司 2007 年版。

徐建平：《清末直隶宪政改革研究》，中国社会科学出版社 2008 年版。

赵艳玲：《清末民初的代议制：从顺直咨议局到直隶省议会的案例考察》，社会科学文献出版社 2012 年版。

邱权政、杜春和编：《辛亥革命史料选辑》，湖南人民出版社 1983 年版。

阎国华、安效珍主编：《河北教育史》（第 2 册），河北教育出版社 2003 年版。

刘民山：《李大钊与天津》，天津社会科学出版社 1989 年版。

赵宝琪、张凤民主编：《天津教育史》（上），天津人民出版社 2002 年版。

彭秀良：《王士珍传》，中华书局 2013 年版。

文斐编：《我所知道的"北洋三杰"》，中国文史出版社 2004 年版。

王长华主编：《河北文学通史》，科学出版社 2010 年版。

河北大学地方史研究室编：《河北历代地方志总目》，河北人民出版社 1989 年版。

来新夏主编：《河北方志提要》，天津大学出版社 1992 年版。

钟敬文主编：《民俗学概论》（第二版），高等教育出版社 2010 年版。

赵世瑜：《狂欢与日常：明清以来的庙会与民间社会》，生活·读书·新知三联书店 2002 年版。

周昕：《中国农具通史》，山东科学技术出版社 2010 年版。

孙书安：《中国博物别名大辞典》，北京出版社 2000 年版。

程歗：《晚清乡土意识》，中国人民大学出版社 1990 年版。

尚秉和著，母庚才、刘瑞玲点校：《历代社会风俗事物考》，中国书店 2001 年版。

石家庄市地名办公室编：《石家庄市古今地名图册》，河北人民出版社 1986 年版。

陈予欢：《中国留学日本陆军士官学校将帅录》，广州出版社 2013 年版。

孙雪梅：《清末民初中国人的日本观——以直隶省为中心》，天津人民出版社 2001 年版。

袁森坡、吴运廷：《河北通史》（清朝上卷），河北人民出版社 2000 年版。

邓洪波：《中国书院史》，东方出版中心 2004 年版。

马循：《关帝庙》，《中国文化知识读本》，吉林出版集团 2009 年版。

袁行霈、陈进玉主编：《中国地域文化通览》（河北卷），中华书局 2014 年版。

三　论文

樊国福：《留日学生与直隶省教育近代化》，博士学位论文，河北大学，2012 年。

尹鑫：《五道神信仰研究》，硕士论文，山西师范大学，2017 年。

冯玮：《"文明形态史"研究补遗——影响斯宾格勒与汤因比的三位学者及其理论》，《史学理论研究》2009 年第 3 期。

蔡美彪：《元氏开化寺碑译释》，《考古》1998 年第 9 期。

董丛林：《"教案"概念的近代渊源与今用问题》，《史学月刊》2012 年第 8 期。

李惠民：《近代石家庄城市史研究述评》，《石家庄经济学院学报》2006 年第 3 期。

李惠民：《清末石家庄兴修铁路前后的变化》，《河北师范大学学报》（哲学社会科学版）2006 年第 5 期。

李惠民：《近代石家庄城市化起点的人口规模研究》，《河北广播电视大学学报》2006 年第 6 期。

李惠民：《近代石家庄城市名称六次变更始末》，《燕山大学学报》2007 年第 4 期。

李惠民、佟蔚：《近代石家庄城市人口的跳跃性增长》，《石家庄经济学院学报》2008 年第 1 期。

李惠民：《论近代石家庄铁路枢纽的形成》，《石家庄职业技术学院学报》2007 年第 1 期。

李惠民：《正太铁路窄轨争端》，《山西档案》2006 年第 5 期。

任吉东：《近代城市化进程下的华北城乡变局——以天津、保定、唐山、石家庄为例》，《兰州学刊》2012 年第 7 期。

田伯伏：《京汉铁路与石家庄城市的兴起》，《河北大学学报》（哲学社会科学版）1997 年第 2 期。

江沛、熊亚平:《铁路与石家庄城市的崛起: 1905—1937 年》,《近代史研究》
　　2005 年第 3 期。

余英时:《中国知识分子的边缘化》,《二十一世纪》1991 年 8 月总第 6 期。

姜鸣:《李鸿章晚年养老扶衰补品考证》, http://dajia.qq.com/original/category/
　　dajia181.html。

杨佑茂:《晚期桐城古文派中的衡水人》,《衡水学院学报》2006 年第 2 期。

江沛:《留日学生、东游官绅与直隶省的近代化进程(1900 —1928)》,
　　《史学月刊》2005 年第 5 期。

李喜所:《清末留日学生人数小考》,《文史哲》1982 年第 3 期。

戴建兵:《正定王士珍与乡里社会》,《河北广播电视大学学报》2012 年
　　第 1 期。

彭秀良:《近代中国军阀政治的演变过程与阶段性特征——兼论王士珍在
　　民国政坛的不作为现象》,《河北广播电视大学学报》2013 年第 3 期。

江合友:《清代畿辅诗歌的区域特色及其历史价值——以陶樑〈国朝畿辅
　　诗传〉为中心的讨论》,《河北师范大学学报》(哲学社会科学版)
　　2015 年第 6 期。

李金铮:《延续与渐变——近代冀中定县农业生产及其动力》,《历史研究》
　　2015 年第 3 期。

梁治平:《 "民间"、 "民间社会"和 CIVIL SOCIETY——CIVIL SOCIETY
　　概念再检讨》,《云南大学学报》(社会科学版)2003 年第 1 期。

岳永逸:《村落生活中的庙会传说》,《民族艺术》2003 年第 2 期。

吴洪成、刘达:《清代石家庄书院探析》,《石家庄学院报》2015 年第 4 期。